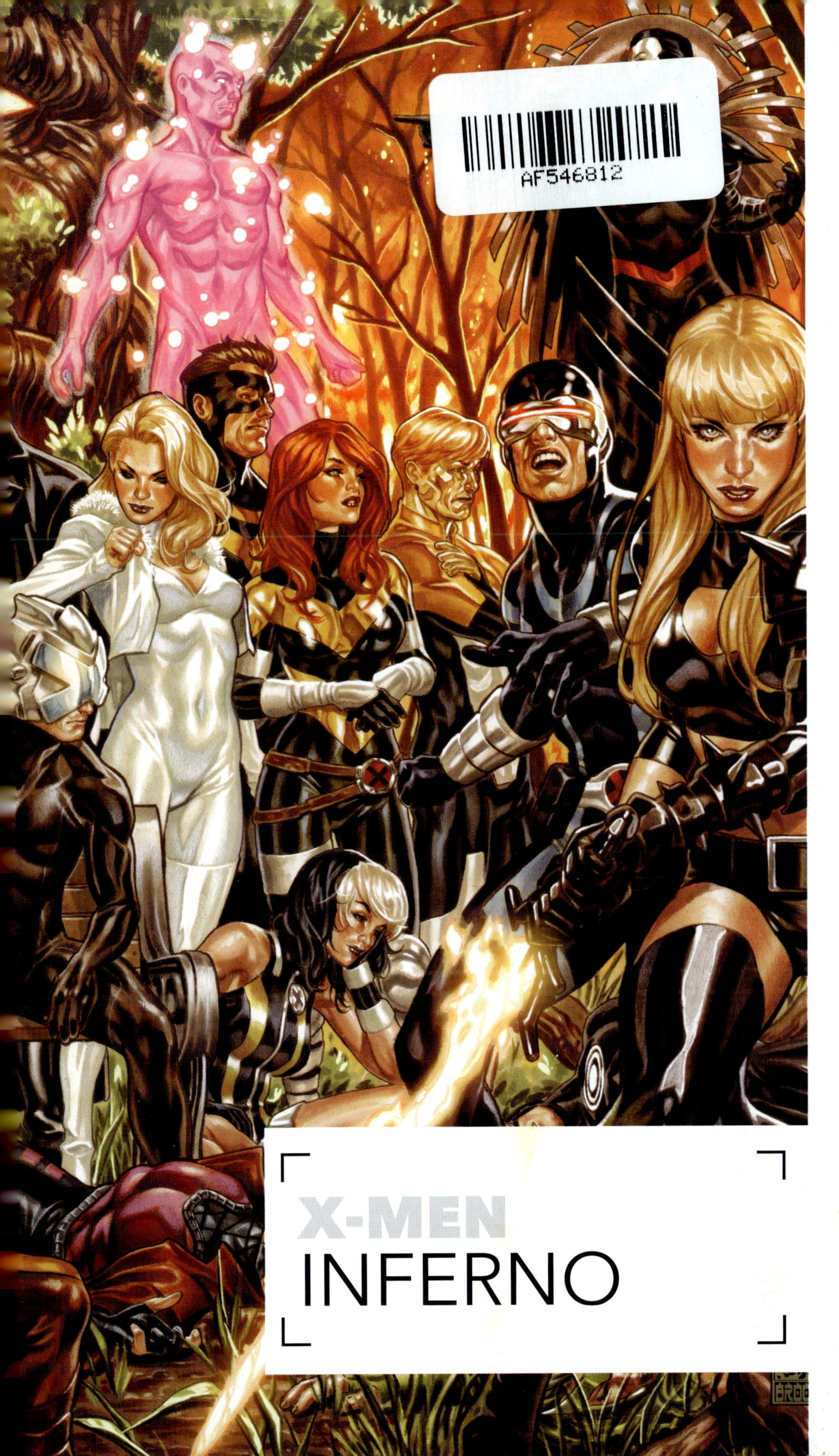
X-MEN
INFERNO

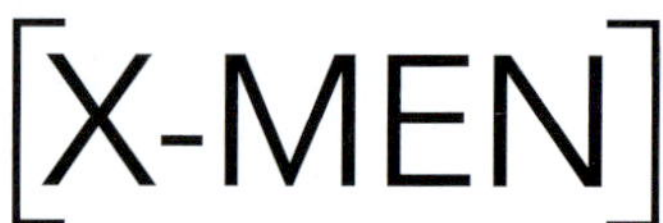

ZEIT DES WANDELS
Untitled
Inferno (2021) 1
November 2021

VERBORGENE ALLIANZEN
Untitled
Inferno (2021) 2
Dezember 2021

DER MENSCHEN-FLÜSTERER
Untitled
Inferno (2021) 3
Januar 2022

GROBE WERKZEUGE
Untitled
Inferno (2021) 4
März 2022

JONATHAN HICKMAN
STORY

STEFANO CASELLI (2-4)
VALERIO SCHITI (1, 3-4)
R. B. SILVA (3)
ZEICHNUNGEN

STEFANO CASELLI (2, 4)
ADRIANO DI BENEDETTO (3)
VALERIO SCHITI (1, 4)
TUSCHE

DAVID CURIEL
FARBEN

ASTARTE DESIGN
LETTERING

ALEXANDER RÖSCH
ÜBERSETZUNG

LAUREN AMARO
ANNALISE BISSA
JONATHAN HICKMAN
JORDAN D. WHITE
REDAKTION USA

C. B. CEBULSKI
CHEFREDAKTEUR USA

X-MEN: INFERNO erscheint bei **PANINI COMICS**, Schloßstraße 76, D-70176 Stuttgart. Druck: Centro Poligrafico Milano S.p.A., Casarile (MI). Pressevertrieb: Stella Distribution GmbH, D-22297 Hamburg. Direkt-Abos auf **www.paninicomics.de**. Anzeigenverkauf: BLAUFEUER VERLAGSVERTRETUNGEN GmbH, info@blaufeuer.com. Es gilt die Anzeigenpreisliste Nr. 19 vom 01.10.2021. Geschäftsführer **Hermann Paul**, Publishing Director Europe **Marco M. Lupoi**, Finanzen/Logistik **Felix Bauer**, Marketing Director **Holger Wiest**, Marketing **Fabio Cunetto**, Vertrieb **Alexander Bubenheimer**, PR/Presse **Steffen Volkmer**, Publishing Manager **Lisa Pancaldi**, Redaktion **Carlo Del Grande**, **Harald Gantzberg**, **Marco Rizzo**, **Anja Seiffert**, **Kristina Starschinski**, **Daniela Uhlmann**, **Thomas Witzler**, Übersetzung **Alexander Rösch**, Proofreading **ENZA**, Lettering **Astarte Design**, grafische Gestaltung **Marco Paroli**, **Gianluca Maria Sorace**, Art Director **Alessandro Gucciardo**, Redaktion Panini Comics **Annalisa Califano**, **Beatrice Doti**, Prepress **Cristina Bedini**, **Andrea Lusoli**, **Cinzia Morando**, **Nicola Soressi**, Repro/Packager **Alessandro Nalli** (coordinator), **Mario Da Rin Zanco**, **Valentina Esposito**, **Luca Ficarelli**, **Linda Leporati**. Deutsche Edition bei Panini Verlags-GmbH unter Lizenz von Marvel Characters B.V. Cover von **Pepe Larraz**, *Inferno* (2021) 1.

Digitale Ausgaben:
ISBN 978-3-7367-8773-5 (.pdf) / ISBN 978-3-7367-8771-1 (.epub) /
ISBN 978-3-7367-8772-8 (.mobi)

Bibliografische Information der Deutschen Nationalbibliothek
Die Deutsche Nationalbibliothek verzeichnet diese Publikation in der Deutschen Nationalbibliografie; detaillierte bibliografische Daten sind im Internet über dnb.d-nb.de abrufbar.

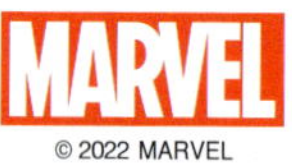

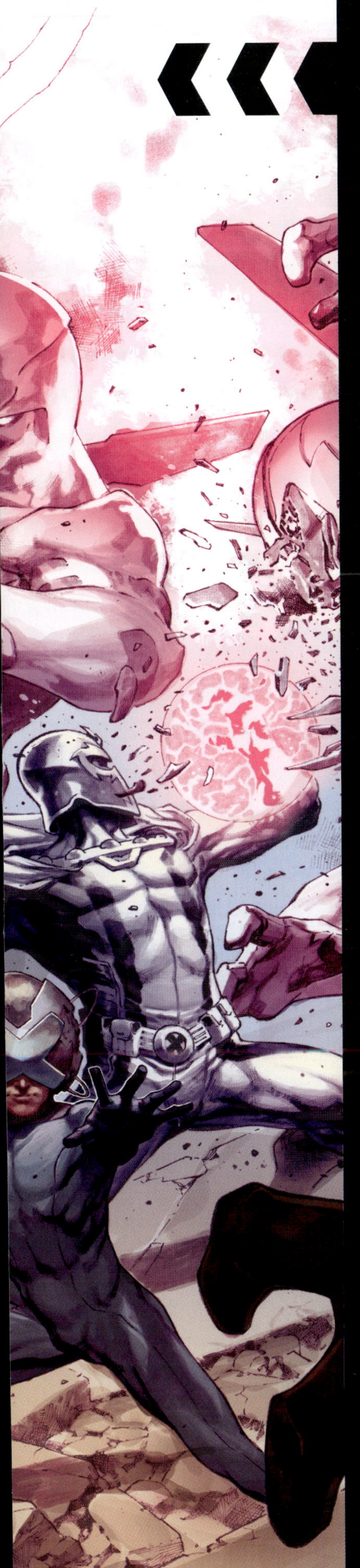

Jahrzehntelang waren Mutanten vom Aussterben bedroht. Doch die Zeiten haben sich geändert. Die Kinder des Atoms stehen besser da als je zuvor. Und nie waren sie mächtiger als heute. Alleine die Gründung einer florierenden Nation auf der Insel **Krakoa** und der weltweite Handel mit bahnbrechender Bio-Medizin haben der Spezies viel Renommee verschafft. Eine Machtposition, der sie durch das Terraformieren des Mars auch auf kosmischer Ebene die Krone aufgesetzt haben. Der Aufstieg begann mit HOUSE OF X & POWERS OF X von Autor **Jonathan Hickman**. Die Story konzentrierte sich auf eine Frau, die lange nur als enge Verbündete der **X-Men** und Ex-Geliebte von **Charles Xavier** bekannt war. Dann stellte sich heraus, dass **Moira MacTaggert** eine Mutantin ist. Sie besitzt die Fähigkeit, nach ihrem Tod stets zum selben Zeitpunkt mit allen bisherigen Erinnerungen im Uterus der Mutter wiedergeboren zu werden. Laut der verstorbenen Seherin **Destiny** ist dieser Kreislauf auf zehn bis elf Reinkarnationen beschränkt. Obwohl Moira jedes Mal aus ihren Fehlern gelernt und entsprechend neue Wege eingeschlagen hatte, führten Leben 1 bis 9 stets zum Untergang von Homo superior. Im aktuellen zehnten Leben teilte sie ihre Erfahrungen mit Xavier und **Magneto**, um Mutanten vor der Menschheit und den Maschinen zu retten. Ganz bewusst wählte die Genforscherin für sich und Charles geeignete Partner, damit ihr Nachwuchs über realitätsverändernde Kräfte verfügt. Ihre Taktik gebar **Proteus** und **Legion**. Moira wusste, dass diese Fähigkeit unabdinglich sein würde, um künftig verstorbene Mutanten aus dem Jenseits zurückzuholen. Während sie im Hintergrund mit Xavier an der Verwirklichung einer Mutantennation auf Krakoa arbeitete, schuf sie eine Art Köder von sich selbst, der von **Mystique** und der Bruderschaft getötet wurde. Nur Magneto und Xavier ist bekannt, dass Moira noch lebt. Beiden trug sie auf, jede Wiederbelebung hellseherischer Mutanten zu verhindern. Aber Krakoas Anführer haben Mystique vor zwei Kamikazemissionen zugesagt, Destiny zurückzubringen. Bis heute wartet die Gestaltwandlerin vergeblich und verliert allmählich die Geduld …

Thomas Witzler

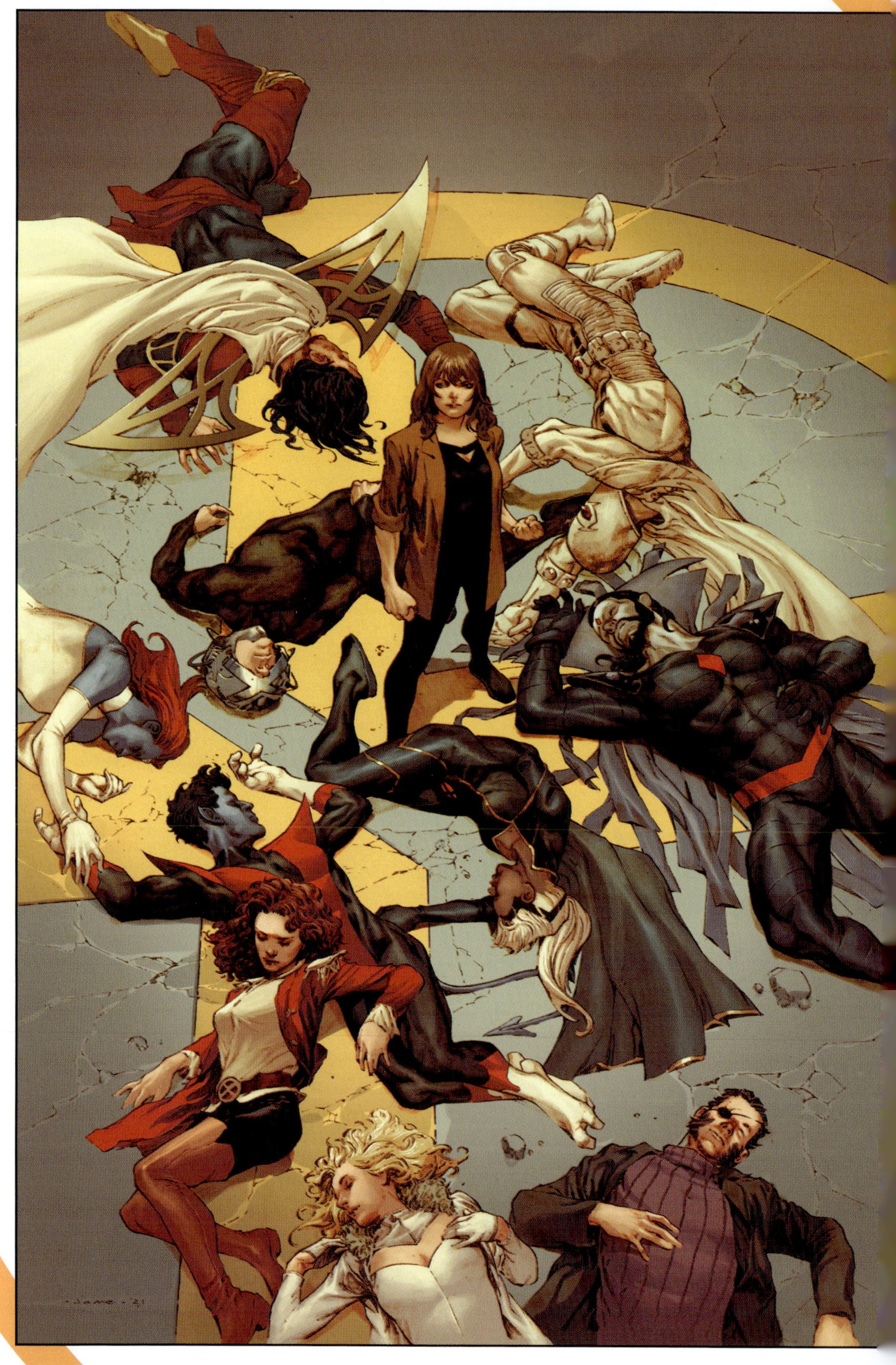

Inferno (2021) 1
Cover von **PEPE LARRAZ**

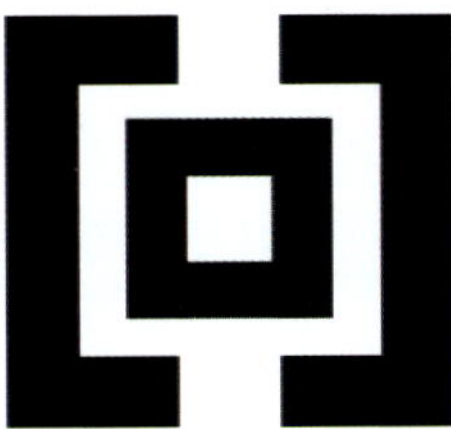

[orc_[0.1]
[his_[2.1]

Jemand erinnert sich.

Deshalb kommen sie immer wieder.

– OMEGA SENTINEL

[orc_[4.1]
[his_[6.1]

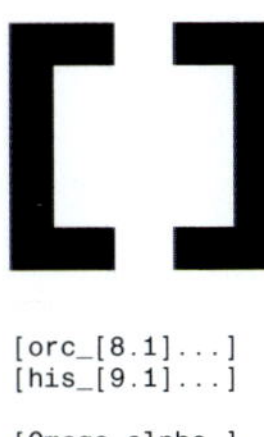

[orc_[8.1]...]
[his_[9.1]...]

[Omega_alpha.]

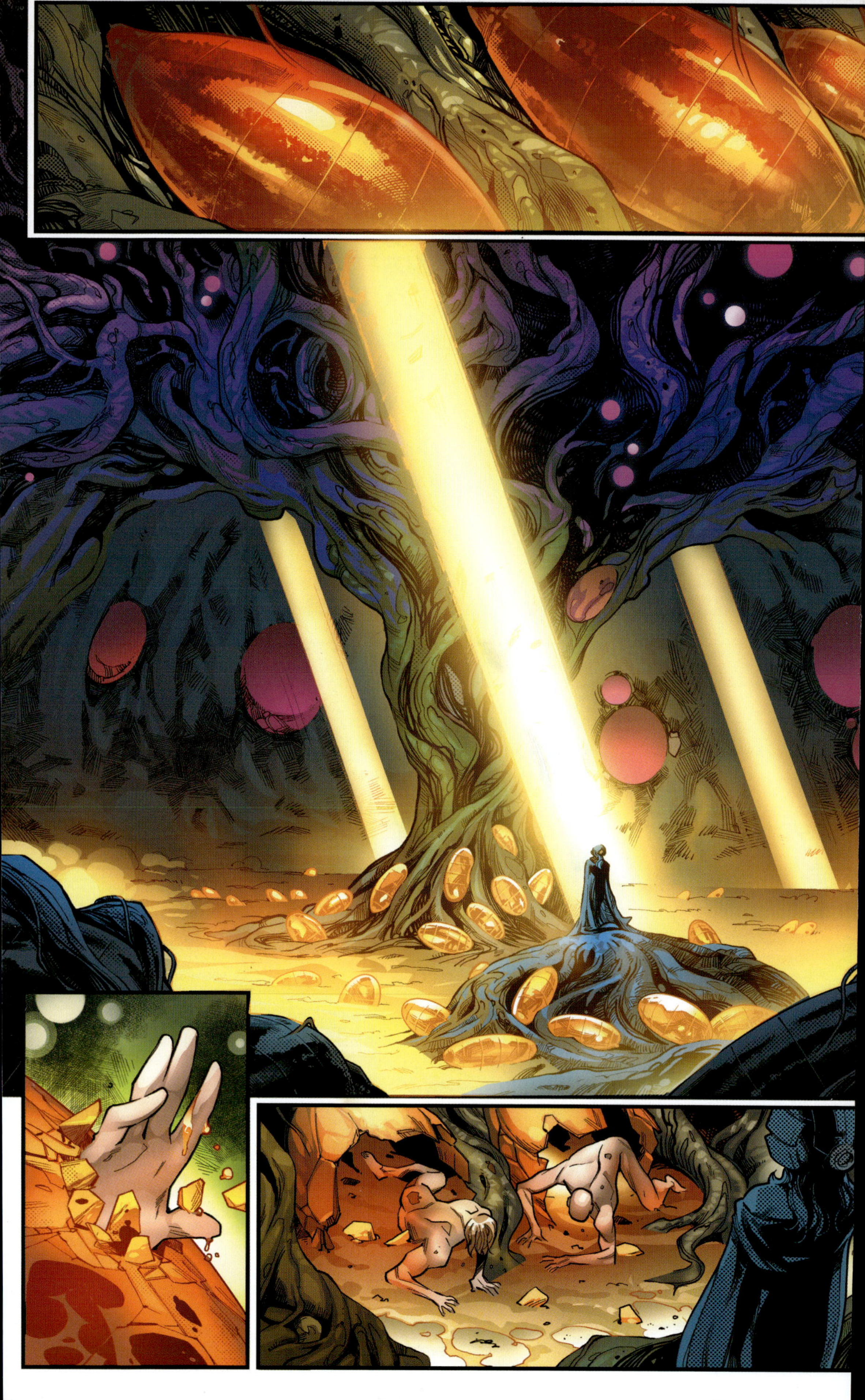

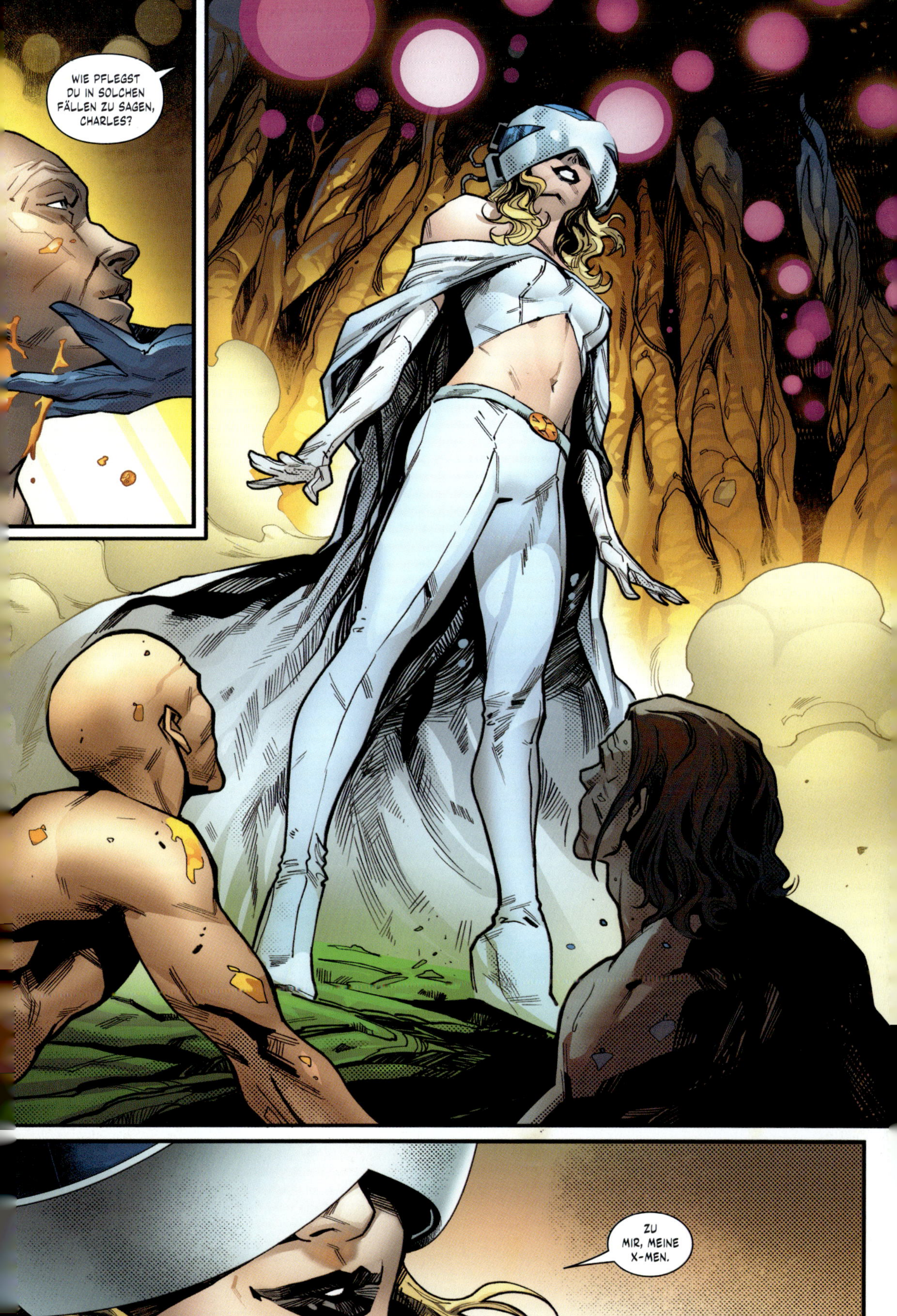
WIE PFLEGST DU IN SOLCHEN FÄLLEN ZU SAGEN, CHARLES?
ZU MIR, MEINE X-MEN.

BEDROHUNGSANALYSE: ORCHIS

BEDROHUNGSSTUFE: 1 **[AUSMASS: SYSTEMWEIT]**

Trotz all unserer Anstrengungen nimmt der Einfluss von ORCHIS auf der Erde weiter zu. Gestärkt durch die aktuell uneinnehmbare Festung in der Umlaufbahn um die Sonne wirbt ORCHIS aggressiv um Verbündete unter den traditionellen Mächten der Erde und den jüngst entstandenen antikrakoanischen Bündnissen. Eine zusätzliche Komplikation stellt die Errichtung autarker, anpassungsfähiger Sentinel-Basen (Nodes) in Gebieten von ORCHIS-Verbündeten dar.

Während Nodes in der Regel rasch entdeckt und zerstört werden (ebenso wie ihre Spionagenetzwerke, die wir aufspüren und neutralisieren), müssen wir davon ausgehen, dass sie als Katalysatoren für die weitere Ausbreitung dienen – allein zum Zweck errichtet, unser aggressives Vorgehen in den Fokus zu rücken. Wie das Abbrennen von Feldern scheint unser Agieren die Expansion eher zu beflügeln und den Gesamtverbund zu stärken.

Solange wir das Übel nicht an der Wurzel ausrotten können, scheint auf der Erde Abwarten und Observieren die erfolgversprechendste Vorgehensweise zu sein.

Was die Schmiede selbst betrifft – und Nimrod, der darin lauert –, bleibt Zerstörung das vorrangige Ziel.

STRATEGISCHE MASSNAHMEN: ORCHIS

ERDE:......................................abwarten/observieren
ANDERE:.........................Aktion [siehe ORCHIS-Ereignisse]

KARTE VON ORCHIS

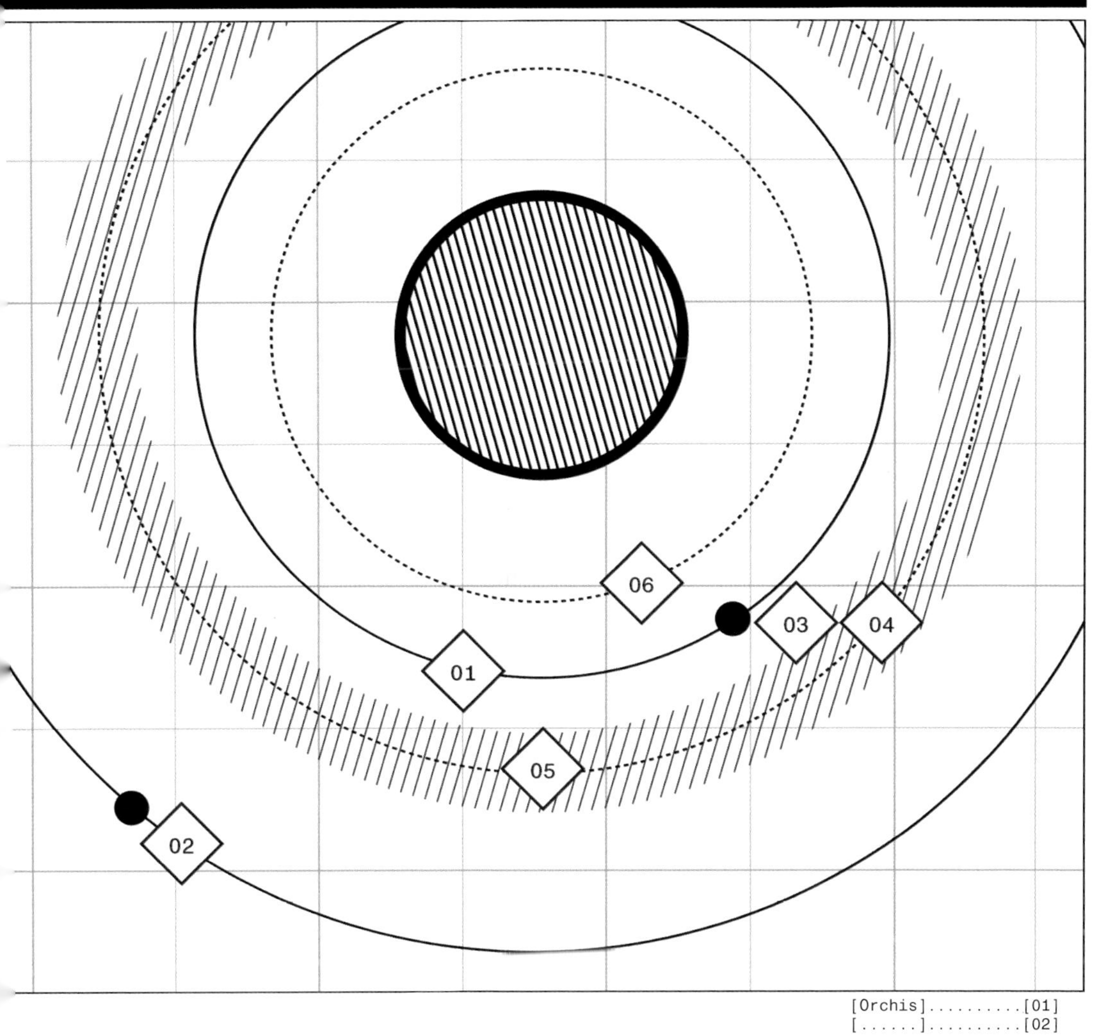

[Orchis]..........[01]
[......]..........[02]

1] VERTEIDIGUNGSPLATTFORMEN.............Netzwerk aus Waffenplattformen [2.145]
2] WACHTÜRME............................Venus-Sphäre, Frühwarnsystem
3] SENTINEL CITY........................Abbau von Schwermetallen, Master Mold-Superfabrik
4] ORCHIS-BUNKER........................Subterrane Zuflucht unter Sentinel City
5] TELEPATHISCHES BOJENSYSTEM...........Telepathisches Minenfeld
6] ORCHIS-SCHMIEDE......................Basis von Orchis

ORCHIS-EREIGNISSE

MUTANTEN-INKURSIONEN

01. X-Force.....Domino-Flucht.......................... Mission gescheitert
02. X-Force.....Mystique-Portal, Vakuum............... Mission gescheitert
03. Magneto.....Versuch, die Schmiede in die Sonne zu drängen, vereitelt durch ihre Dyson-Triebwerke. Magneto erleidet nach 30 Minuten Aneurysma und stirbt.......... Mission gescheitert
04. X-Force.....Einschleusung/Aktion/Angriff........... Ergebnis unbekannt
05. X-Force.....Im Transit abgefangen/Warnung.......... Mission gescheitert
06. Magneto.....Versuch, die Schmiede von der entlegenen Sonnenseite aus mithilfe eigener Kräfte und der Gravität des Planeten in die Sonne zu drängen. Nach sechs Stunden scheitern die vereinten Bemühungen der Mutanten wegen der Dyson-Triebwerke.... Mission gescheitert
07. X-Force.....Einschleusung/Aktion/Angriff........... Ergebnis unbekannt
08. X-Force.....Orchis-Hack, Notruf von Kid Omega...... Mission gescheitert
09. X-Force.....Mystique-Portal, Krakoa-Inkursion, Portal zerstört....................... Mission gescheitert
10. X-Force.....Einschleusung/Aktion/Angriff........... Ergebnis unbekannt
11. X-Force.....Einschleusung/Aktion/Angriff........... Ergebnis unbekannt
12. X-Force.....Einschleusung/Aktion/Angriff........... Ergebnis unbekannt
13. X-Force.....Einschleusung/Aktion/Angriff........... Ergebnis unbekannt

ANDERE

01. Technet.......Auftragskiller, angeheuert über Avalon-Vermittler.......................... Mission gescheitert
02. ███... ██████████████.... Mission gescheitert
03. Brood-Schwarm, angeführt von König Broo.................. Mission gescheitert

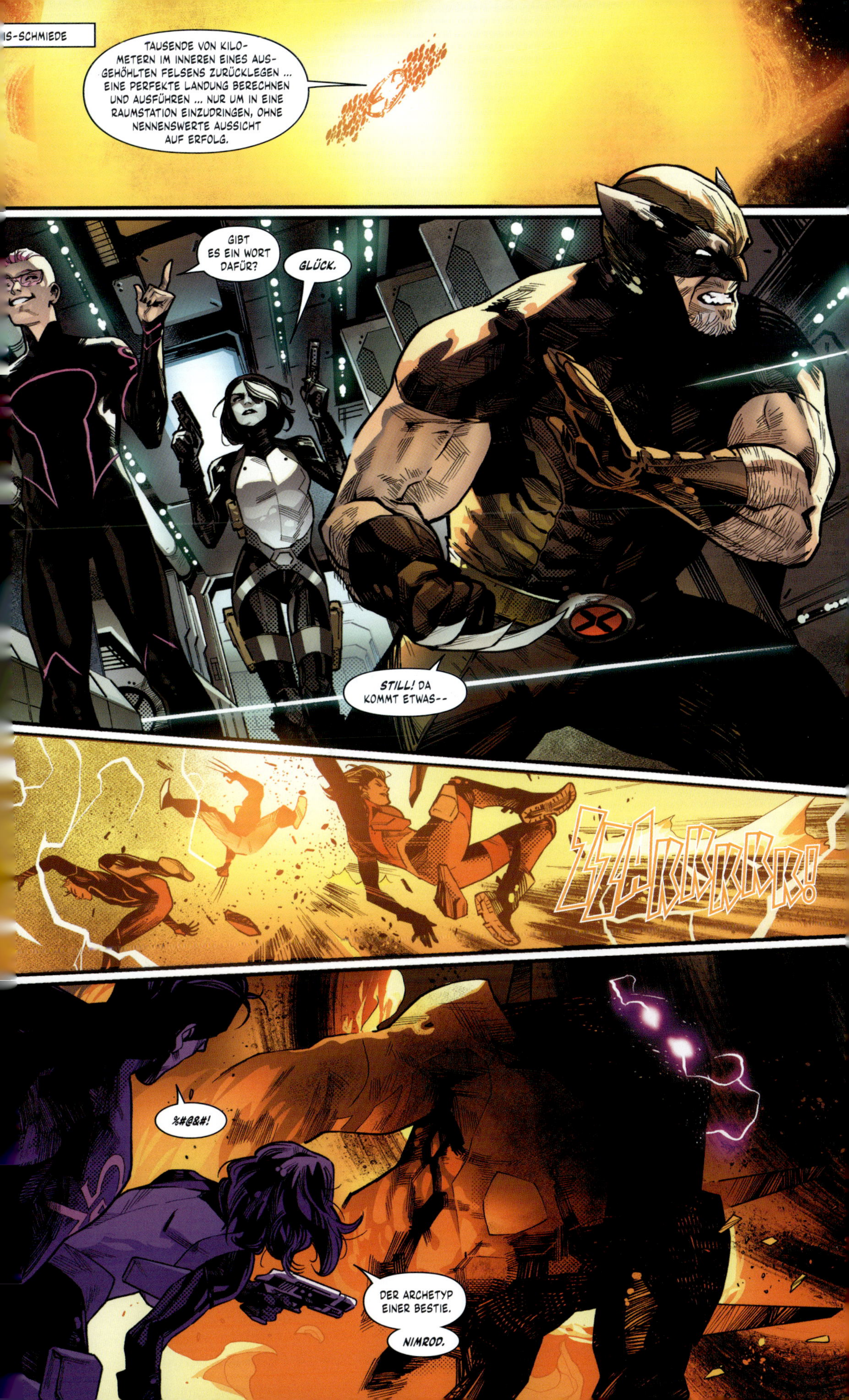
IS-SCHMIEDE
TAUSENDE VON KILOMETERN IM INNEREN EINES AUSGEHÖHLTEN FELSENS ZURÜCKLEGEN ... EINE PERFEKTE LANDUNG BERECHNEN UND AUSFÜHREN ... NUR UM IN EINE RAUMSTATION EINZUDRINGEN, OHNE NENNENSWERTE AUSSICHT AUF ERFOLG.
GIBT ES EIN WORT DAFÜR?
GLÜCK.
STILL! DA KOMMT ETWAS--
%#@&#!
DER ARCHETYP EINER BESTIE.
NIMROD.

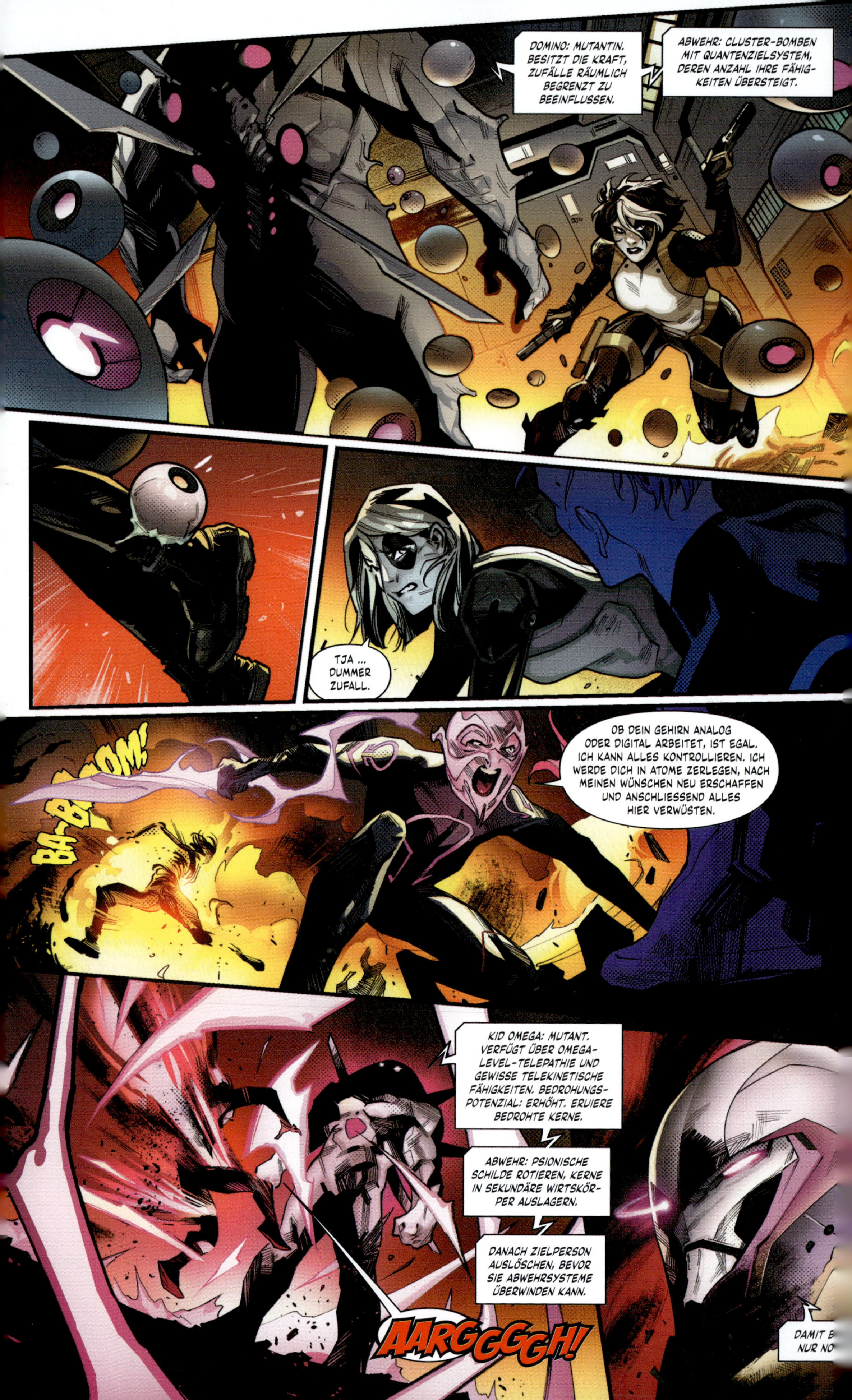
DOMINO: MUTANTIN. BESITZT DIE KRAFT, ZUFÄLLE RÄUMLICH BEGRENZT ZU BEEINFLUSSEN.
ABWEHR: CLUSTER-BOMBEN MIT QUANTENZIELSYSTEM, DEREN ANZAHL IHRE FÄHIGKEITEN ÜBERSTEIGT.
TJA ... DUMMER ZUFALL.
BA-BOOM!
OB DEIN GEHIRN ANALOG ODER DIGITAL ARBEITET, IST EGAL. ICH KANN ALLES KONTROLLIEREN. ICH WERDE DICH IN ATOME ZERLEGEN, NACH MEINEN WÜNSCHEN NEU ERSCHAFFEN UND ANSCHLIESSEND ALLES HIER VERWÜSTEN.
KID OMEGA: MUTANT. VERFÜGT ÜBER OMEGA-LEVEL-TELEPATHIE UND GEWISSE TELEKINETISCHE FÄHIGKEITEN. BEDROHUNGSPOTENZIAL: ERHÖHT. ERUIERE BEDROHTE KERNE.
ABWEHR: PSIONISCHE SCHILDE ROTIEREN, KERNE IN SEKUNDÄRE WIRTSKÖRPER AUSLAGERN.
DANACH ZIELPERSON AUSLÖSCHEN, BEVOR SIE ABWEHRSYSTEME ÜBERWINDEN KANN.
AARGGGGH!
DAMIT B
NUR NO

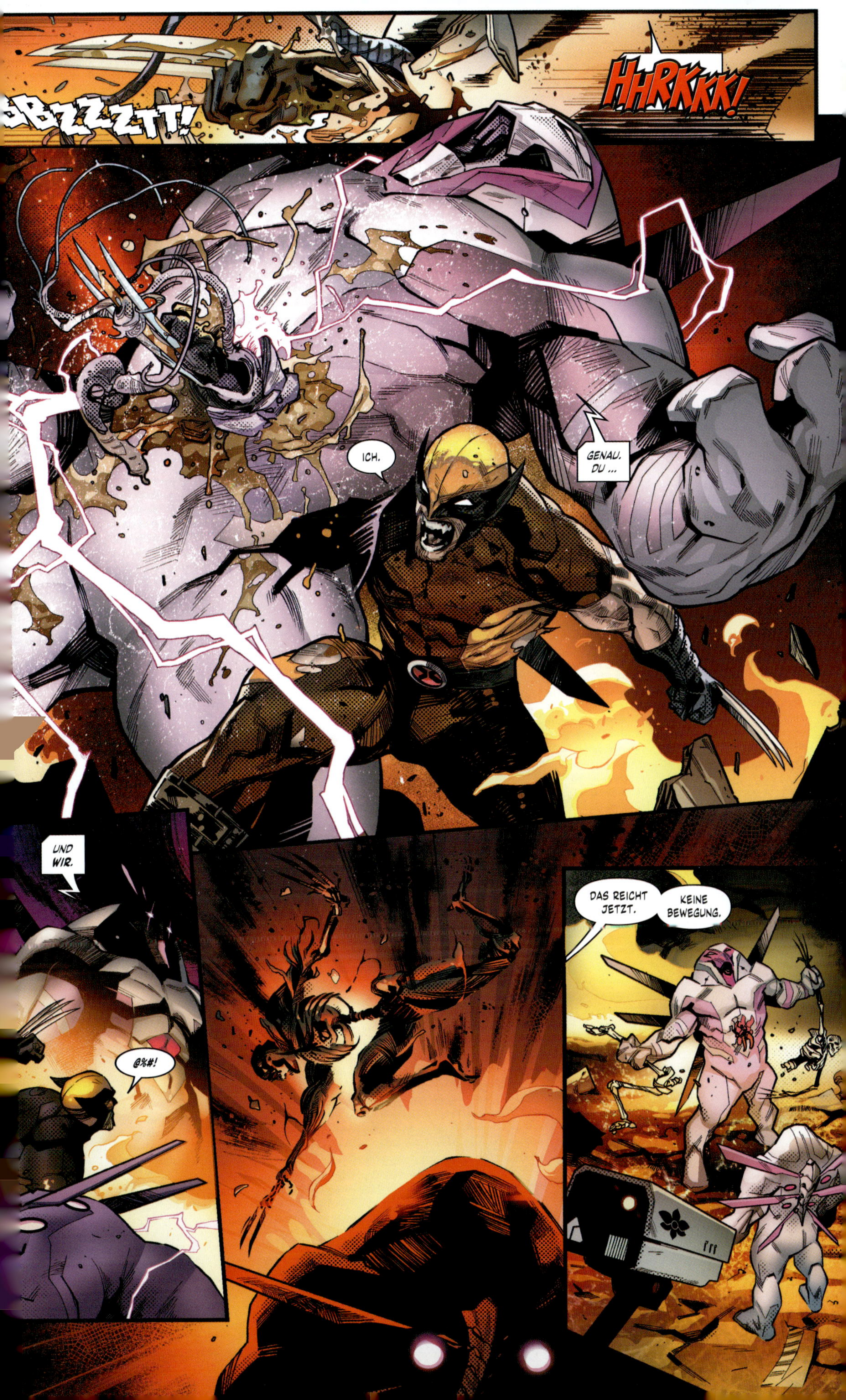
BZZZZTT!
HHRKKK!
GENAU. DU ...
ICH.
UND WIR.
@%#!
DAS REICHT JETZT.
KEINE BEWEGUNG.

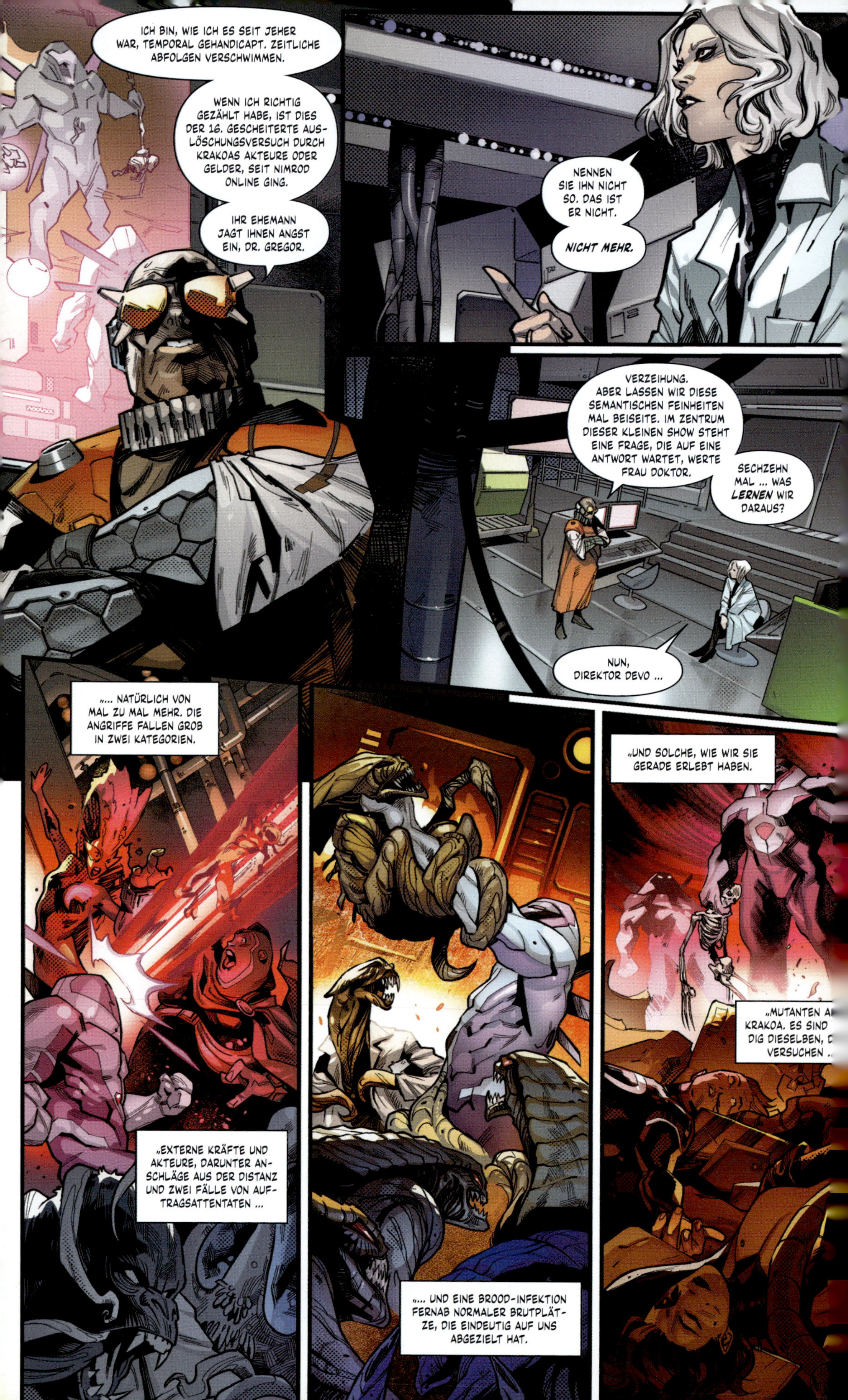
ICH BIN, WIE ICH ES SEIT JEHER WAR, TEMPORAL GEHANDICAPT. ZEITLICHE ABFOLGEN VERSCHWIMMEN.
WENN ICH RICHTIG GEZÄHLT HABE, IST DIES DER 16. GESCHEITERTE AUSLÖSCHUNGSVERSUCH DURCH KRAKOAS AKTEURE ODER GELDER, SEIT NIMROD ONLINE GING.
IHR EHEMANN JAGT IHNEN ANGST EIN, DR. GREGOR.
NENNEN SIE IHN NICHT SO. DAS IST ER NICHT.
NICHT MEHR.
VERZEIHUNG. ABER LASSEN WIR DIESE SEMANTISCHEN FEINHEITEN MAL BEISEITE. IM ZENTRUM DIESER KLEINEN SHOW STEHT EINE FRAGE, DIE AUF EINE ANTWORT WARTET, WERTE FRAU DOKTOR.
SECHZEHN MAL ... WAS LERNEN WIR DARAUS?
NUN, DIREKTOR DEVO ...
„... NATÜRLICH VON MAL ZU MAL MEHR. DIE ANGRIFFE FALLEN GROB IN ZWEI KATEGORIEN.
„EXTERNE KRÄFTE UND AKTEURE, DARUNTER ANSCHLÄGE AUS DER DISTANZ UND ZWEI FÄLLE VON AUFTRAGSATTENTATEN ...
„... UND EINE BROOD-INFEKTION FERNAB NORMALER BRUTPLÄTZE, DIE EINDEUTIG AUF UNS ABGEZIELT HAT.
„UND SOLCHE, WIE WIR SIE GERADE ERLEBT HABEN.
„MUTANTEN A
KRAKOA. ES SIND
DIG DIESELBEN, D
VERSUCHEN ...

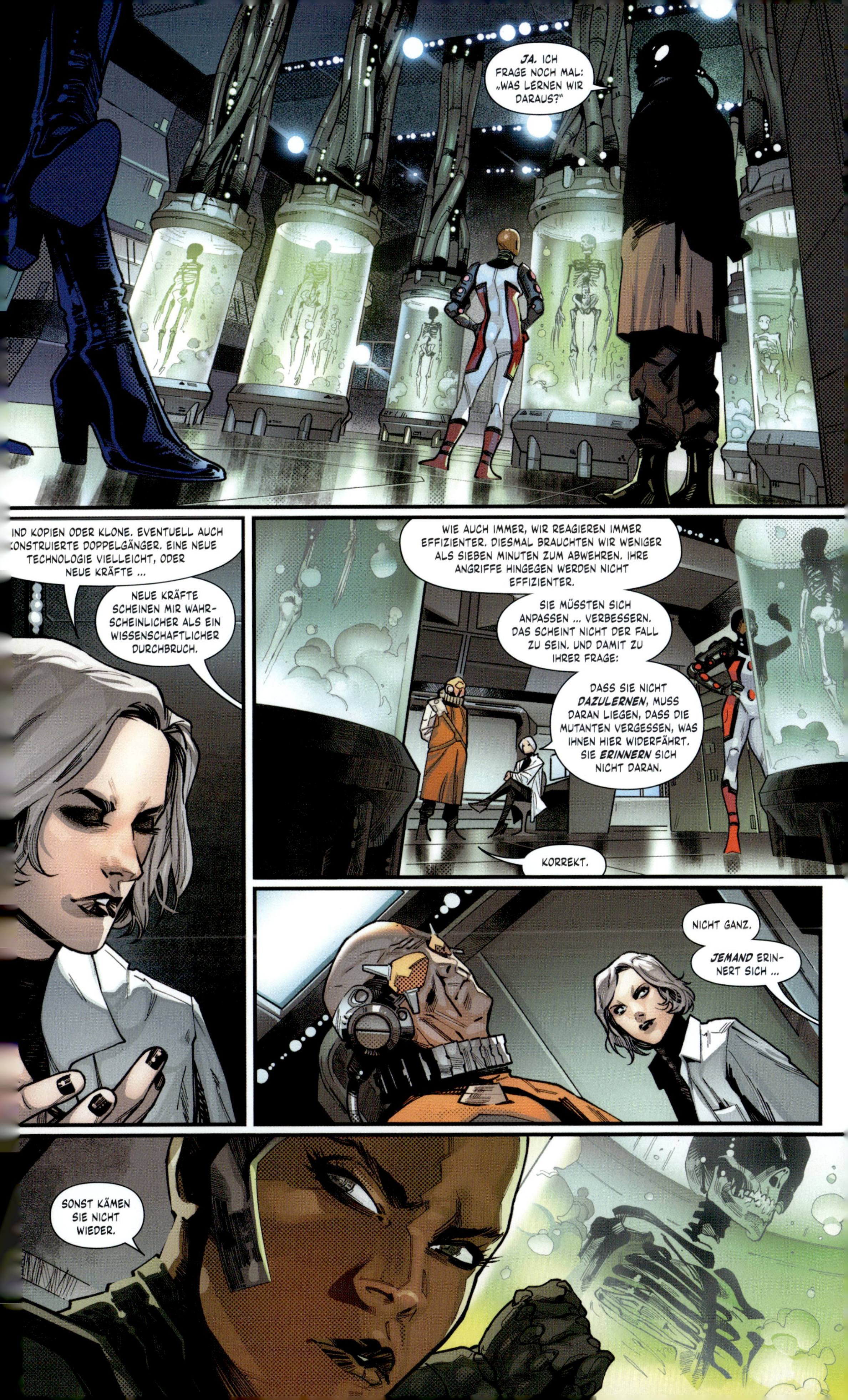

JA. ICH FRAGE NOCH MAL: „WAS LERNEN WIR DARAUS?"

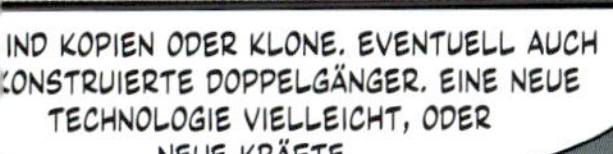

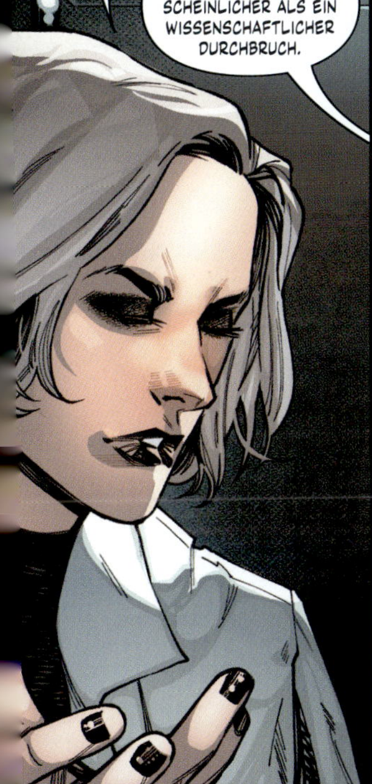

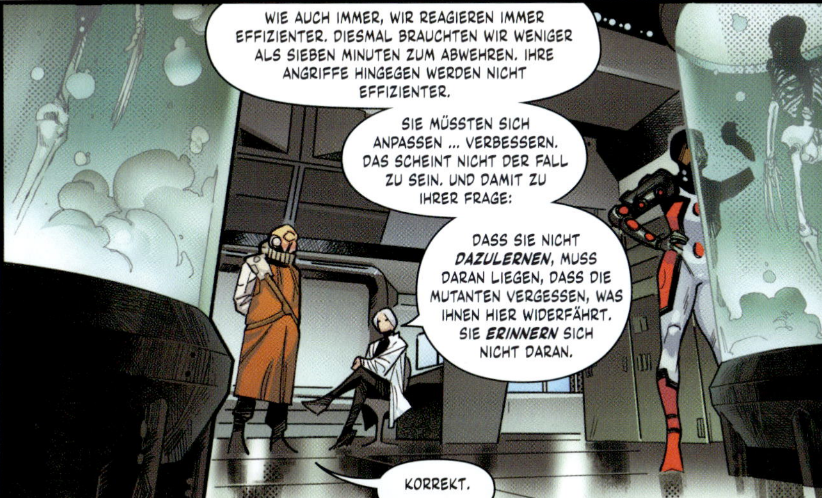

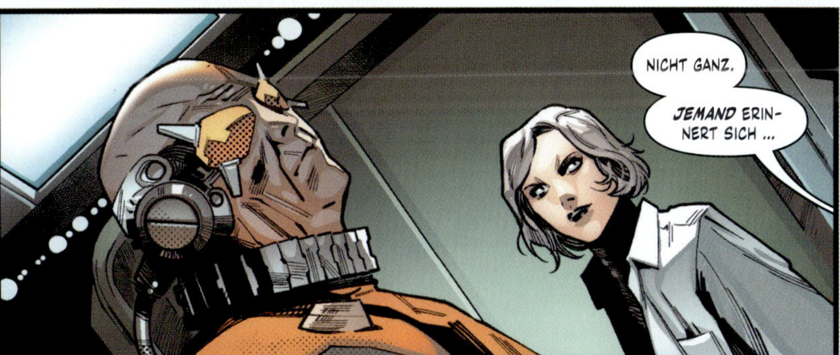

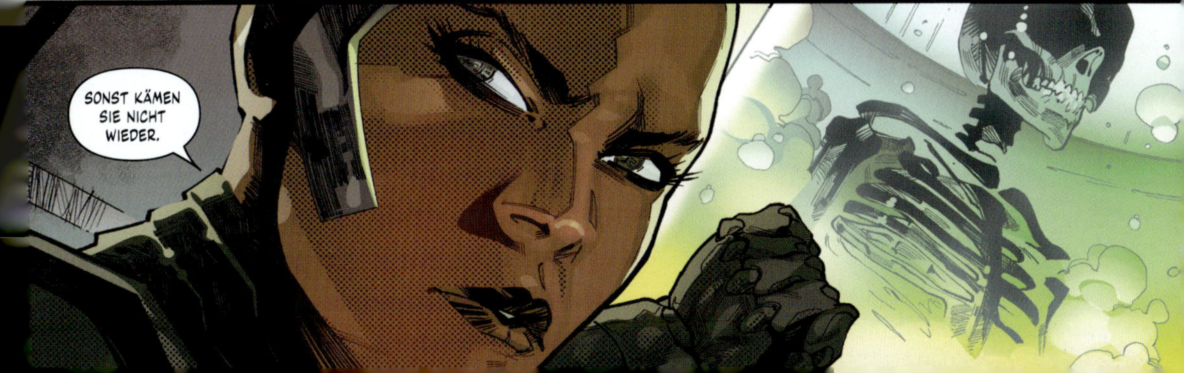

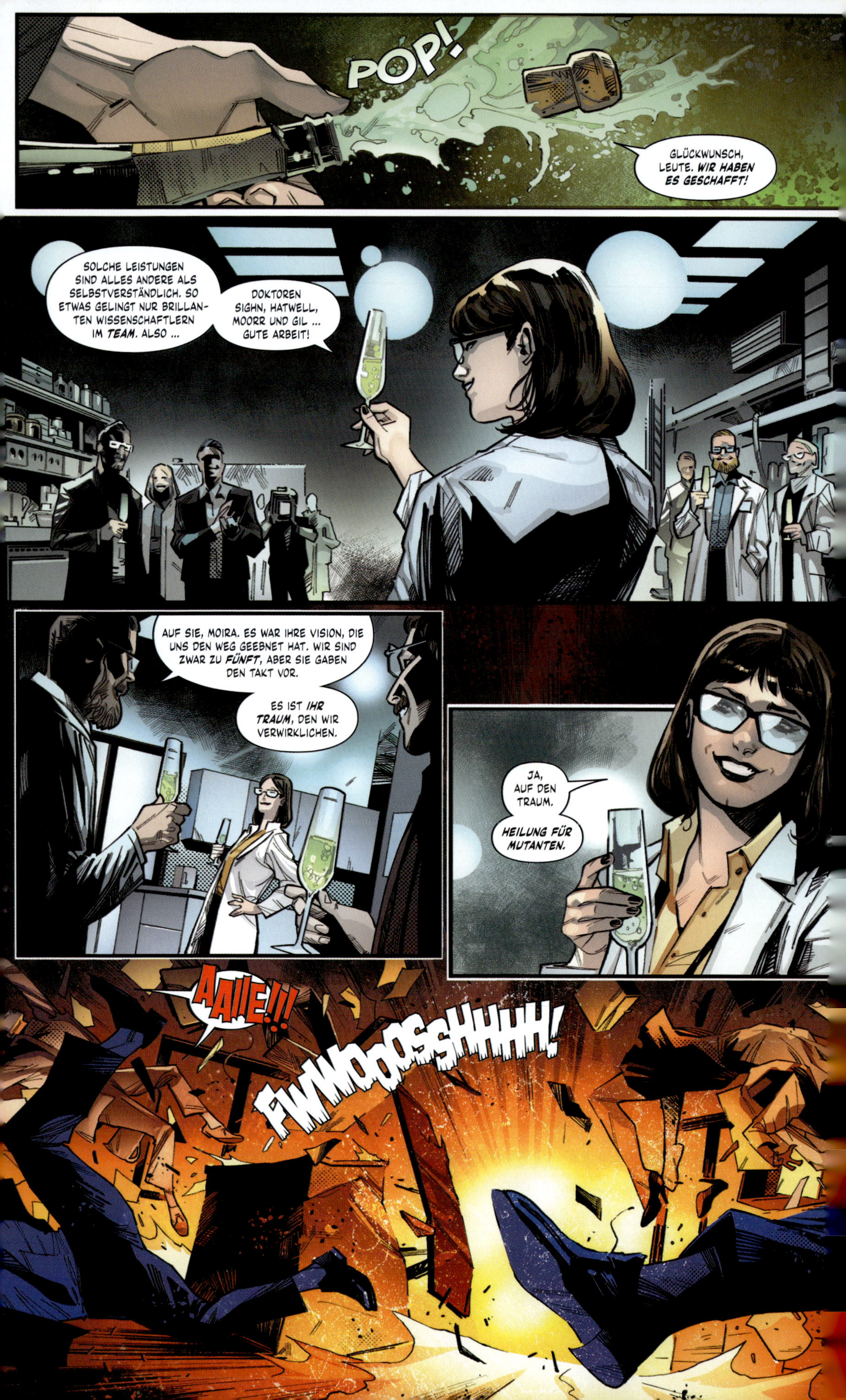
POP!
GLÜCKWUNSCH, LEUTE. WIR HABEN ES GESCHAFFT!
SOLCHE LEISTUNGEN SIND ALLES ANDERE ALS SELBSTVERSTÄNDLICH. SO ETWAS GELINGT NUR BRILLANTEN WISSENSCHAFTLERN IM TEAM. ALSO ...
DOKTOREN SIGHN, HATWELL, MOORR UND GIL ... GUTE ARBEIT!
AUF SIE, MOIRA. ES WAR IHRE VISION, DIE UNS DEN WEG GEEBNET HAT. WIR SIND ZWAR ZU FÜNFT, ABER SIE GABEN DEN TAKT VOR.
ES IST IHR TRAUM, DEN WIR VERWIRKLICHEN.
JA, AUF DEN TRAUM.
HEILUNG FÜR MUTANTEN.
AAIIE!!!
FWWOOOOSHHHH!

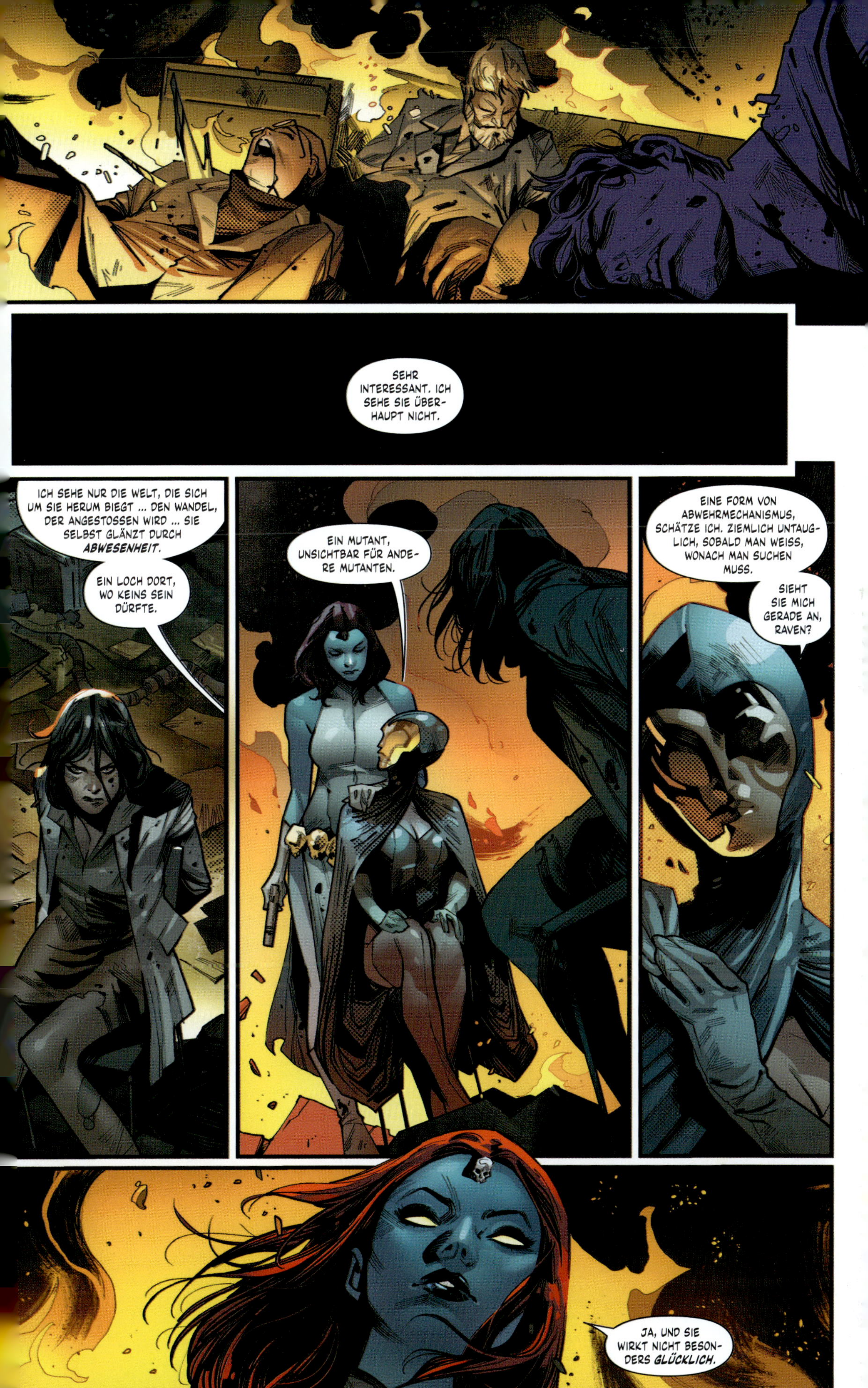
SEHR INTERESSANT. ICH SEHE SIE ÜBERHAUPT NICHT.
ICH SEHE NUR DIE WELT, DIE SICH UM SIE HERUM BIEGT ... DEN WANDEL, DER ANGESTOSSEN WIRD ... SIE SELBST GLÄNZT DURCH *ABWESENHEIT*.
EIN LOCH DORT, WO KEINS SEIN DÜRFTE.
EIN MUTANT, UNSICHTBAR FÜR ANDERE MUTANTEN.
EINE FORM VON ABWEHRMECHANISMUS, SCHÄTZE ICH. ZIEMLICH UNTAUGLICH, SOBALD MAN WEISS, WONACH MAN SUCHEN MUSS.
SIEHT SIE MICH GERADE AN, RAVEN?
JA, UND SIE WIRKT NICHT BESONDERS *GLÜCKLICH*.

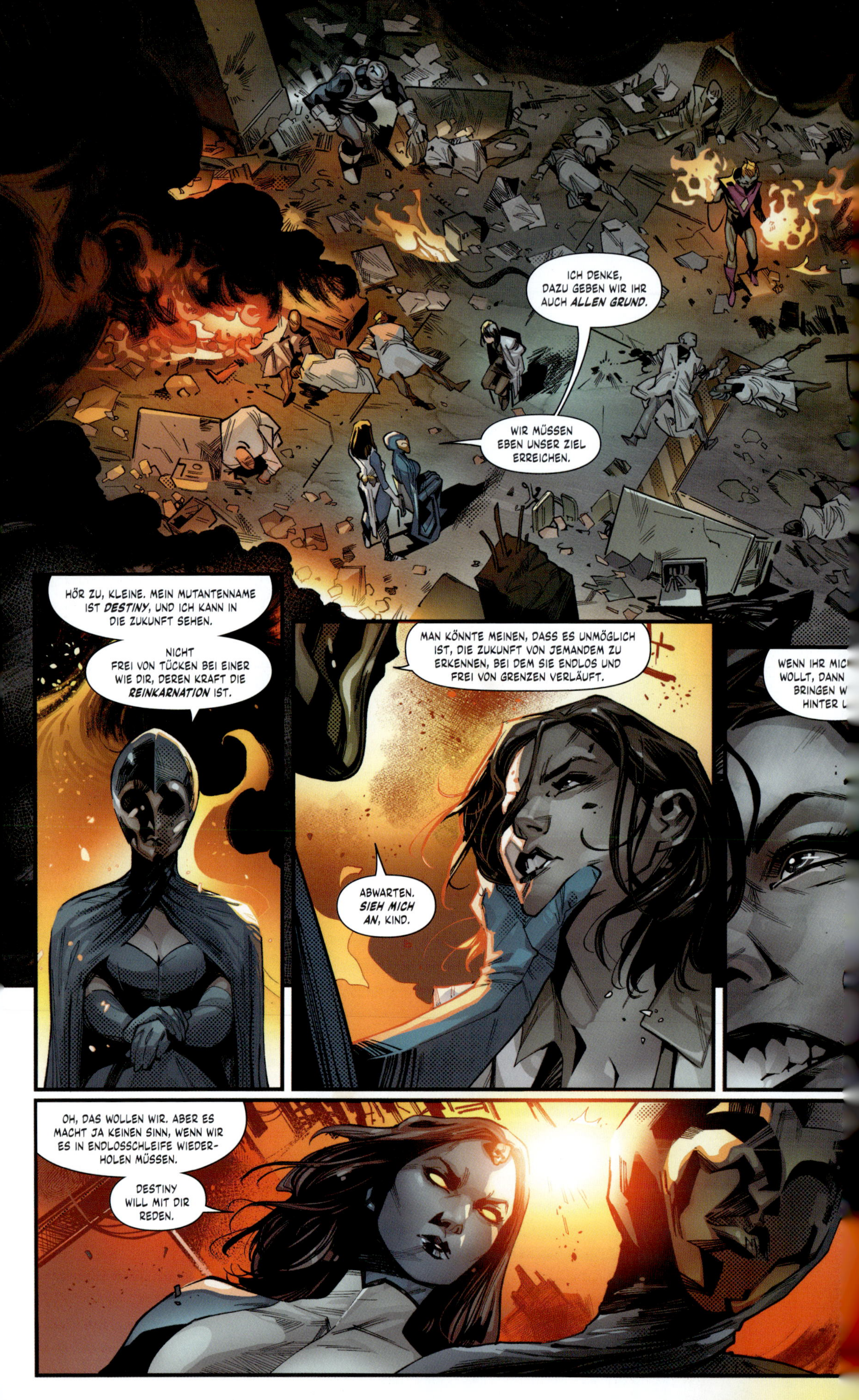
ICH DENKE, DAZU GEBEN WIR IHR AUCH **ALLEN GRUND.**
WIR MÜSSEN EBEN UNSER ZIEL ERREICHEN.
HÖR ZU, KLEINE. MEIN MUTANTENNAME IST **DESTINY**, UND ICH KANN IN DIE ZUKUNFT SEHEN.
NICHT FREI VON TÜCKEN BEI EINER WIE DIR, DEREN KRAFT DIE **REINKARNATION** IST.
MAN KÖNNTE MEINEN, DASS ES UNMÖGLICH IST, DIE ZUKUNFT VON JEMANDEM ZU ERKENNEN, BEI DEM SIE ENDLOS UND FREI VON GRENZEN VERLÄUFT.
ABWARTEN. **SIEH MICH AN**, KIND.
WENN IHR MIC WOLLT, DANN BRINGEN W HINTER U
OH, DAS WOLLEN WIR. ABER ES MACHT JA KEINEN SINN, WENN WIR ES IN ENDLOSSCHLEIFE WIEDERHOLEN MÜSSEN.
DESTINY WILL MIT DIR REDEN.

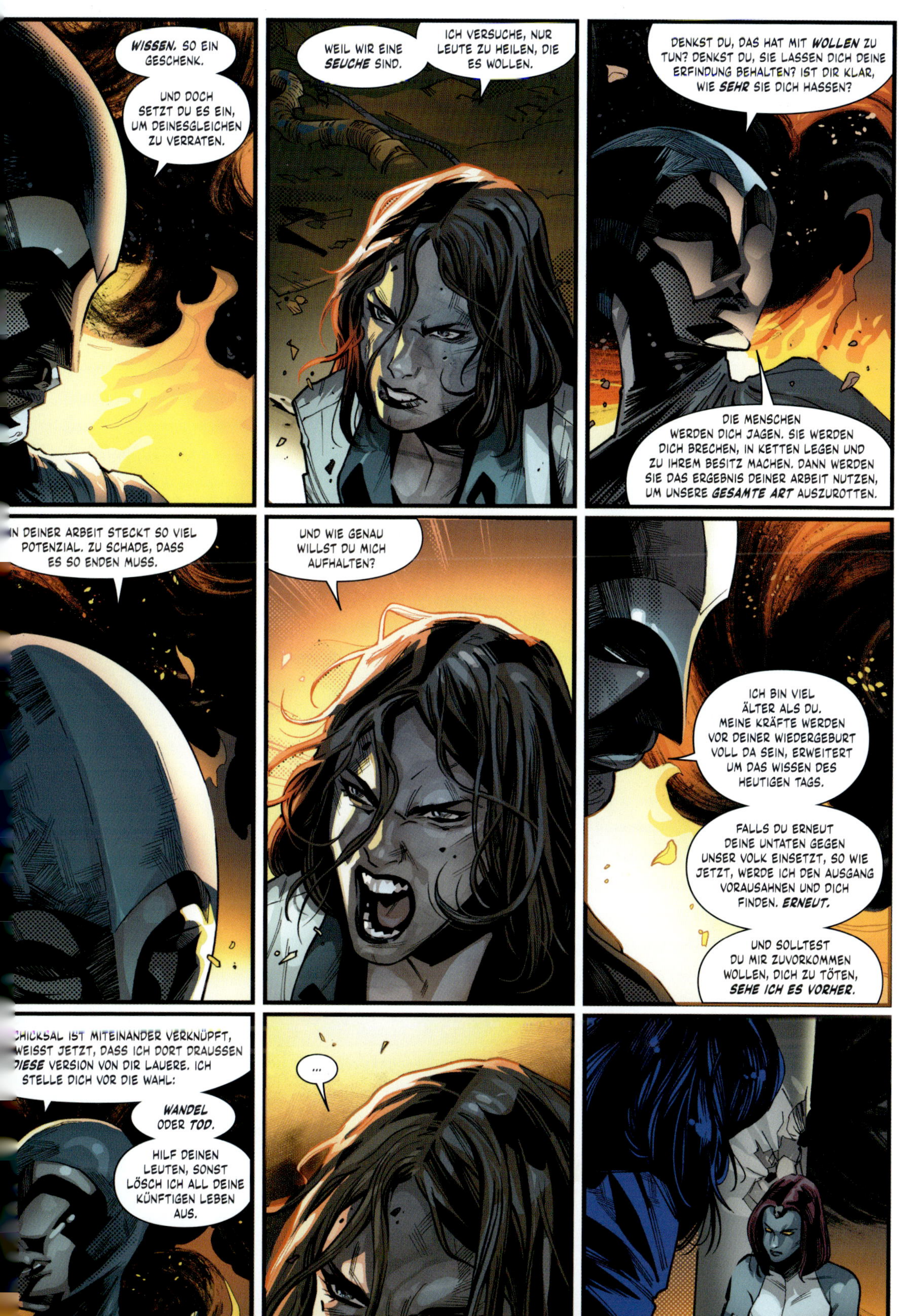

WISSEN. SO EIN GESCHENK.
UND DOCH SETZT DU ES EIN, UM DEINESGLEICHEN ZU VERRATEN.
WEIL WIR EINE SEUCHE SIND.
ICH VERSUCHE, NUR LEUTE ZU HEILEN, DIE ES WOLLEN.
DENKST DU, DAS HAT MIT WOLLEN ZU TUN? DENKST DU, SIE LASSEN DICH DEINE ERFINDUNG BEHALTEN? IST DIR KLAR, WIE SEHR SIE DICH HASSEN?
DIE MENSCHEN WERDEN DICH JAGEN. SIE WERDEN DICH BRECHEN, IN KETTEN LEGEN UND ZU IHREM BESITZ MACHEN. DANN WERDEN SIE DAS ERGEBNIS DEINER ARBEIT NUTZEN, UM UNSERE GESAMTE ART AUSZUROTTEN.
IN DEINER ARBEIT STECKT SO VIEL POTENZIAL. ZU SCHADE, DASS ES SO ENDEN MUSS.
UND WIE GENAU WILLST DU MICH AUFHALTEN?
ICH BIN VIEL ÄLTER ALS DU. MEINE KRÄFTE WERDEN VOR DEINER WIEDERGEBURT VOLL DA SEIN, ERWEITERT UM DAS WISSEN DES HEUTIGEN TAGS.
FALLS DU ERNEUT DEINE UNTATEN GEGEN UNSER VOLK EINSETZT, SO WIE JETZT, WERDE ICH DEN AUSGANG VORAUSAHNEN UND DICH FINDEN. ERNEUT.
UND SOLLTEST DU MIR ZUVORKOMMEN WOLLEN, DICH ZU TÖTEN, SEHE ICH ES VORHER.
CHICKSAL IST MITEINANDER VERKNÜPFT, WEISST JETZT, DASS ICH DORT DRAUSSEN DIESE VERSION VON DIR LAUERE. ICH STELLE DICH VOR DIE WAHL:
WANDEL ODER TOD.
HILF DEINEN LEUTEN, SONST LÖSCH ICH ALL DEINE KÜNFTIGEN LEBEN AUS.
...
SIE WIRKT NOCH NICHT GANZ ÜBERZEUGT. DU MUSST STÄRKERE GESCHÜTZE AUFFAHREN.

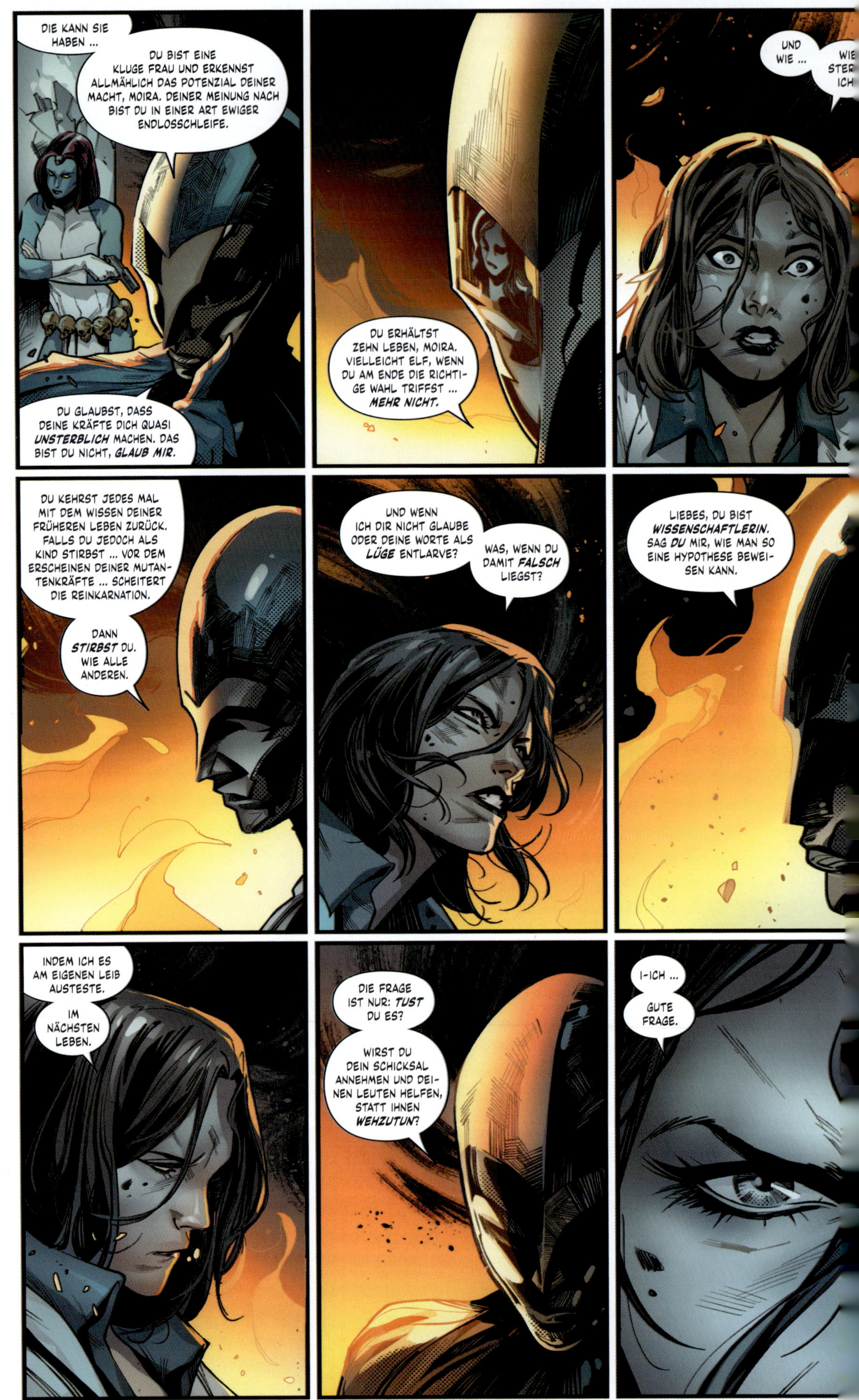
DIE KANN SIE HABEN ...
DU BIST EINE KLUGE FRAU UND ERKENNST ALLMÄHLICH DAS POTENZIAL DEINER MACHT, MOIRA. DEINER MEINUNG NACH BIST DU IN EINER ART EWIGER ENDLOSSCHLEIFE.
DU GLAUBST, DASS DEINE KRÄFTE DICH QUASI UNSTERBLICH MACHEN. DAS BIST DU NICHT, GLAUB MIR.
DU ERHÄLTST ZEHN LEBEN, MOIRA. VIELLEICHT ELF, WENN DU AM ENDE DIE RICHTIGE WAHL TRIFFST ... MEHR NICHT.
UND WIE ...
DU KEHRST JEDES MAL MIT DEM WISSEN DEINER FRÜHEREN LEBEN ZURÜCK. FALLS DU JEDOCH ALS KIND STIRBST ... VOR DEM ERSCHEINEN DEINER MUTANTENKRÄFTE ... SCHEITERT DIE REINKARNATION.
DANN STIRBST DU. WIE ALLE ANDEREN.
UND WENN ICH DIR NICHT GLAUBE ODER DEINE WORTE ALS LÜGE ENTLARVE?
WAS, WENN DU DAMIT FALSCH LIEGST?
LIEBES, DU BIST WISSENSCHAFTLERIN. SAG DU MIR, WIE MAN SO EINE HYPOTHESE BEWEISEN KANN.
INDEM ICH ES AM EIGENEN LEIB AUSTESTE.
IM NÄCHSTEN LEBEN.
DIE FRAGE IST NUR: TUST DU ES?
WIRST DU DEIN SCHICKSAL ANNEHMEN UND DEINEN LEUTEN HELFEN, STATT IHNEN WEHZUTUN?
I-ICH ...
GUTE FRAGE.

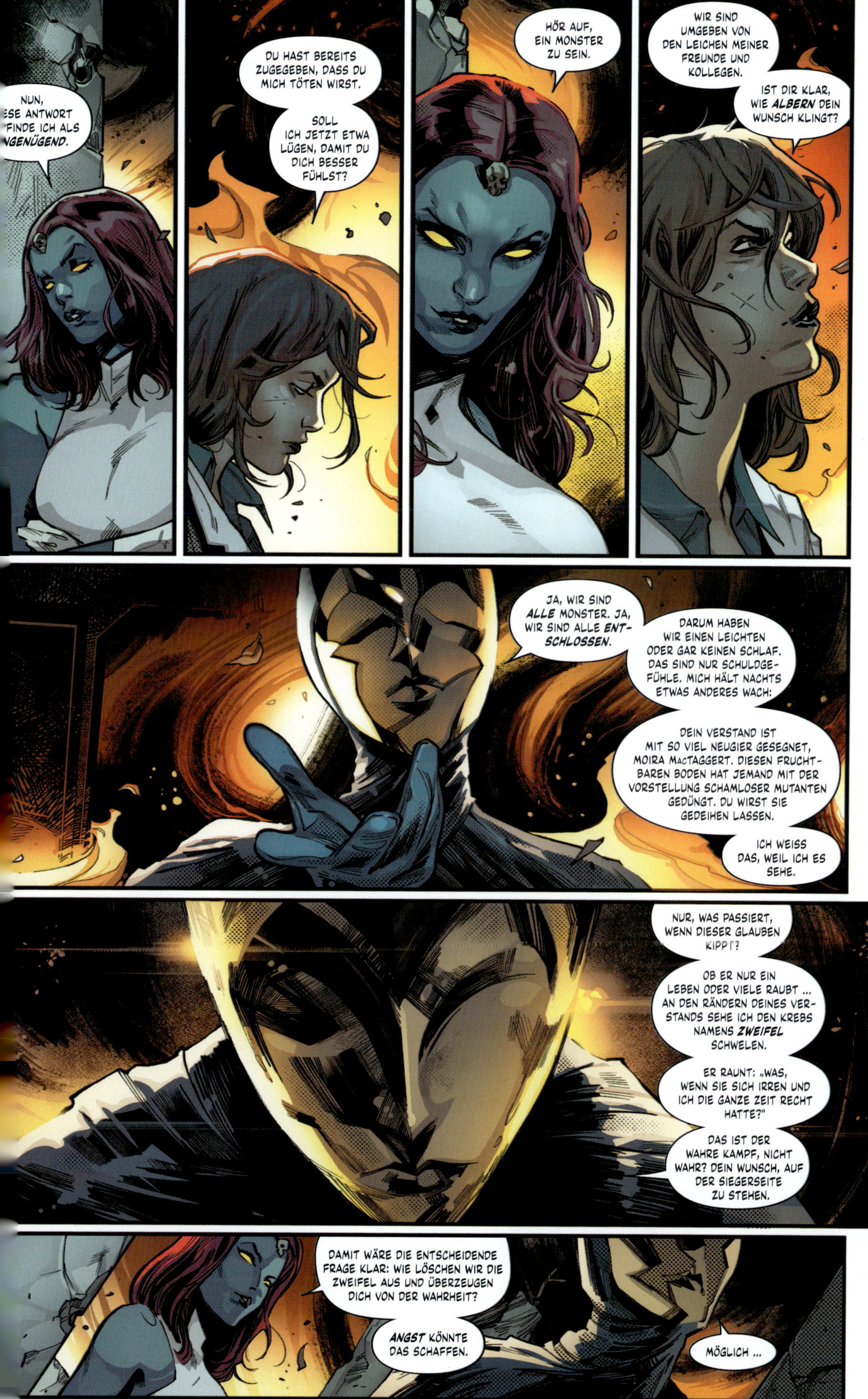
NUN,
ESE ANTWORT
FINDE ICH ALS
NGENÜGEND.
DU HAST BEREITS ZUGEGEBEN, DASS DU MICH TÖTEN WIRST.
SOLL ICH JETZT ETWA LÜGEN, DAMIT DU DICH BESSER FÜHLST?
HÖR AUF, EIN MONSTER ZU SEIN.
WIR SIND UMGEBEN VON DEN LEICHEN MEINER FREUNDE UND KOLLEGEN.
IST DIR KLAR, WIE ALBERN DEIN WUNSCH KLINGT?
JA, WIR SIND ALLE MONSTER. JA, WIR SIND ALLE ENTSCHLOSSEN.
DARUM HABEN WIR EINEN LEICHTEN ODER GAR KEINEN SCHLAF. DAS SIND NUR SCHULDGEFÜHLE. MICH HÄLT NACHTS ETWAS ANDERES WACH:
DEIN VERSTAND IST MIT SO VIEL NEUGIER GESEGNET, MOIRA MACTAGGERT. DIESEN FRUCHTBAREN BODEN HAT JEMAND MIT DER VORSTELLUNG SCHAMLOSER MUTANTEN GEDÜNGT. DU WIRST SIE GEDEIHEN LASSEN.
ICH WEISS DAS, WEIL ICH ES SEHE.
NUR, WAS PASSIERT, WENN DIESER GLAUBEN KIPPT?
OB ER NUR EIN LEBEN ODER VIELE RAUBT ... AN DEN RÄNDERN DEINES VERSTANDS SEHE ICH DEN KREBS NAMENS ZWEIFEL SCHWELEN.
ER RAUNT: „WAS, WENN SIE SICH IRREN UND ICH DIE GANZE ZEIT RECHT HATTE?“
DAS IST DER WAHRE KAMPF, NICHT WAHR? DEIN WUNSCH, AUF DER SIEGERSEITE ZU STEHEN.
DAMIT WÄRE DIE ENTSCHEIDENDE FRAGE KLAR: WIE LÖSCHEN WIR DIE ZWEIFEL AUS UND ÜBERZEUGEN DICH VON DER WAHRHEIT?
ANGST KÖNNTE DAS SCHAFFEN.
MÖGLICH ...

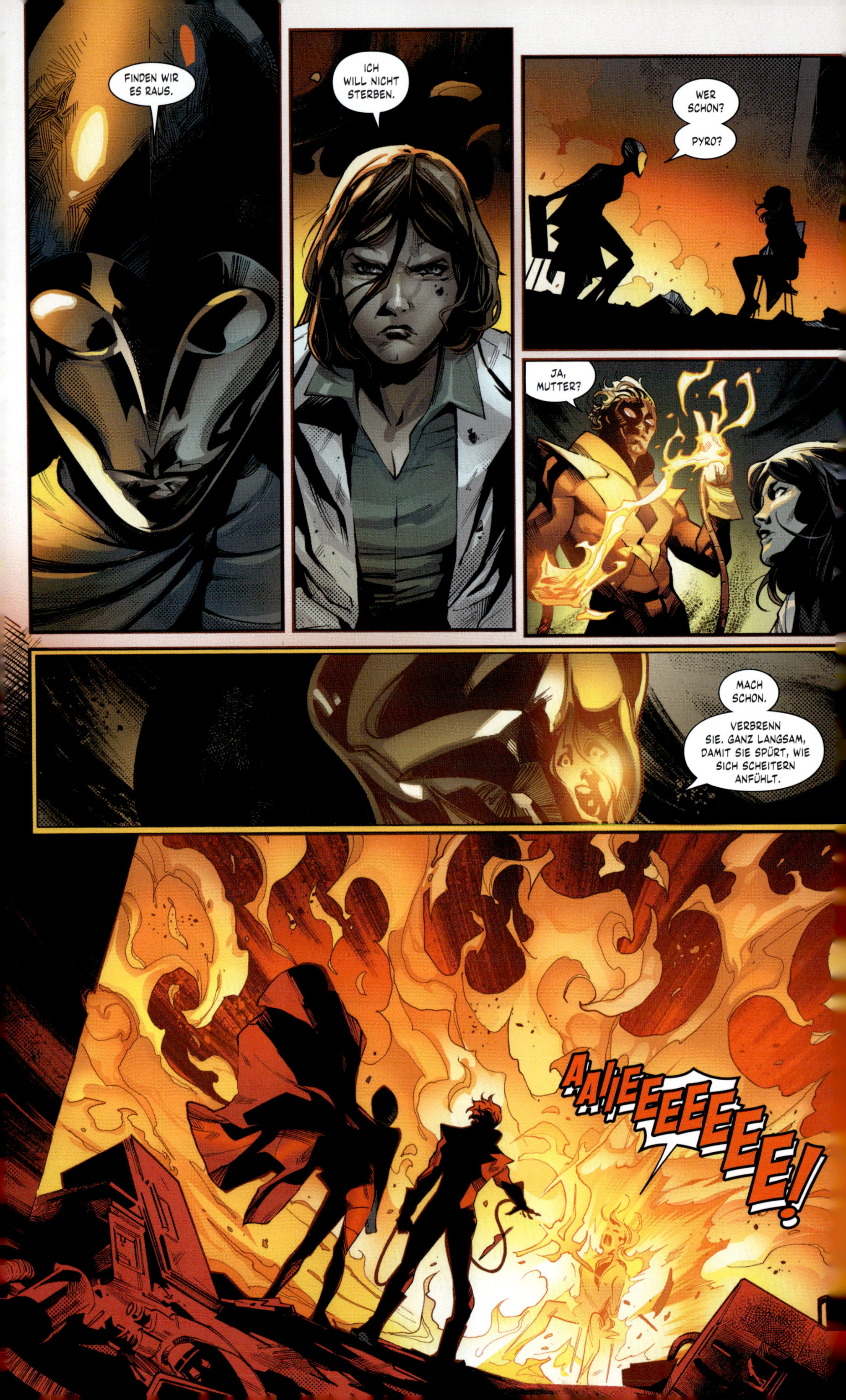

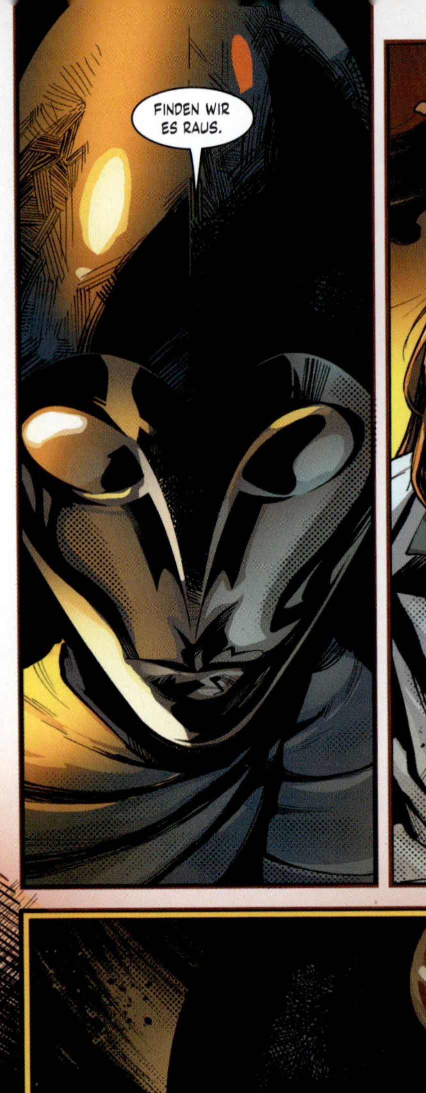

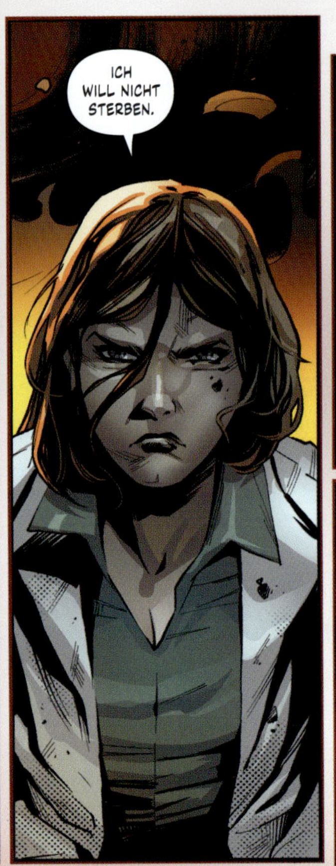

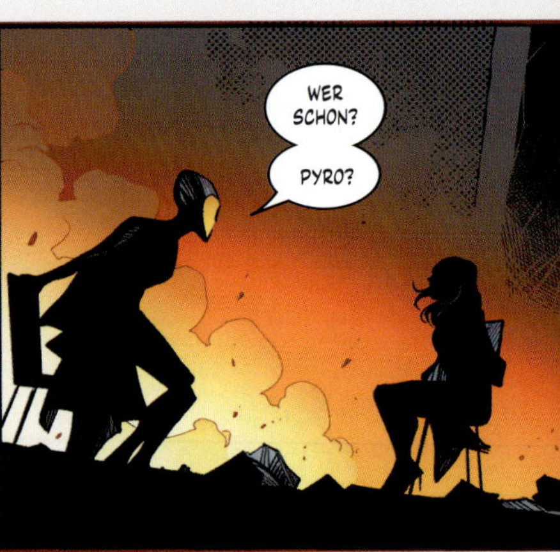

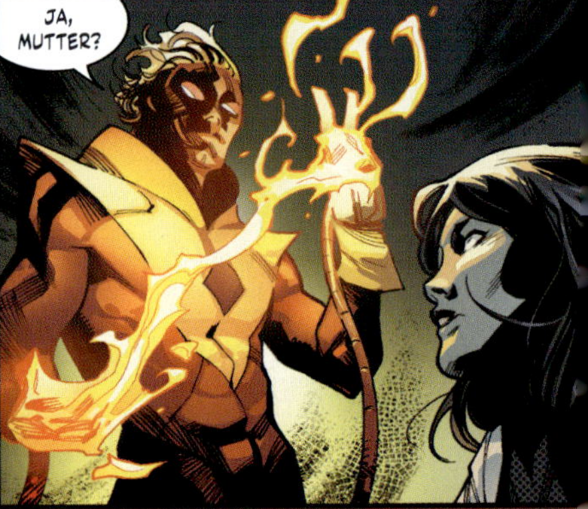

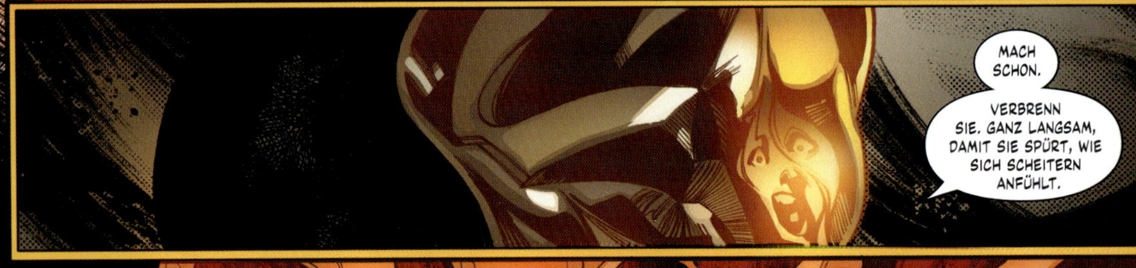

AAIIEEEEEEEE!

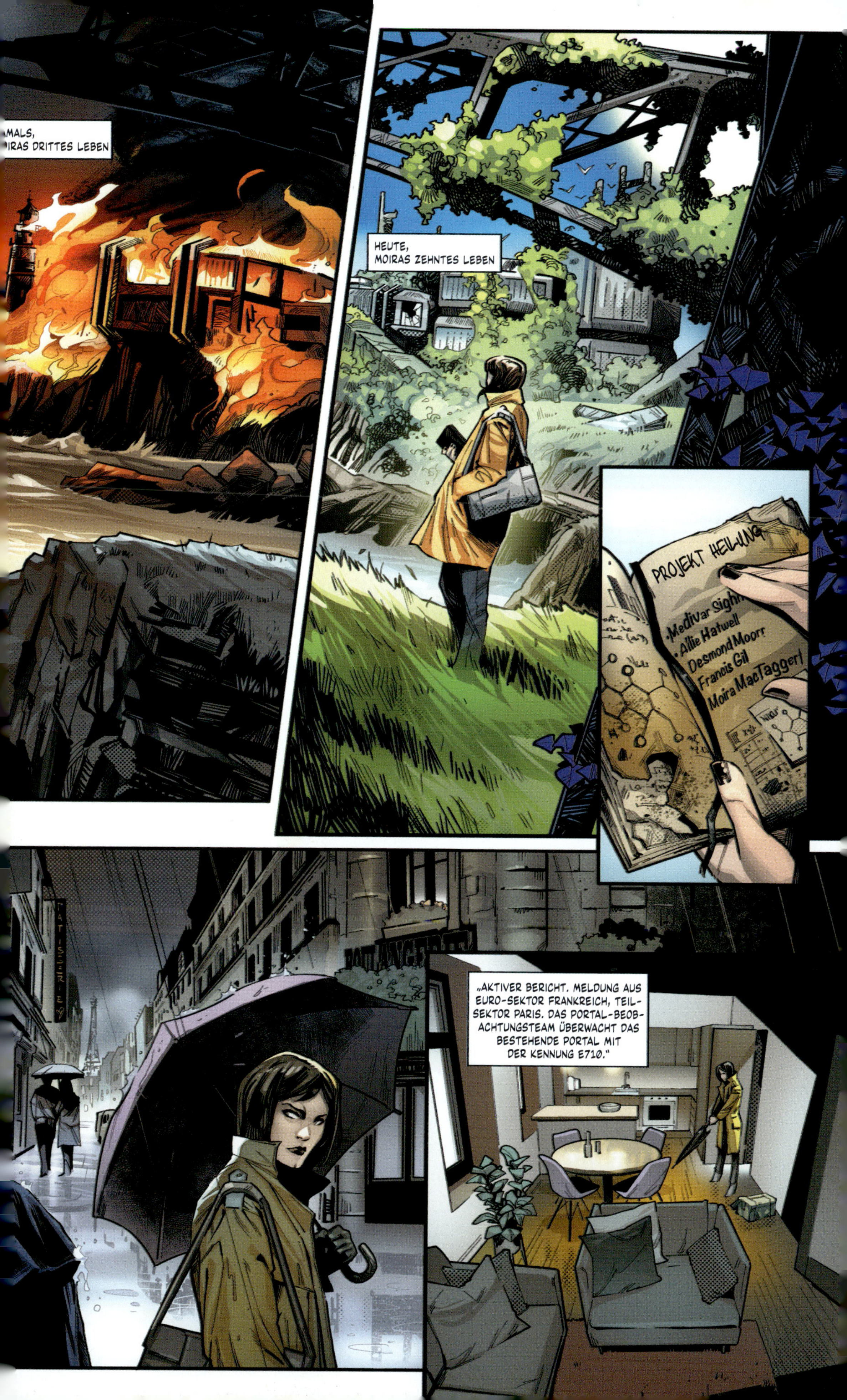
MALS,
IRAS DRITTES LEBEN
HEUTE,
MOIRAS ZEHNTES LEBEN
PROJEKT HEILUNG
Medivar Sighn
Allie Hatwell
Desmond Moorr
Francis Gil
Moira MacTaggert
PATISSERIE
„AKTIVER BERICHT. MELDUNG AUS EURO-SEKTOR FRANKREICH, TEIL-SEKTOR PARIS. DAS PORTAL-BEOBACHTUNGSTEAM ÜBERWACHT DAS BESTEHENDE PORTAL MIT DER KENNUNG E71Ø."

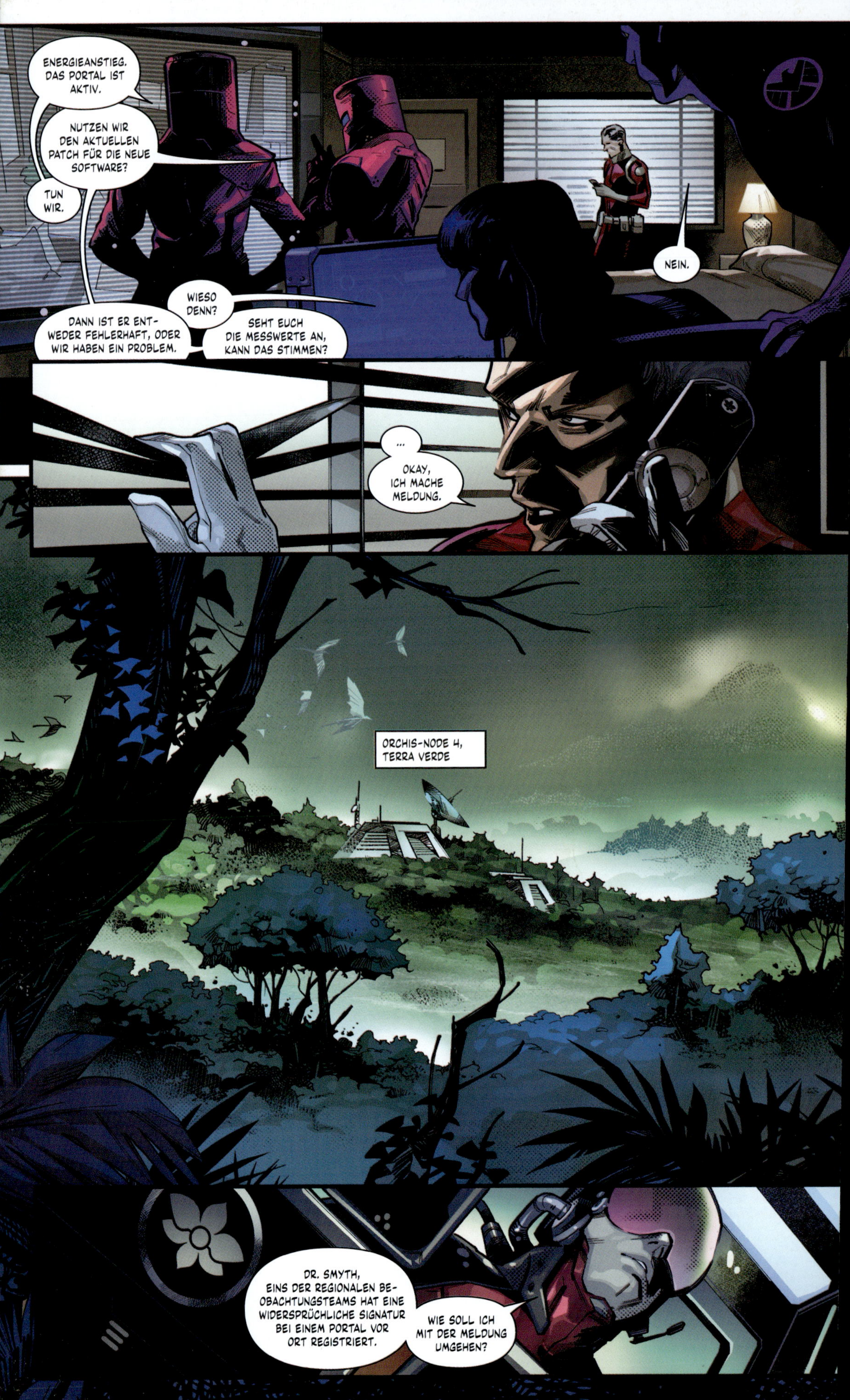

ENERGIEANSTIEG. DAS PORTAL IST AKTIV.
NUTZEN WIR DEN AKTUELLEN PATCH FÜR DIE NEUE SOFTWARE?
TUN WIR.
NEIN.
WIESO DENN?
DANN IST ER ENTWEDER FEHLERHAFT, ODER WIR HABEN EIN PROBLEM.
SEHT EUCH DIE MESSWERTE AN, KANN DAS STIMMEN?
...
OKAY, ICH MACHE MELDUNG.
ORCHIS-NODE 4, TERRA VERDE
DR. SMYTH, EINS DER REGIONALEN BEOBACHTUNGSTEAMS HAT EINE WIDERSPRÜCHLICHE SIGNATUR BEI EINEM PORTAL VOR ORT REGISTRIERT.
WIE SOLL ICH MIT DER MELDUNG UMGEHEN?

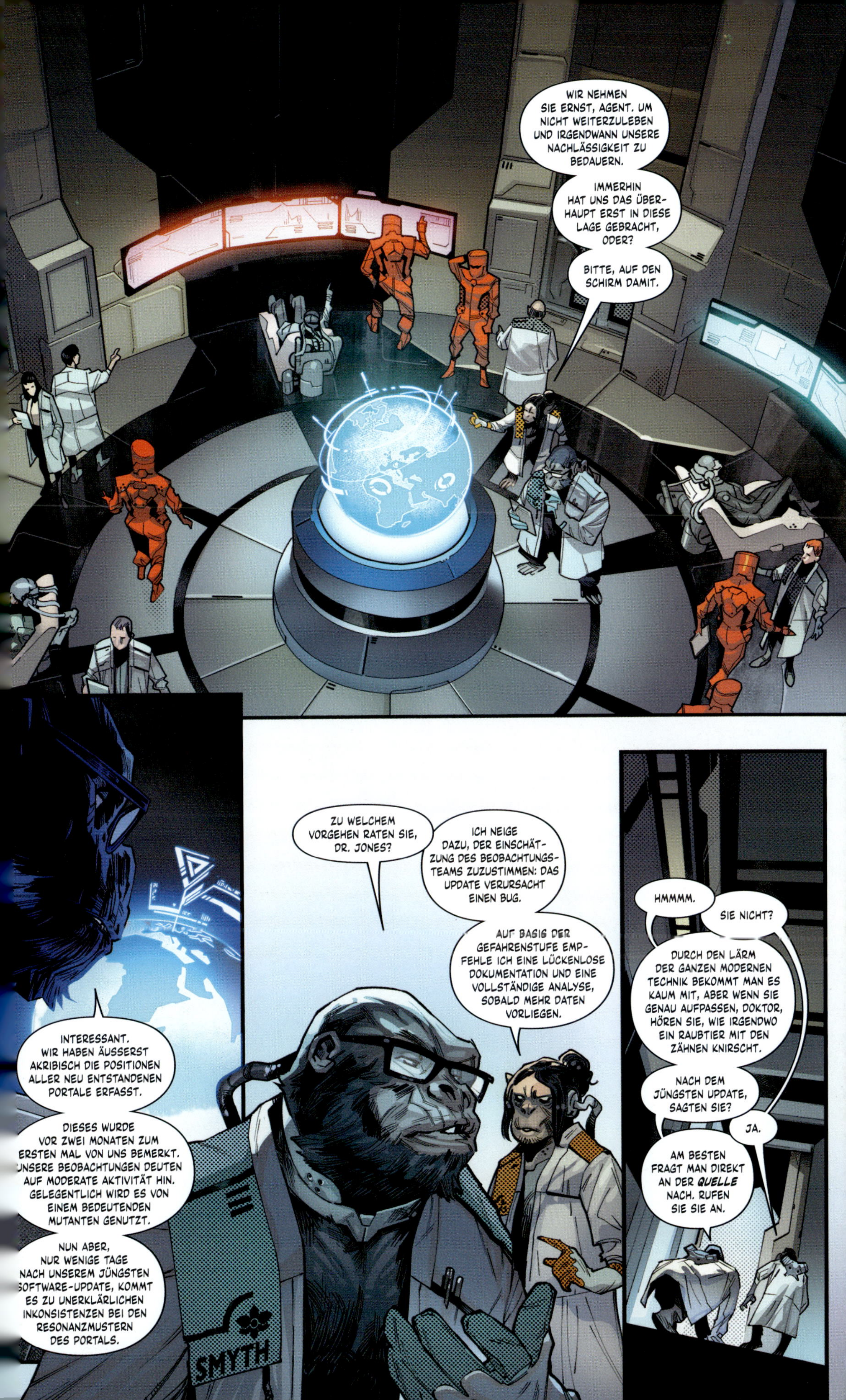
WIR NEHMEN SIE ERNST, AGENT. UM NICHT WEITERZULEBEN UND IRGENDWANN UNSERE NACHLÄSSIGKEIT ZU BEDAUERN.
IMMERHIN HAT UNS DAS ÜBERHAUPT ERST IN DIESE LAGE GEBRACHT, ODER?
BITTE, AUF DEN SCHIRM DAMIT.
INTERESSANT. WIR HABEN ÄUSSERST AKRIBISCH DIE POSITIONEN ALLER NEU ENTSTANDENEN PORTALE ERFASST.
DIESES WURDE VOR ZWEI MONATEN ZUM ERSTEN MAL VON UNS BEMERKT. UNSERE BEOBACHTUNGEN DEUTEN AUF MODERATE AKTIVITÄT HIN. GELEGENTLICH WIRD ES VON EINEM BEDEUTENDEN MUTANTEN GENUTZT.
NUN ABER, NUR WENIGE TAGE NACH UNSEREM JÜNGSTEN SOFTWARE-UPDATE, KOMMT ES ZU UNERKLÄRLICHEN INKONSISTENZEN BEI DEN RESONANZMUSTERN DES PORTALS.
ZU WELCHEM VORGEHEN RATEN SIE, DR. JONES?
ICH NEIGE DAZU, DER EINSCHÄTZUNG DES BEOBACHTUNGSTEAMS ZUZUSTIMMEN: DAS UPDATE VERURSACHT EINEN BUG.
AUF BASIS DER GEFAHRENSTUFE EMPFEHLE ICH EINE LÜCKENLOSE DOKUMENTATION UND EINE VOLLSTÄNDIGE ANALYSE, SOBALD MEHR DATEN VORLIEGEN.
SMYTH
HMMMM.
SIE NICHT?
DURCH DEN LÄRM DER GANZEN MODERNEN TECHNIK BEKOMMT MAN ES KAUM MIT, ABER WENN SIE GENAU AUFPASSEN, DOKTOR, HÖREN SIE, WIE IRGENDWO EIN RAUBTIER MIT DEN ZÄHNEN KNIRSCHT.
NACH DEM JÜNGSTEN UPDATE, SAGTEN SIE?
JA.
AM BESTEN FRAGT MAN DIREKT AN DER *QUELLE* NACH. RUFEN SIE SIE AN.

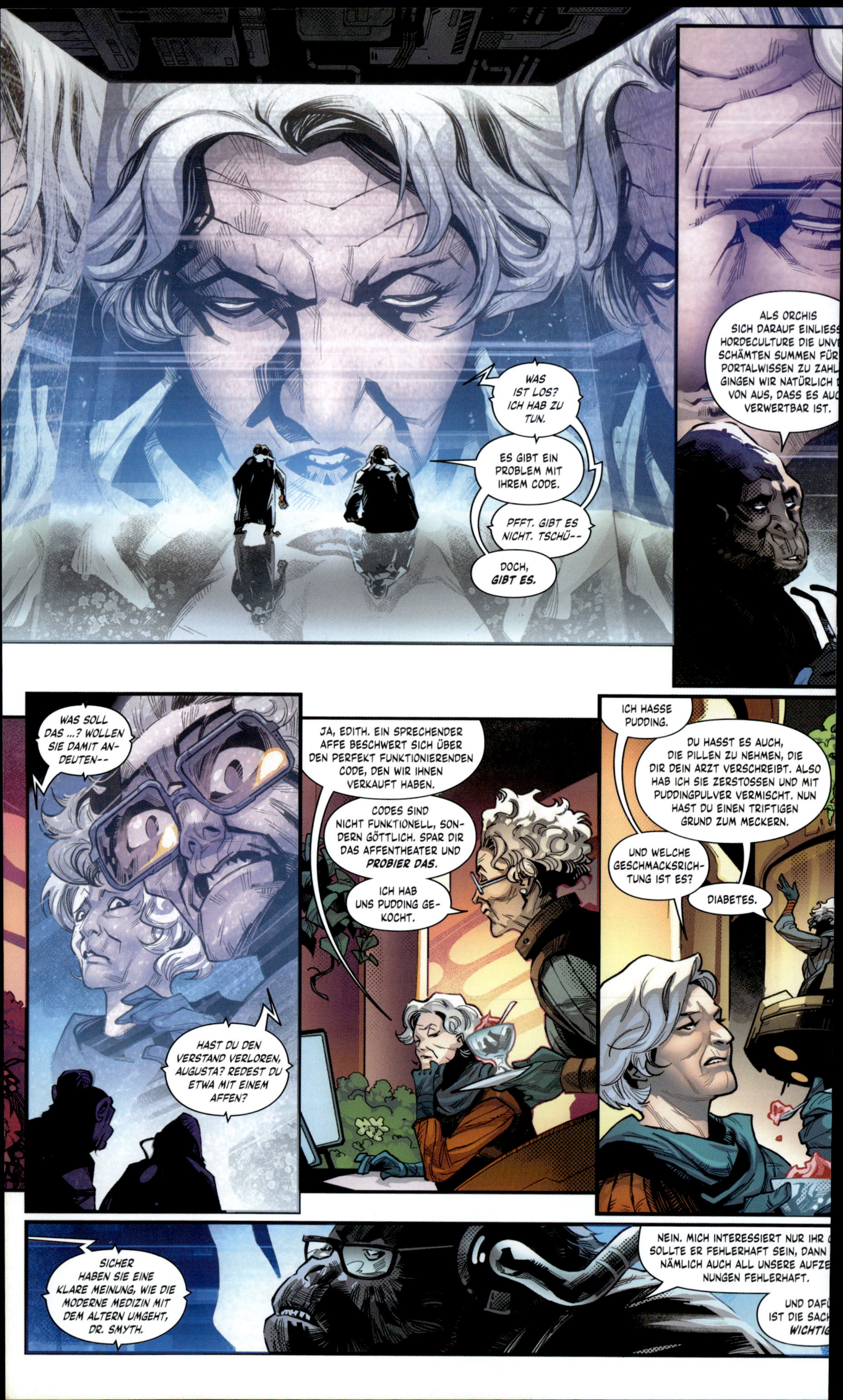

WAS IST LOS? ICH HAB ZU TUN.

ES GIBT EIN PROBLEM MIT IHREM CODE.

PFFT. GIBT ES NICHT. TSCHÜ--

DOCH, ***GIBT ES.***

ALS ORCHIS SICH DARAUF EINLIESS HORDECULTURE DIE UNV SCHÄMTEN SUMMEN FÜR PORTALWISSEN ZU ZAHL GINGEN WIR NATÜRLICH VON AUS, DASS ES AUC VERWERTBAR IST.

WAS SOLL DAS ...? WOLLEN SIE DAMIT AN-DEUTEN--

HAST DU DEN VERSTAND VERLOREN, AUGUSTA? REDEST DU ETWA MIT EINEM AFFEN?

JA, EDITH. EIN SPRECHENDER AFFE BESCHWERT SICH ÜBER DEN PERFEKT FUNKTIONIERENDEN CODE, DEN WIR IHNEN VERKAUFT HABEN.

CODES SIND NICHT FUNKTIONELL, SONDERN GÖTTLICH. SPAR DIR DAS AFFENTHEATER UND ***PROBIER DAS.***

ICH HAB UNS PUDDING GEKOCHT.

ICH HASSE PUDDING.

DU HASST ES AUCH, DIE PILLEN ZU NEHMEN, DIE DIR DEIN ARZT VERSCHREIBT. ALSO HAB ICH SIE ZERSTOSSEN UND MIT PUDDINGPULVER VERMISCHT. NUN HAST DU EINEN TRIFTIGEN GRUND ZUM MECKERN.

UND WELCHE GESCHMACKSRICHTUNG IST ES?

DIABETES.

SICHER HABEN SIE EINE KLARE MEINUNG, WIE DIE MODERNE MEDIZIN MIT DEM ALTERN UMGEHT, DR. SMYTH.

NEIN. MICH INTERESSIERT NUR IHR SOLLTE ER FEHLERHAFT SEIN, DANN NÄMLICH AUCH ALL UNSERE AUFZE NUNGEN FEHLERHAFT.

UND DAF IST DIE SACH ***WICHTIG***

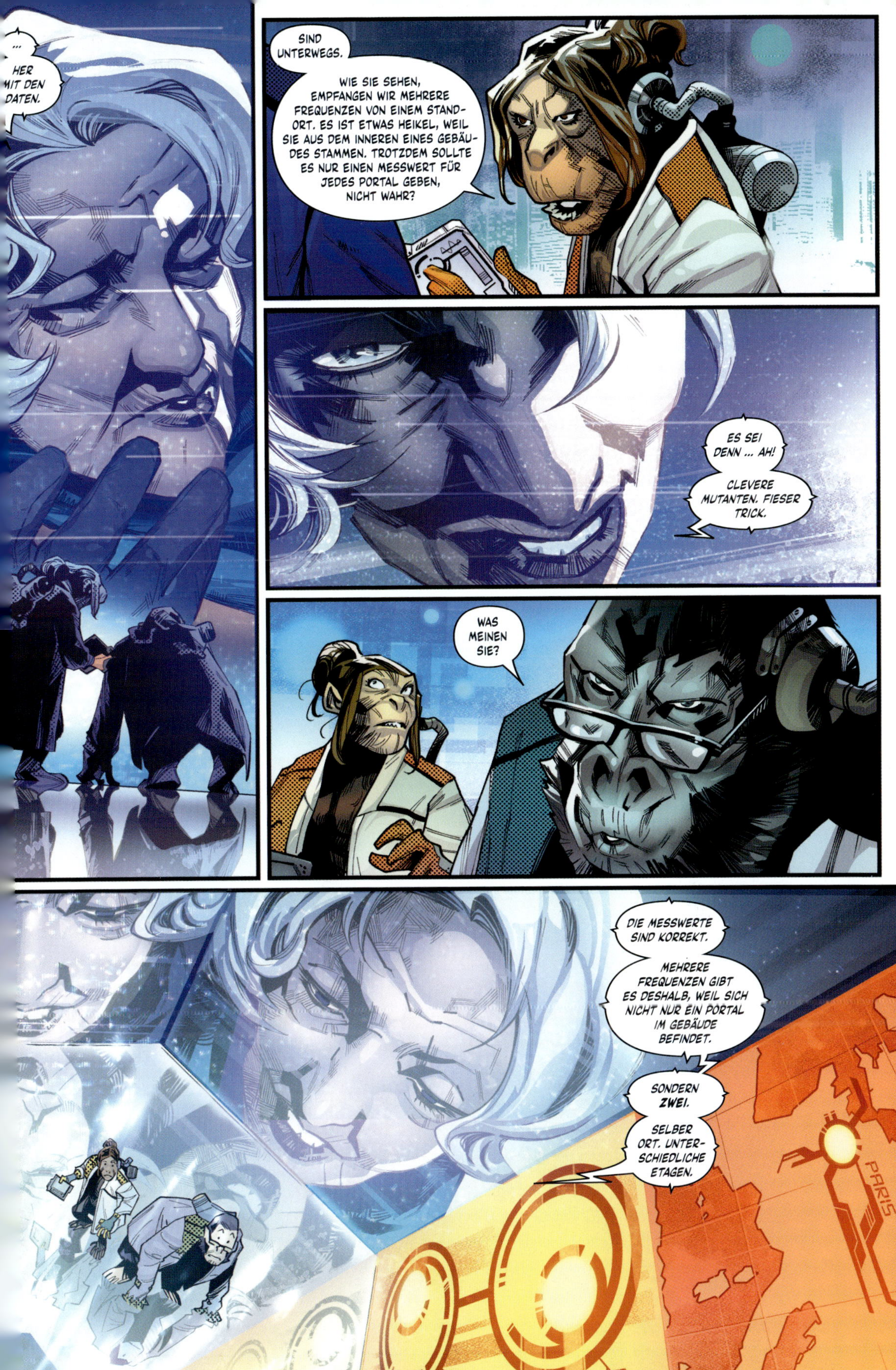
... HER MIT DEN DATEN.
SIND UNTERWEGS.
WIE SIE SEHEN, EMPFANGEN WIR MEHRERE FREQUENZEN VON EINEM STANDORT. ES IST ETWAS HEIKEL, WEIL SIE AUS DEM INNEREN EINES GEBÄUDES STAMMEN. TROTZDEM SOLLTE ES NUR EINEN MESSWERT FÜR JEDES PORTAL GEBEN, NICHT WAHR?
ES SEI DENN ... AH!
CLEVERE MUTANTEN. FIESER TRICK.
WAS MEINEN SIE?
DIE MESSWERTE SIND KORREKT.
MEHRERE FREQUENZEN GIBT ES DESHALB, WEIL SICH NICHT NUR EIN PORTAL IM GEBÄUDE BEFINDET.
SONDERN **ZWEI**.
SELBER ORT. UNTERSCHIEDLICHE ETAGEN.
PARIS
GW:V169
GW:E710

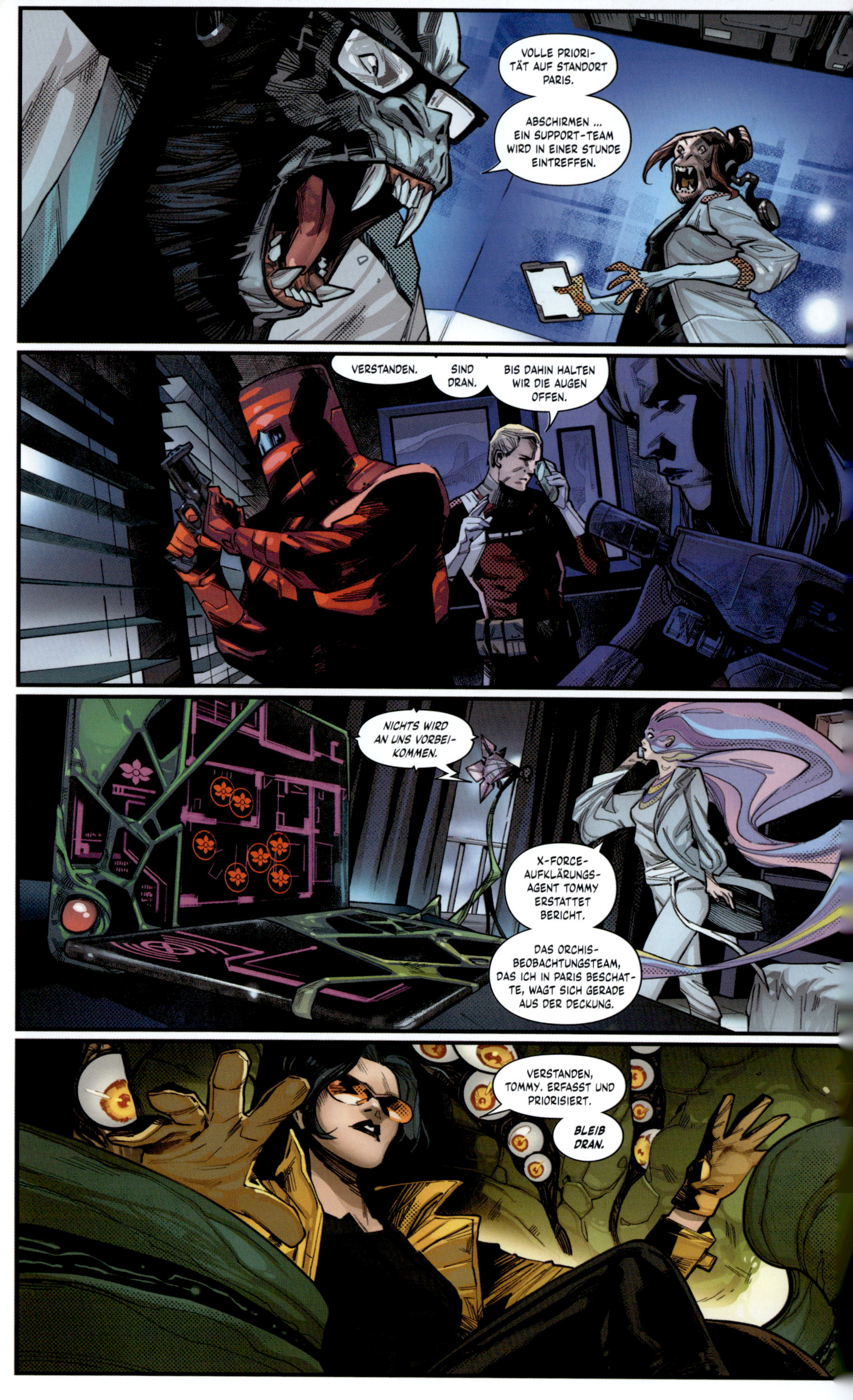
VOLLE PRIORITÄT AUF STANDORT PARIS.
ABSCHIRMEN ... EIN SUPPORT-TEAM WIRD IN EINER STUNDE EINTREFFEN.
VERSTANDEN.
SIND DRAN.
BIS DAHIN HALTEN WIR DIE AUGEN OFFEN.
NICHTS WIRD AN UNS VORBEIKOMMEN.
X-FORCE-AUFKLÄRUNGS-AGENT TOMMY ERSTATTET BERICHT.
DAS ORCHIS-BEOBACHTUNGSTEAM, DAS ICH IN PARIS BESCHATTE, WAGT SICH GERADE AUS DER DECKUNG.
VERSTANDEN, TOMMY. ERFASST UND PRIORISIERT.
BLEIB DRAN.

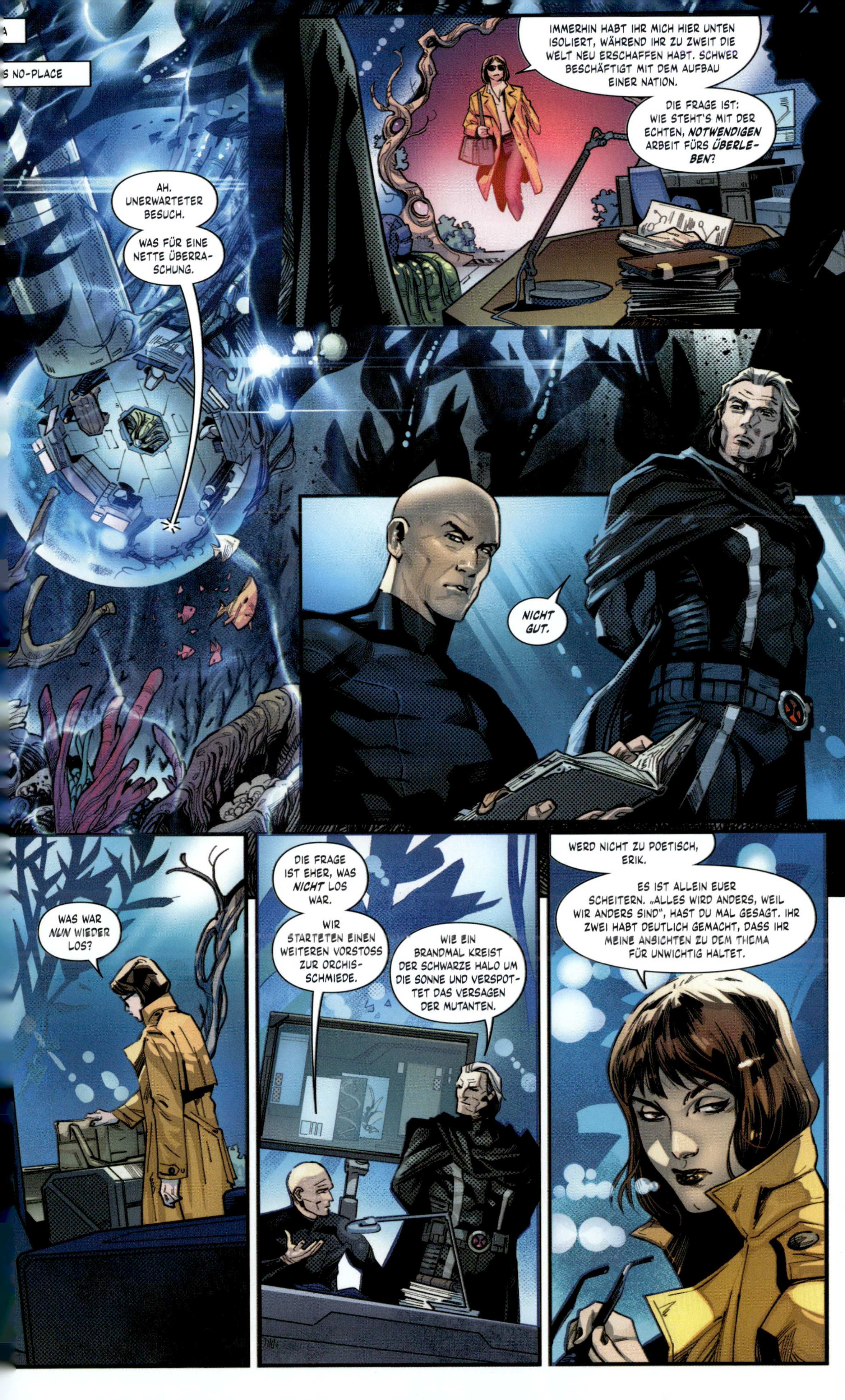
A
S NO-PLACE
AH. UNERWARTETER BESUCH.
WAS FÜR EINE NETTE ÜBERRA-SCHUNG.
IMMERHIN HABT IHR MICH HIER UNTEN ISOLIERT, WÄHREND IHR ZU ZWEIT DIE WELT NEU ERSCHAFFEN HABT. SCHWER BESCHÄFTIGT MIT DEM AUFBAU EINER NATION.
DIE FRAGE IST: WIE STEHT'S MIT DER ECHTEN, NOTWENDIGEN ARBEIT FÜRS ÜBERLE-BEN?
NICHT GUT.
WAS WAR NUN WIEDER LOS?
DIE FRAGE IST EHER, WAS NICHT LOS WAR.
WIR STARTETEN EINEN WEITEREN VORSTOSS ZUR ORCHIS-SCHMIEDE.
WIE EIN BRANDMAL KREIST DER SCHWARZE HALO UM DIE SONNE UND VERSPOT-TET DAS VERSAGEN DER MUTANTEN.
WERD NICHT ZU POETISCH, ERIK.
ES IST ALLEIN EUER SCHEITERN. „ALLES WIRD ANDERS, WEIL WIR ANDERS SIND", HAST DU MAL GESAGT. IHR ZWEI HABT DEUTLICH GEMACHT, DASS IHR MEINE ANSICHTEN ZU DEM THEMA FÜR UNWICHTIG HALTET.

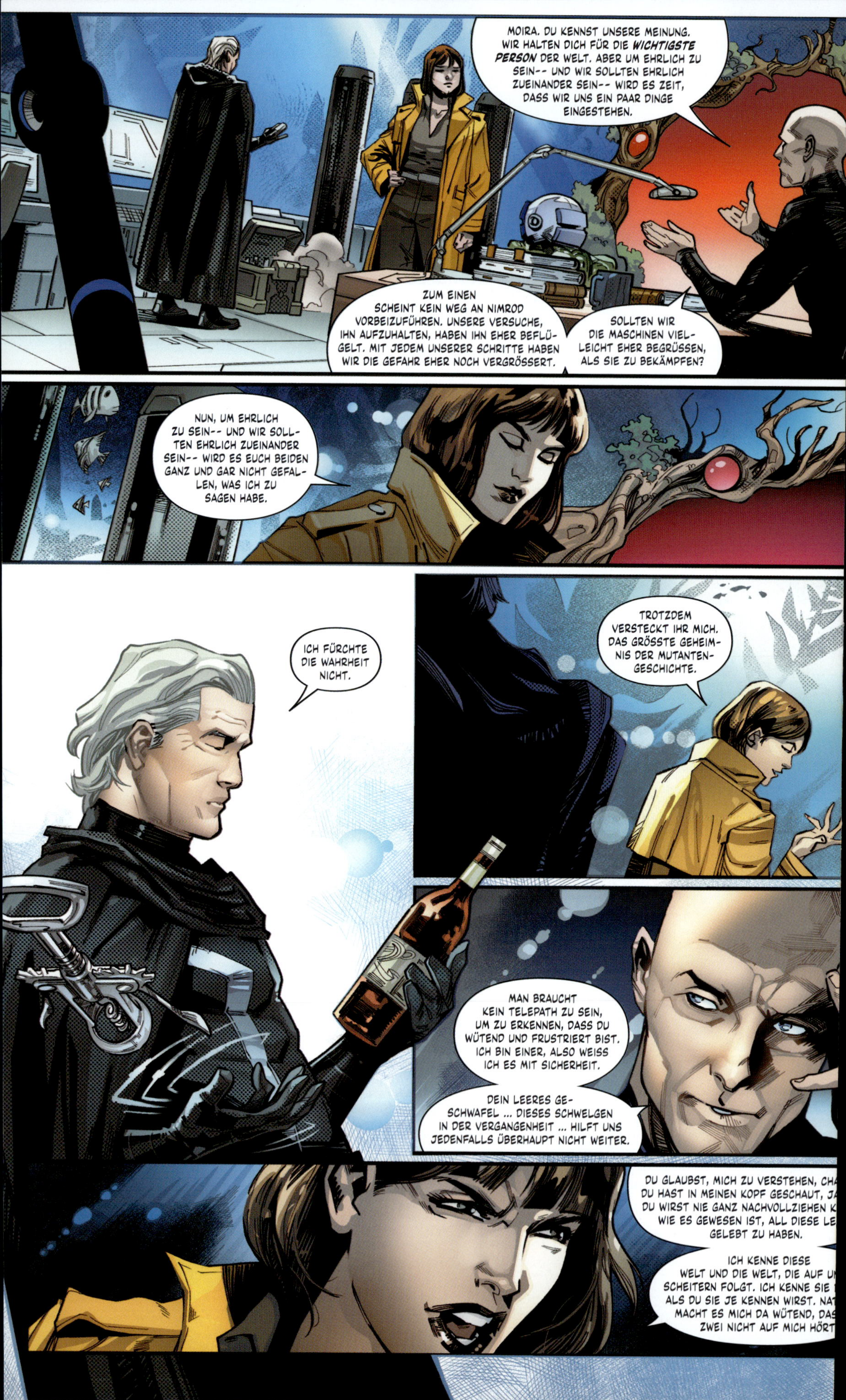
MOIRA. DU KENNST UNSERE MEINUNG. WIR HALTEN DICH FÜR DIE *WICHTIGSTE PERSON* DER WELT. ABER UM EHRLICH ZU SEIN-- UND WIR SOLLTEN EHRLICH ZUEINANDER SEIN-- WIRD ES ZEIT, DASS WIR UNS EIN PAAR DINGE EINGESTEHEN.
ZUM EINEN SCHEINT KEIN WEG AN NIMROD VORBEIZUFÜHREN. UNSERE VERSUCHE, IHN AUFZUHALTEN, HABEN IHN EHER BEFLÜGELT. MIT JEDEM UNSERER SCHRITTE HABEN WIR DIE GEFAHR EHER NOCH VERGRÖSSERT.
SOLLTEN WIR DIE MASCHINEN VIELLEICHT EHER BEGRÜSSEN, ALS SIE ZU BEKÄMPFEN?
NUN, UM EHRLICH ZU SEIN-- UND WIR SOLLTEN EHRLICH ZUEINANDER SEIN-- WIRD ES EUCH BEIDEN GANZ UND GAR NICHT GEFALLEN, WAS ICH ZU SAGEN HABE.
ICH FÜRCHTE DIE WAHRHEIT NICHT.
TROTZDEM VERSTECKT IHR MICH. DAS GRÖSSTE GEHEIMNIS DER MUTANTENGESCHICHTE.
MAN BRAUCHT KEIN TELEPATH ZU SEIN, UM ZU ERKENNEN, DASS DU WÜTEND UND FRUSTRIERT BIST. ICH BIN EINER, ALSO WEISS ICH ES MIT SICHERHEIT.
DEIN LEERES GESCHWAFEL ... DIESES SCHWELGEN IN DER VERGANGENHEIT ... HILFT UNS JEDENFALLS ÜBERHAUPT NICHT WEITER.
DU GLAUBST, MICH ZU VERSTEHEN, CHA DU HAST IN MEINEN KOPF GESCHAUT, JA DU WIRST NIE GANZ NACHVOLLZIEHEN K WIE ES GEWESEN IST, ALL DIESE LE GELEBT ZU HABEN.
ICH KENNE DIESE WELT UND DIE WELT, DIE AUF UN SCHEITERN FOLGT. ICH KENNE SIE ALS DU SIE JE KENNEN WIRST. NA MACHT ES MICH DA WÜTEND, DAS ZWEI NICHT AUF MICH HÖRT

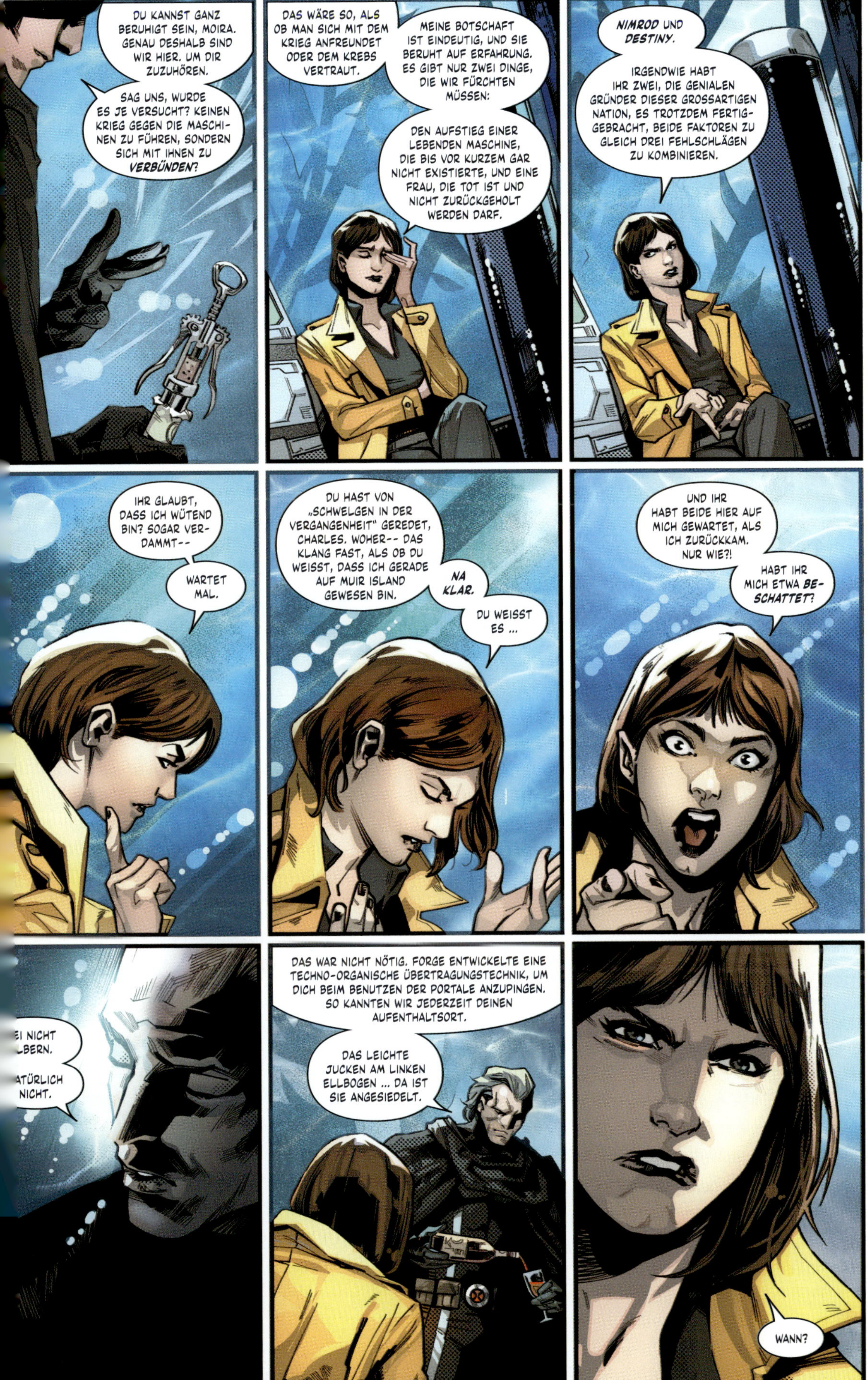
DU KANNST GANZ BERUHIGT SEIN, MOIRA. GENAU DESHALB SIND WIR HIER. UM DIR ZUZUHÖREN.
SAG UNS, WURDE ES JE VERSUCHT? KEINEN KRIEG GEGEN DIE MASCHINEN ZU FÜHREN, SONDERN SICH MIT IHNEN ZU VERBÜNDEN?
DAS WÄRE SO, ALS OB MAN SICH MIT DEM KRIEG ANFREUNDET ODER DEM KREBS VERTRAUT.
MEINE BOTSCHAFT IST EINDEUTIG, UND SIE BERUHT AUF ERFAHRUNG. ES GIBT NUR ZWEI DINGE, DIE WIR FÜRCHTEN MÜSSEN:
DEN AUFSTIEG EINER LEBENDEN MASCHINE, DIE BIS VOR KURZEM GAR NICHT EXISTIERTE, UND EINE FRAU, DIE TOT IST UND NICHT ZURÜCKGEHOLT WERDEN DARF.
NIMROD UND DESTINY.
IRGENDWIE HABT IHR ZWEI, DIE GENIALEN GRÜNDER DIESER GROSSARTIGEN NATION, ES TROTZDEM FERTIGGEBRACHT, BEIDE FAKTOREN ZU GLEICH DREI FEHLSCHLÄGEN ZU KOMBINIEREN.
IHR GLAUBT, DASS ICH WÜTEND BIN? SOGAR VERDAMMT--
WARTET MAL.
DU HAST VON „SCHWELGEN IN DER VERGANGENHEIT“ GEREDET, CHARLES. WOHER-- DAS KLANG FAST, ALS OB DU WEISST, DASS ICH GERADE AUF MUIR ISLAND GEWESEN BIN.
NA KLAR.
DU WEISST ES ...
UND IHR HABT BEIDE HIER AUF MICH GEWARTET, ALS ICH ZURÜCKKAM. NUR WIE?!
HABT IHR MICH ETWA BESCHATTET?
DAS WAR NICHT NÖTIG. FORGE ENTWICKELTE EINE TECHNO-ORGANISCHE ÜBERTRAGUNGSTECHNIK, UM DICH BEIM BENUTZEN DER PORTALE ANZUPINGEN. SO KANNTEN WIR JEDERZEIT DEINEN AUFENTHALTSORT.
DAS LEICHTE JUCKEN AM LINKEN ELLBOGEN ... DA IST SIE ANGESIEDELT.
WANN?

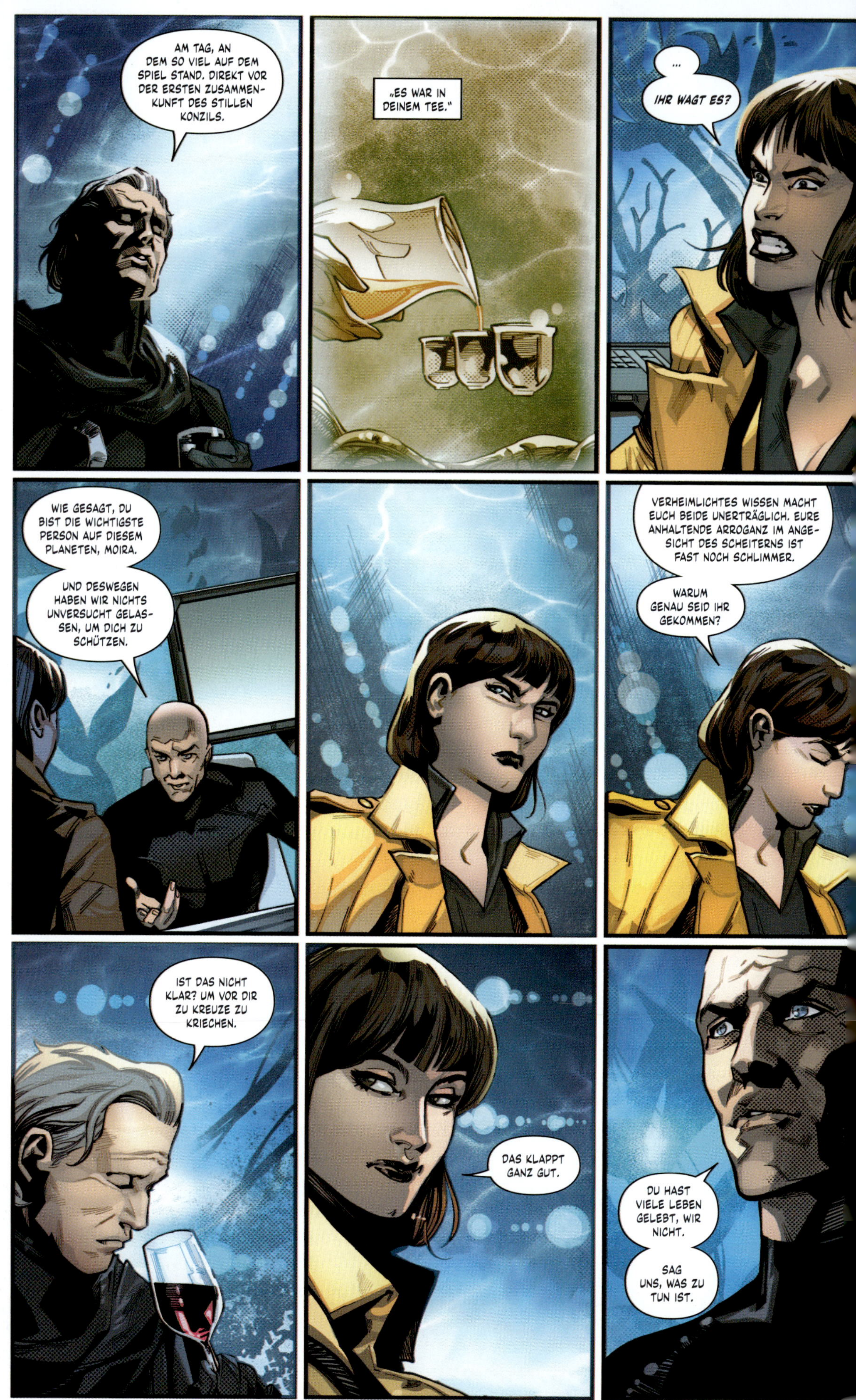
AM TAG, AN DEM SO VIEL AUF DEM SPIEL STAND. DIREKT VOR DER ERSTEN ZUSAMMEN-KUNFT DES STILLEN KONZILS.
„ES WAR IN DEINEM TEE."
...
IHR WAGT ES?
WIE GESAGT, DU BIST DIE WICHTIGSTE PERSON AUF DIESEM PLANETEN, MOIRA.
UND DESWEGEN HABEN WIR NICHTS UNVERSUCHT GELAS-SEN, UM DICH ZU SCHÜTZEN.
VERHEIMLICHTES WISSEN MACHT EUCH BEIDE UNERTRÄGLICH. EURE ANHALTENDE ARROGANZ IM ANGE-SICHT DES SCHEITERNS IST FAST NOCH SCHLIMMER.
WARUM GENAU SEID IHR GEKOMMEN?
IST DAS NICHT KLAR? UM VOR DIR ZU KREUZE ZU KRIECHEN.
DAS KLAPPT GANZ GUT.
DU HAST VIELE LEBEN GELEBT, WIR NICHT.
SAG UNS, WAS ZU TUN IST.

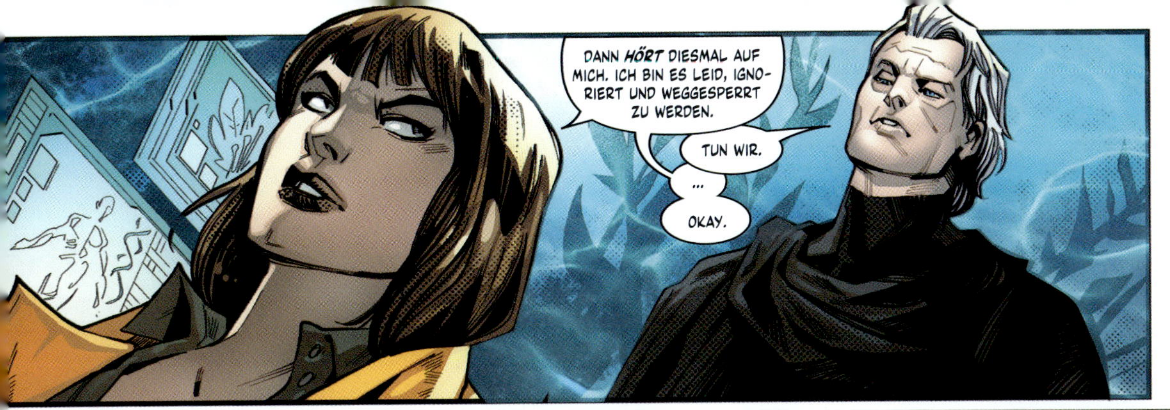
DANN *HÖRT* DIESMAL AUF MICH. ICH BIN ES LEID, IGNORIERT UND WEGGESPERRT ZU WERDEN.
TUN WIR.
...
OKAY.

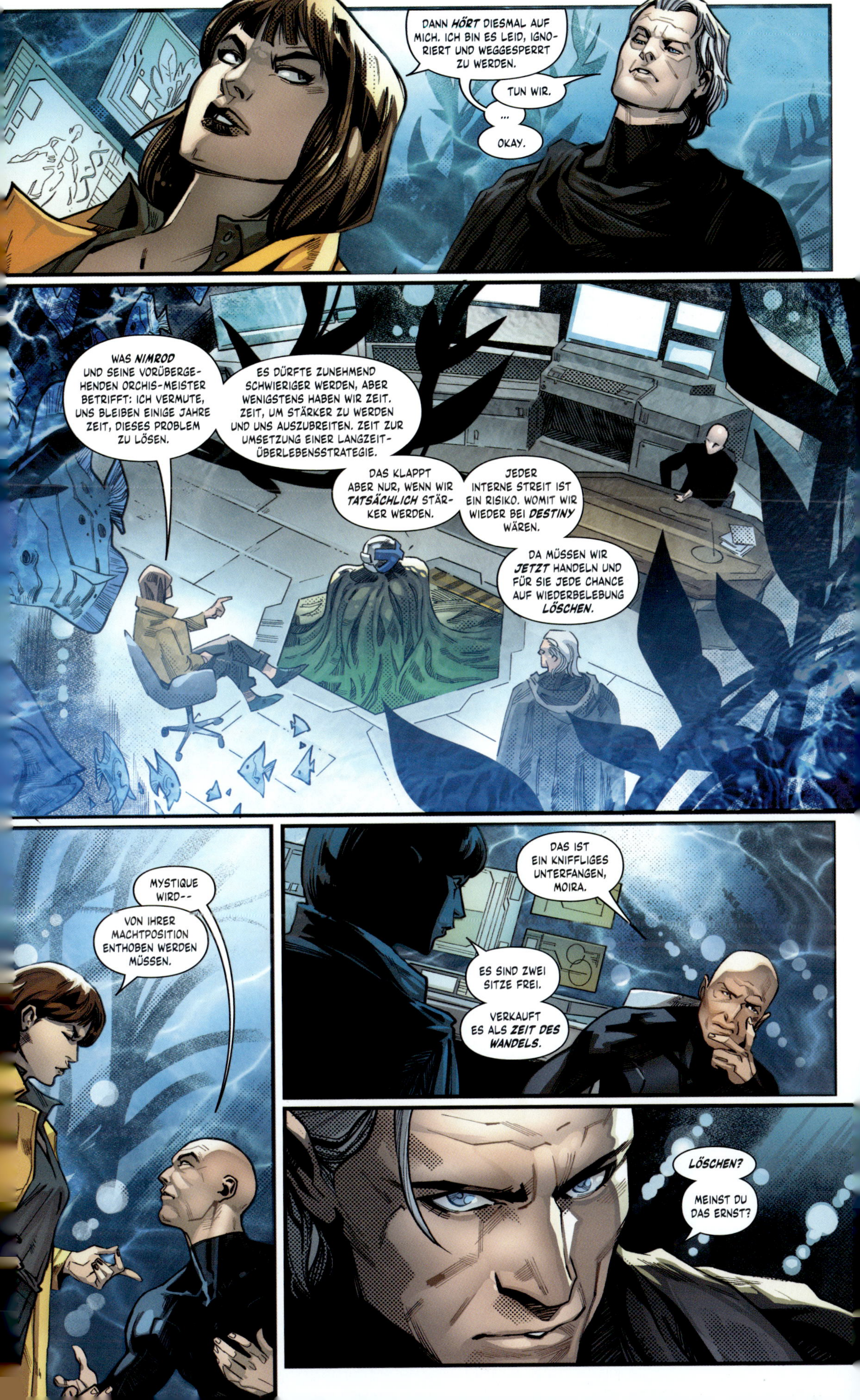

WAS *NIMROD* UND SEINE VORÜBERGEHENDEN ORCHIS-MEISTER BETRIFFT: ICH VERMUTE, UNS BLEIBEN EINIGE JAHRE ZEIT, DIESES PROBLEM ZU LÖSEN.
ES DÜRFTE ZUNEHMEND SCHWIERIGER WERDEN, ABER WENIGSTENS HABEN WIR ZEIT. ZEIT, UM STÄRKER ZU WERDEN UND UNS AUSZUBREITEN. ZEIT ZUR UMSETZUNG EINER LANGZEITÜBERLEBENSSTRATEGIE.
DAS KLAPPT ABER NUR, WENN WIR *TATSÄCHLICH* STÄRKER WERDEN.
JEDER INTERNE STREIT IST EIN RISIKO. WOMIT WIR WIEDER BEI *DESTINY* WÄREN.
DA MÜSSEN WIR *JETZT* HANDELN UND FÜR SIE JEDE CHANCE AUF WIEDERBELEBUNG *LÖSCHEN.*

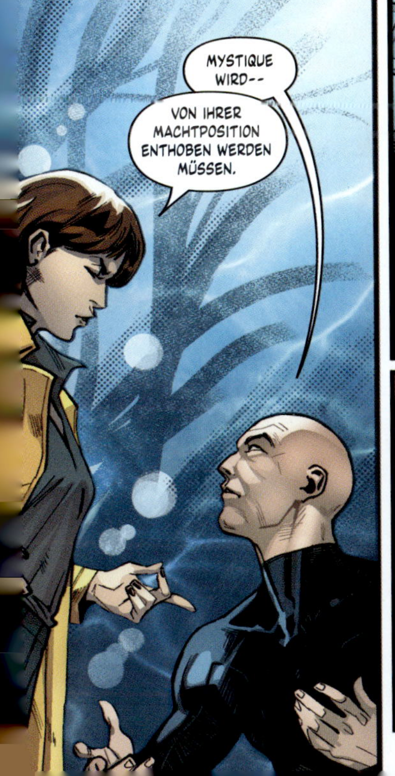
MYSTIQUE WIRD--
VON IHRER MACHTPOSITION ENTHOBEN WERDEN MÜSSEN.

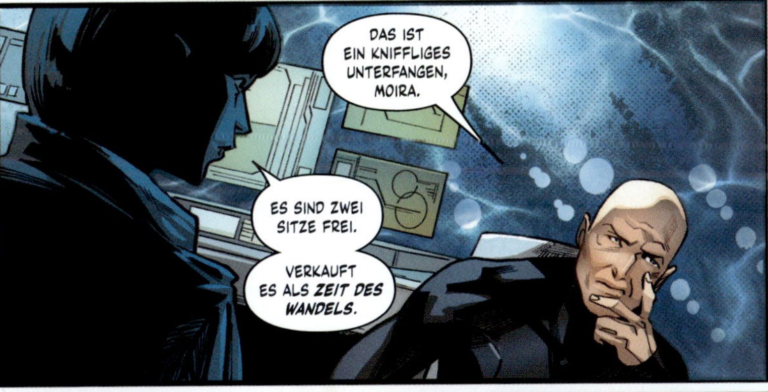
DAS IST EIN KNIFFLIGES UNTERFANGEN, MOIRA.
ES SIND ZWEI SITZE FREI.
VERKAUFT ES ALS *ZEIT DES WANDELS.*

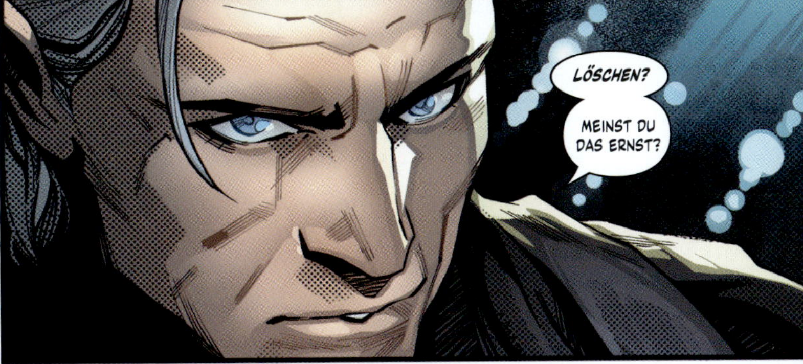
LÖSCHEN?
MEINST DU DAS ERNST?

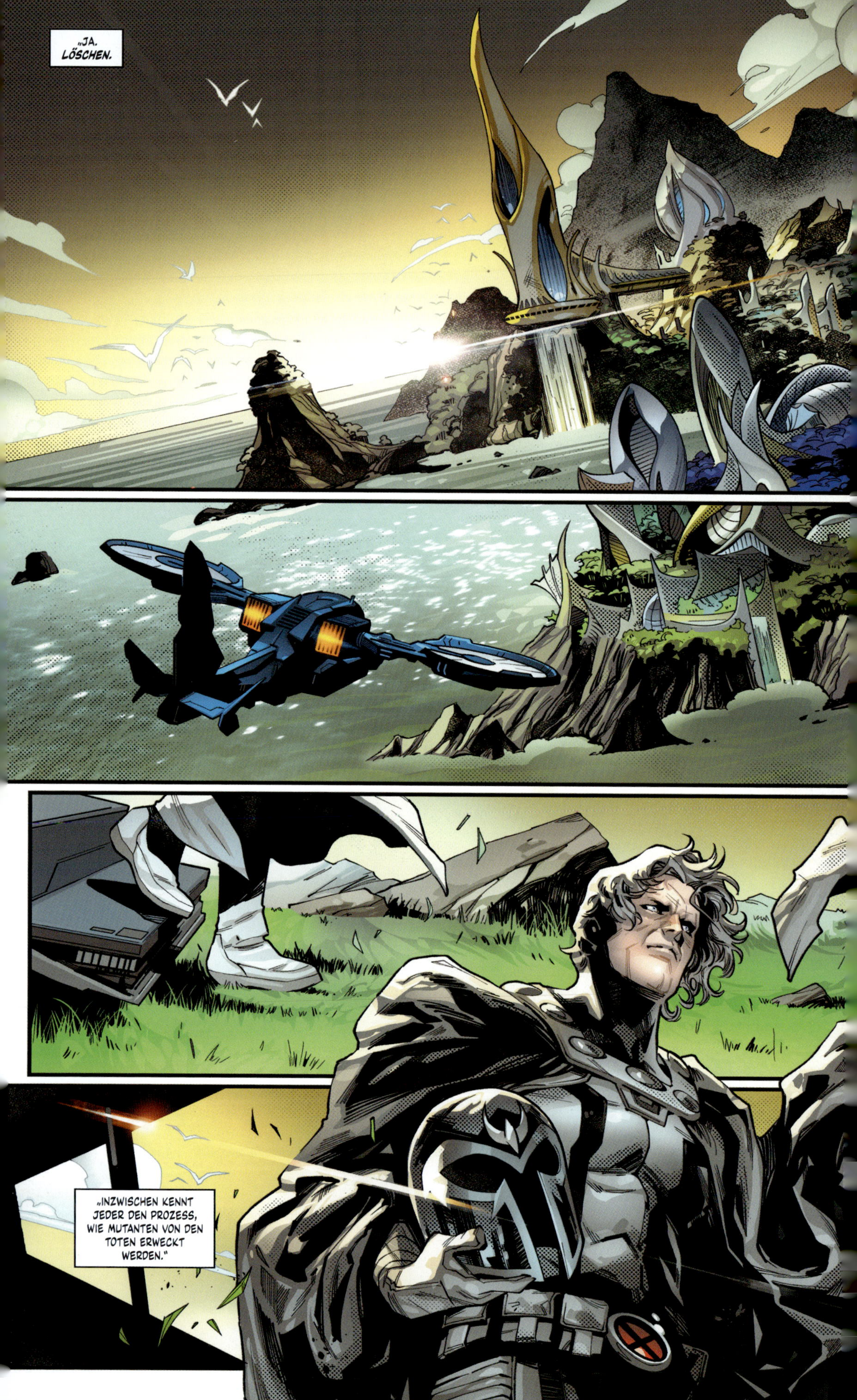
„JA. LÖSCHEN.
„INZWISCHEN KENNT JEDER DEN PROZESS, WIE MUTANTEN VON DEN TOTEN ERWECKT WERDEN.“

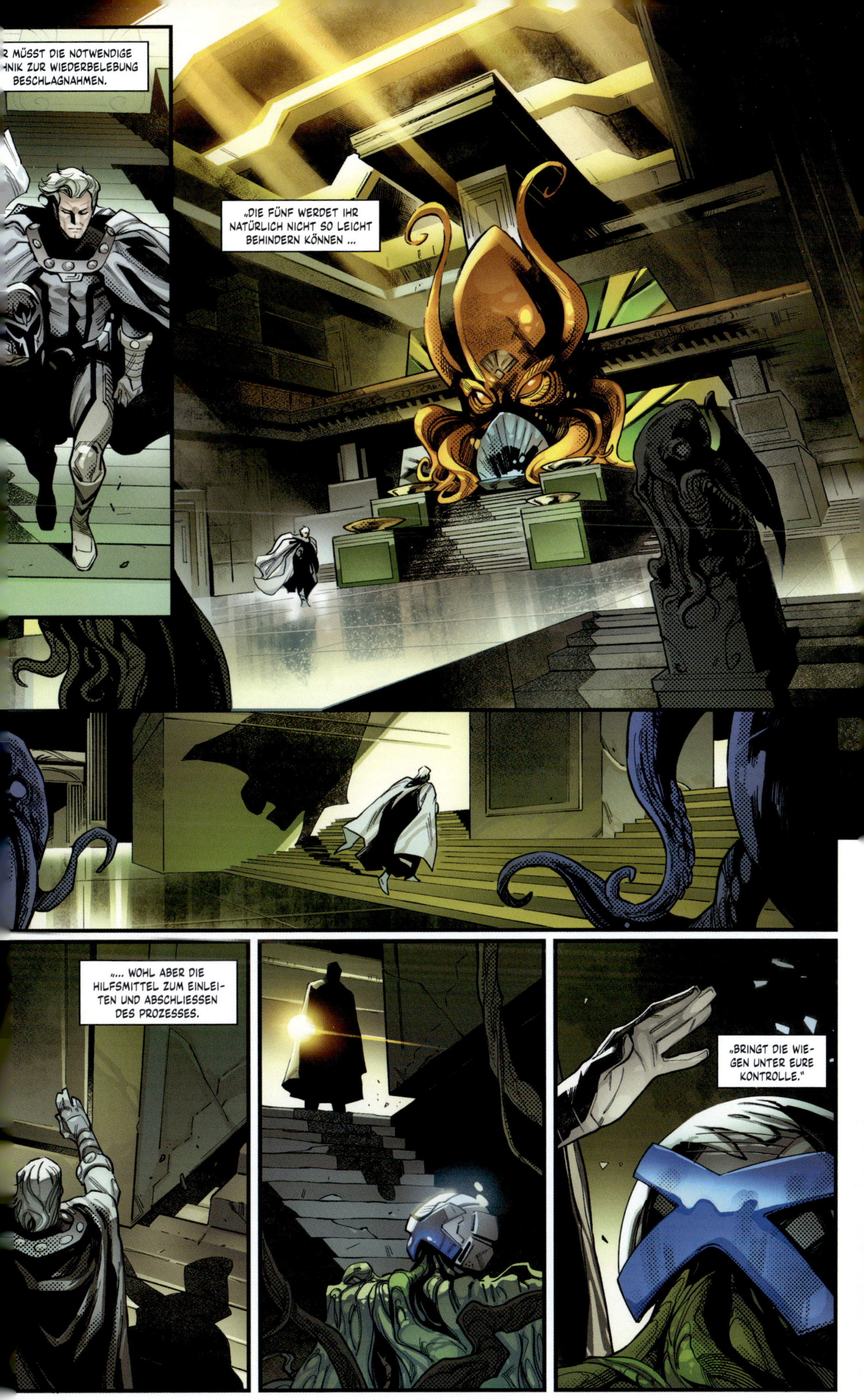

R MÜSST DIE NOTWENDIGE
HNIK ZUR WIEDERBELEBUNG
BESCHLAGNAHMEN.

„DIE FÜNF WERDET IHR NATÜRLICH NICHT SO LEICHT BEHINDERN KÖNNEN ...

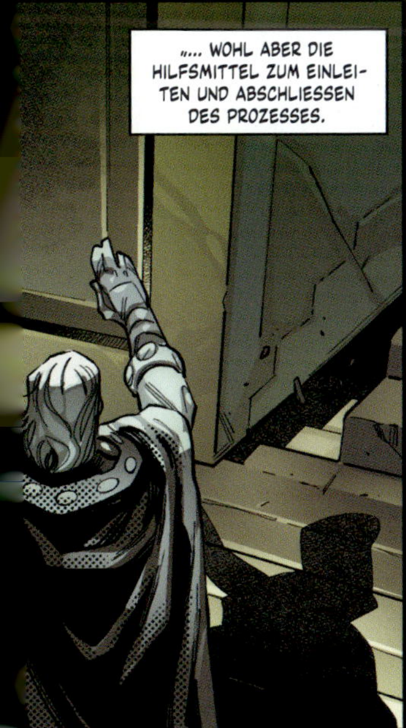

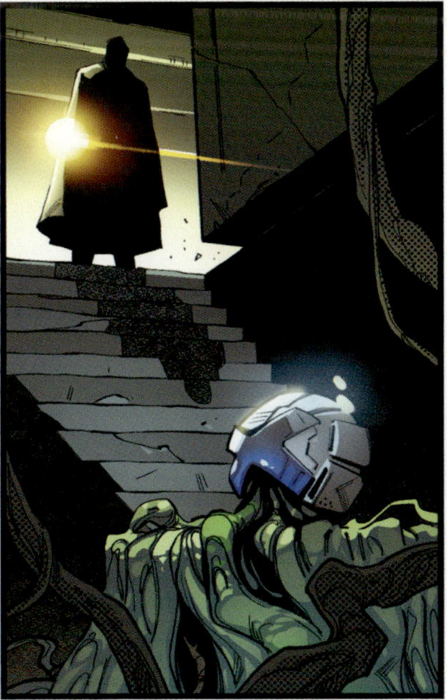

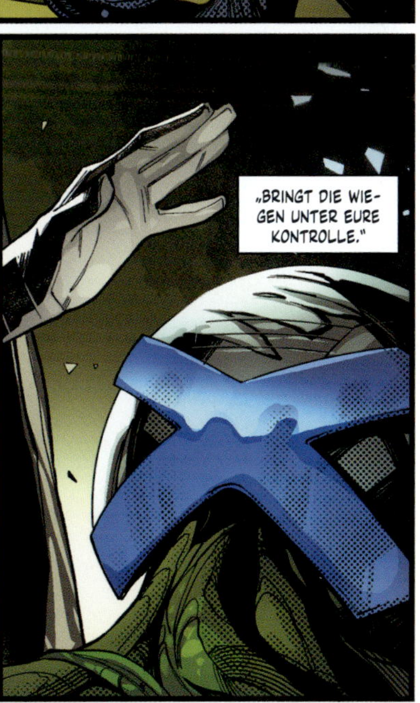

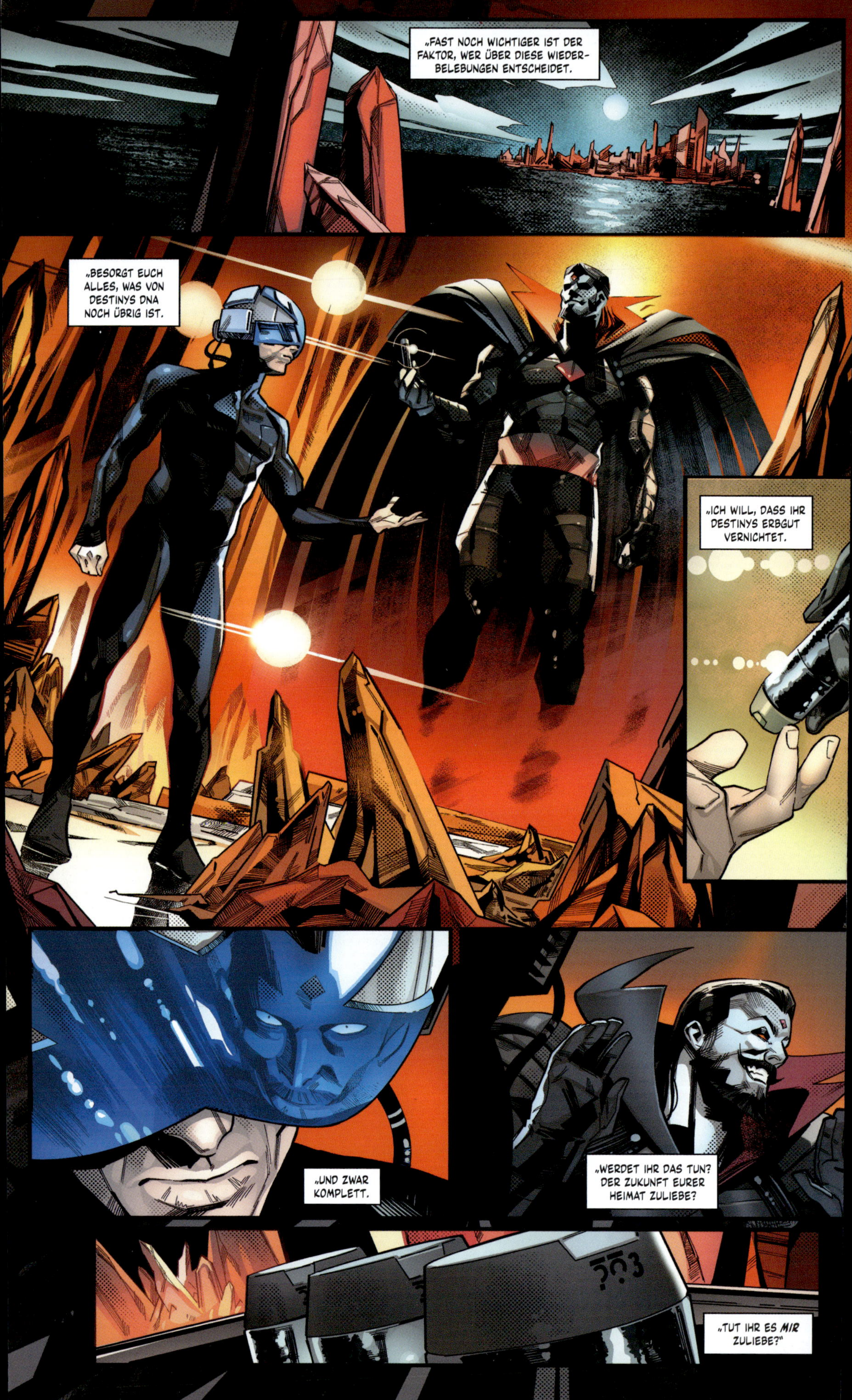
„FAST NOCH WICHTIGER IST DER FAKTOR, WER ÜBER DIESE WIEDER-BELEBUNGEN ENTSCHEIDET.
„BESORGT EUCH ALLES, WAS VON DESTINYS DNA NOCH ÜBRIG IST.
„ICH WILL, DASS IHR DESTINYS ERBGUT VERNICHTET.
„UND ZWAR KOMPLETT.
„WERDET IHR DAS TUN? DER ZUKUNFT EURER HEIMAT ZULIEBE?
„TUT IHR ES *MIR* ZULIEBE?"

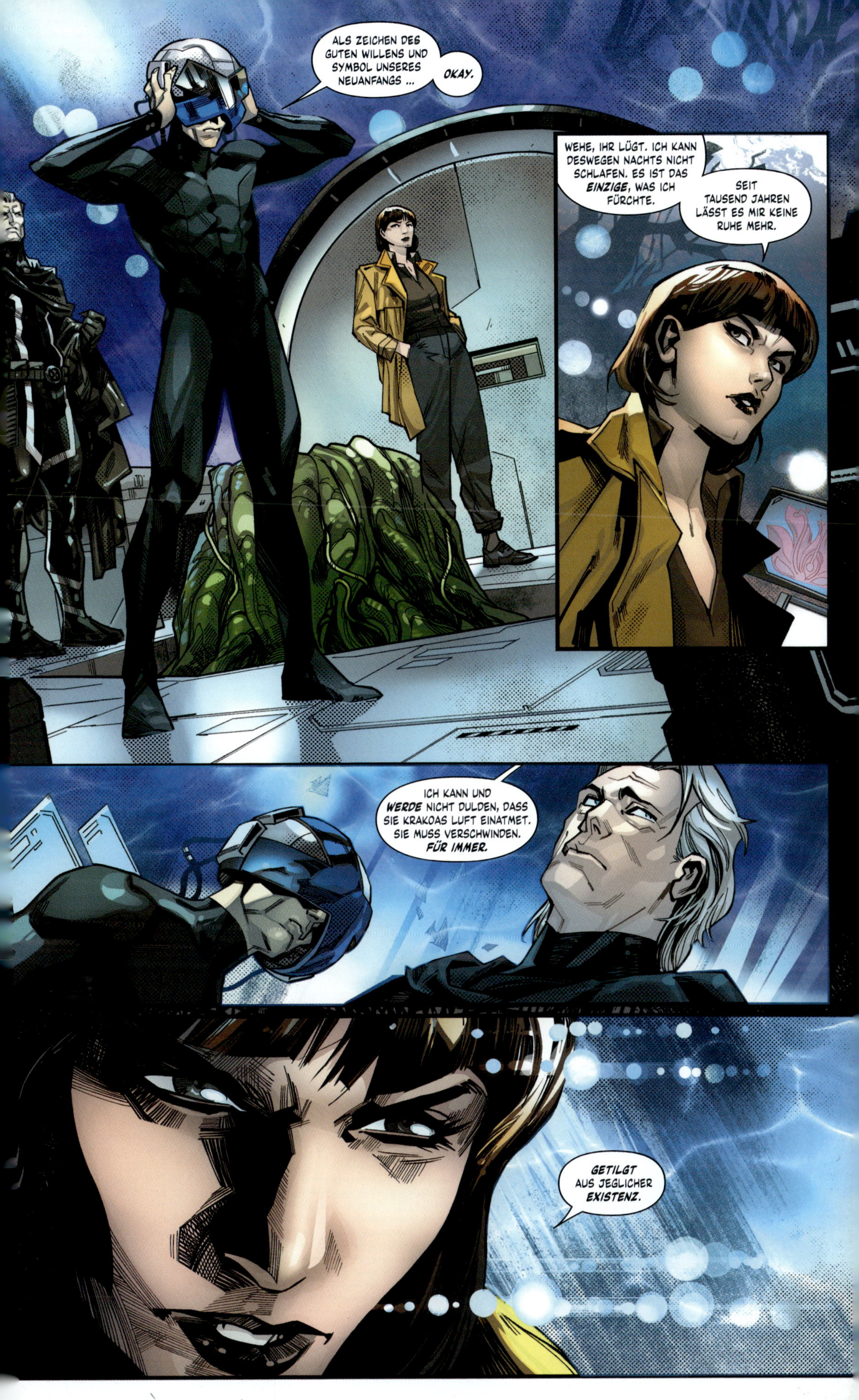
ALS ZEICHEN DES GUTEN WILLENS UND SYMBOL UNSERES NEUANFANGS ...
OKAY.
WEHE, IHR LÜGT. ICH KANN DESWEGEN NACHTS NICHT SCHLAFEN. ES IST DAS EINZIGE, WAS ICH FÜRCHTE.
SEIT TAUSEND JAHREN LÄSST ES MIR KEINE RUHE MEHR.
ICH KANN UND WERDE NICHT DULDEN, DASS SIE KRAKOAS LUFT EINATMET. SIE MUSS VERSCHWINDEN. FÜR IMMER.
GETILGT AUS JEGLICHER EXISTENZ.

MEDIZINISCHER BERICHT

PATIENTEN-DATEI: NR. 43
Betrifft: Gesundheit und aktuelle Verfassung [Black Tom Cassidy]

[Krakoa]..........[MED]
[......]..........[PHY]

—

PHYSIOLOGIE

Der Patient bewegt sich im oberen Bereich des erfassten diagnostischen Spektrums und übertrifft häufig die bisherigen Höchstwerte. Diese aktuelle Version von Black Tom Cassidy ist in jeder Hinsicht die körperlich fitteste Version, mit der wir es je zu tun hatten. Seine Verfassung ist exzellent.

Allerdings ...

—

PSYCHOLOGIE

Der Patient legt ein psychologisches Verhalten an den Tag, das im Widerspruch zu den Ergebnissen der psychologischen Tests steht.

Alle kognitiven Scans, telepathischen Sondierungen und Auswertungen von Gehirnimpulsen deuten darauf hin, dass Black Toms geistige Gesundheit ebenso wie sein körperlicher Zustand optimal ist und frühere Messwerte übertrifft.

Im Gegensatz dazu scheint der Patient jedoch unter einer wachsenden Zahl schwächender Psychosen zu leiden. Wiederkehrende Träume, in denen sein Körper von der Insel verschlungen wird, lokal beschränkte Phänomene, die sich als Gefühlsverlust in den Extremitäten äußern, und Halluzinationen von Maschinen, die sich unter seiner Haut bewegen. Das Beunruhigende ist, dass der Patient diese Gefühle/Erfahrungen nicht abwehrt, sondern sich – im Gegenteil – ihnen hingeben möchte.

Da die Symptome bislang kontrollierbar sind und nicht nachvollziehbar ist, ob sie auf realen Auslösern beruhen, bleibt Black Tom bis auf Weiteres im aktiven Dienst, allerdings unter strenger Beobachtung.

– Dr. Cecilia Reyes

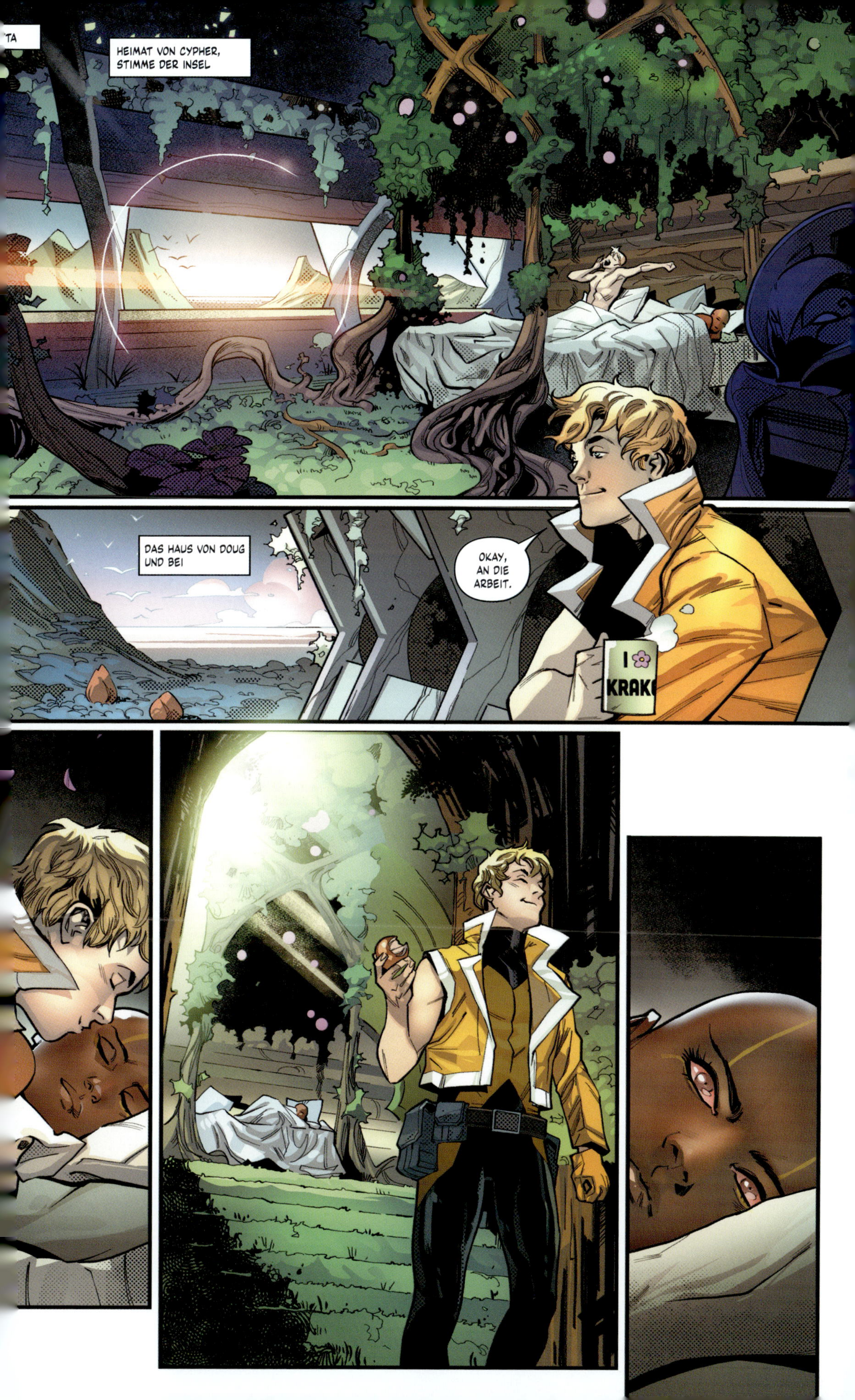

HEIMAT VON CYPHER,
STIMME DER INSEL
DAS HAUS VON DOUG
UND BEI
OKAY,
AN DIE
ARBEIT.

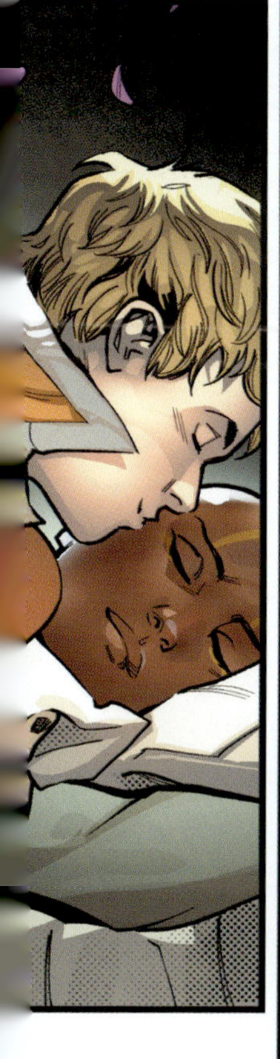

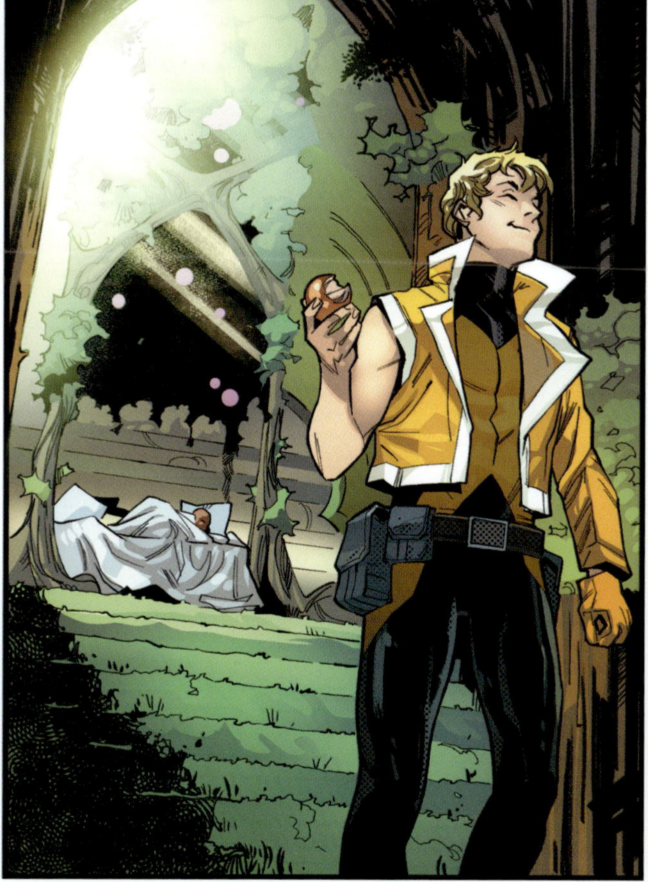

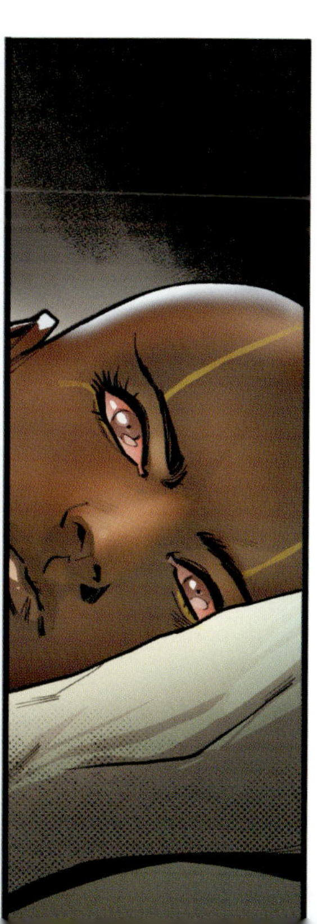

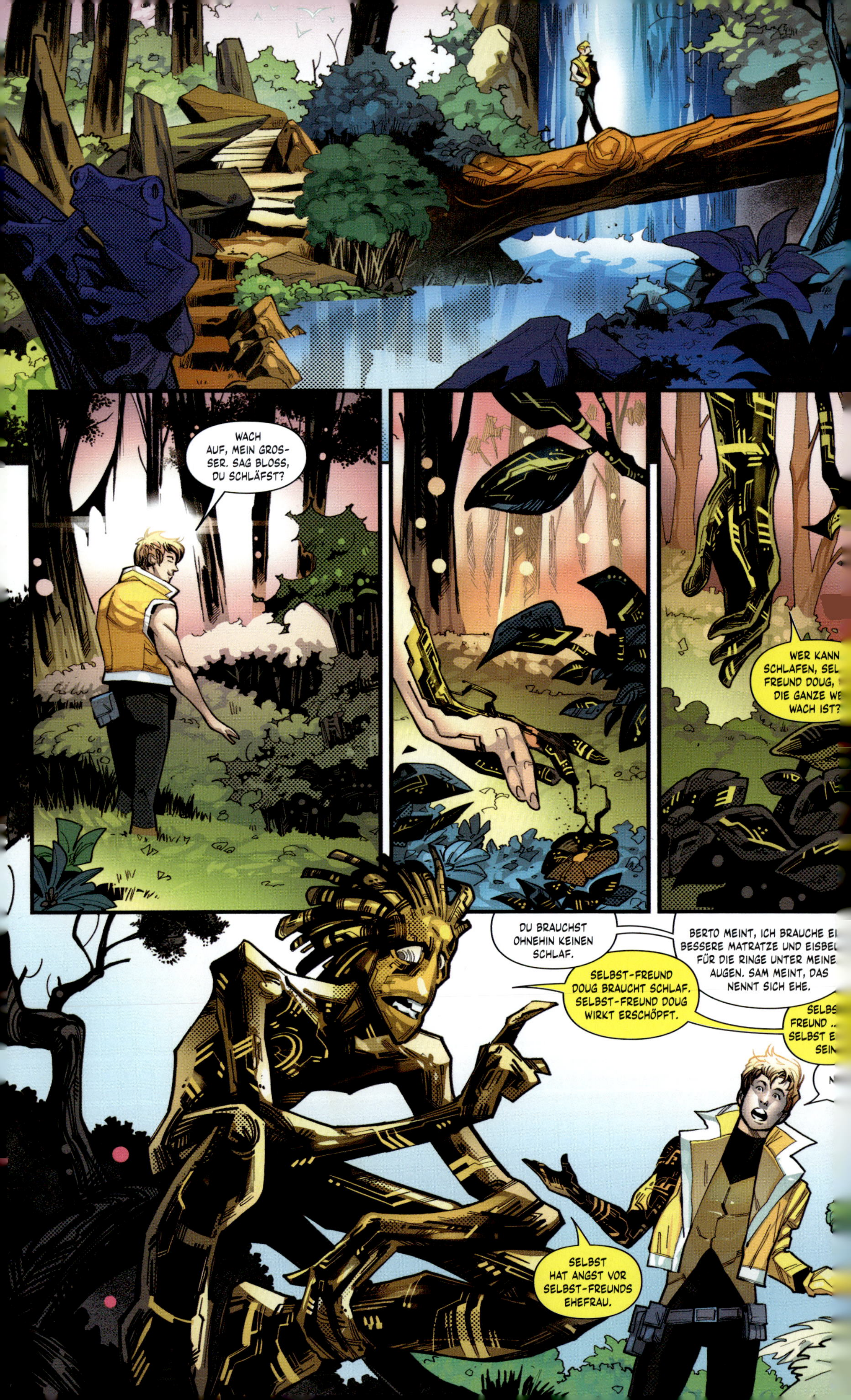
WACH AUF, MEIN GROSSER. SAG BLOSS, DU SCHLÄFST?
WER KANN SCHLAFEN, SEL FREUND DOUG, DIE GANZE WE WACH IST?
DU BRAUCHST OHNEHIN KEINEN SCHLAF.
BERTO MEINT, ICH BRAUCHE EI BESSERE MATRATZE UND EISBEI FÜR DIE RINGE UNTER MEINE AUGEN. SAM MEINT, DAS NENNT SICH EHE.
SELBST-FREUND DOUG BRAUCHT SCHLAF. SELBST-FREUND DOUG WIRKT ERSCHÖPFT.
SELBS FREUND ... SELBST E SEIN
SELBST HAT ANGST VOR SELBST-FREUNDS EHEFRAU.

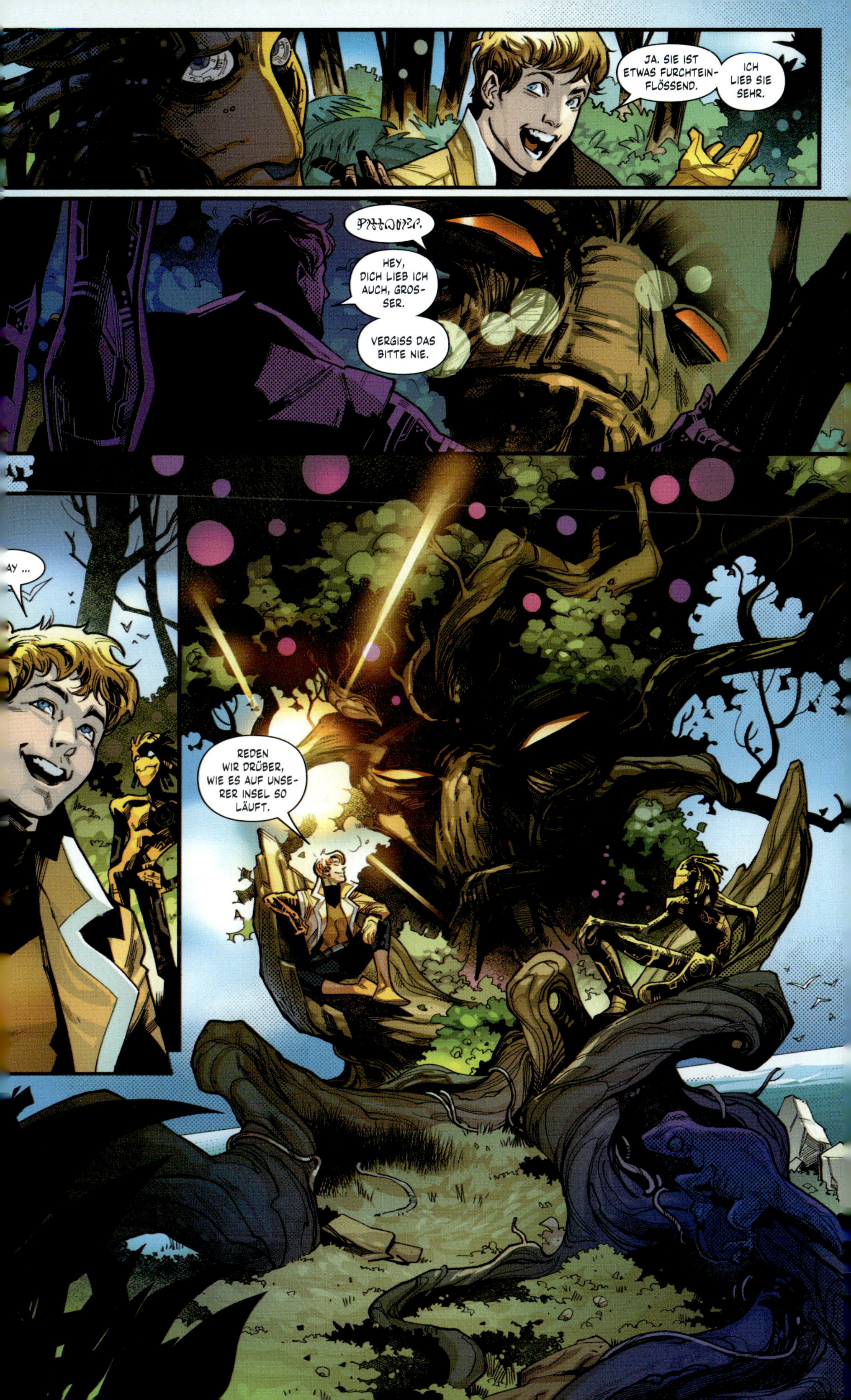

JA. SIE IST ETWAS FURCHTEINFLÖSSEND.
ICH LIEB SIE SEHR.
HEY, DICH LIEB ICH AUCH, GROSSER.
VERGISS DAS BITTE NIE.
REDEN WIR DRÜBER, WIE ES AUF UNSERER INSEL SO LÄUFT.

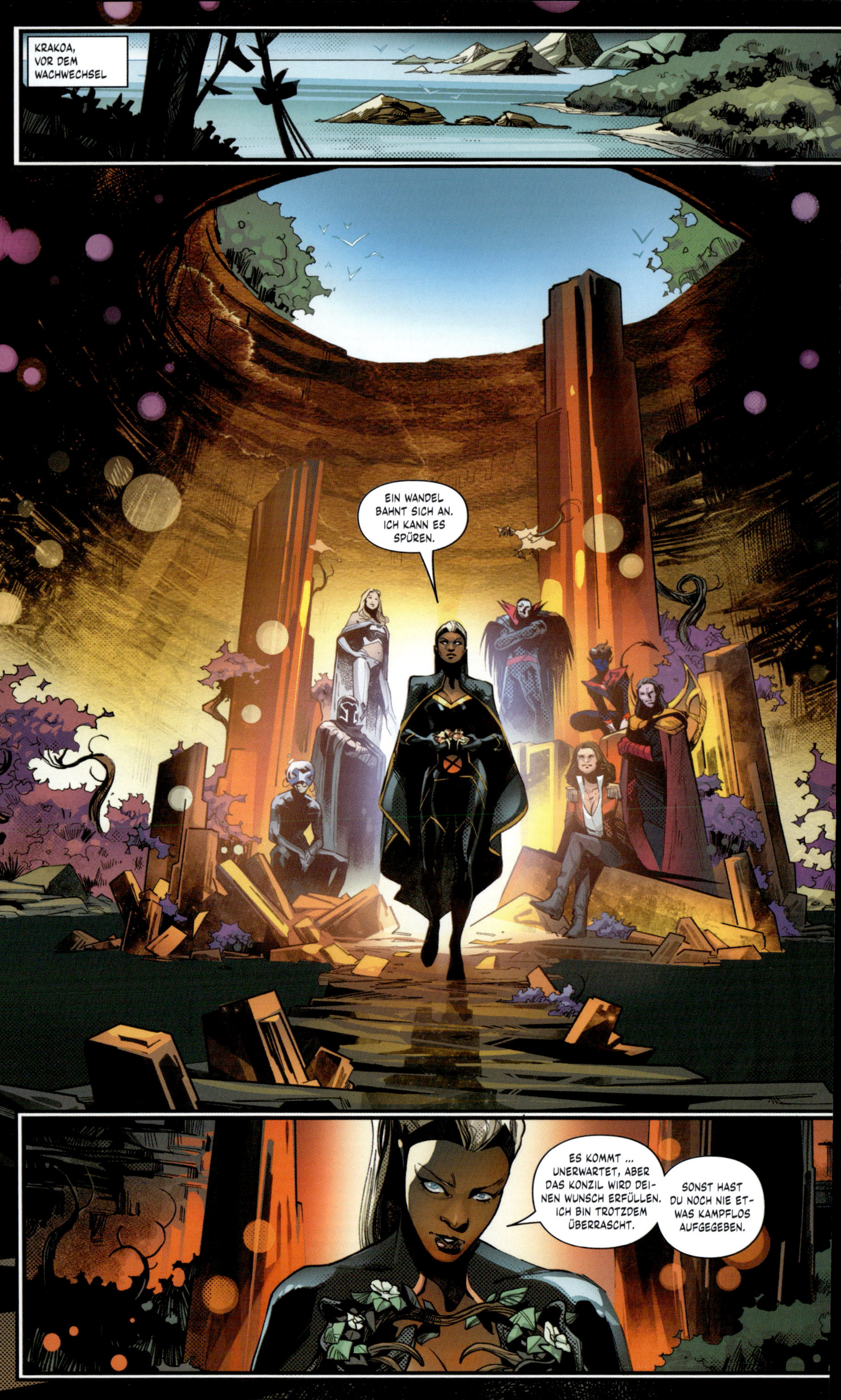
KRAKOA, VOR DEM WACHWECHSEL
EIN WANDEL BAHNT SICH AN. ICH KANN ES SPÜREN.
ES KOMMT ... UNERWARTET, ABER DAS KONZIL WIRD DEINEN WUNSCH ERFÜLLEN. ICH BIN TROTZDEM ÜBERRASCHT.
SONST HAST DU NOCH NIE ETWAS KAMPFLOS AUFGEGEBEN.

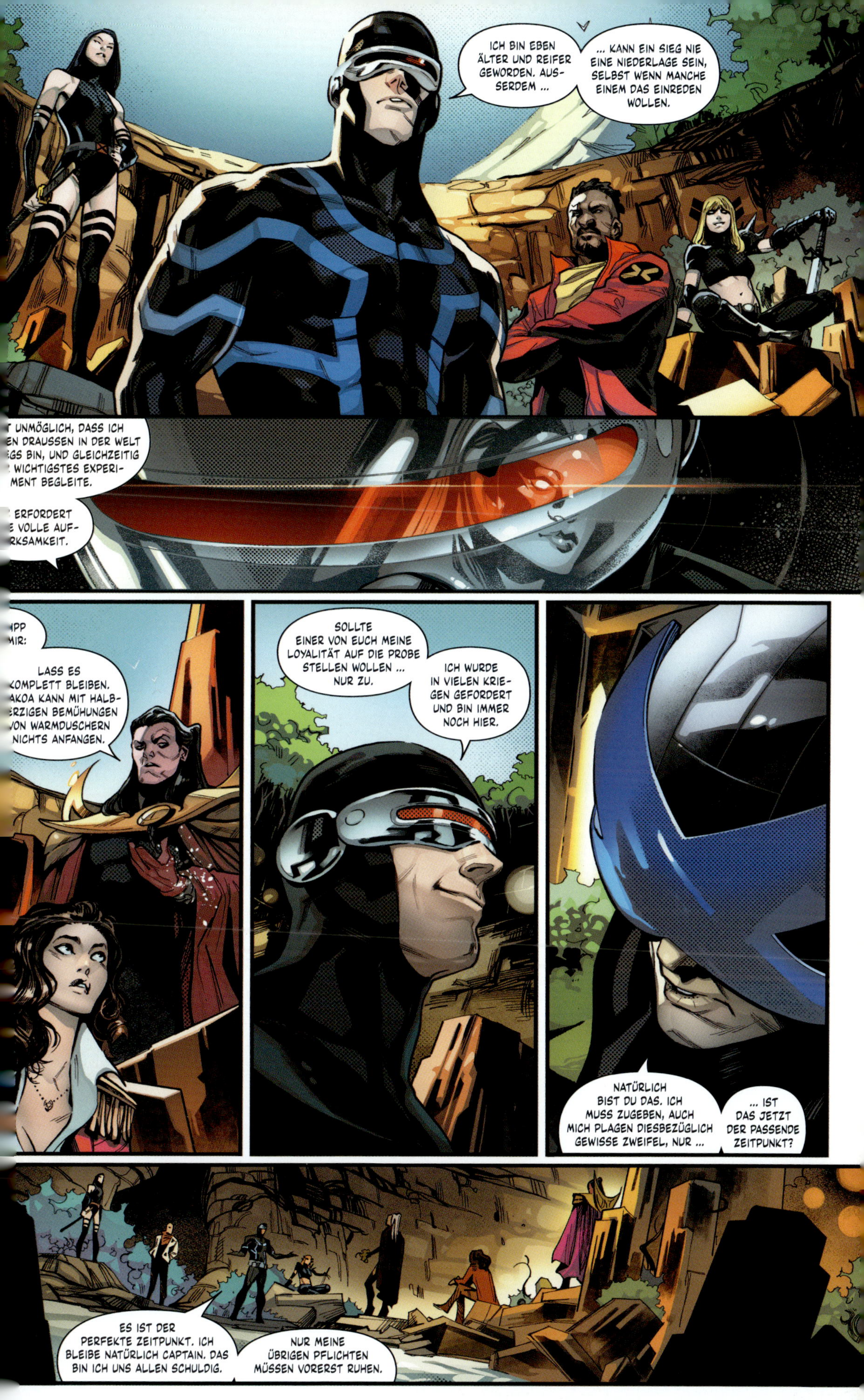

ICH BIN EBEN ÄLTER UND REIFER GEWORDEN. AUS-SERDEM ...
... KANN EIN SIEG NIE EINE NIEDERLAGE SEIN, SELBST WENN MANCHE EINEM DAS EINREDEN WOLLEN.

T UNMÖGLICH, DASS ICH EN DRAUSSEN IN DER WELT GS BIN, UND GLEICHZEITIG WICHTIGSTES EXPERI-MENT BEGLEITE.
ERFORDERT E VOLLE AUF-RKSAMKEIT.

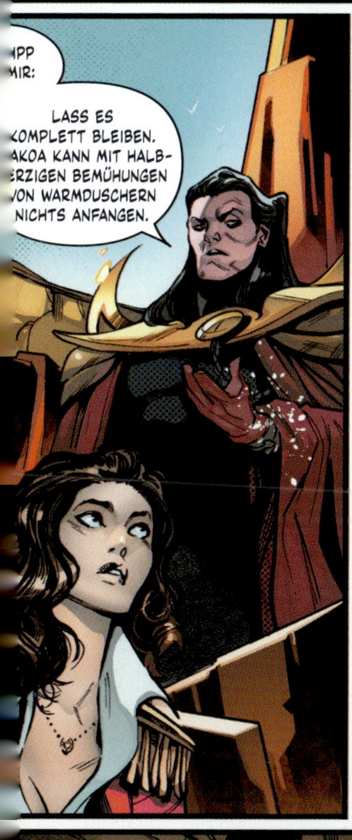

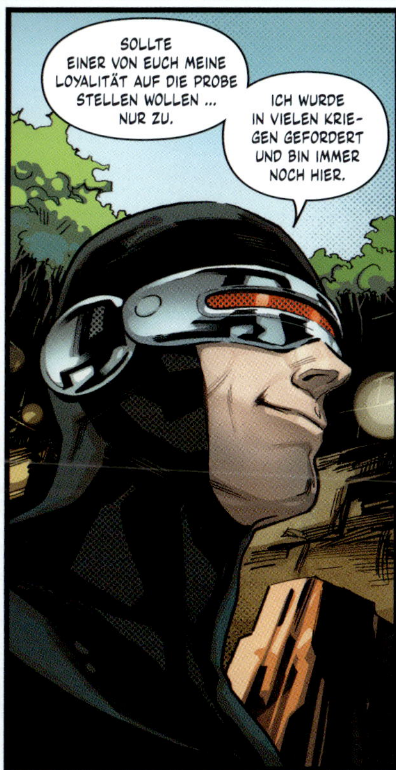

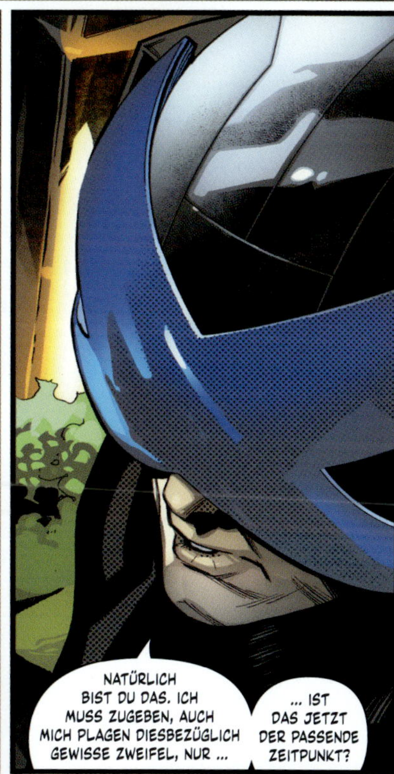

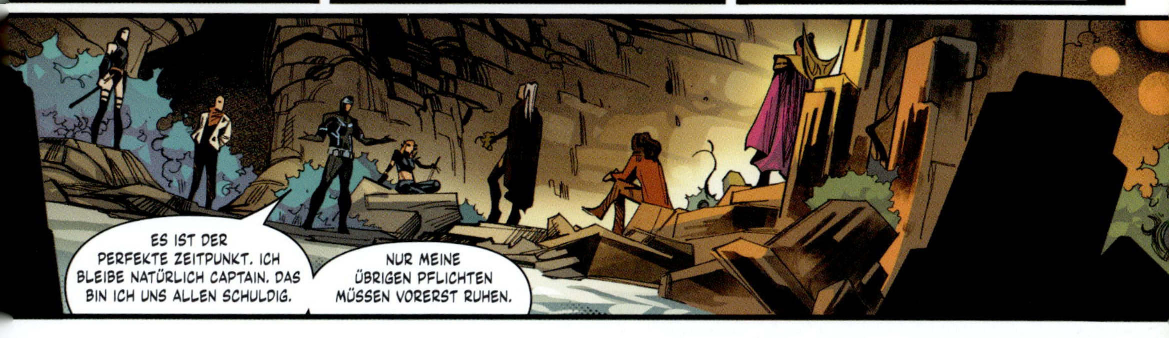

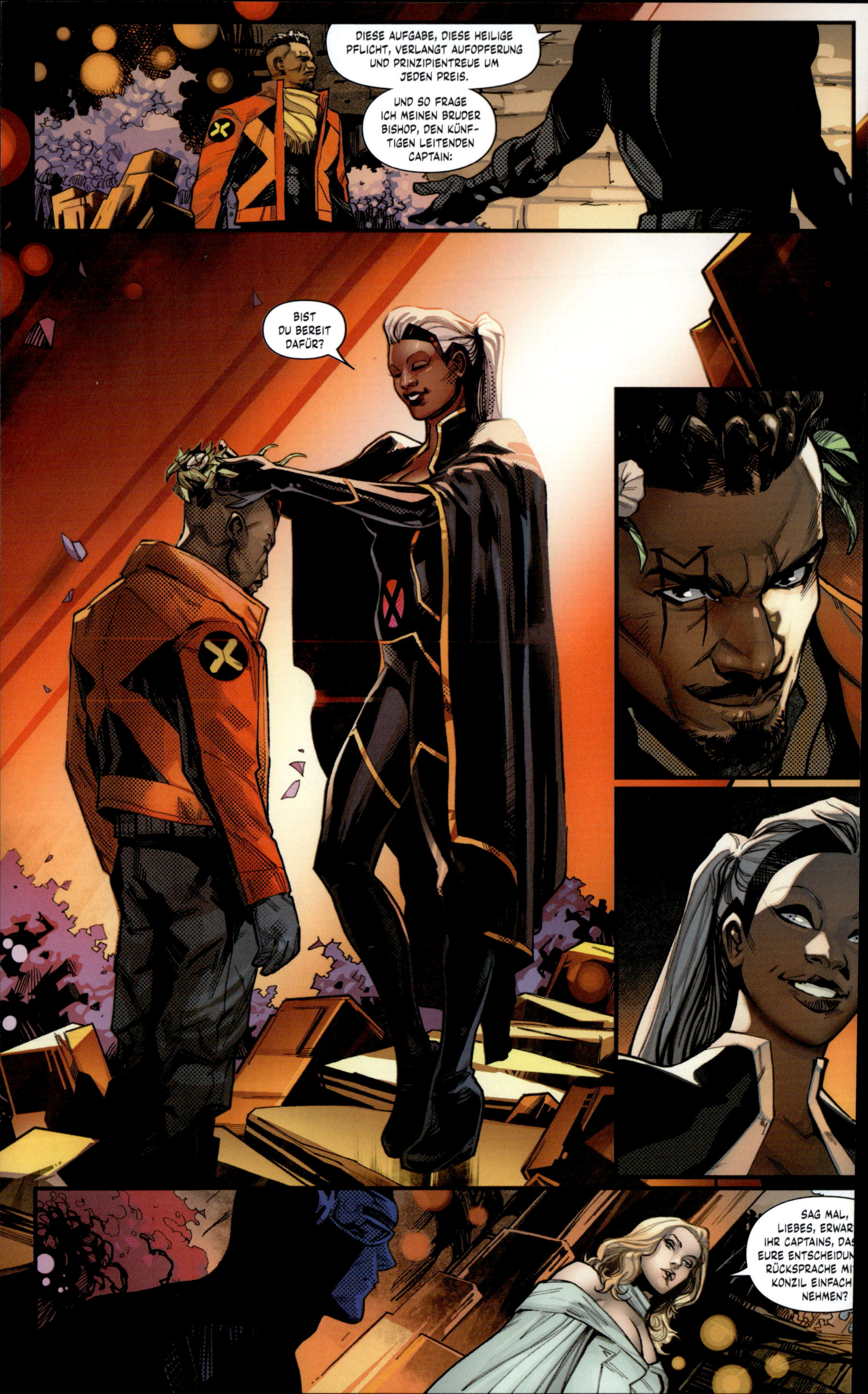

DIESE AUFGABE, DIESE HEILIGE PFLICHT, VERLANGT AUFOPFERUNG UND PRINZIPIENTREUE UM JEDEN PREIS.
UND SO FRAGE ICH MEINEN BRUDER BISHOP, DEN KÜNF-TIGEN LEITENDEN CAPTAIN:
BIST DU BEREIT DAFÜR?
SAG MAL, LIEBES, ERWAR IHR CAPTAINS, DAS EURE ENTSCHEIDUN RÜCKSPRACHE MIT KONZIL EINFACH NEHMEN?

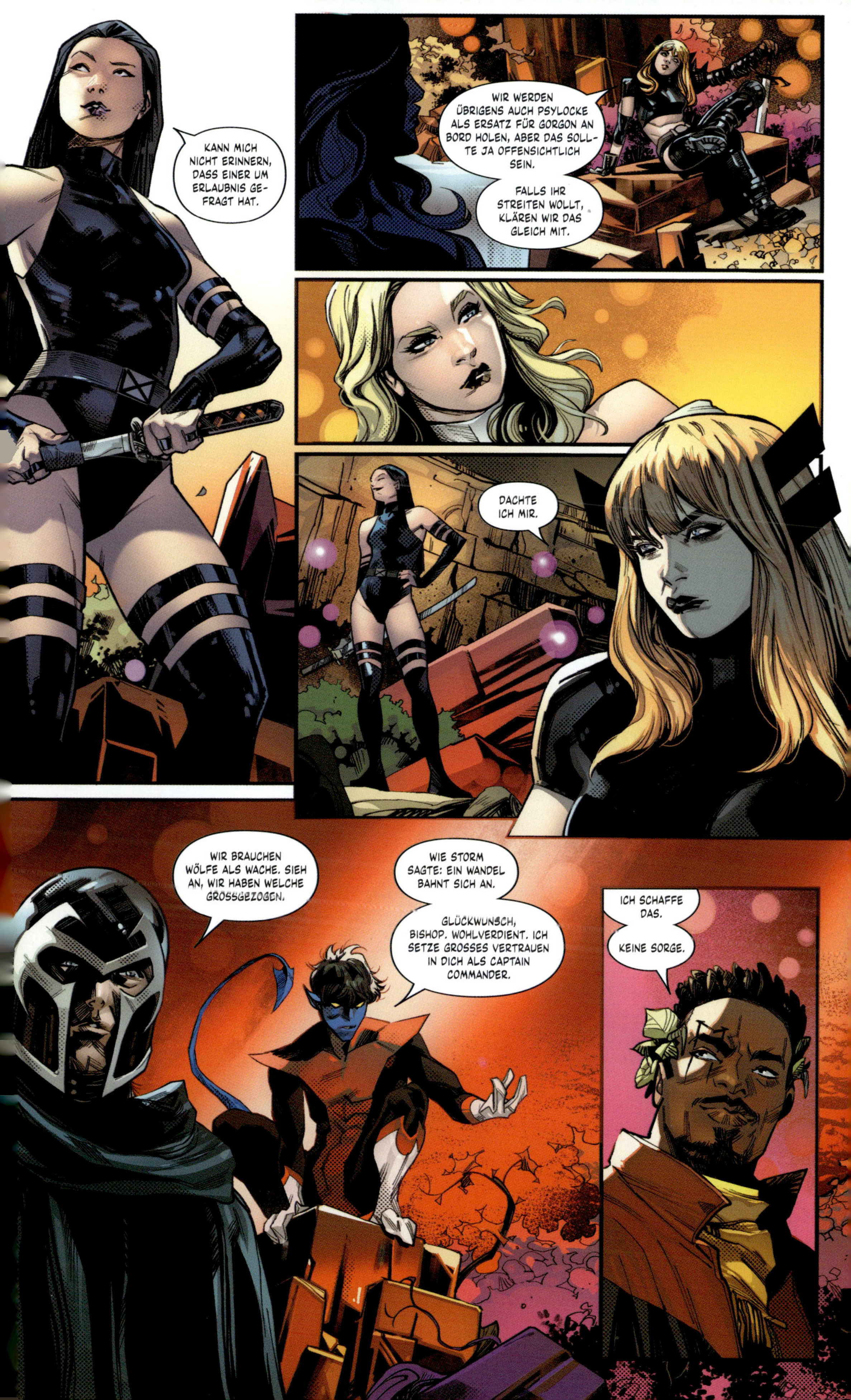
KANN MICH NICHT ERINNERN, DASS EINER UM ERLAUBNIS GEFRAGT HAT.
WIR WERDEN ÜBRIGENS AUCH PSYLOCKE ALS ERSATZ FÜR GORGON AN BORD HOLEN, ABER DAS SOLLTE JA OFFENSICHTLICH SEIN.
FALLS IHR STREITEN WOLLT, KLÄREN WIR DAS GLEICH MIT.
DACHTE ICH MIR.
WIR BRAUCHEN WÖLFE ALS WACHE. SIEH AN, WIR HABEN WELCHE GROSSGEZOGEN.
WIE STORM SAGTE: EIN WANDEL BAHNT SICH AN.
GLÜCKWUNSCH, BISHOP. WOHLVERDIENT. ICH SETZE GROSSES VERTRAUEN IN DICH ALS CAPTAIN COMMANDER.
ICH SCHAFFE DAS.
KEINE SORGE.

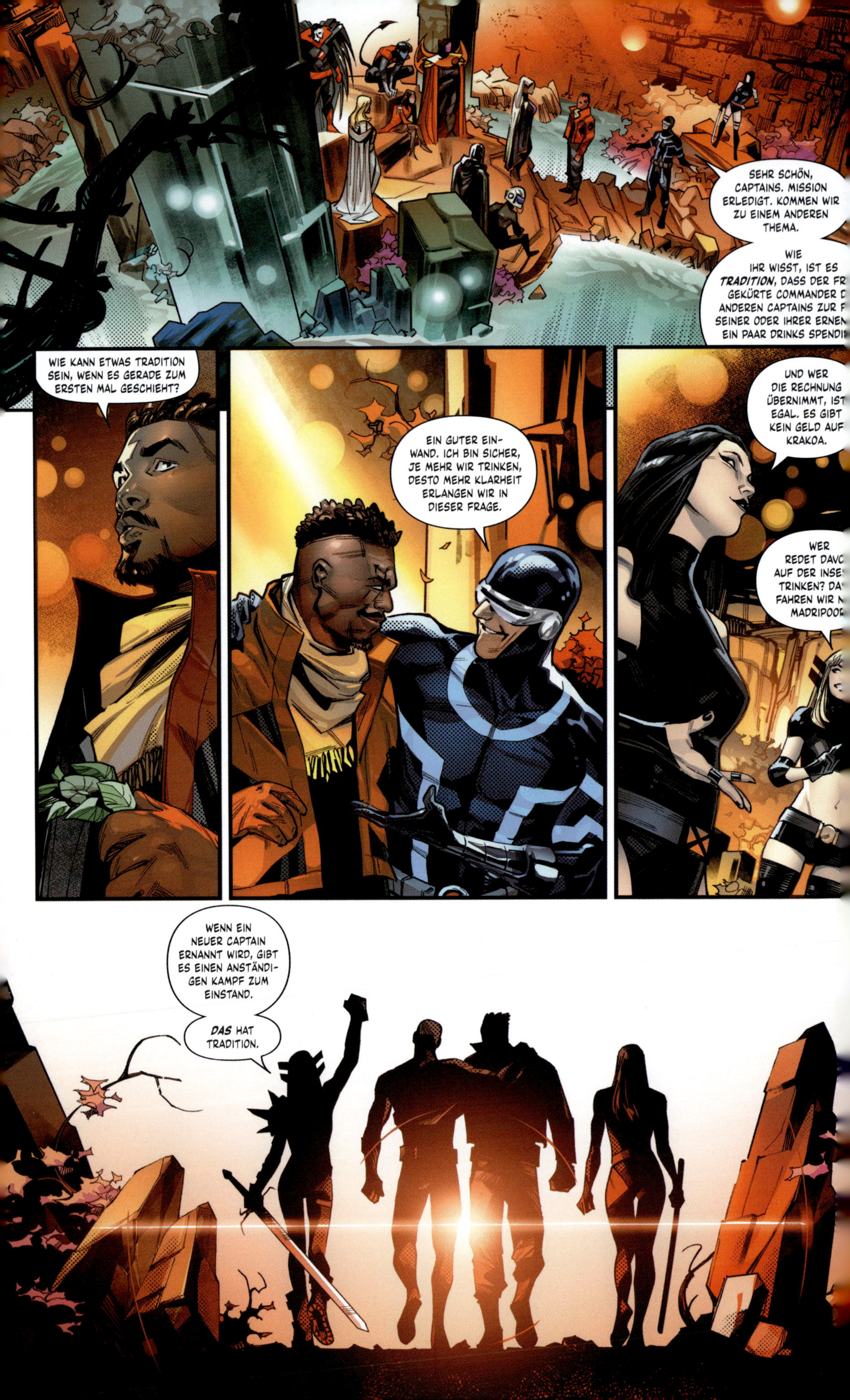
SEHR SCHÖN, CAPTAINS. MISSION ERLEDIGT. KOMMEN WIR ZU EINEM ANDEREN THEMA.
WIE IHR WISST, IST ES *TRADITION*, DASS DER FR GEKÜRTE COMMANDER D ANDEREN CAPTAINS ZUR F SEINER ODER IHRER ERNEN EIN PAAR DRINKS SPENDI
WIE KANN ETWAS TRADITION SEIN, WENN ES GERADE ZUM ERSTEN MAL GESCHIEHT?
EIN GUTER EINWAND. ICH BIN SICHER, JE MEHR WIR TRINKEN, DESTO MEHR KLARHEIT ERLANGEN WIR IN DIESER FRAGE.
UND WER DIE RECHNUNG ÜBERNIMMT, IST EGAL. ES GIBT KEIN GELD AUF KRAKOA.
WER REDET DAV AUF DER INSE TRINKEN? DA FAHREN WIR N MADRIPOOR
WENN EIN NEUER CAPTAIN ERNANNT WIRD, GIBT ES EINEN ANSTÄNDIGEN KAMPF ZUM EINSTAND.
DAS HAT TRADITION.

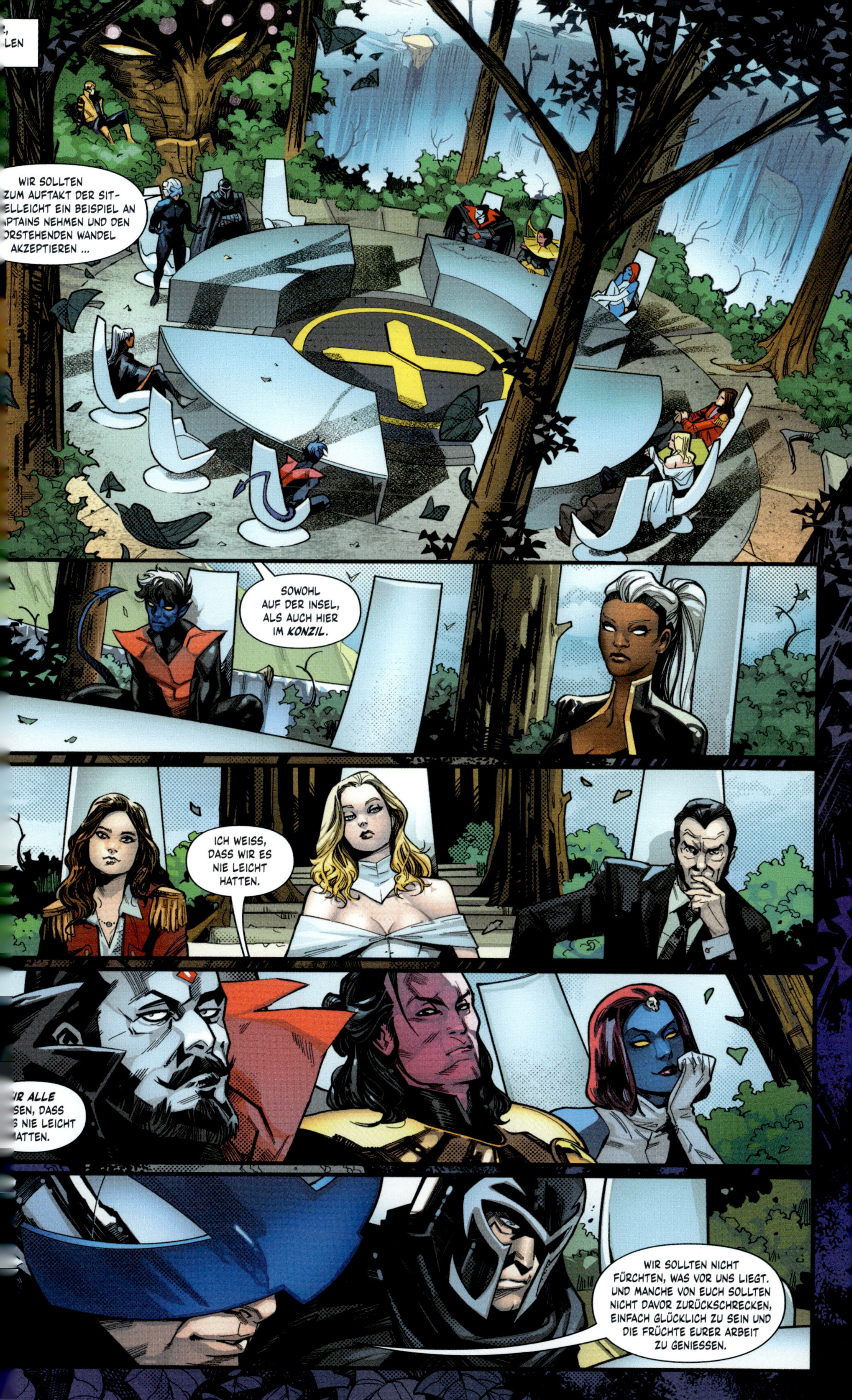
LEN
WIR SOLLTEN ZUM AUFTAKT DER SIT- ELLEICHT EIN BEISPIEL AN PTAINS NEHMEN UND DEN ORSTEHENDEN WANDEL AKZEPTIEREN ...
SOWOHL AUF DER INSEL, ALS AUCH HIER IM *KONZIL*.
ICH WEISS, DASS WIR ES NIE LEICHT HATTEN.
IR ALLE SEN, DASS S NIE LEICHT HATTEN.
WIR SOLLTEN NICHT FÜRCHTEN, WAS VOR UNS LIEGT. UND MANCHE VON EUCH SOLLTEN NICHT DAVOR ZURÜCKSCHRECKEN, EINFACH GLÜCKLICH ZU SEIN UND DIE FRÜCHTE EURER ARBEIT ZU GENIESSEN.

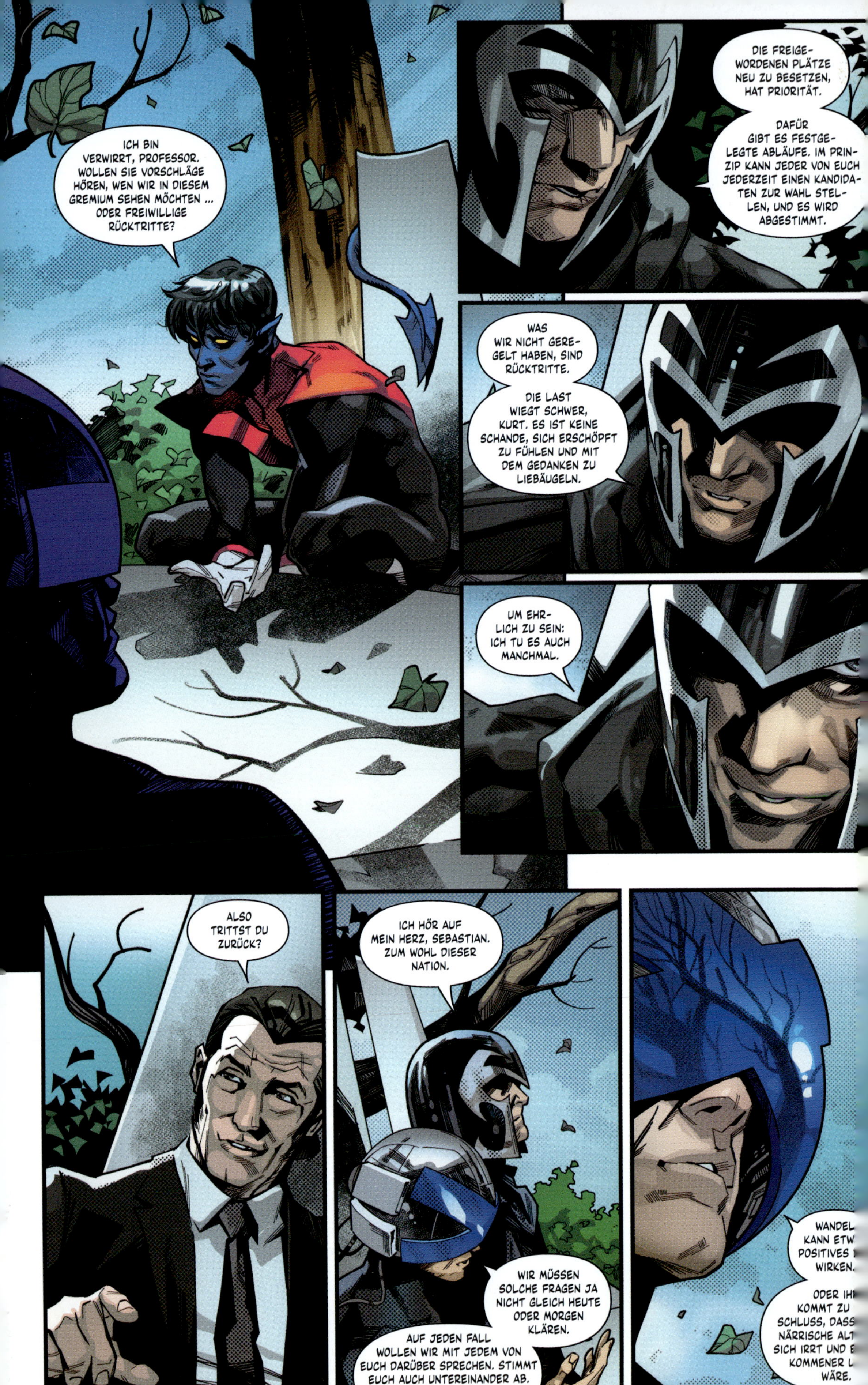
ICH BIN VERWIRRT, PROFESSOR. WOLLEN SIE VORSCHLÄGE HÖREN, WEN WIR IN DIESEM GREMIUM SEHEN MÖCHTEN ... ODER FREIWILLIGE RÜCKTRITTE?
DIE FREIGEWORDENEN PLÄTZE NEU ZU BESETZEN, HAT PRIORITÄT.
DAFÜR GIBT ES FESTGELEGTE ABLÄUFE. IM PRINZIP KANN JEDER VON EUCH JEDERZEIT EINEN KANDIDATEN ZUR WAHL STELLEN, UND ES WIRD ABGESTIMMT.
WAS WIR NICHT GEREGELT HABEN, SIND RÜCKTRITTE.
DIE LAST WIEGT SCHWER, KURT. ES IST KEINE SCHANDE, SICH ERSCHÖPFT ZU FÜHLEN UND MIT DEM GEDANKEN ZU LIEBÄUGELN.
UM EHRLICH ZU SEIN: ICH TU ES AUCH MANCHMAL.
ALSO TRITTST DU ZURÜCK?
ICH HÖR AUF MEIN HERZ, SEBASTIAN. ZUM WOHL DIESER NATION.
WIR MÜSSEN SOLCHE FRAGEN JA NICHT GLEICH HEUTE ODER MORGEN KLÄREN.
AUF JEDEN FALL WOLLEN WIR MIT JEDEM VON EUCH DARÜBER SPRECHEN. STIMMT EUCH AUCH UNTEREINANDER AB.
WANDEL KANN ETW POSITIVES WIRKEN.
ODER IH KOMMT ZU SCHLUSS, DASS NÄRRISCHE ALT SICH IRRT UND E KOMMENER WÄRE.

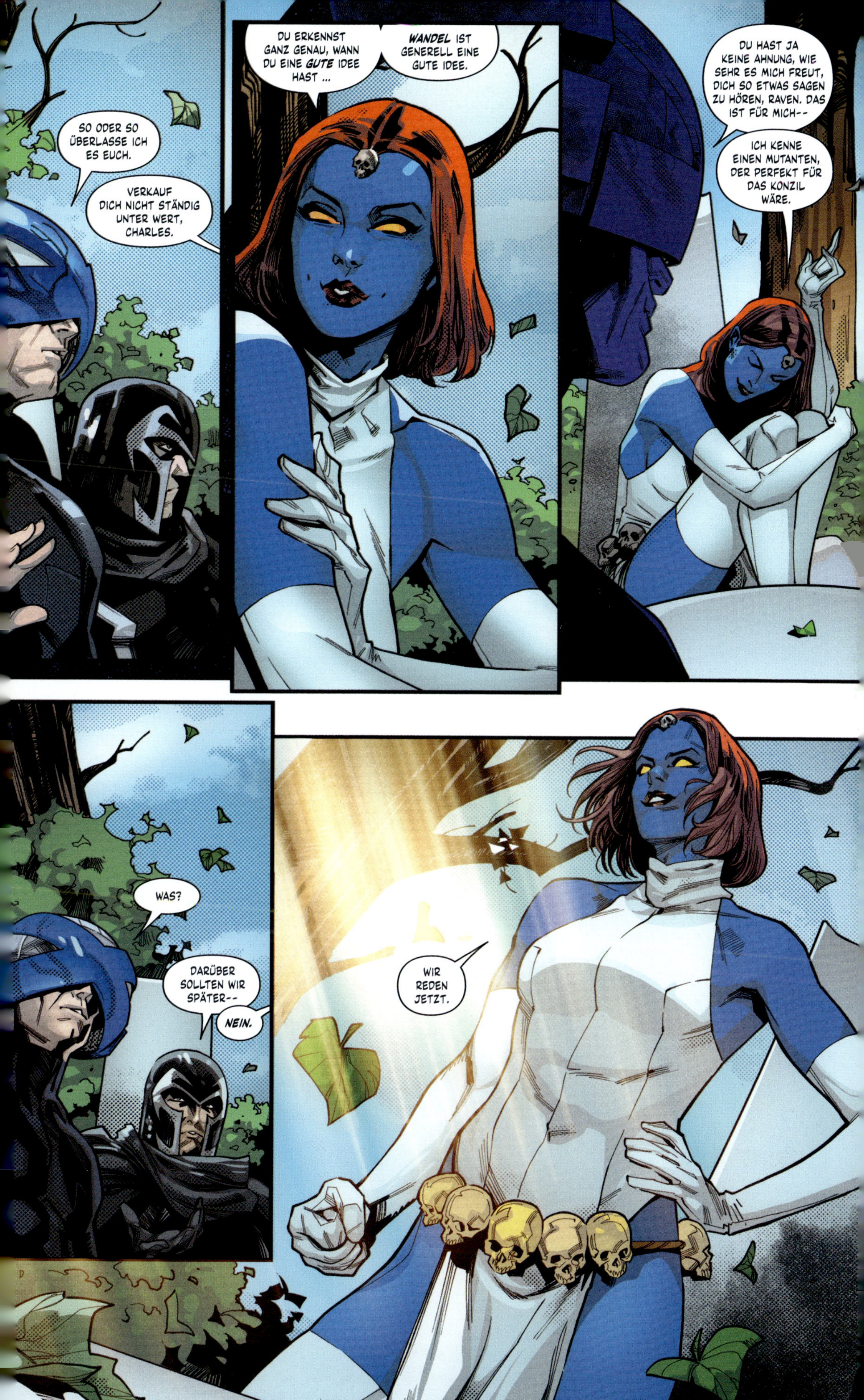
SO ODER SO ÜBERLASSE ICH ES EUCH.
VERKAUF DICH NICHT STÄNDIG UNTER WERT, CHARLES.
DU ERKENNST GANZ GENAU, WANN DU EINE GUTE IDEE HAST ...
WANDEL IST GENERELL EINE GUTE IDEE.
DU HAST JA KEINE AHNUNG, WIE SEHR ES MICH FREUT, DICH SO ETWAS SAGEN ZU HÖREN, RAVEN. DAS IST FÜR MICH--
ICH KENNE EINEN MUTANTEN, DER PERFEKT FÜR DAS KONZIL WÄRE.
WAS?
DARÜBER SOLLTEN WIR SPÄTER--
NEIN.
WIR REDEN JETZT.

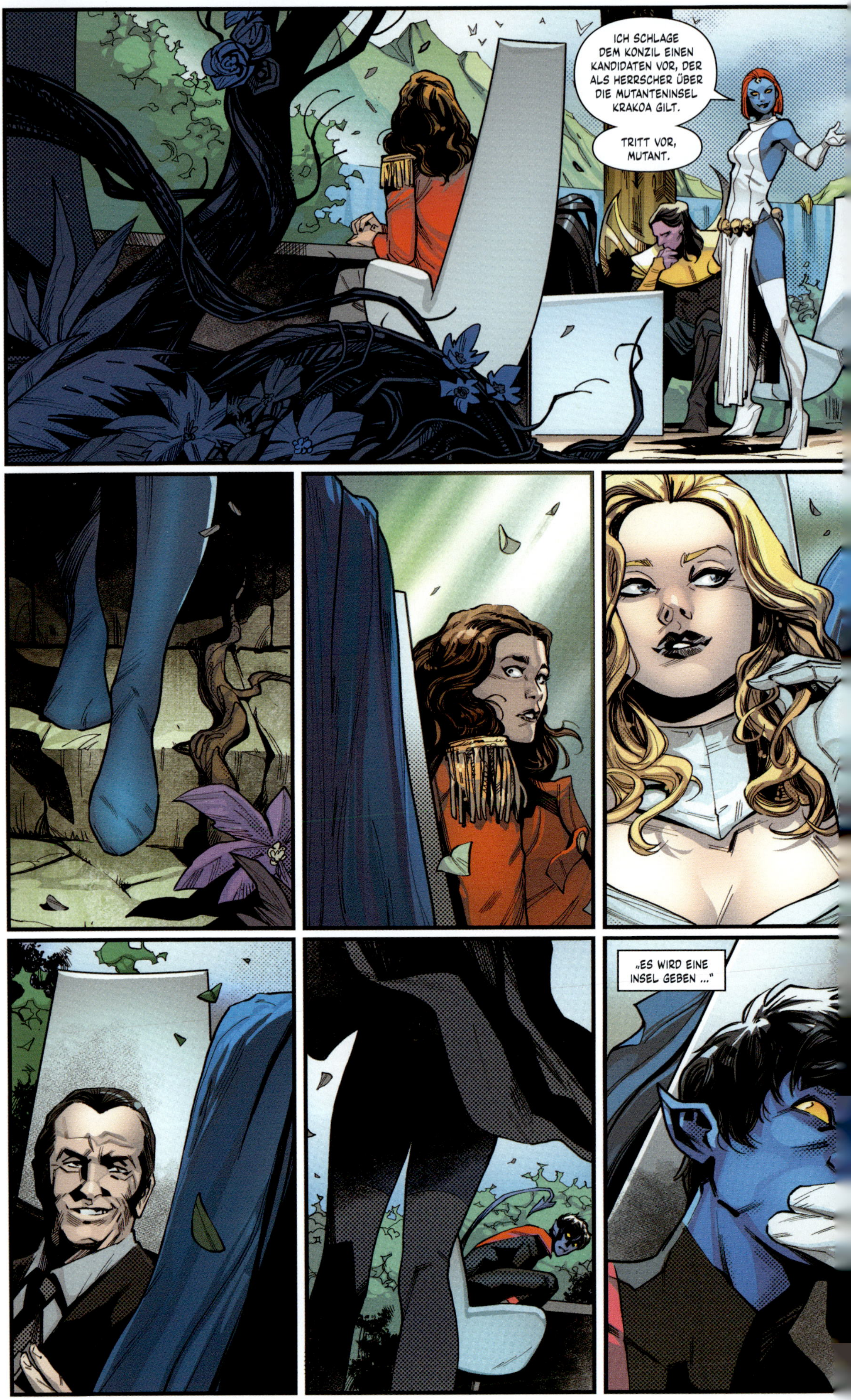

ICH SCHLAGE DEM KONZIL EINEN KANDIDATEN VOR, DER ALS HERRSCHER ÜBER DIE MUTANTENINSEL KRAKOA GILT.

TRITT VOR, MUTANT.

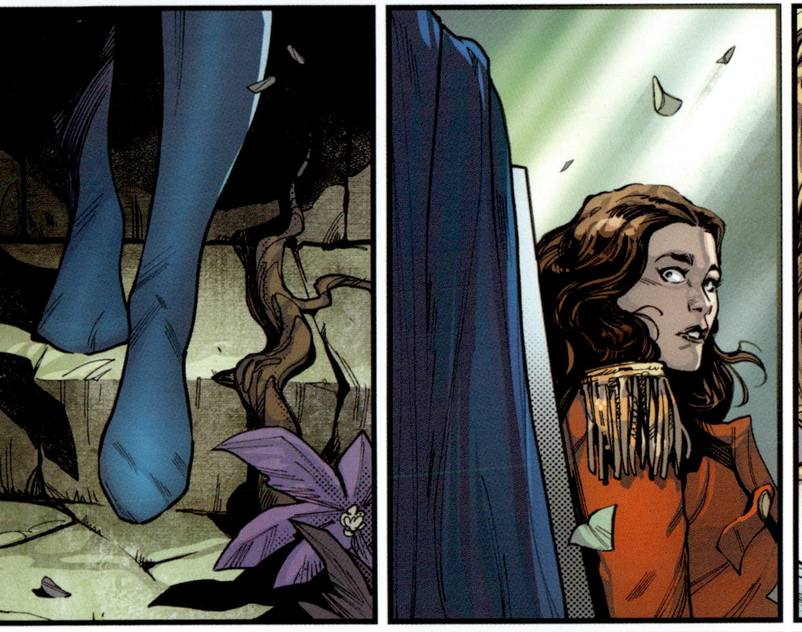

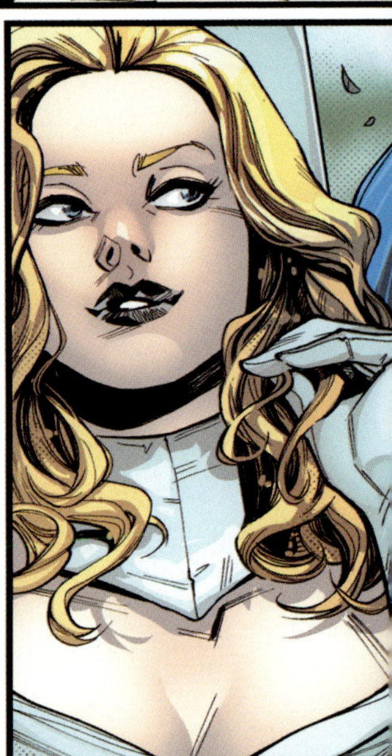

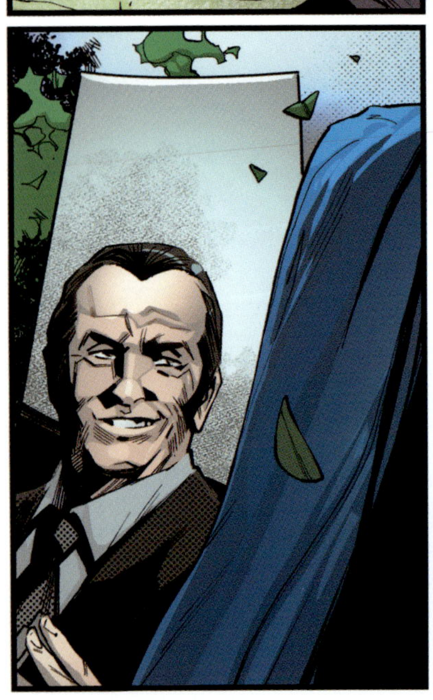

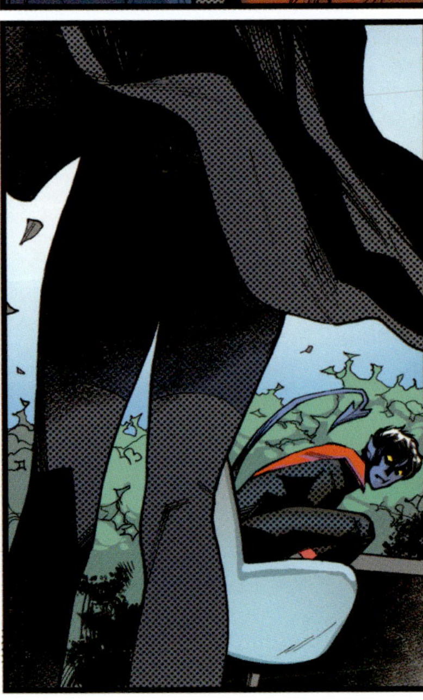

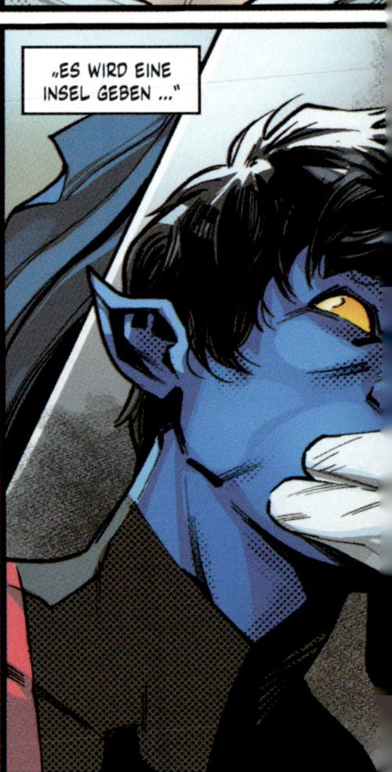

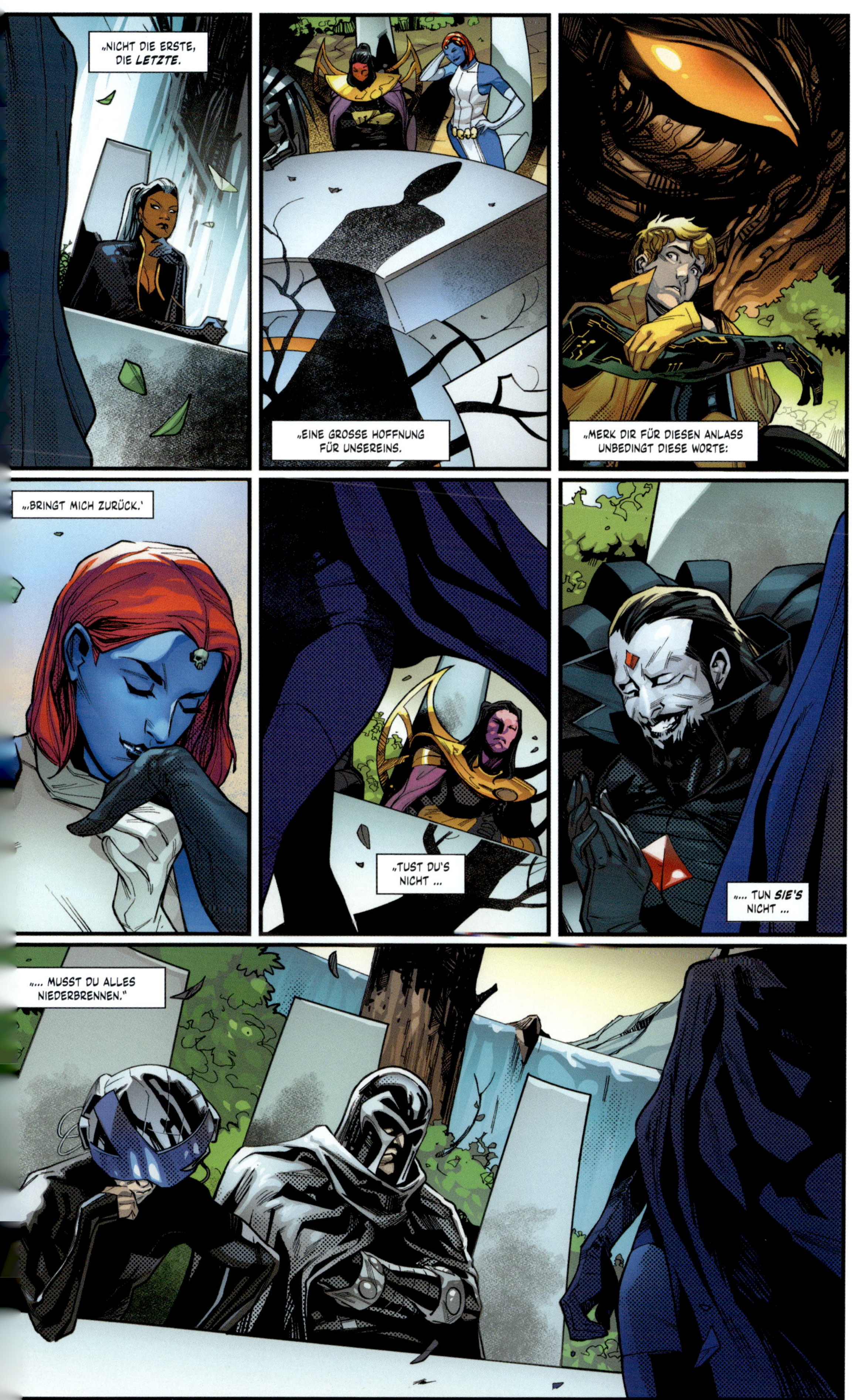
„NICHT DIE ERSTE, DIE LETZTE.
„EINE GROSSE HOFFNUNG FÜR UNSEREINS.
„MERK DIR FÜR DIESEN ANLASS UNBEDINGT DIESE WORTE:
„‚BRINGT MICH ZURÜCK.'
„TUST DU'S NICHT ...
„... TUN SIE'S NICHT ...
„... MUSST DU ALLES NIEDERBRENNEN."

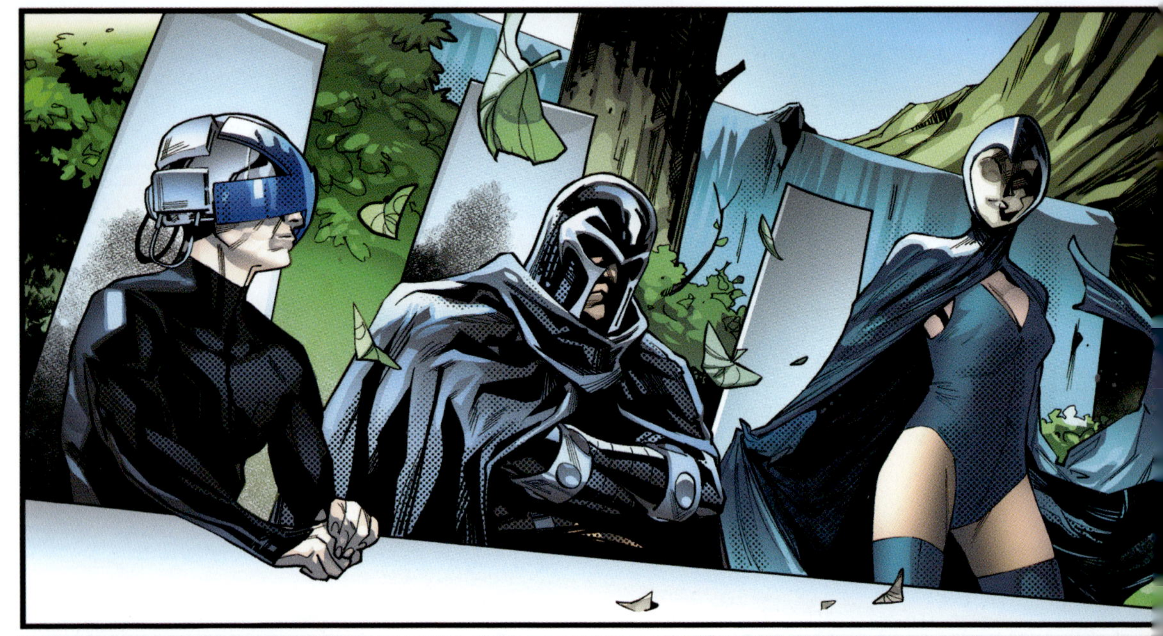

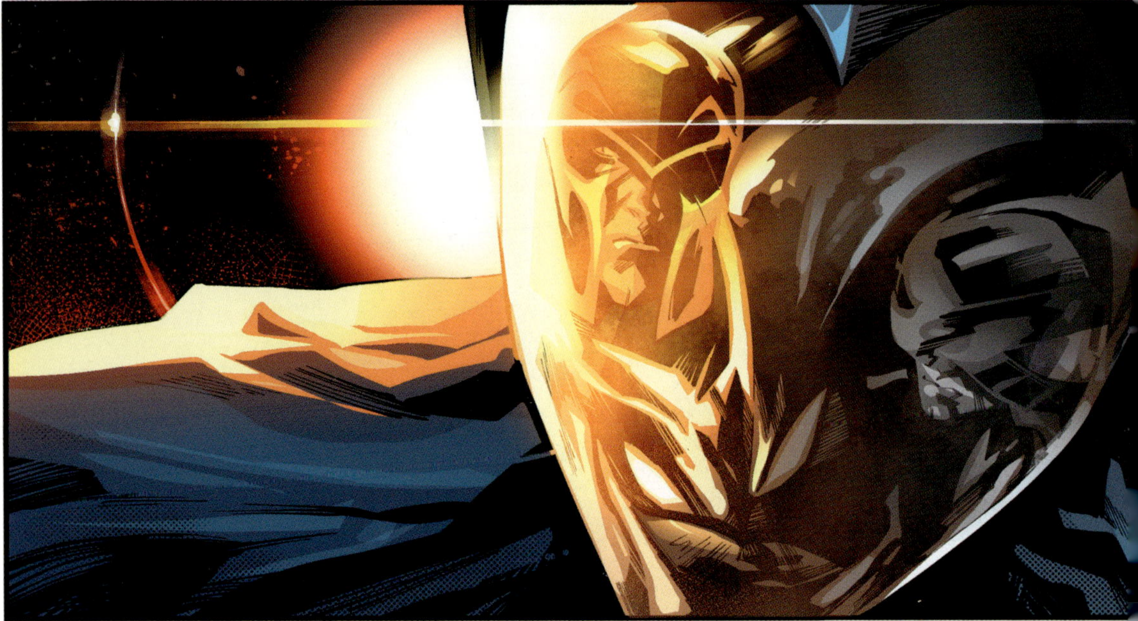

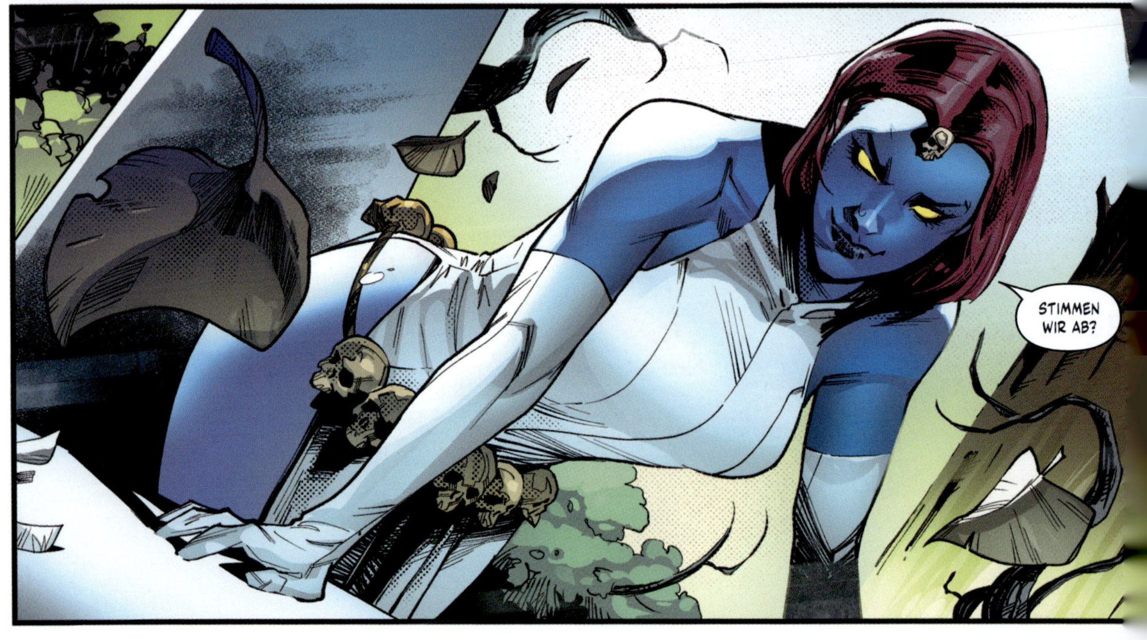
STIMMEN WIR AB?

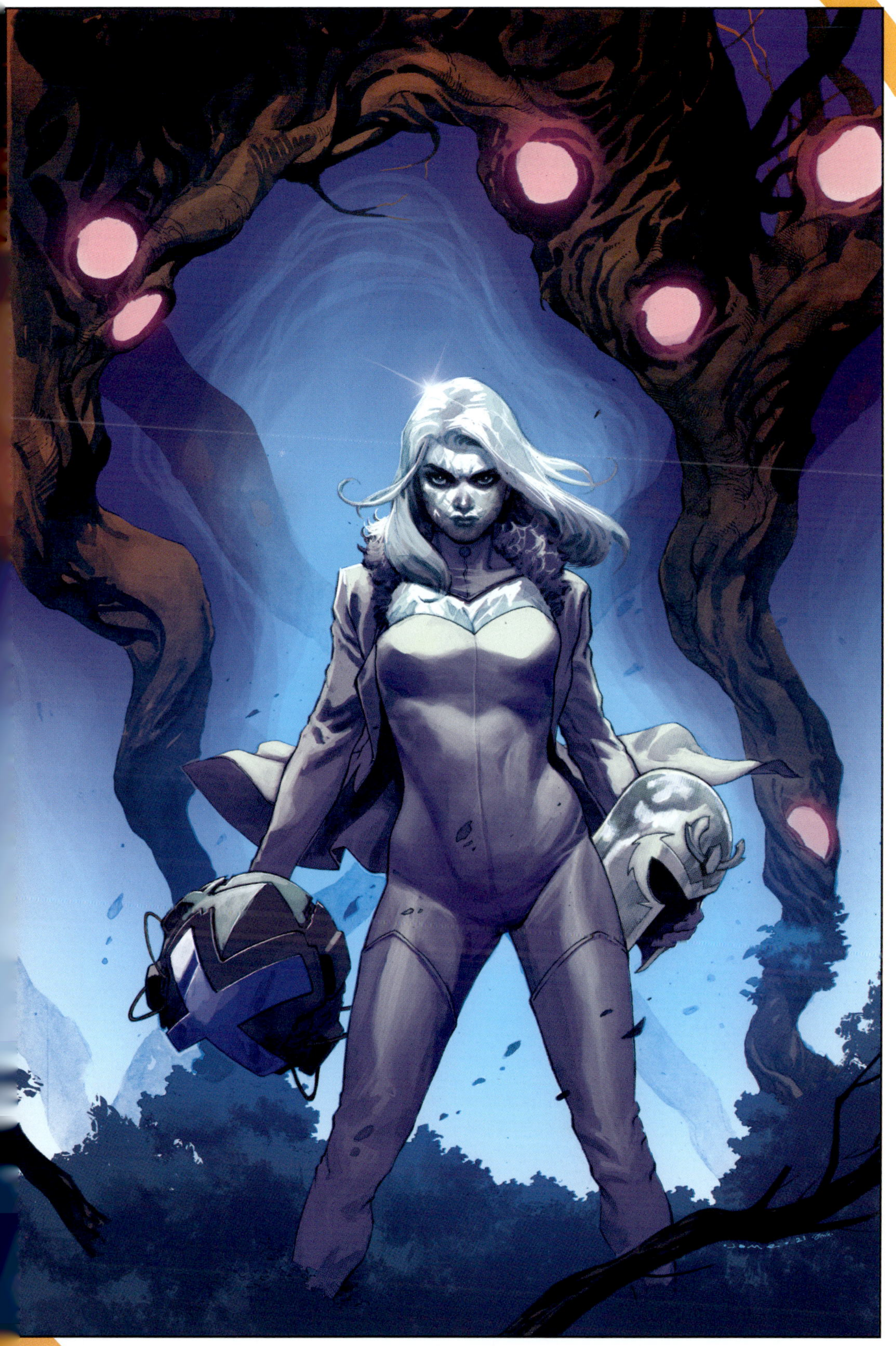

Inferno (2021) 2
Cover von **JEROME OPEÑA**

[orc_[0.1]
[his_[2.1]

Seht, was ich *wirklich* bin.

– OMEGA SENTINEL

[orc_[4.1]
[his_[6.1]

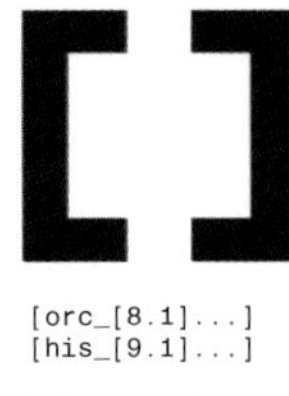

[orc_[8.1]...]
[his_[9.1]...]

[Omega_alpha.]

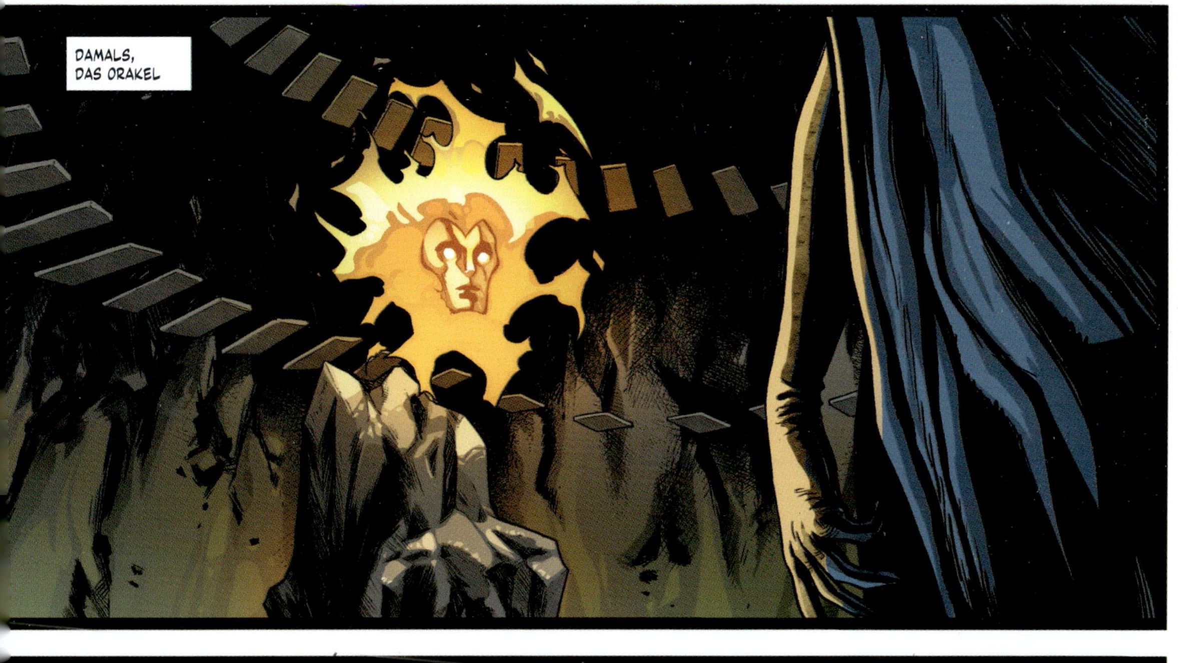
DAMALS,
DAS ORAKEL

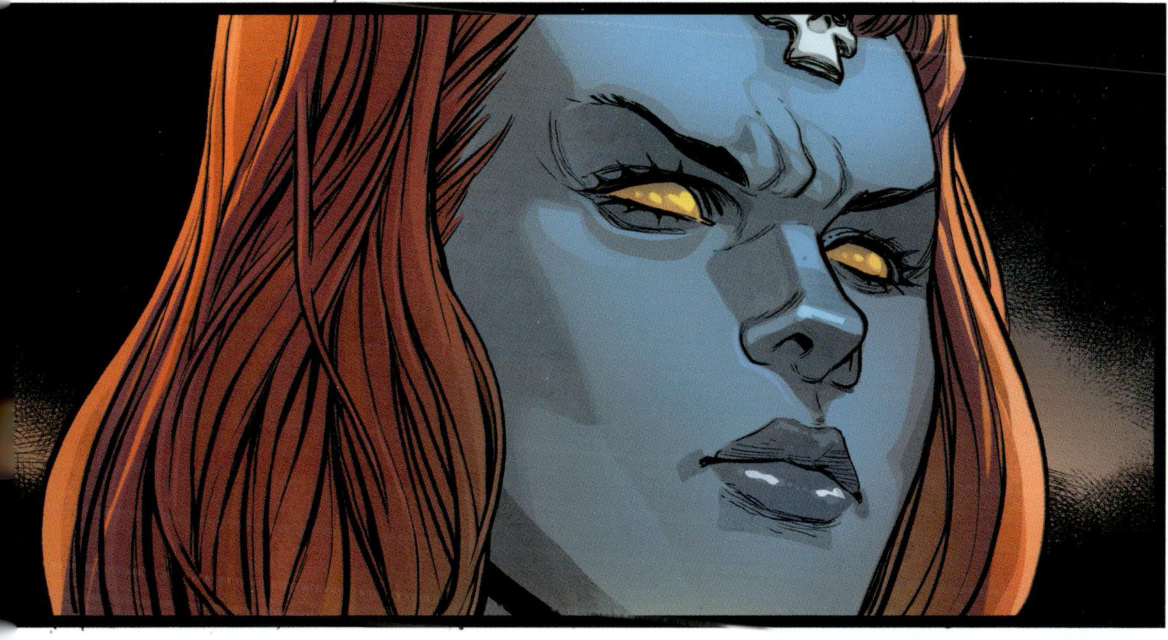

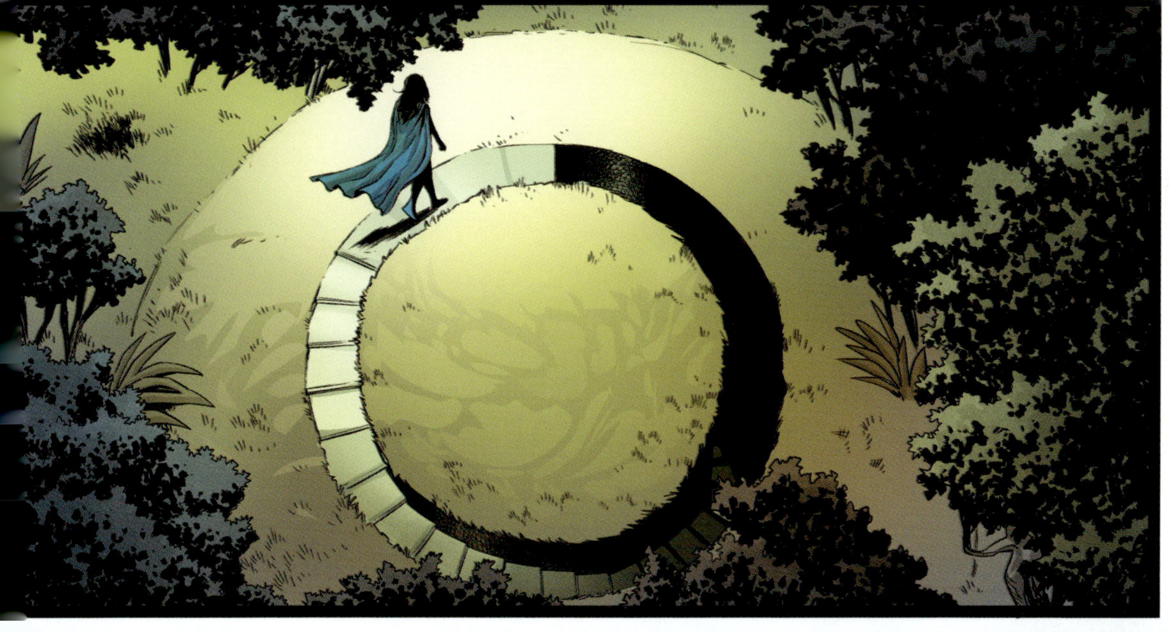

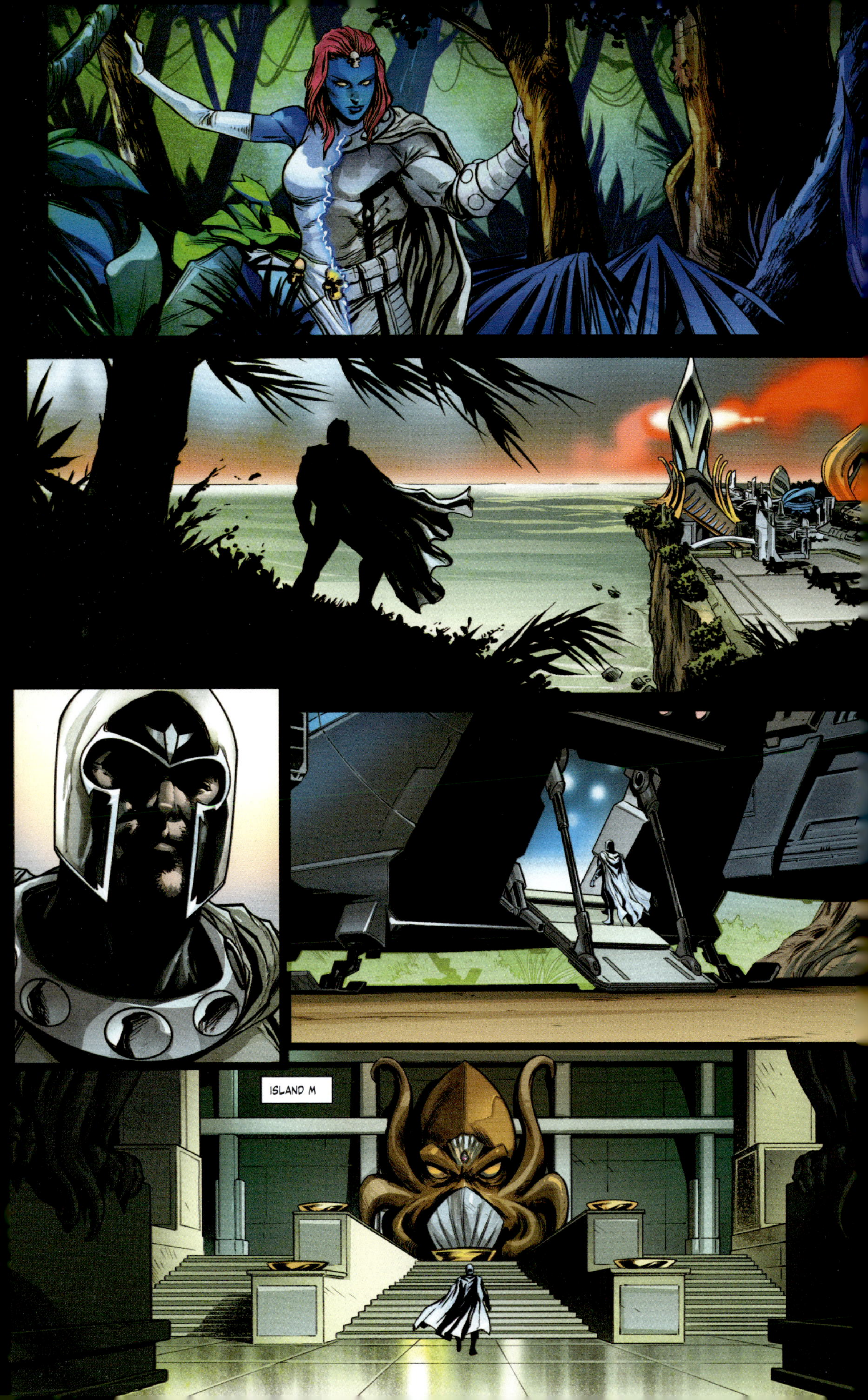
ISLAND M

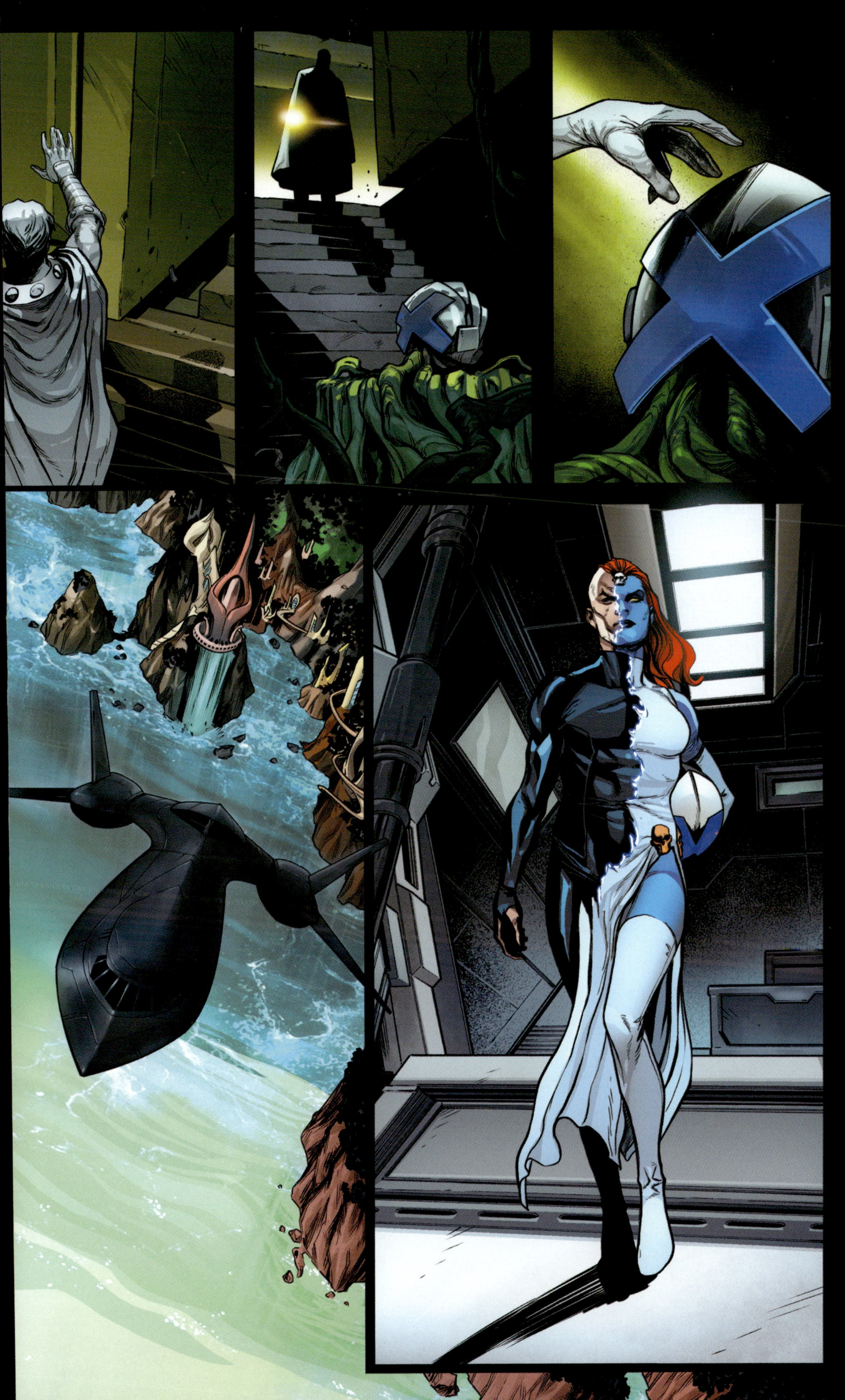

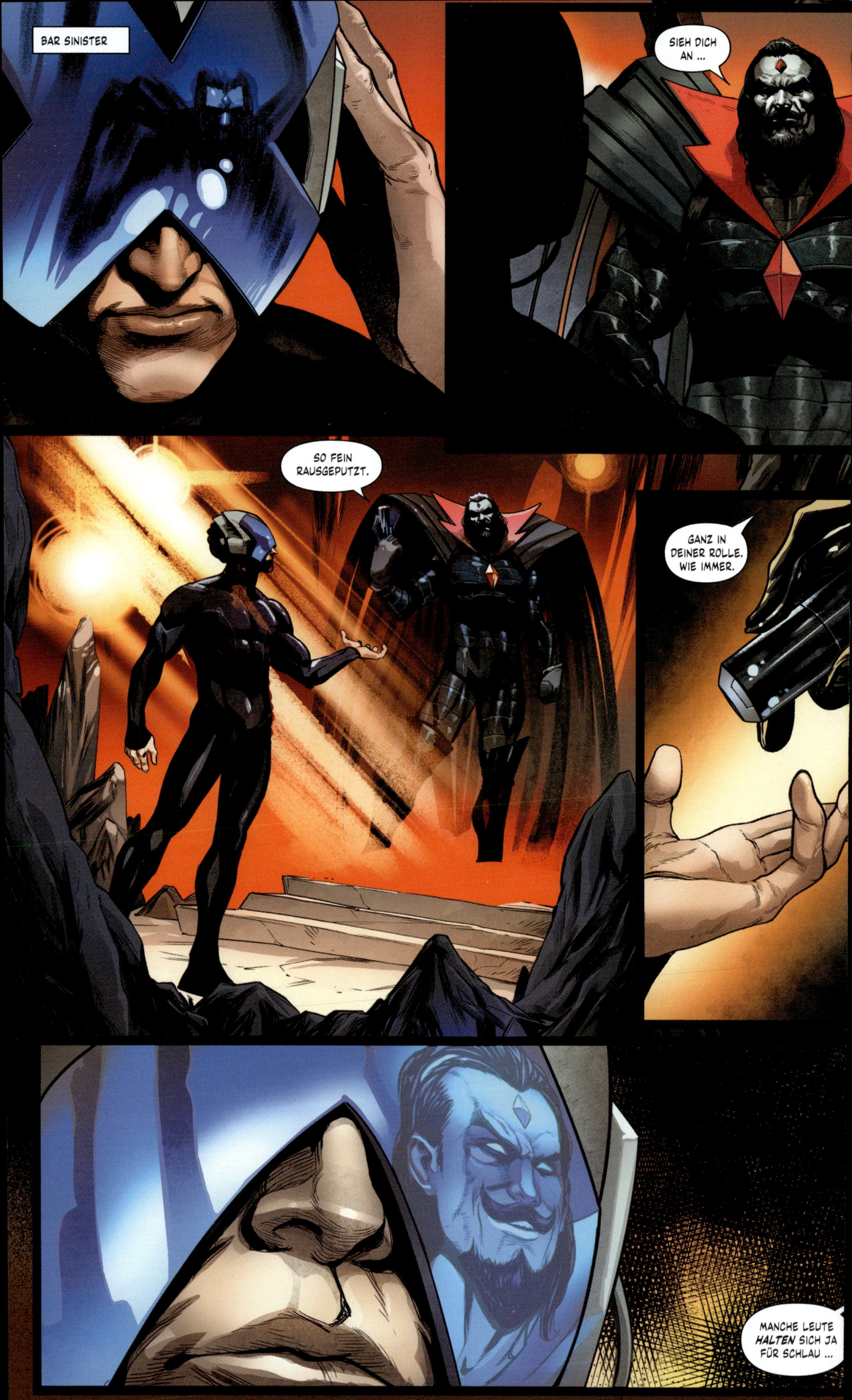
BAR SINISTER
SIEH DICH AN ...
SO FEIN RAUSGEPUTZT.
GANZ IN DEINER ROLLE. WIE IMMER.
MANCHE LEUTE *HALTEN* SICH JA FÜR SCHLAU ...

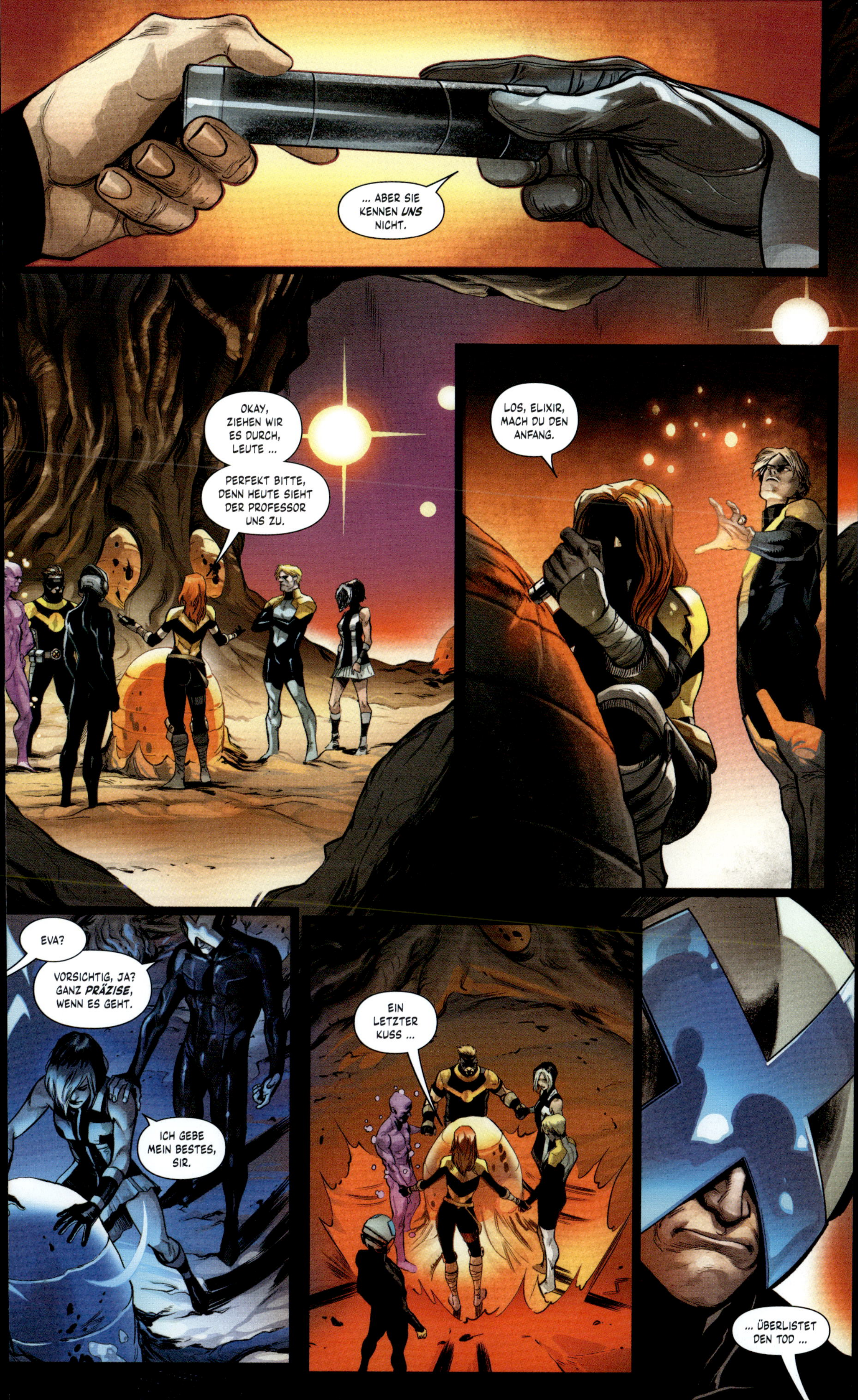
... ABER SIE KENNEN UNS NICHT.
OKAY, ZIEHEN WIR ES DURCH, LEUTE ...
PERFEKT BITTE, DENN HEUTE SIEHT DER PROFESSOR UNS ZU.
LOS, ELIXIR, MACH DU DEN ANFANG.
EVA?
VORSICHTIG, JA? GANZ PRÄZISE, WENN ES GEHT.
ICH GEBE MEIN BESTES, SIR.
EIN LETZTER KUSS ...
... ÜBERLISTET DEN TOD ...

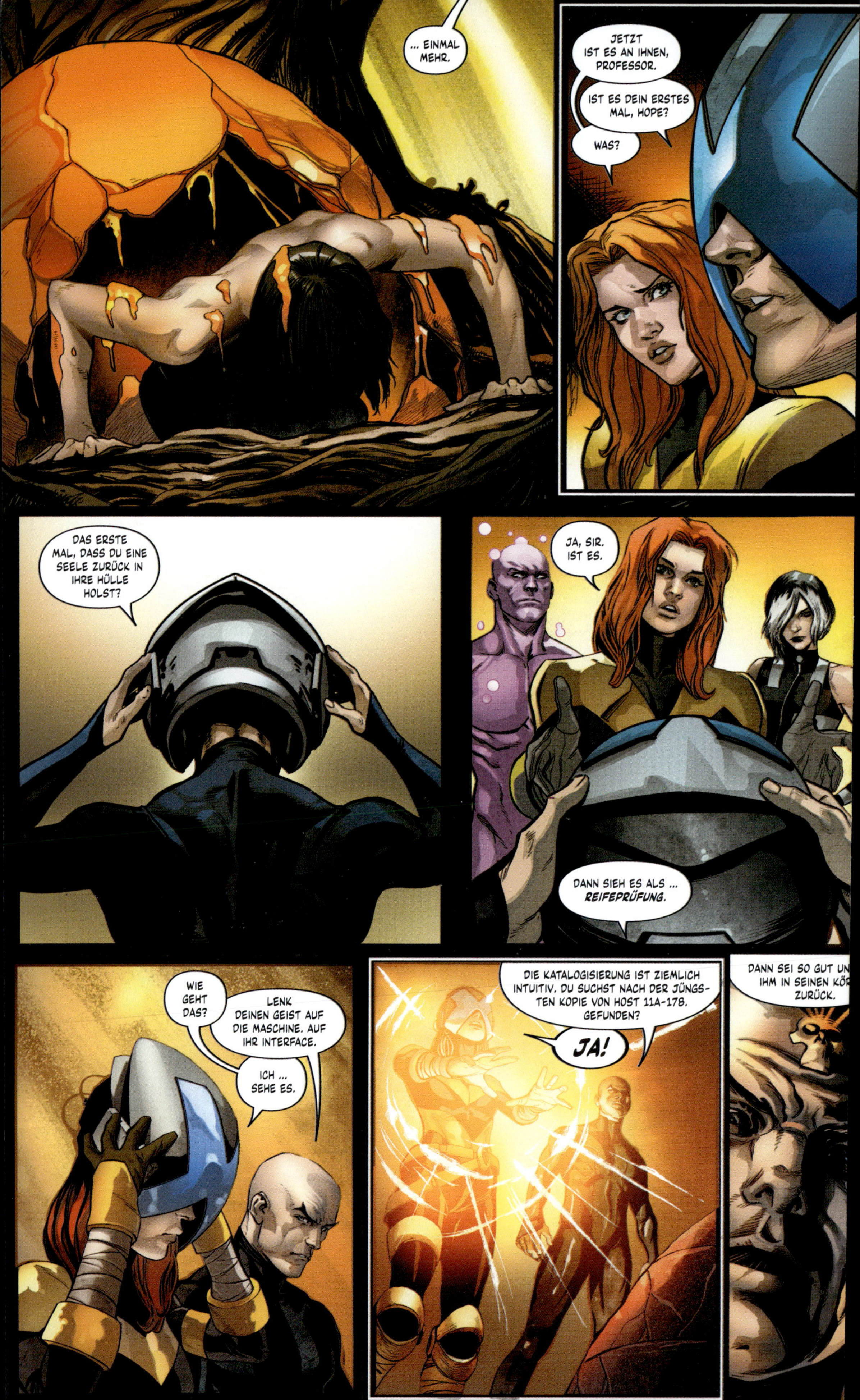

... EINMAL MEHR.

JETZT IST ES AN IHNEN, PROFESSOR.

IST ES DEIN ERSTES MAL, HOPE?

WAS?

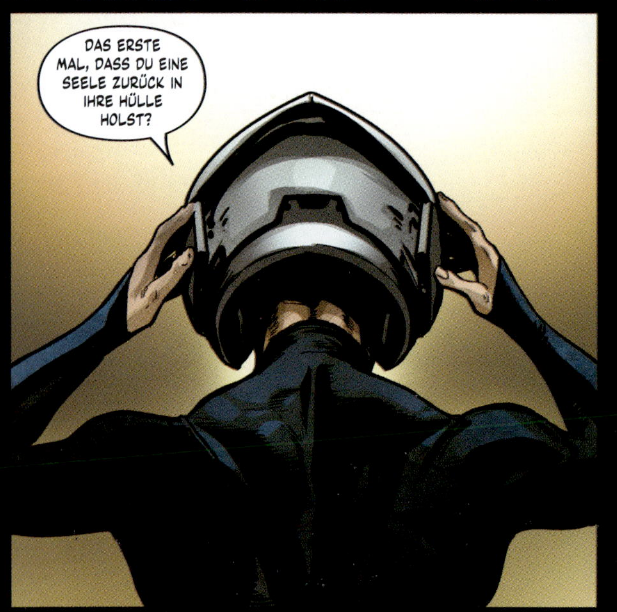

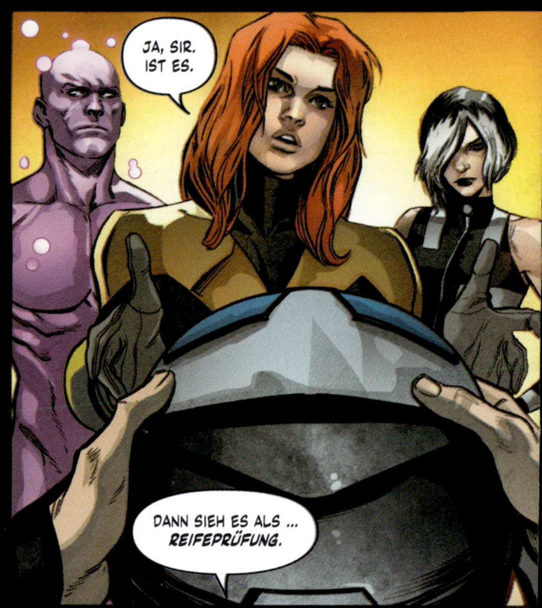

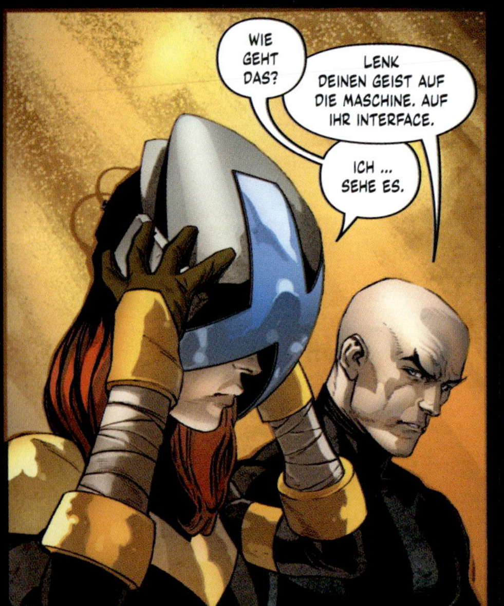

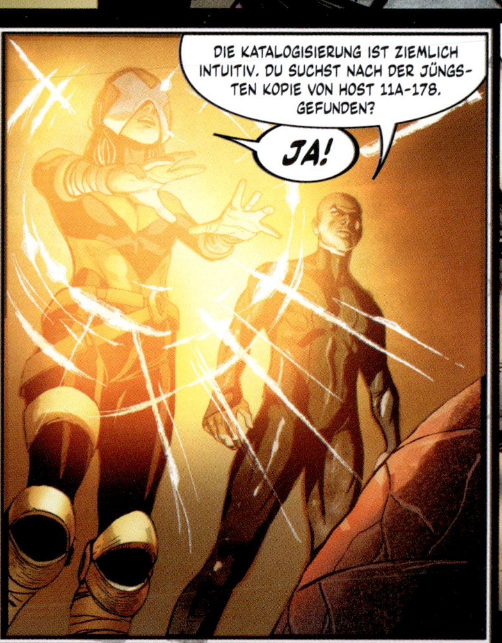

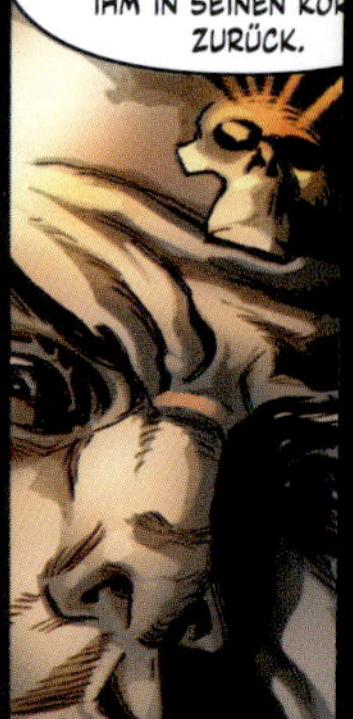

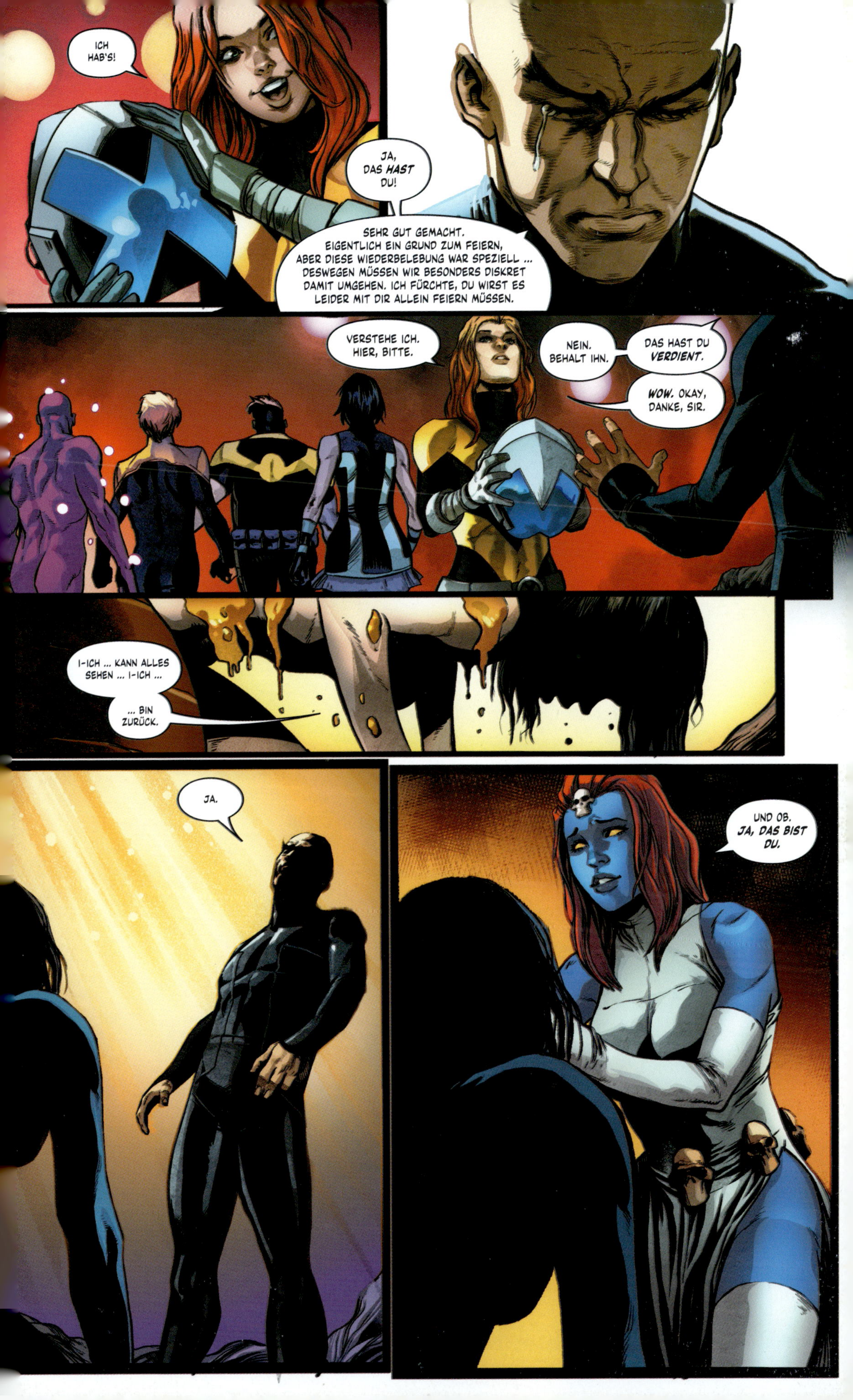

ICH HAB'S!

JA, DAS *HAST* DU!

SEHR GUT GEMACHT. EIGENTLICH EIN GRUND ZUM FEIERN, ABER DIESE WIEDERBELEBUNG WAR SPEZIELL ... DESWEGEN MÜSSEN WIR BESONDERS DISKRET DAMIT UMGEHEN. ICH FÜRCHTE, DU WIRST ES LEIDER MIT DIR ALLEIN FEIERN MÜSSEN.

VERSTEHE ICH. HIER, BITTE.

NEIN. BEHALT IHN.

DAS HAST DU *VERDIENT.*

WOW. OKAY, DANKE, SIR.

I-ICH ... KANN ALLES SEHEN ... I-ICH ...

... BIN ZURÜCK.

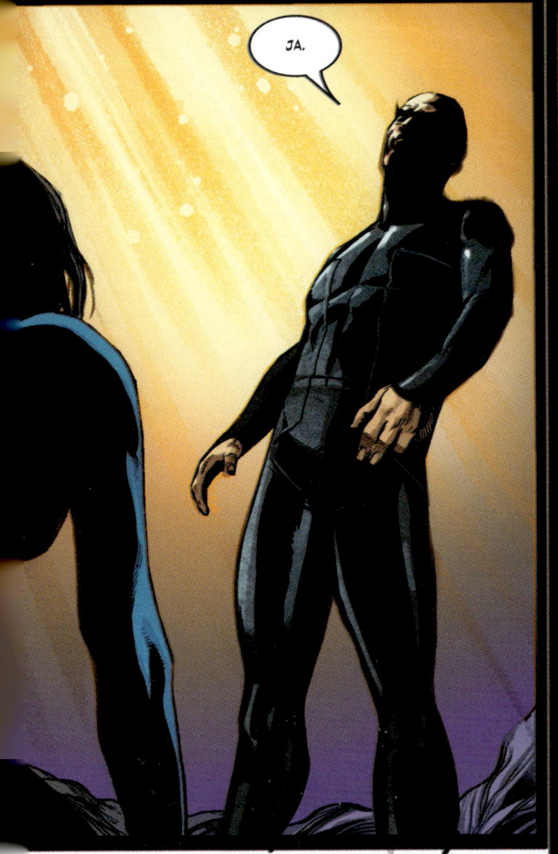

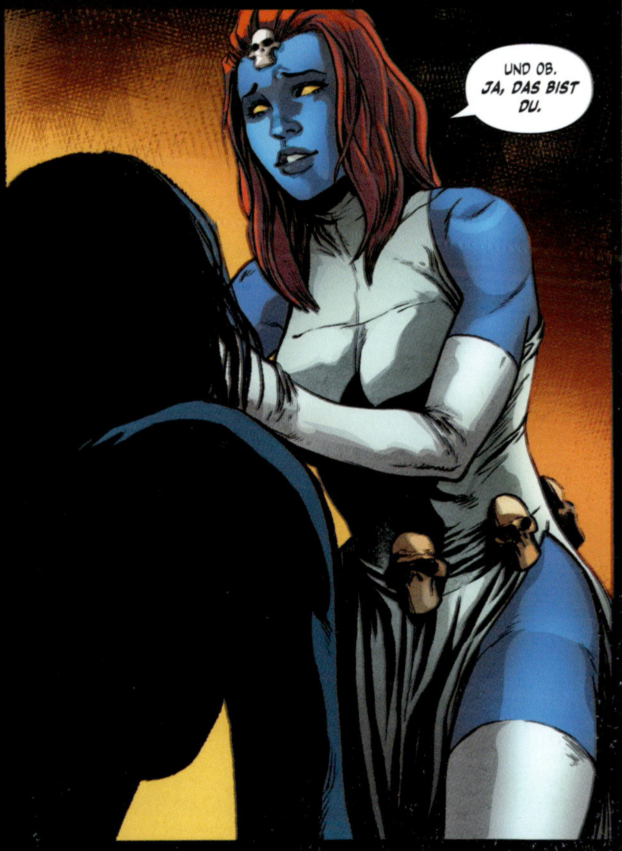

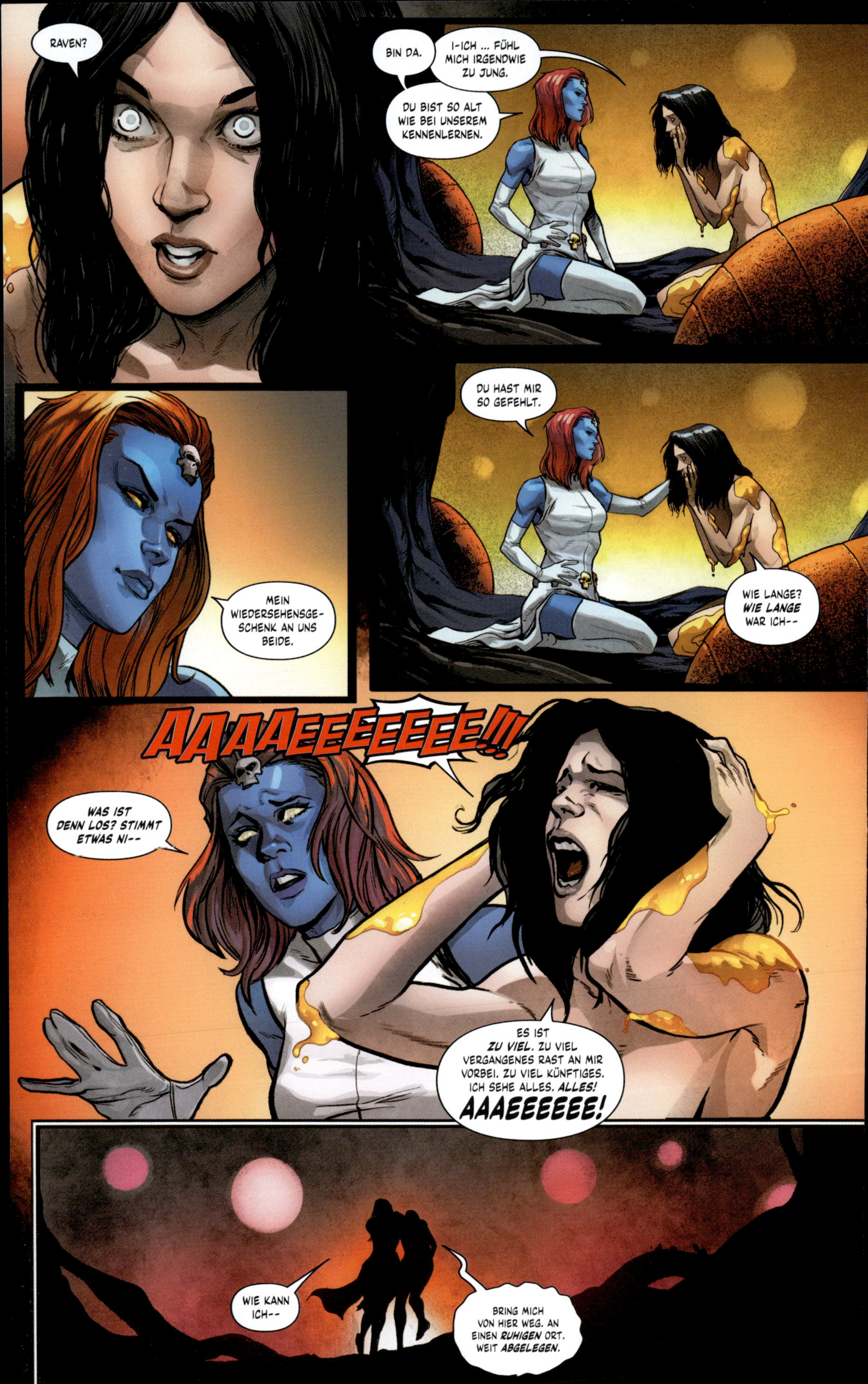
RAVEN?
BIN DA.
I-ICH ... FÜHL MICH IRGENDWIE ZU JUNG.
DU BIST SO ALT WIE BEI UNSEREM KENNENLERNEN.
MEIN WIEDERSEHENSGE-SCHENK AN UNS BEIDE.
DU HAST MIR SO GEFEHLT.
WIE LANGE? *WIE LANGE* WAR ICH--
AAAAEEEEEEEE!!!
WAS IST DENN LOS? STIMMT ETWAS NI--
ES IST *ZU VIEL*. ZU VIEL VERGANGENES RAST AN MIR VORBEI. ZU VIEL KÜNFTIGES. ICH SEHE ALLES. *ALLES!*
AAAEEEEEE!
WIE KANN ICH--
BRING MICH VON HIER WEG. AN EINEN *RUHIGEN* ORT. WEIT *ABGELEGEN*.

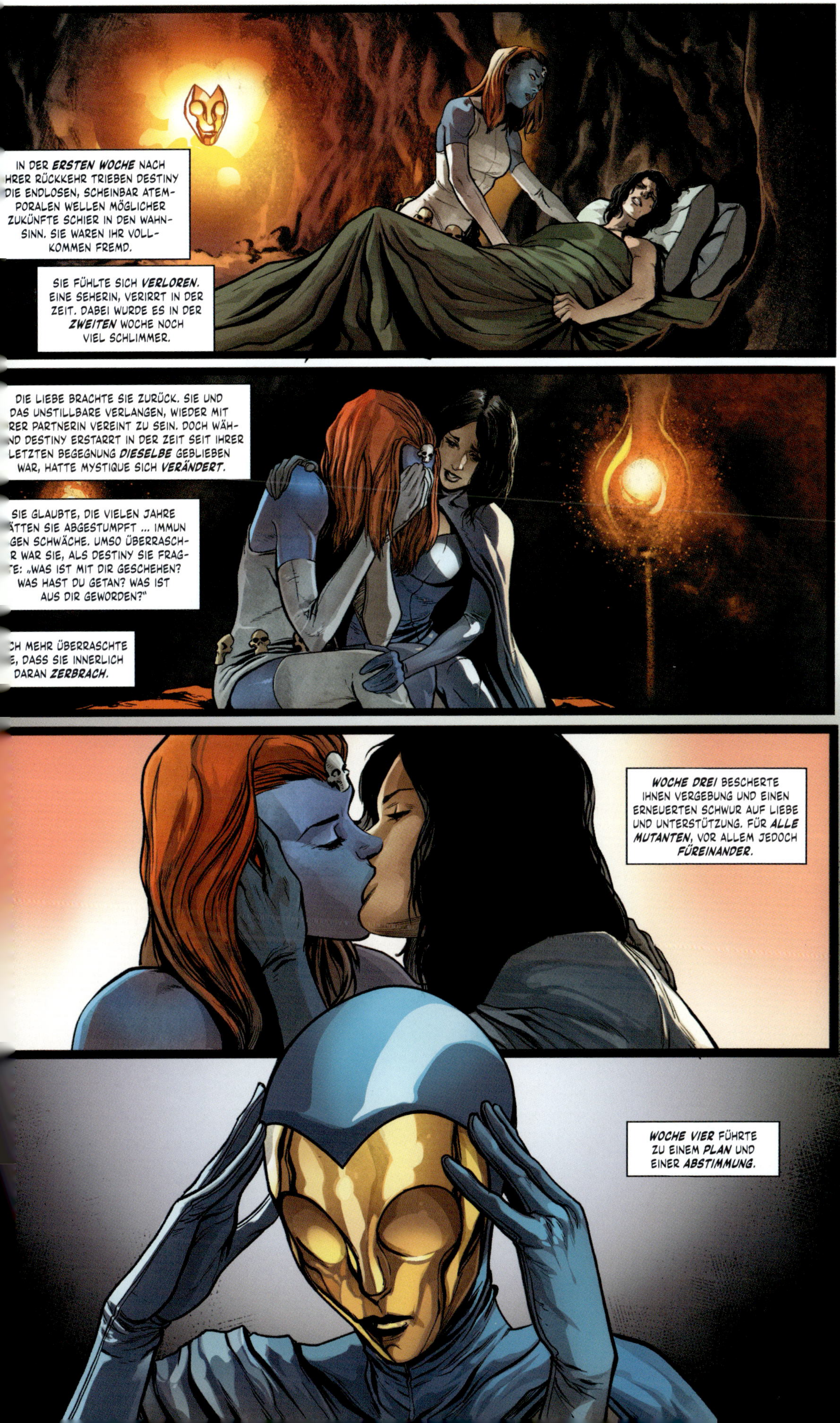

IN DER ***ERSTEN WOCHE*** NACH HRER RÜCKKEHR TRIEBEN DESTINY DIE ENDLOSEN, SCHEINBAR ATEM-PORALEN WELLEN MÖGLICHER ZUKÜNFTE SCHIER IN DEN WAHN-SINN. SIE WAREN IHR VOLL-KOMMEN FREMD.

SIE FÜHLTE SICH ***VERLOREN.*** EINE SEHERIN, VERIRRT IN DER ZEIT. DABEI WURDE ES IN DER ***ZWEITEN*** WOCHE NOCH VIEL SCHLIMMER.

DIE LIEBE BRACHTE SIE ZURÜCK. SIE UND DAS UNSTILLBARE VERLANGEN, WIEDER MIT RER PARTNERIN VEREINT ZU SEIN. DOCH WÄH-ND DESTINY ERSTARRT IN DER ZEIT SEIT IHRER LETZTEN BEGEGNUNG ***DIESELBE*** GEBLIEBEN WAR, HATTE MYSTIQUE SICH ***VERÄNDERT.***

SIE GLAUBTE, DIE VIELEN JAHRE ÄTTEN SIE ABGESTUMPFT ... IMMUN GEN SCHWÄCHE. UMSO ÜBERRASCH-R WAR SIE, ALS DESTINY SIE FRAG-TE: „WAS IST MIT DIR GESCHEHEN? WAS HAST DU GETAN? WAS IST AUS DIR GEWORDEN?"

CH MEHR ÜBERRASCHTE E, DASS SIE INNERLICH DARAN ***ZERBRACH.***

WOCHE DREI BESCHERTE IHNEN VERGEBUNG UND EINEN ERNEUERTEN SCHWUR AUF LIEBE UND UNTERSTÜTZUNG. FÜR ***ALLE MUTANTEN,*** VOR ALLEM JEDOCH ***FÜREINANDER.***

WOCHE VIER FÜHRTE ZU EINEM ***PLAN*** UND EINER ***ABSTIMMUNG.***

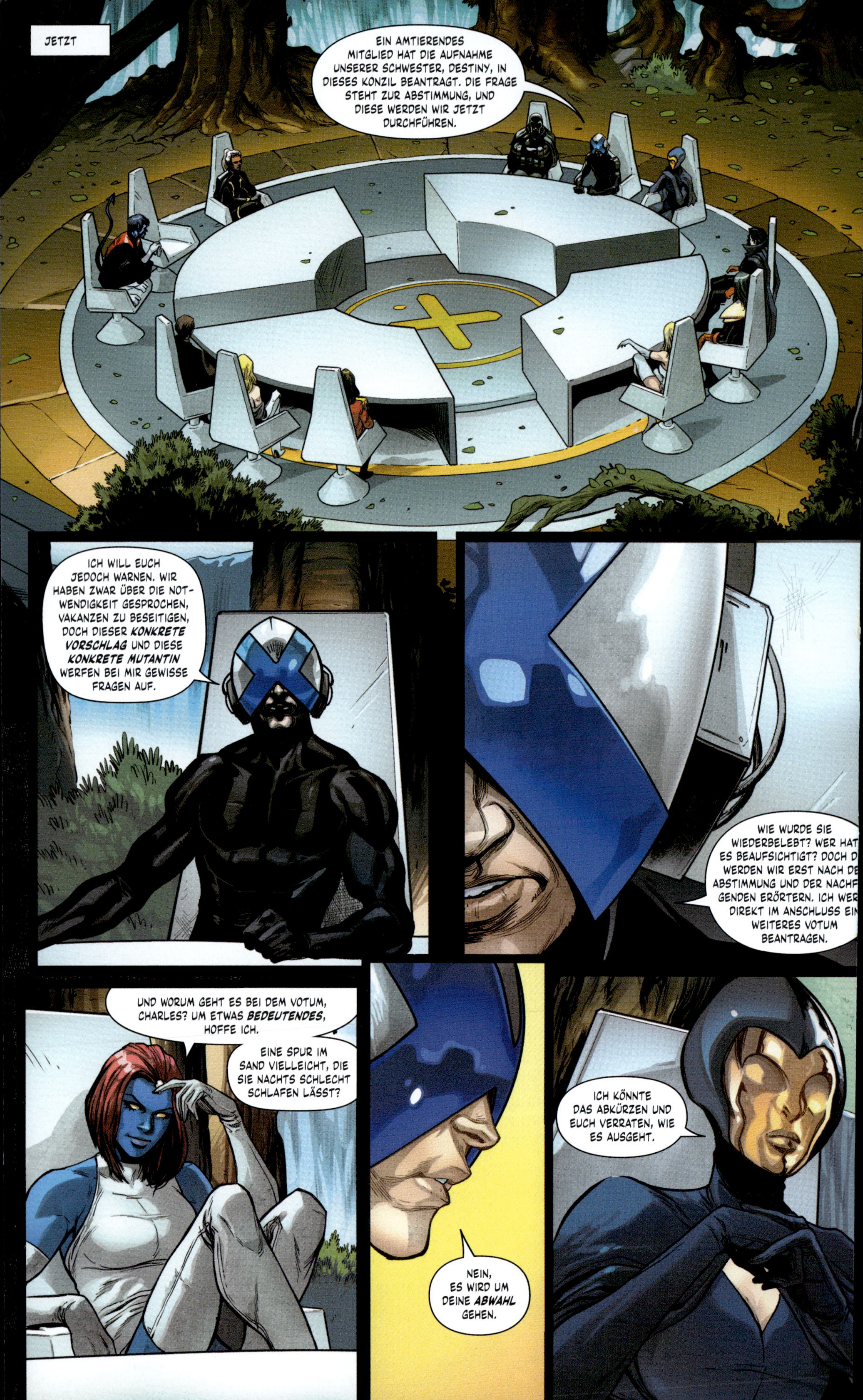

JETZT
EIN AMTIERENDES MITGLIED HAT DIE AUFNAHME UNSERER SCHWESTER, DESTINY, IN DIESES KONZIL BEANTRAGT. DIE FRAGE STEHT ZUR ABSTIMMUNG, UND DIESE WERDEN WIR JETZT DURCHFÜHREN.
ICH WILL EUCH JEDOCH WARNEN. WIR HABEN ZWAR ÜBER DIE NOTWENDIGKEIT GESPROCHEN, VAKANZEN ZU BESEITIGEN, DOCH DIESER KONKRETE VORSCHLAG UND DIESE KONKRETE MUTANTIN WERFEN BEI MIR GEWISSE FRAGEN AUF.
WIE WURDE SIE WIEDERBELEBT? WER HAT ES BEAUFSICHTIGT? DOCH D WERDEN WIR ERST NACH DE ABSTIMMUNG UND DER NACHF GENDEN ERÖRTERN. ICH WER DIREKT IM ANSCHLUSS EIN WEITERES VOTUM BEANTRAGEN.
UND WORUM GEHT ES BEI DEM VOTUM, CHARLES? UM ETWAS BEDEUTENDES, HOFFE ICH.
EINE SPUR IM SAND VIELLEICHT, DIE SIE NACHTS SCHLECHT SCHLAFEN LÄSST?
NEIN, ES WIRD UM DEINE ABWAHL GEHEN.
ICH KÖNNTE DAS ABKÜRZEN UND EUCH VERRATEN, WIE ES AUSGEHT.

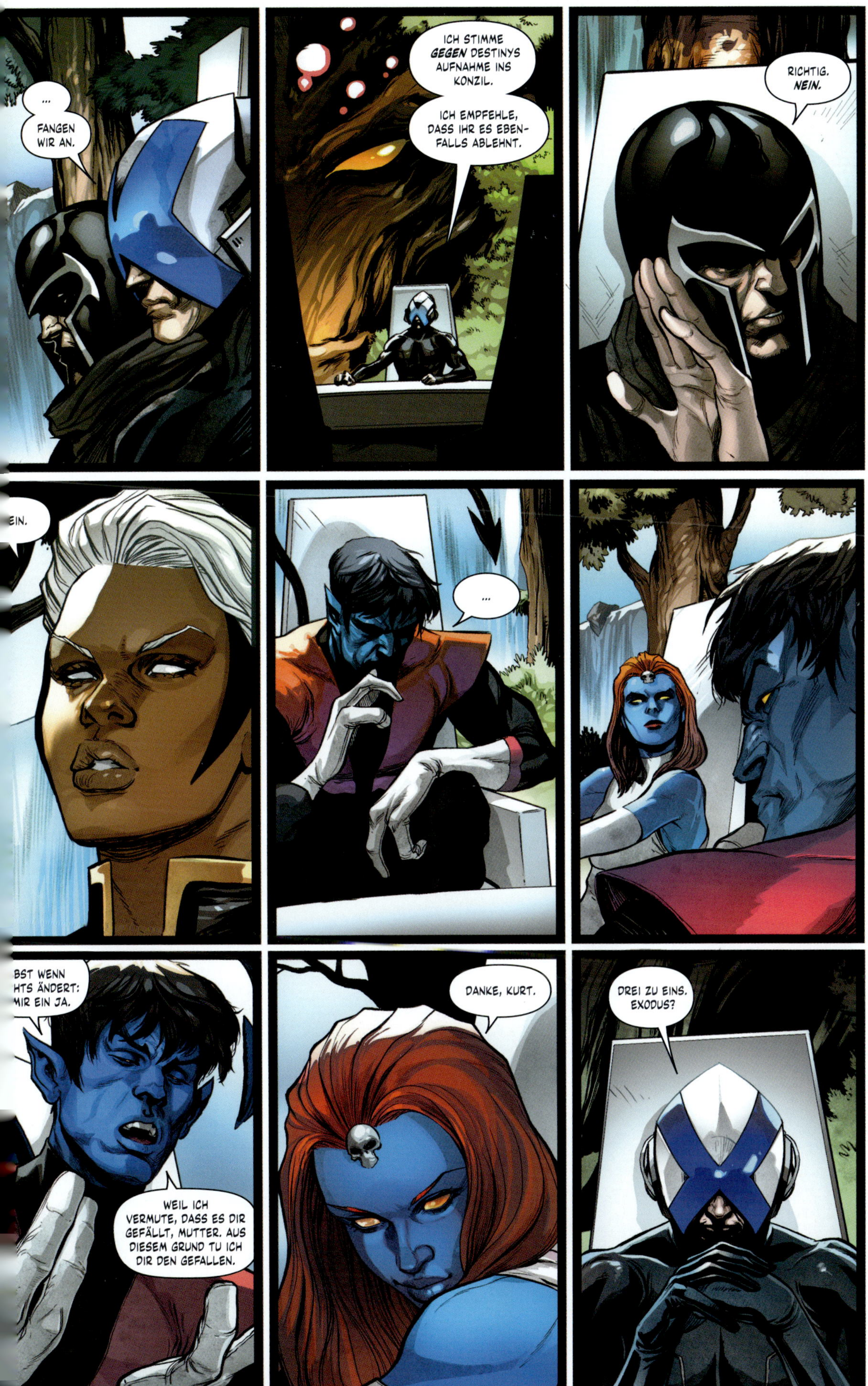

...
FANGEN WIR AN.
ICH STIMME *GEGEN* DESTINYS AUFNAHME INS KONZIL.
ICH EMPFEHLE, DASS IHR ES EBENFALLS ABLEHNT.
RICHTIG. *NEIN.*
EIN.
...
BST WENN HTS ÄNDERT: MIR EIN JA.
WEIL ICH VERMUTE, DASS ES DIR GEFÄLLT, MUTTER. AUS DIESEM GRUND TU ICH DIR DEN GEFALLEN.
DANKE, KURT.
DREI ZU EINS. EXODUS?

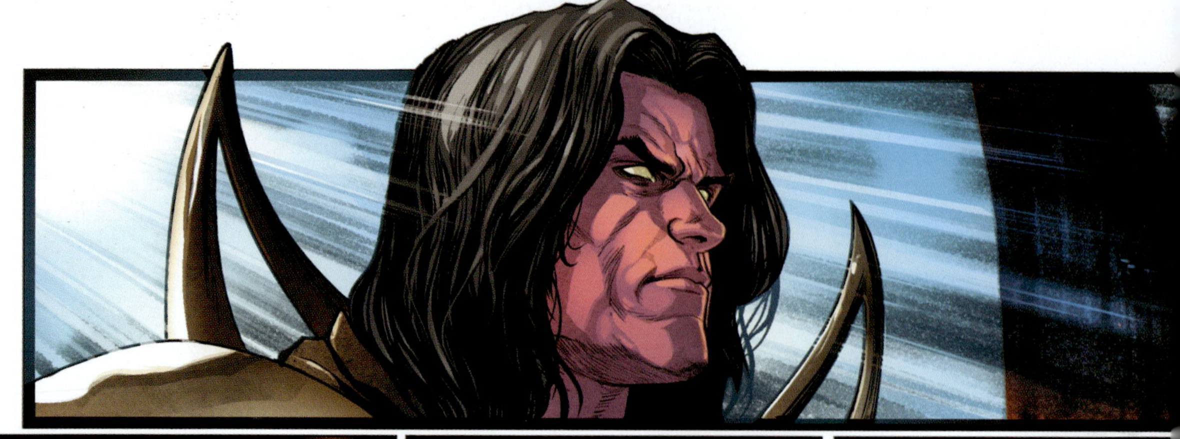

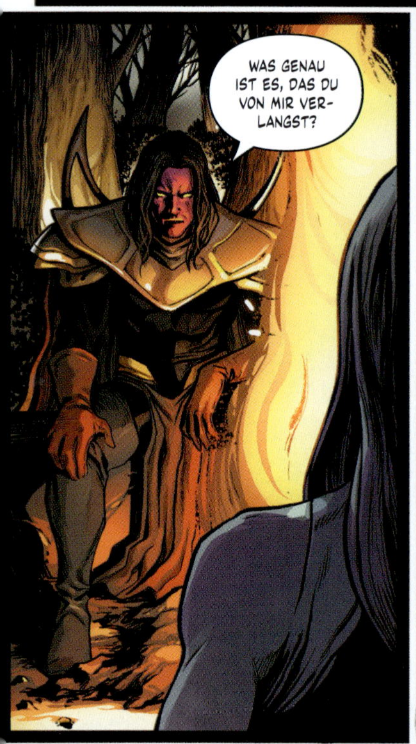

WAS GENAU IST ES, DAS DU VON MIR VERLANGST?

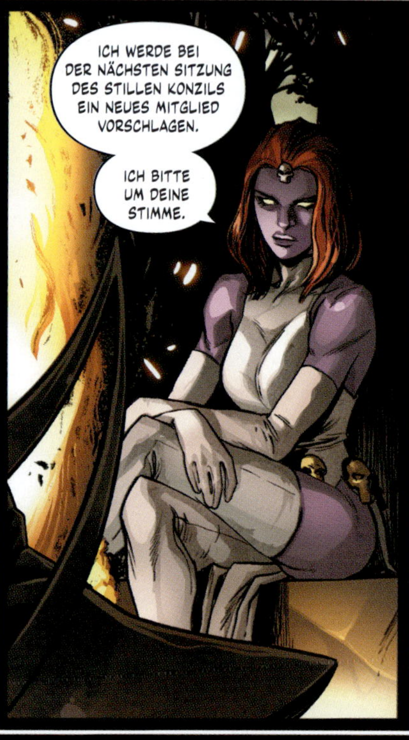

ICH WERDE BEI DER NÄCHSTEN SITZUNG DES STILLEN KONZILS EIN NEUES MITGLIED VORSCHLAGEN.
ICH BITTE UM DEINE STIMME.

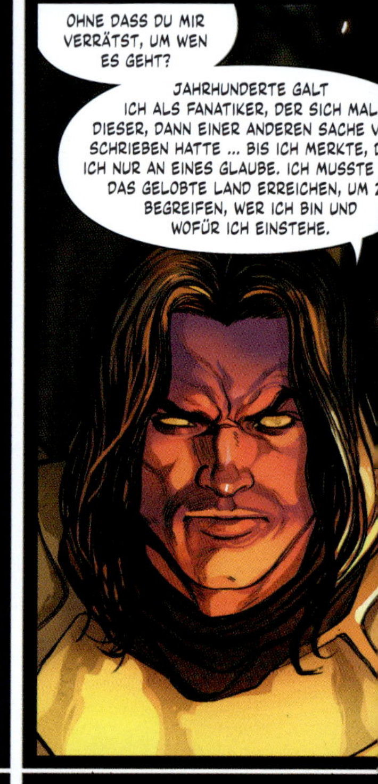

OHNE DASS DU MIR VERRÄTST, UM WEN ES GEHT?
JAHRHUNDERTE GALT ICH ALS FANATIKER, DER SICH MAL DIESER, DANN EINER ANDEREN SACHE V SCHRIEBEN HATTE ... BIS ICH MERKTE, D ICH NUR AN EINES GLAUBE. ICH MUSSTE DAS GELOBTE LAND ERREICHEN, UM Z BEGREIFEN, WER ICH BIN UND WOFÜR ICH EINSTEHE.

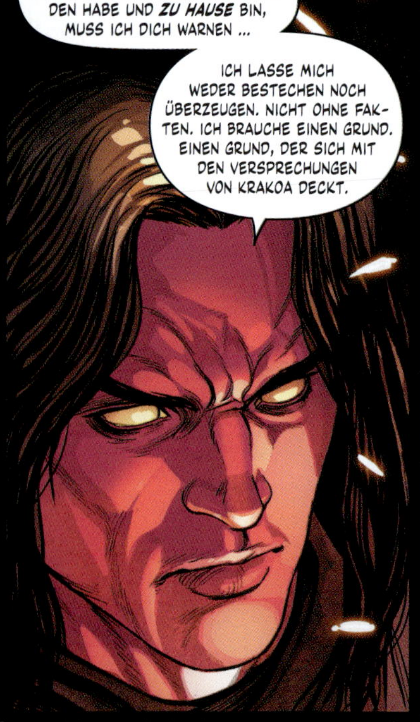

JETZT, WO ICH DIESES LAND GEFUNDEN HABE UND *ZU HAUSE* BIN, MUSS ICH DICH WARNEN ...
ICH LASSE MICH WEDER BESTECHEN NOCH ÜBERZEUGEN. NICHT OHNE FAKTEN. ICH BRAUCHE EINEN GRUND. EINEN GRUND, DER SICH MIT DEN VERSPRECHUNGEN VON KRAKOA DECKT.

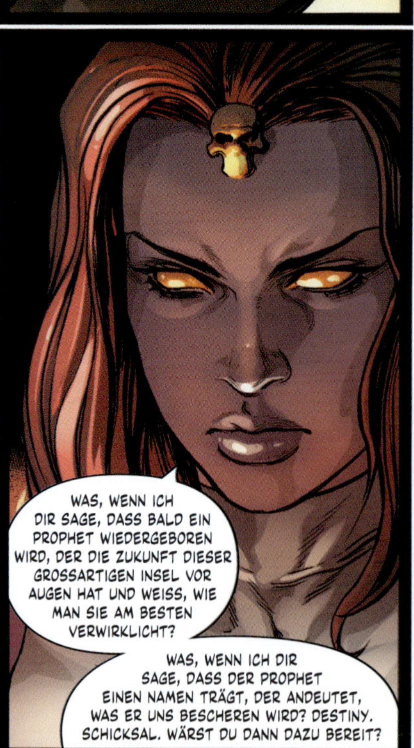

WAS, WENN ICH DIR SAGE, DASS BALD EIN PROPHET WIEDERGEBOREN WIRD, DER DIE ZUKUNFT DIESER GROSSARTIGEN INSEL VOR AUGEN HAT UND WEISS, WIE MAN SIE AM BESTEN VERWIRKLICHT?
WAS, WENN ICH DIR SAGE, DASS DER PROPHET EINEN NAMEN TRÄGT, DER ANDEUTET, WAS ER UNS BESCHEREN WIRD? DESTINY. SCHICKSAL. WÄRST DU DANN DAZU BEREIT?

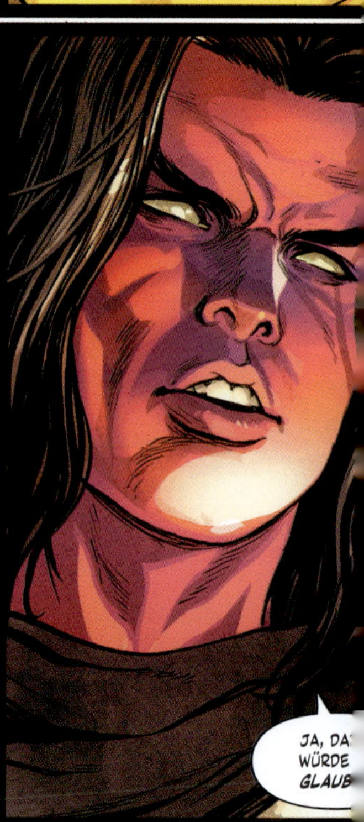

JA, DA WÜRDE *GLAUB*

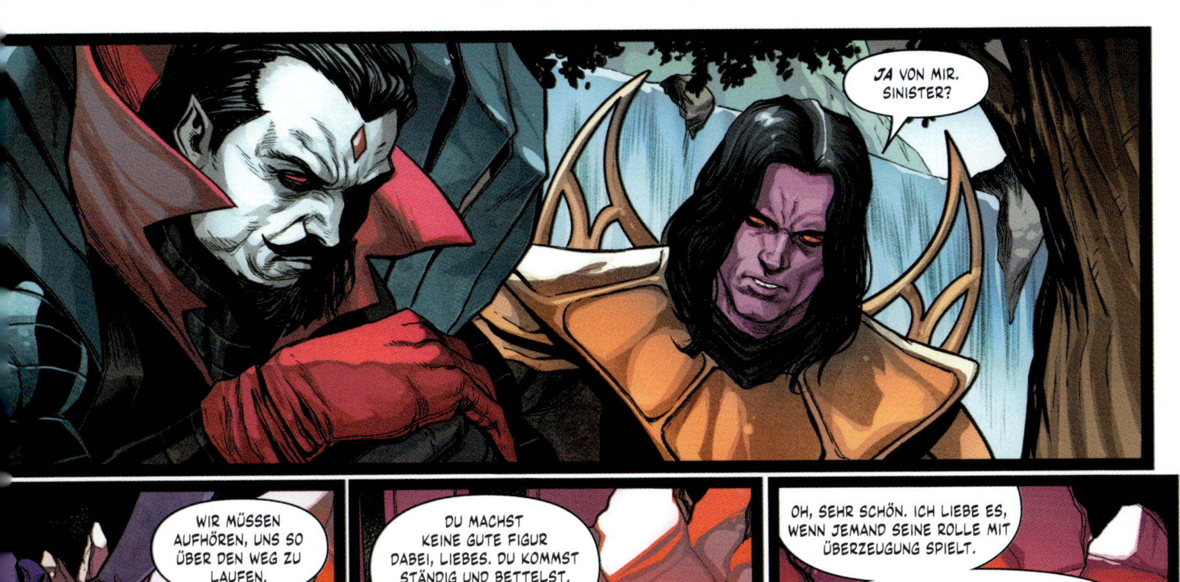
JA VON MIR. SINISTER?
WIR MÜSSEN AUFHÖREN, UNS SO ÜBER DEN WEG ZU LAUFEN.
DU MACHST KEINE GUTE FIGUR DABEI, LIEBES. DU KOMMST STÄNDIG UND BETTELST. UND ICH MIME DEN GROSSZÜGIGEN.
WIE MEINST DU DAS? WIR HABEN UNS SEIT DEM LETZTEN TREFFEN DES KONZILS NICHT GESEHEN.
OH, SEHR SCHÖN. ICH LIEBE ES, WENN JEMAND SEINE ROLLE MIT ÜBERZEUGUNG SPIELT.
DANN WERDE ICH ES DIR GLEICHTUN UND DIE UNVERSCHÄMTE FRAGE STELLEN, WARUM ICH MICH DAZU HERABLASSEN SOLLTE, AUF DICH UND DEINE FORDERUNGEN EINZUGEHEN? ERLEUCHTE MICH, DU BRILLANTE MIMIN, TU MIR DEN GEFALLEN.
ES IST GANZ SIMPEL.
DIE TYPEN AN DER MACHT SIND DAGEGEN UND WOLLEN, DASS DU NACH IHRER PFEIFE TANZT.
HAHAHA
GUTES ARGUMENT.

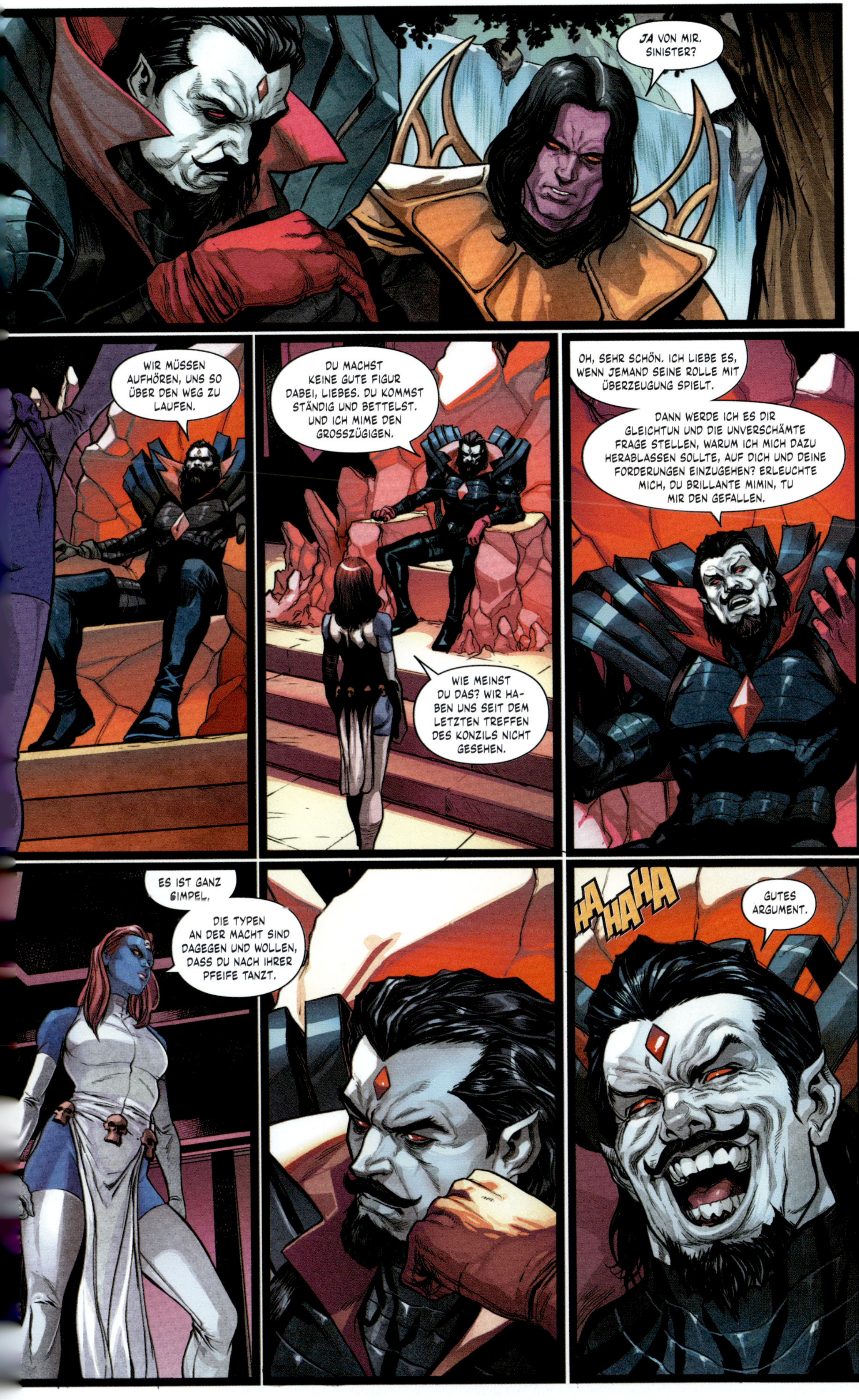

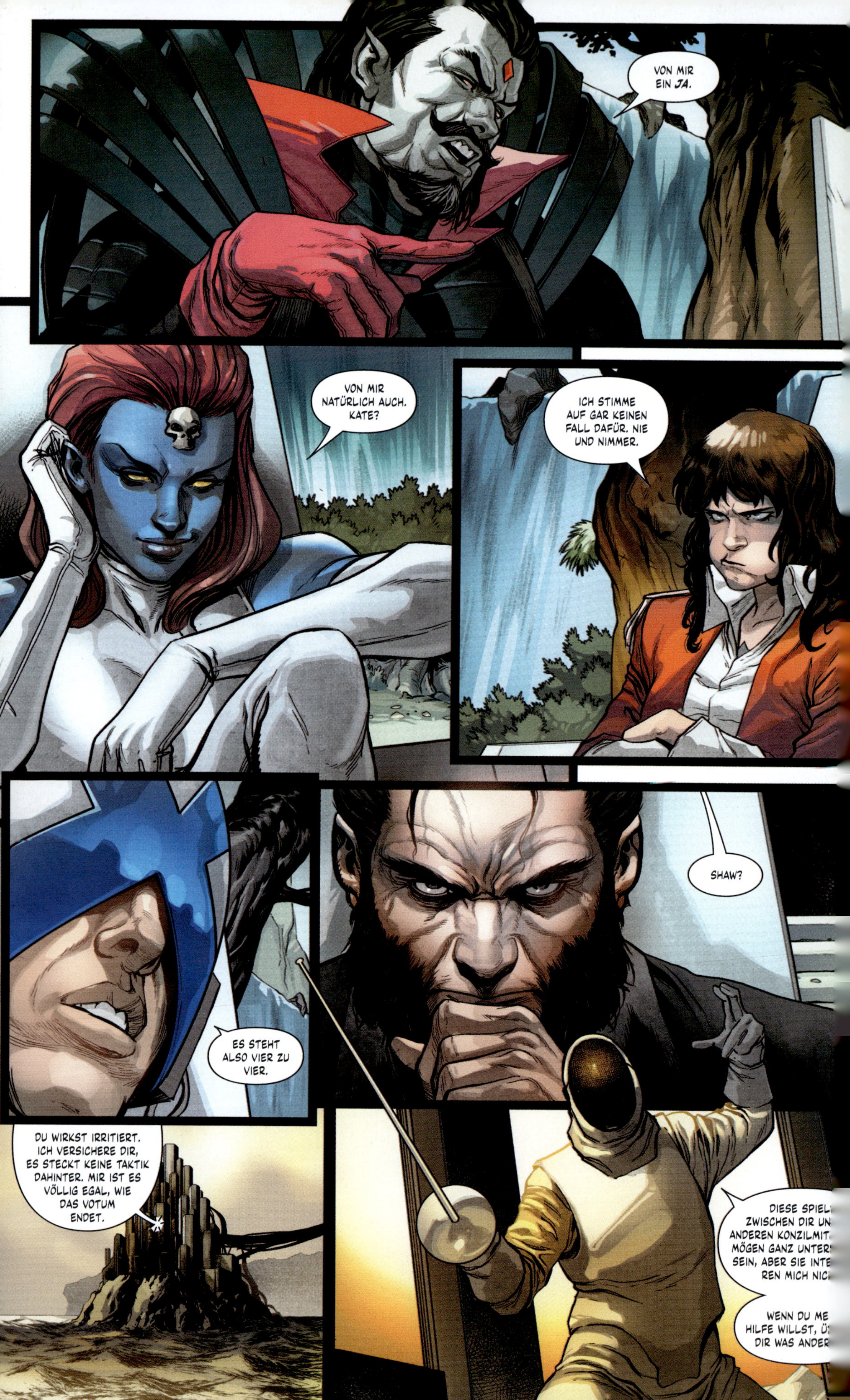
VON MIR
EIN JA.
VON MIR
NATÜRLICH AUCH.
KATE?
ICH STIMME
AUF GAR KEINEN
FALL DAFÜR. NIE
UND NIMMER.
ES STEHT
ALSO VIER ZU
VIER.
SHAW?
DU WIRKST IRRITIERT.
ICH VERSICHERE DIR,
ES STECKT KEINE TAKTIK
DAHINTER. MIR IST ES
VÖLLIG EGAL, WIE
DAS VOTUM
ENDET.

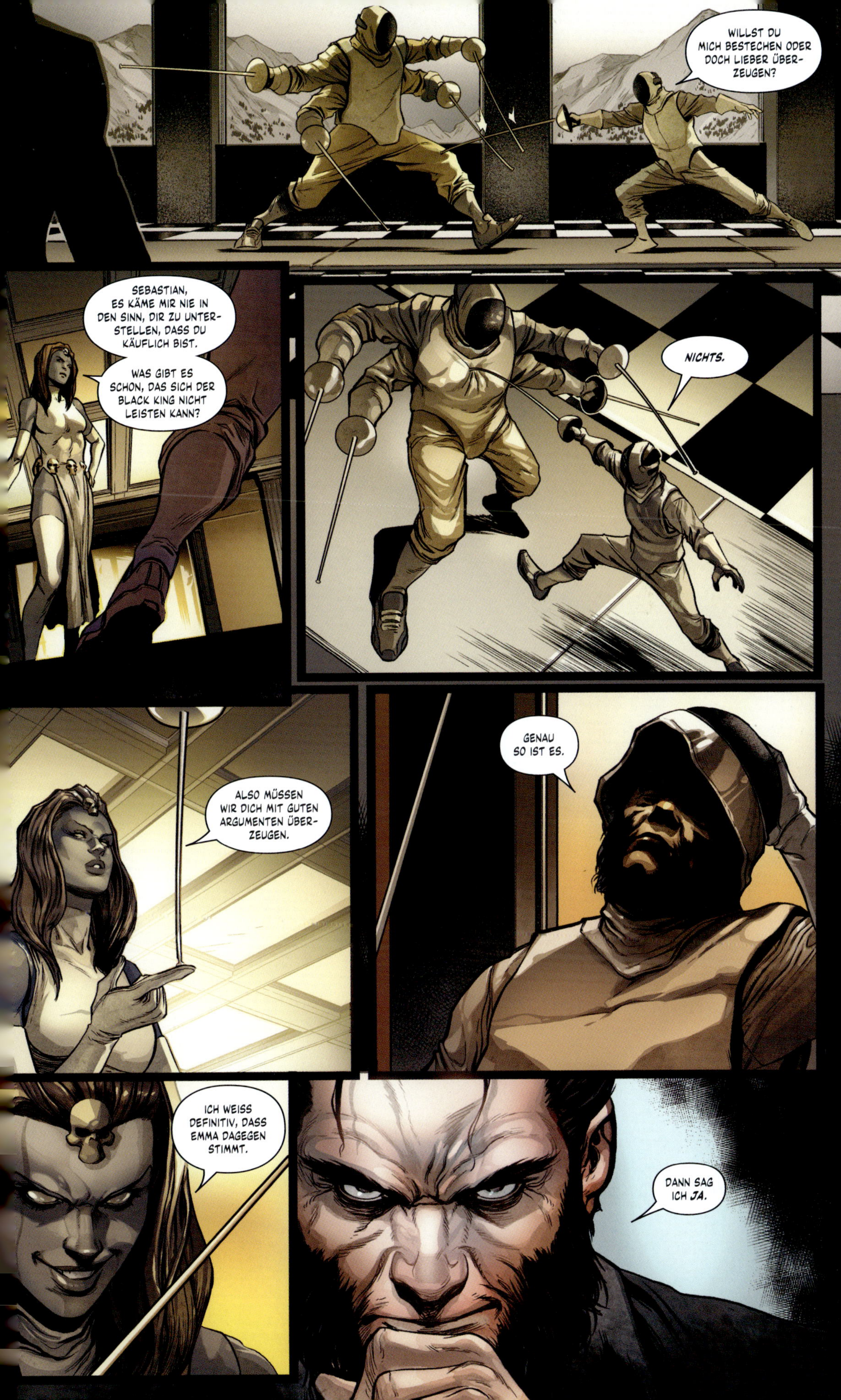
WILLST DU MICH BESTECHEN ODER DOCH LIEBER ÜBERZEUGEN?
SEBASTIAN, ES KÄME MIR NIE IN DEN SINN, DIR ZU UNTERSTELLEN, DASS DU KÄUFLICH BIST.
WAS GIBT ES SCHON, DAS SICH DER BLACK KING NICHT LEISTEN KANN?
NICHTS.
ALSO MÜSSEN WIR DICH MIT GUTEN ARGUMENTEN ÜBERZEUGEN.
GENAU SO IST ES.
ICH WEISS DEFINITIV, DASS EMMA DAGEGEN STIMMT.
DANN SAG ICH JA.

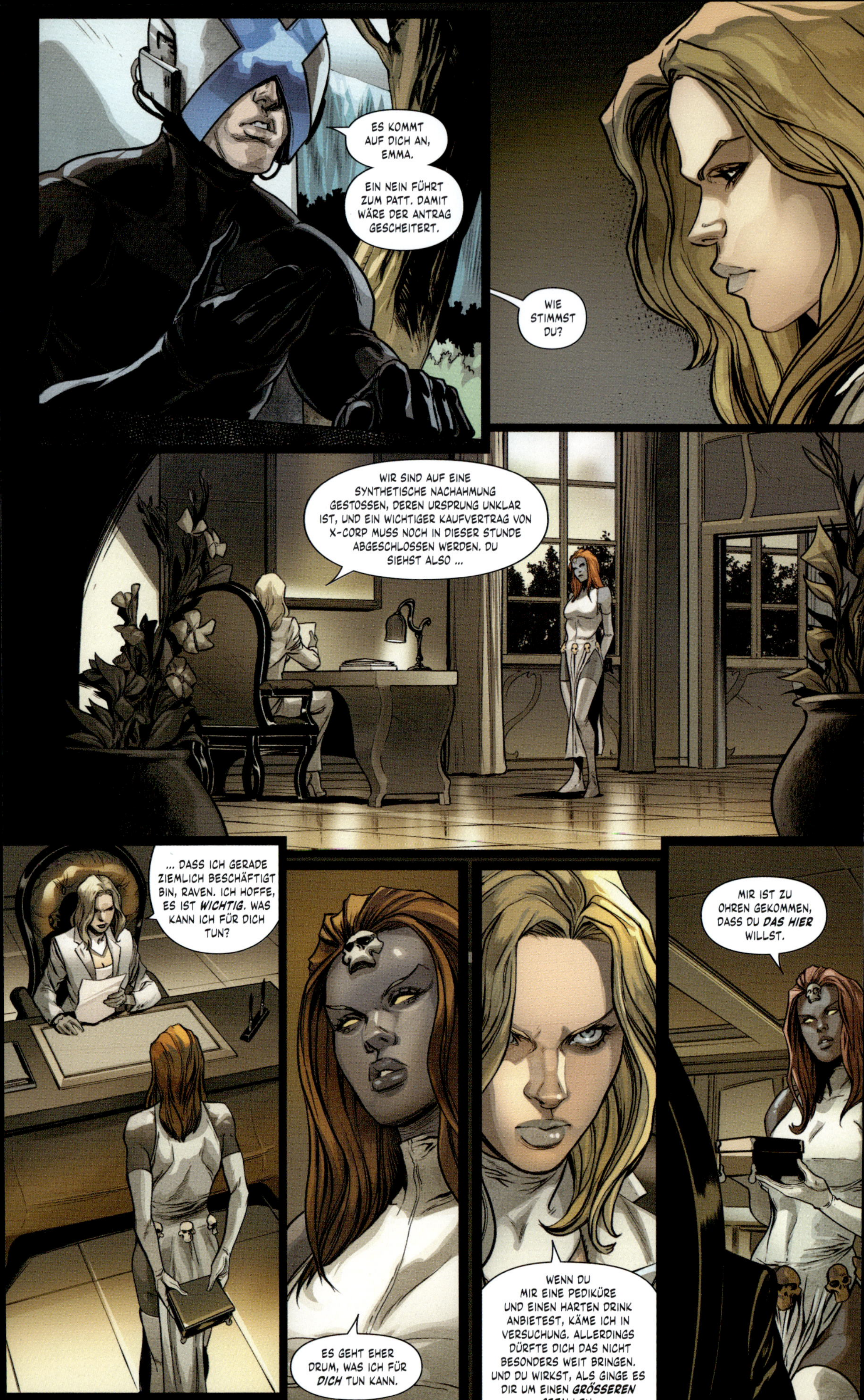
ES KOMMT AUF DICH AN, EMMA.
EIN NEIN FÜHRT ZUM PATT. DAMIT WÄRE DER ANTRAG GESCHEITERT.
WIE STIMMST DU?
WIR SIND AUF EINE SYNTHETISCHE NACHAHMUNG GESTOSSEN, DEREN URSPRUNG UNKLAR IST, UND EIN WICHTIGER KAUFVERTRAG VON X-CORP MUSS NOCH IN DIESER STUNDE ABGESCHLOSSEN WERDEN. DU SIEHST ALSO ...
... DASS ICH GERADE ZIEMLICH BESCHÄFTIGT BIN, RAVEN. ICH HOFFE, ES IST *WICHTIG*. WAS KANN ICH FÜR DICH TUN?
ES GEHT EHER DRUM, WAS ICH FÜR *DICH* TUN KANN.
WENN DU MIR EINE PEDIKÜRE UND EINEN HARTEN DRINK ANBIETEST, KÄME ICH IN VERSUCHUNG. ALLERDINGS DÜRFTE DICH DAS NICHT BESONDERS WEIT BRINGEN. UND DU WIRKST, ALS GINGE ES DIR UM EINEN *GRÖSSEREN* GEFALLEN.
MIR IST ZU OHREN GEKOMMEN, DASS DU *DAS HIER* WILLST.

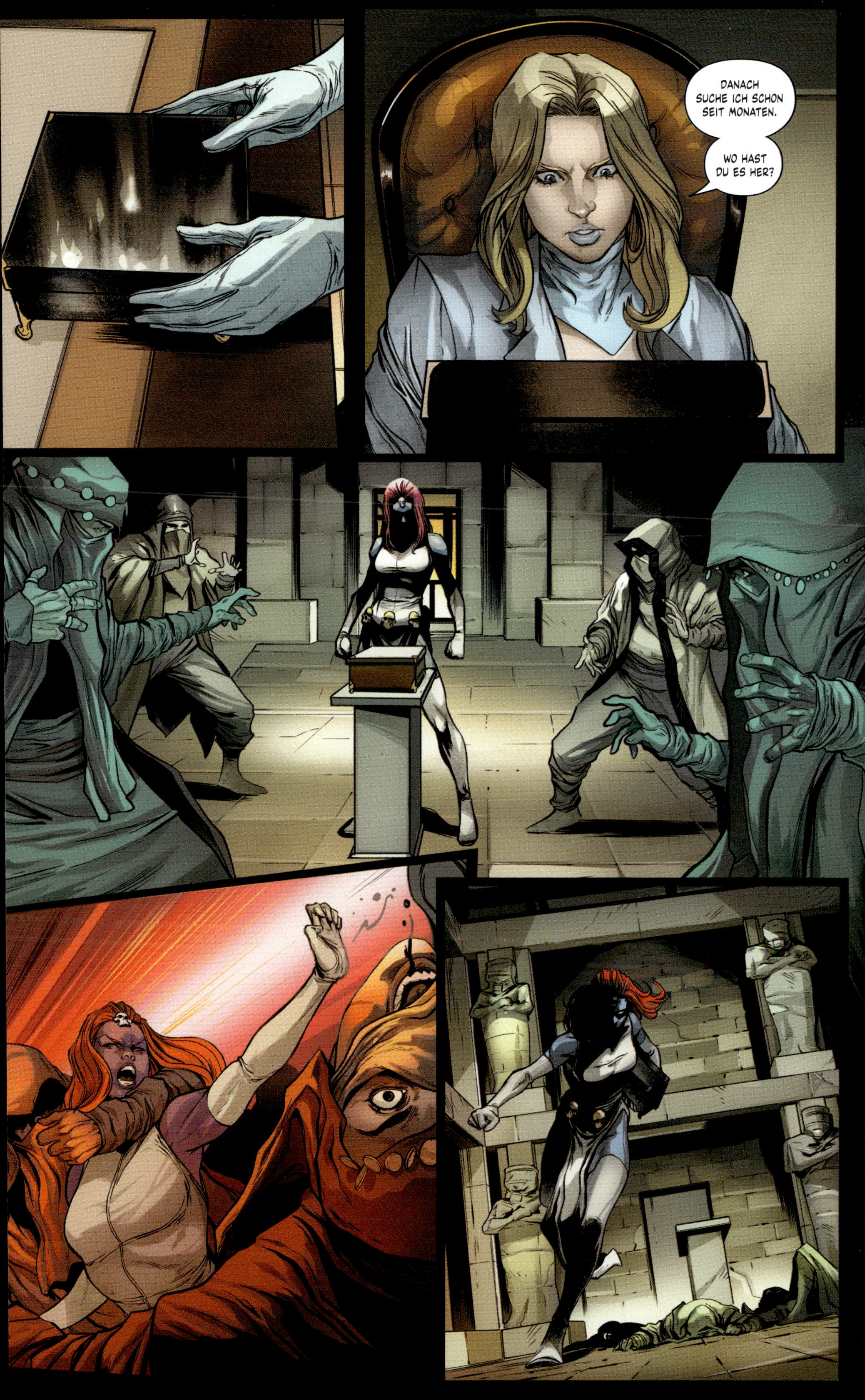
DANACH SUCHE ICH SCHON SEIT MONATEN.
WO HAST DU ES HER?

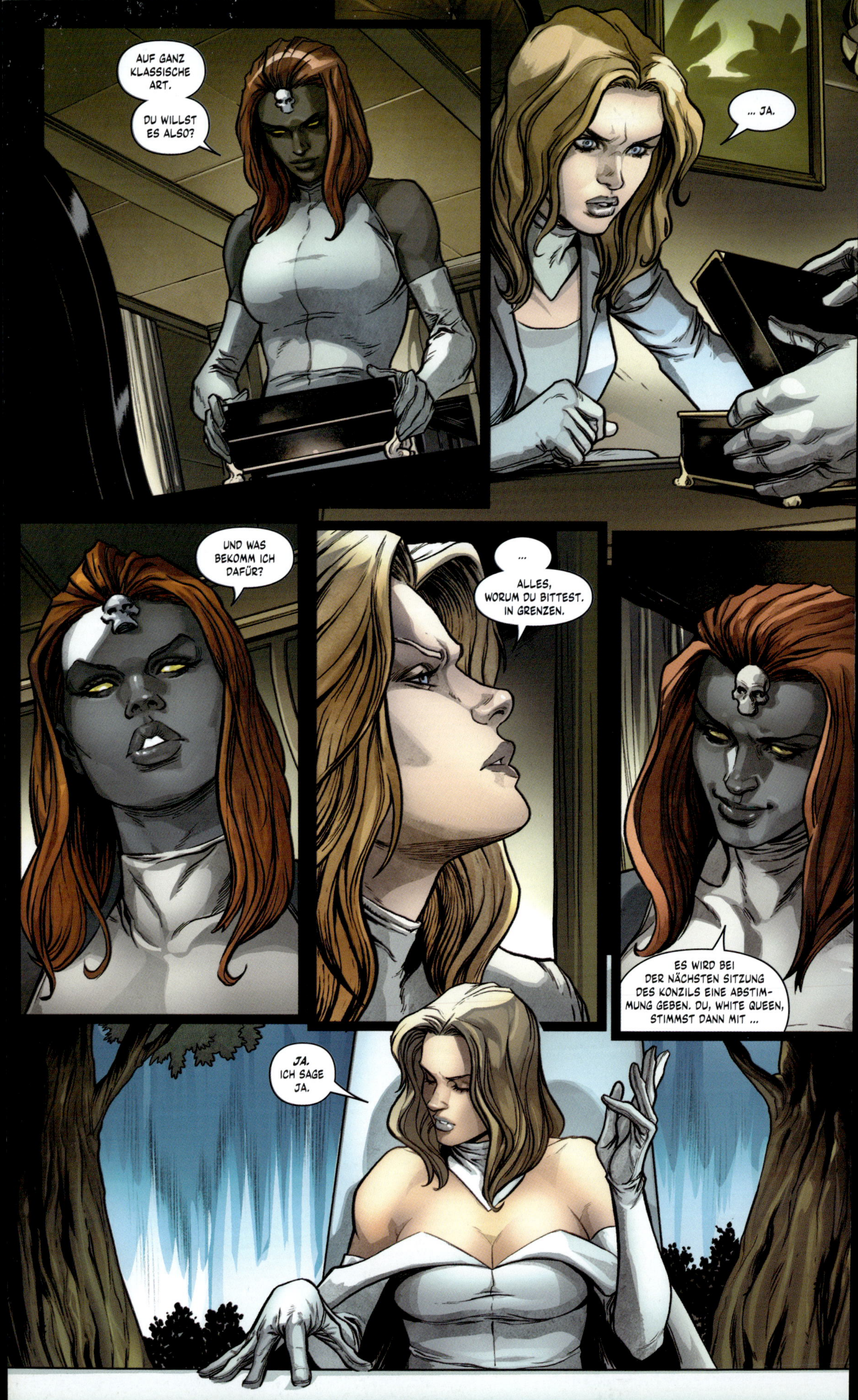
AUF GANZ KLASSISCHE ART.
DU WILLST ES ALSO?
... JA.
UND WAS BEKOMM ICH DAFÜR?
...
ALLES, WORUM DU BITTEST. IN GRENZEN.
ES WIRD BEI DER NÄCHSTEN SITZUNG DES KONZILS EINE ABSTIMMUNG GEBEN. DU, WHITE QUEEN, STIMMST DANN MIT ...
JA. ICH SAGE JA.

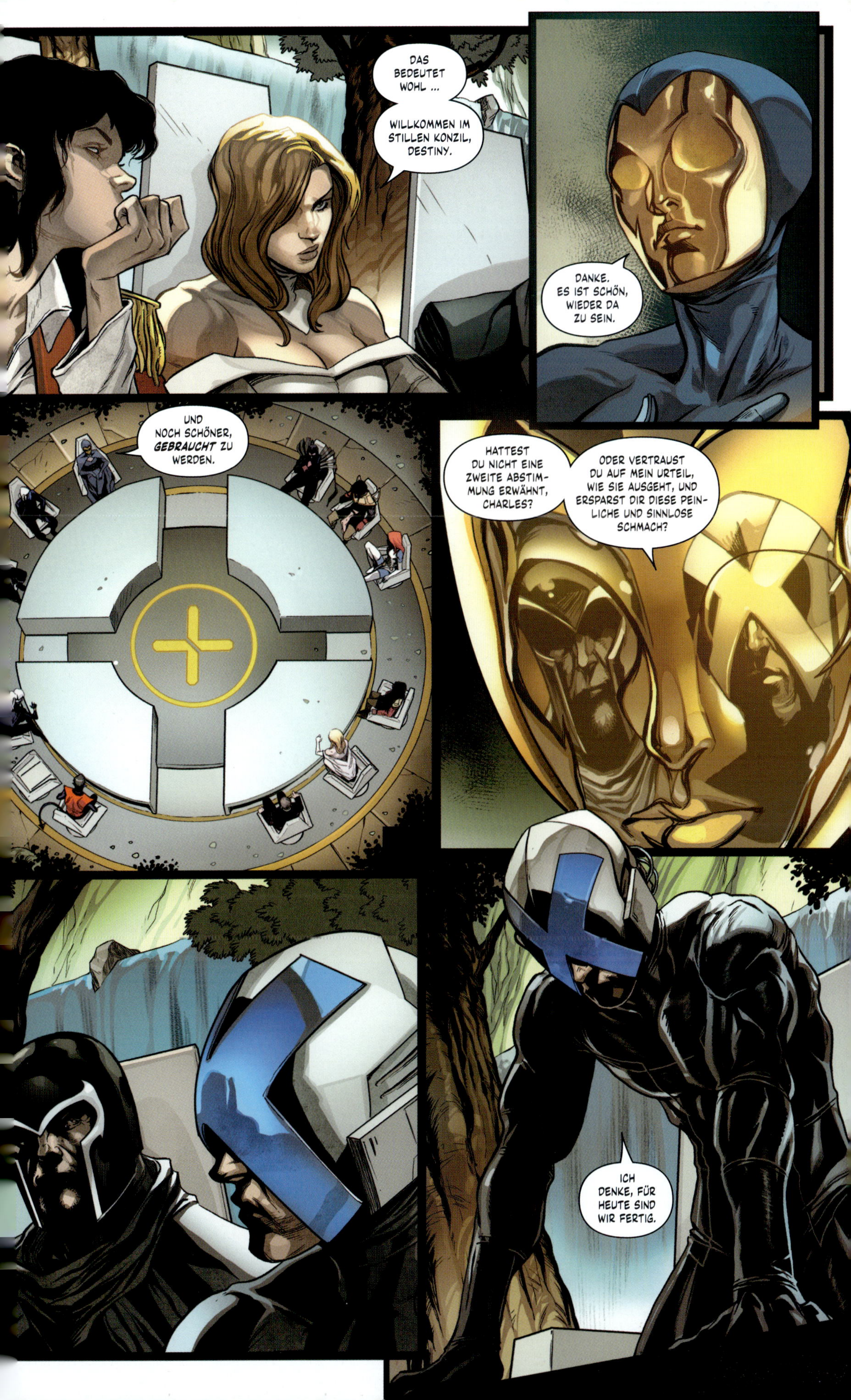
DAS BEDEUTET WOHL ...
WILLKOMMEN IM STILLEN KONZIL, DESTINY.
DANKE. ES IST SCHÖN, WIEDER DA ZU SEIN.
UND NOCH SCHÖNER, *GEBRAUCHT* ZU WERDEN.
HATTEST DU NICHT EINE ZWEITE ABSTIM-MUNG ERWÄHNT, CHARLES?
ODER VERTRAUST DU AUF MEIN URTEIL, WIE SIE AUSGEHT, UND ERSPARST DIR DIESE PEIN-LICHE UND SINNLOSE SCHMACH?
ICH DENKE, FÜR HEUTE SIND WIR FERTIG.

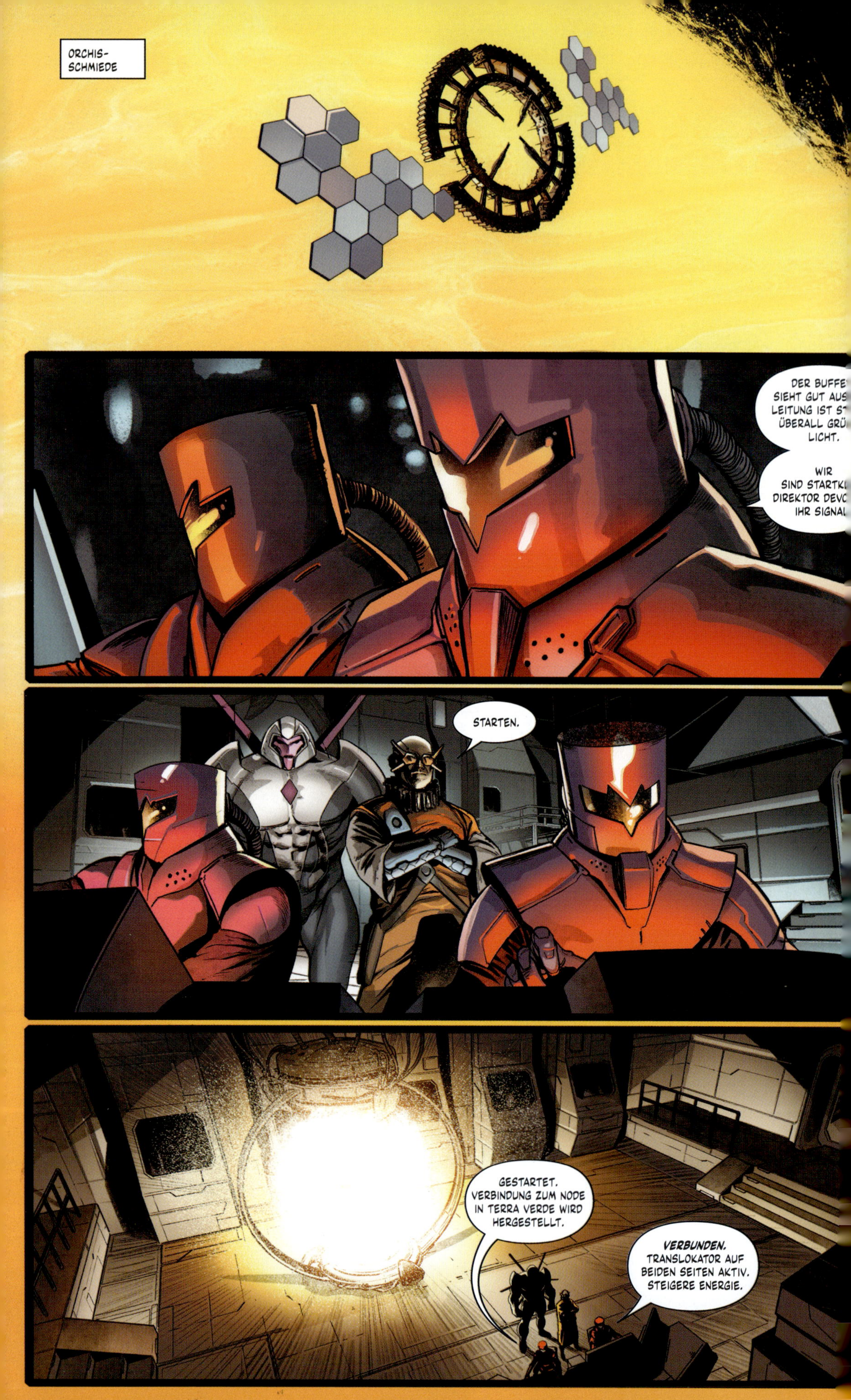
ORCHIS-
SCHMIEDE
DER BUFFE
SIEHT GUT AUS
LEITUNG IST S
ÜBERALL GRÜ
LICHT.
WIR
SIND STARTK
DIREKTOR DEV
IHR SIGNA
STARTEN.
GESTARTET.
VERBINDUNG ZUM NODE
IN TERRA VERDE WIRD
HERGESTELLT.
VERBUNDEN.
TRANSLOKATOR AUF
BEIDEN SEITEN AKTIV.
STEIGERE ENERGIE.

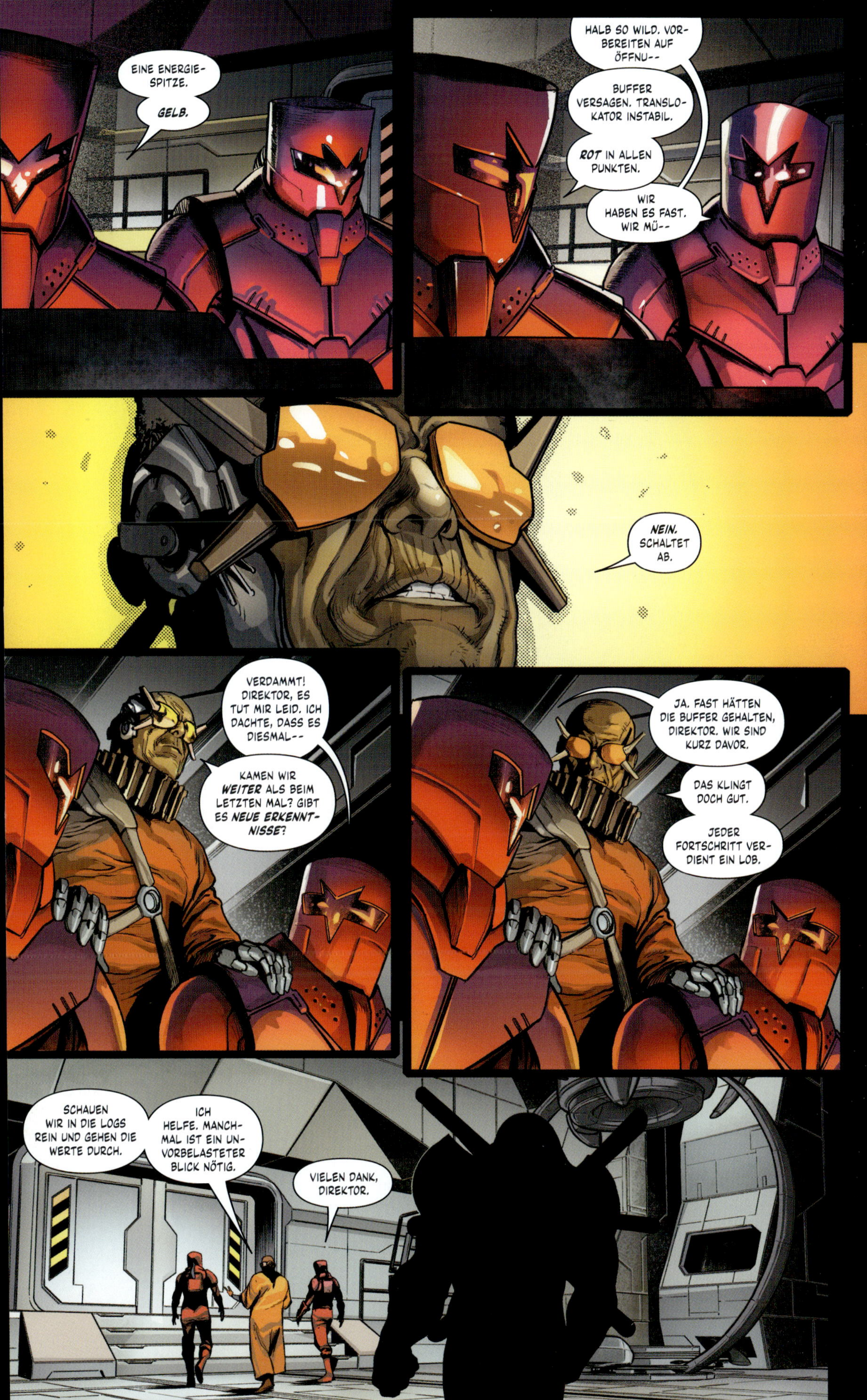
EINE ENERGIE-SPITZE.
GELB.
HALB SO WILD. VOR-BEREITEN AUF ÖFFNU--
BUFFER VERSAGEN. TRANSLO-KATOR INSTABIL.
ROT IN ALLEN PUNKTEN.
WIR HABEN ES FAST. WIR MÜ--
NEIN. SCHALTET AB.
VERDAMMT! DIREKTOR, ES TUT MIR LEID. ICH DACHTE, DASS ES DIESMAL--
KAMEN WIR WEITER ALS BEIM LETZTEN MAL? GIBT ES NEUE ERKENNT-NISSE?
JA. FAST HÄTTEN DIE BUFFER GEHALTEN, DIREKTOR. WIR SIND KURZ DAVOR.
DAS KLINGT DOCH GUT.
JEDER FORTSCHRITT VER-DIENT EIN LOB.
SCHAUEN WIR IN DIE LOGS REIN UND GEHEN DIE WERTE DURCH.
ICH HELFE. MANCH-MAL IST EIN UN-VORBELASTETER BLICK NÖTIG.
VIELEN DANK, DIREKTOR.

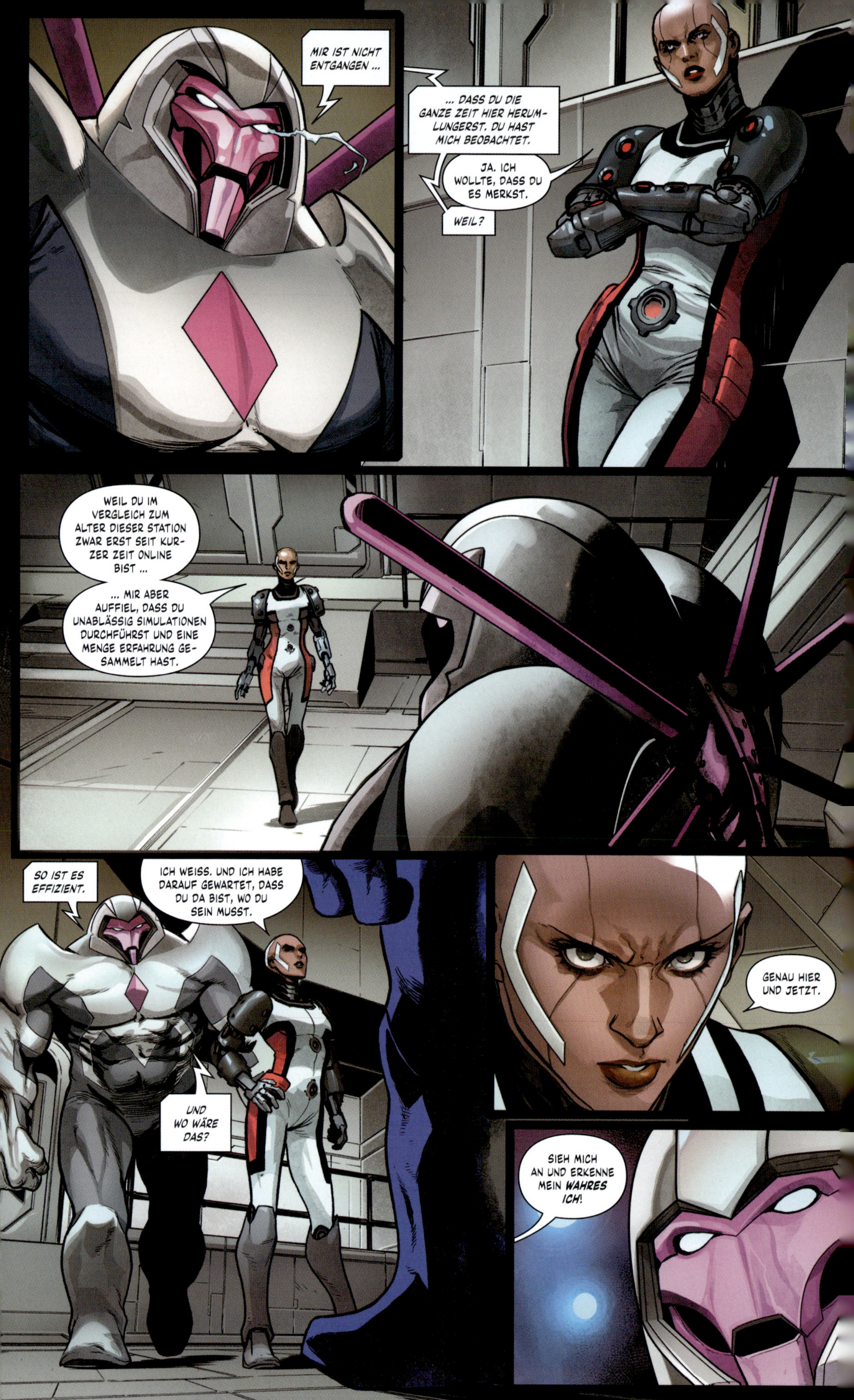
MIR IST NICHT ENTGANGEN ...
... DASS DU DIE GANZE ZEIT HIER HERUM-LUNGERST. DU HAST MICH BEOBACHTET.
JA. ICH WOLLTE, DASS DU ES MERKST.
WEIL?
WEIL DU IM VERGLEICH ZUM ALTER DIESER STATION ZWAR ERST SEIT KUR-ZER ZEIT ONLINE BIST ...
... MIR ABER AUFFIEL, DASS DU UNABLÄSSIG SIMULATIONEN DURCHFÜHRST UND EINE MENGE ERFAHRUNG GE-SAMMELT HAST.
SO IST ES EFFIZIENT.
ICH WEISS. UND ICH HABE DARAUF GEWARTET, DASS DU DA BIST, WO DU SEIN MUSST.
UND WO WÄRE DAS?
GENAU HIER UND JETZT.
SIEH MICH AN UND ERKENNE MEIN **WAHRES ICH**!

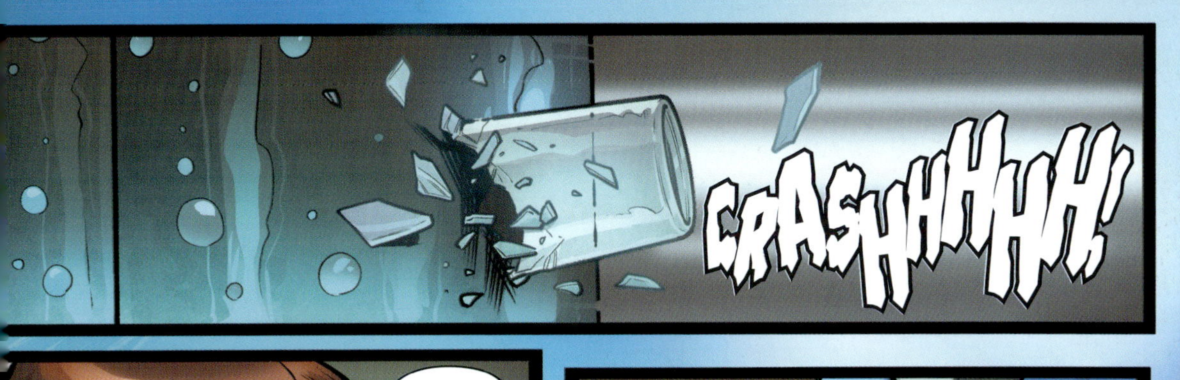
CRASHHHHH!

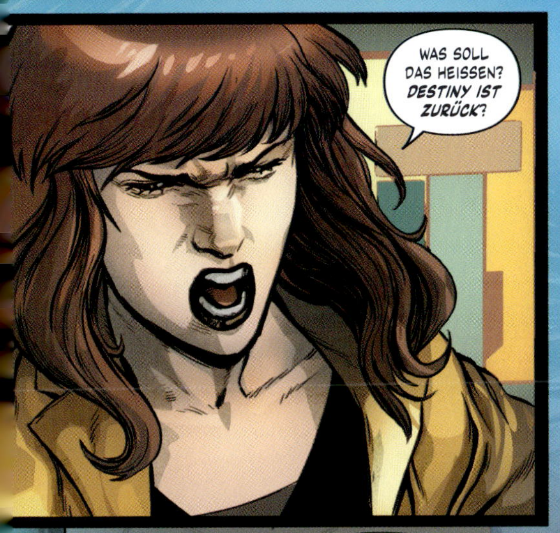
WAS SOLL DAS HEISSEN? *DESTINY IST ZURÜCK*?

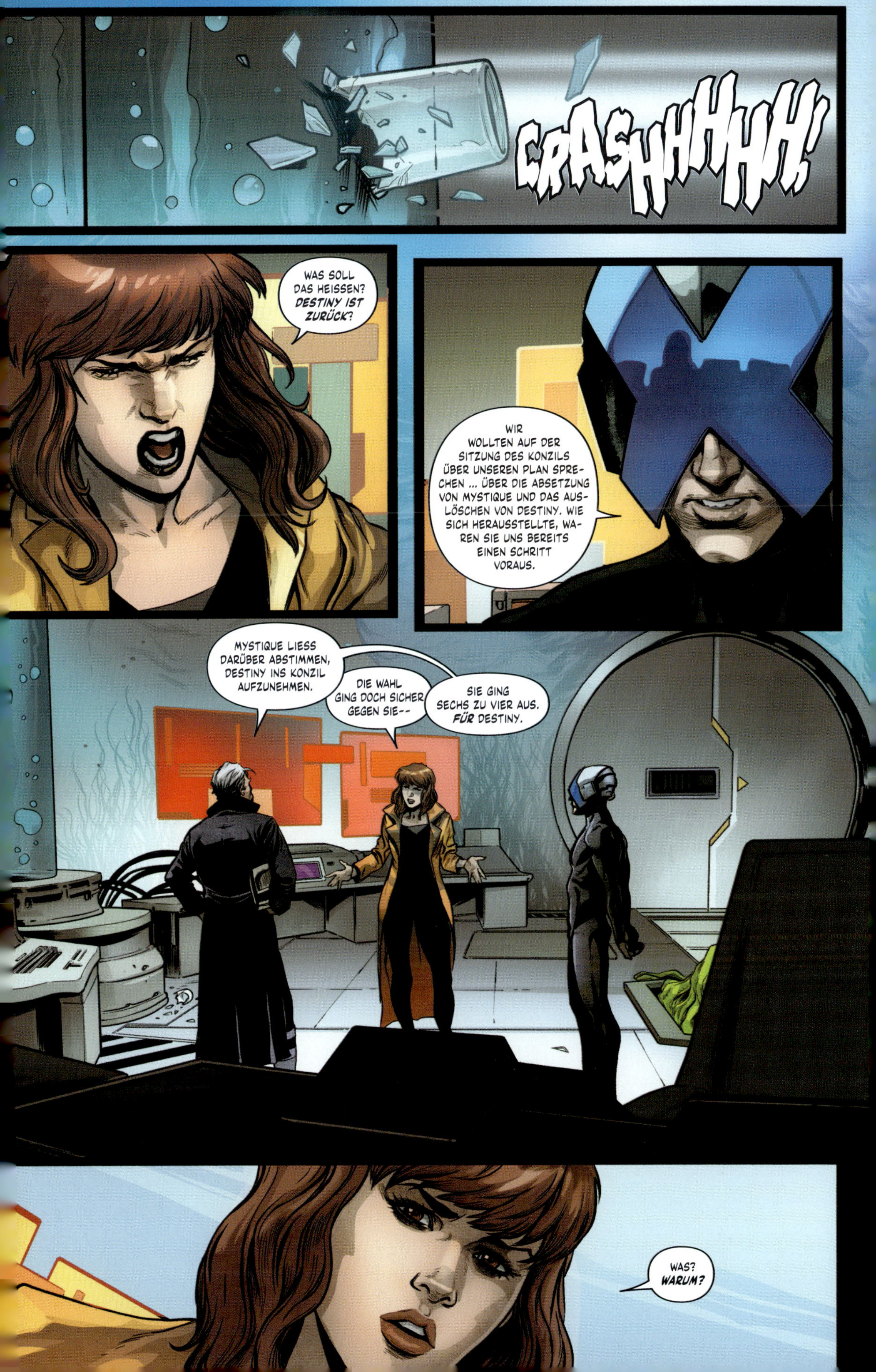

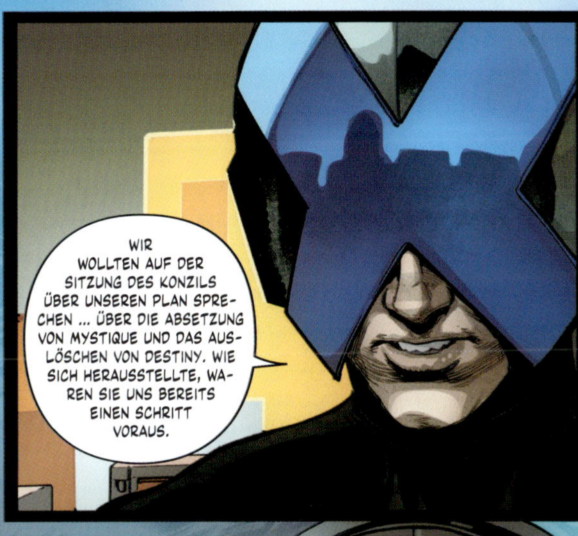
WIR WOLLTEN AUF DER SITZUNG DES KONZILS ÜBER UNSEREN PLAN SPRECHEN ... ÜBER DIE ABSETZUNG VON MYSTIQUE UND DAS AUSLÖSCHEN VON DESTINY. WIE SICH HERAUSSTELLTE, WAREN SIE UNS BEREITS EINEN SCHRITT VORAUS.

MYSTIQUE LIESS DARÜBER ABSTIMMEN, DESTINY INS KONZIL AUFZUNEHMEN.
DIE WAHL GING DOCH SICHER GEGEN SIE--
SIE GING SECHS ZU VIER AUS. *FÜR* DESTINY.

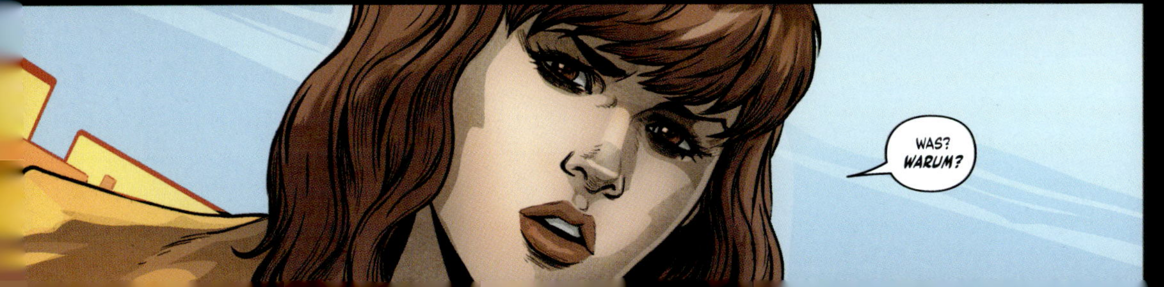
WAS? *WARUM?*

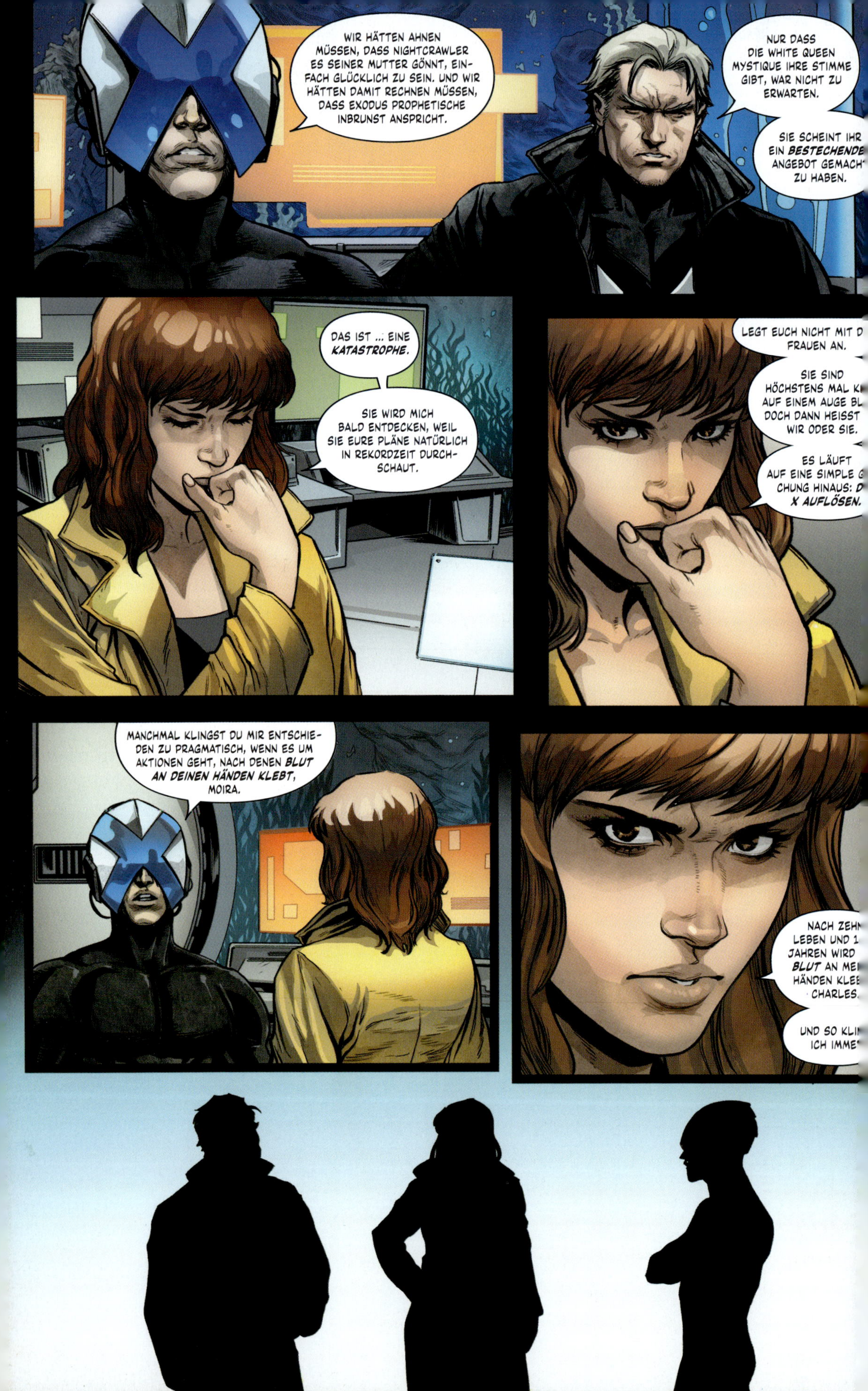
WIR HÄTTEN AHNEN MÜSSEN, DASS NIGHTCRAWLER ES SEINER MUTTER GÖNNT, EIN-FACH GLÜCKLICH ZU SEIN. UND WIR HÄTTEN DAMIT RECHNEN MÜSSEN, DASS EXODUS PROPHETISCHE INBRUNST ANSPRICHT.
NUR DASS DIE WHITE QUEEN MYSTIQUE IHRE STIMME GIBT, WAR NICHT ZU ERWARTEN.
SIE SCHEINT IHR EIN ***BESTECHENDE*** ANGEBOT GEMACH ZU HABEN.
DAS IST ... EINE ***KATASTROPHE.***
SIE WIRD MICH BALD ENTDECKEN, WEIL SIE EURE PLÄNE NATÜRLICH IN REKORDZEIT DURCH-SCHAUT.
LEGT EUCH NICHT MIT D FRAUEN AN.
SIE SIND HÖCHSTENS MAL K AUF EINEM AUGE BL DOCH DANN HEISST WIR ODER SIE.
ES LÄUFT AUF EINE SIMPLE G CHUNG HINAUS: ***D X AUFLÖSEN.***
MANCHMAL KLINGST DU MIR ENTSCHIE-DEN ZU PRAGMATISCH, WENN ES UM AKTIONEN GEHT, NACH DENEN ***BLUT AN DEINEN HÄNDEN KLEBT,*** MOIRA.
NACH ZEHN LEBEN UND 1 JAHREN WIRD ***BLUT*** AN ME HÄNDEN KLEB CHARLES.
UND SO KLI ICH IMME

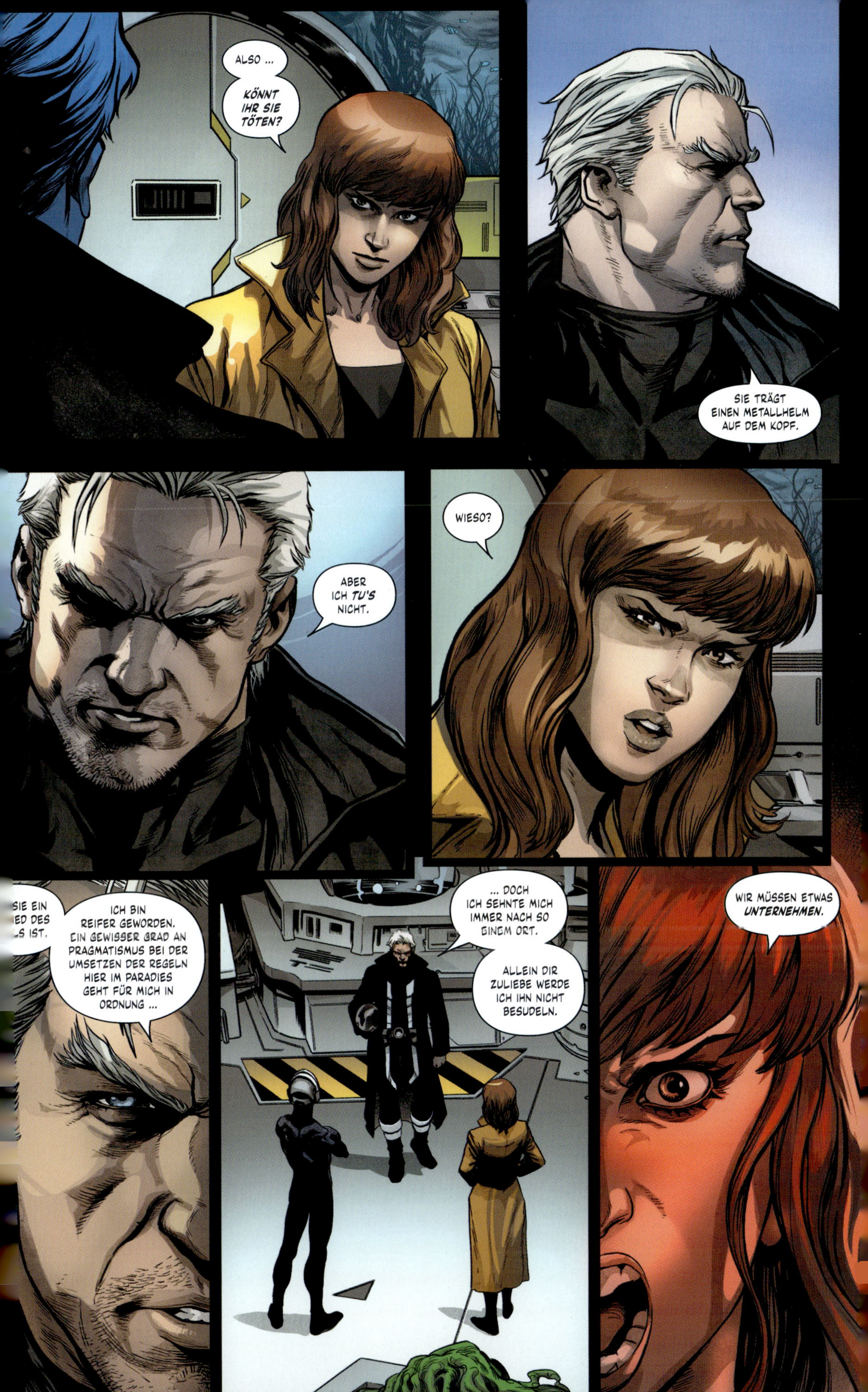

ALSO ...
KÖNNT IHR SIE TÖTEN?
SIE TRÄGT EINEN METALLHELM AUF DEM KOPF.
ABER ICH *TU'S* NICHT.
WIESO?
SIE EIN ED DES LS IST.
ICH BIN REIFER GEWORDEN. EIN GEWISSER GRAD AN PRAGMATISMUS BEI DER UMSETZEN DER REGELN HIER IM PARADIES GEHT FÜR MICH IN ORDNUNG ...
... DOCH ICH SEHNTE MICH IMMER NACH SO EINEM ORT.
ALLEIN DIR ZULIEBE WERDE ICH IHN NICHT BESUDELN.
WIR MÜSSEN ETWAS *UNTERNEHMEN.*

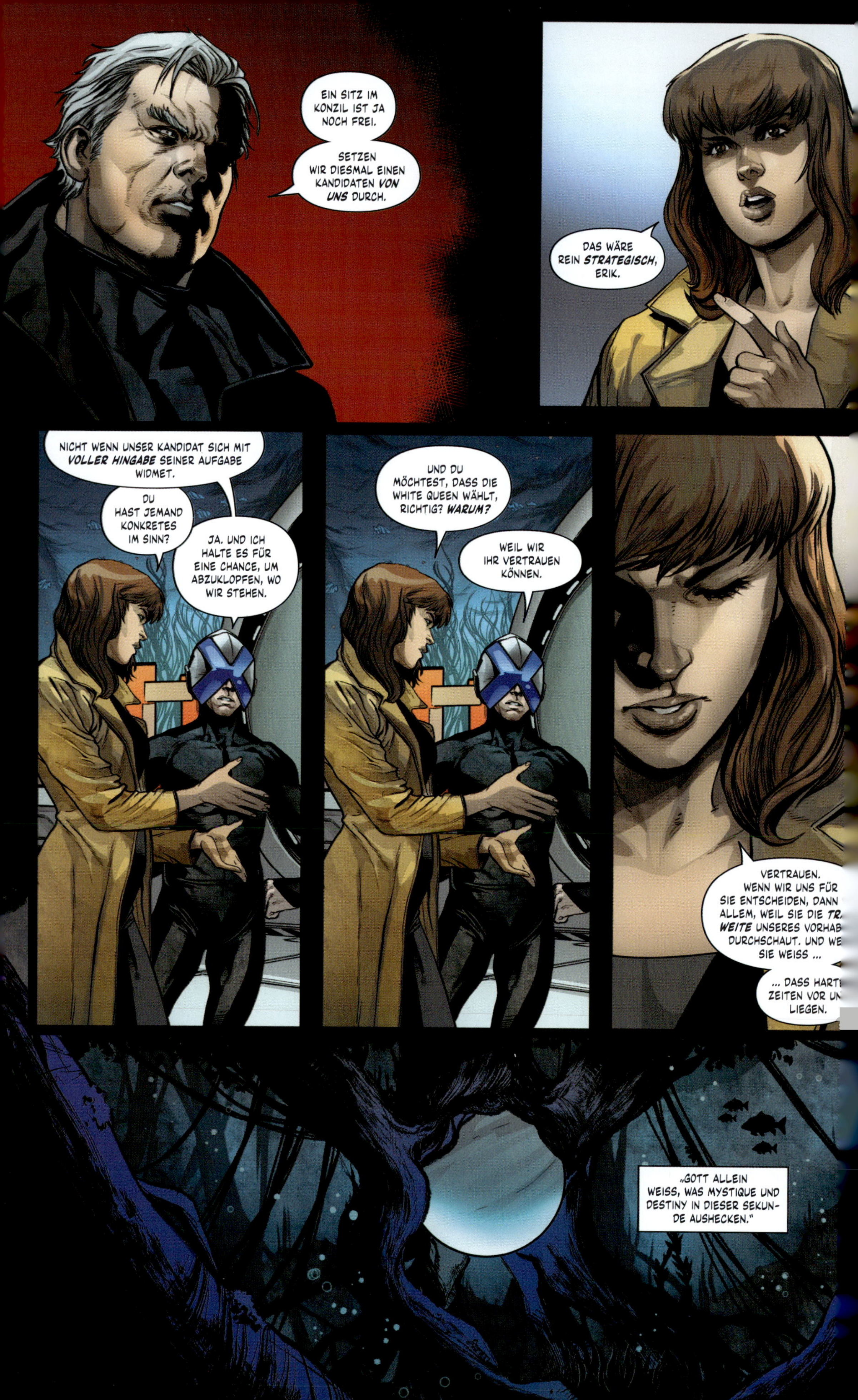

EIN SITZ IM KONZIL IST JA NOCH FREI.
SETZEN WIR DIESMAL EINEN KANDIDATEN VON UNS DURCH.
DAS WÄRE REIN STRATEGISCH, ERIK.
NICHT WENN UNSER KANDIDAT SICH MIT VOLLER HINGABE SEINER AUFGABE WIDMET.
DU HAST JEMAND KONKRETES IM SINN?
JA. UND ICH HALTE ES FÜR EINE CHANCE, UM ABZUKLOPFEN, WO WIR STEHEN.
UND DU MÖCHTEST, DASS DIE WHITE QUEEN WÄHLT, RICHTIG? WARUM?
WEIL WIR IHR VERTRAUEN KÖNNEN.
VERTRAUEN. WENN WIR UNS FÜR SIE ENTSCHEIDEN, DANN ALLEM, WEIL SIE DIE TR WEITE UNSERES VORHAB DURCHSCHAUT. UND WE SIE WEISS ...
... DASS HART ZEITEN VOR UN LIEGEN.
„GOTT ALLEIN WEISS, WAS MYSTIQUE UND DESTINY IN DIESER SEKUNDE AUSHECKEN."

DAS KRAKOA-NETZWERK

[Großer]..........[00]
[Baum__]..........[00]

—

DIE INSEL LEBT. DIE INSEL LAUSCHT.

(Abschrift einer lebenden Sprache, archiviert und für die Ewigkeit in den hybriden Hain eingeätzt, irgendwann in den kommenden Tagen)

—

DESTINY: Wie oft bist du beim Versuch umgekommen, etwas zu erreichen, das sie verlangt haben?

MYSTIQUE: Ich weiß es nicht.

DESTINY: Was ist das für eine Antwort: „Ich weiß es nicht"?

MYSTIQUE: Es gibt das Konzil ... das Stille Konzil ... das die Insel auf dem Papier regiert, doch der Einfluss ihrer Gründer, Magneto und Xavier, ist unkontrollierbar und unanfechtbar. Sie kontrollieren alle Wiederbelebungen und entscheiden, welcher Verstand in die Körper zurückgeschickt wird.

DESTINY: Es wäre also möglich, dass du öfter gestorben bist, als du dich erinnerst?

MYSTIQUE: Ich würde jederzeit mein ganzes Geld darauf verwetten, dass ich in deutlich größerem Maße benutzt und manipuliert wurde, als es mir bewusst ist.

DESTINY: Und alles nur, um zu verhindern, dass die Maschine, Nimrod, online geht.

DAS KRAKOA-NETZWERK (II)

[Große___]..........[00]
[Maschine]..........[00]

MYSTIQUE: Das dachte ich auch erst, aber jetzt denke ich, sie hoffen insgeheim, dass ich scheitere. Was die Frage aufwirft: Wenn ich im Gegenzug nur dich wollte, wieso waren sie dann so scharf darauf, es zu verhindern?

DESTINY: Was glaubst du?

MYSTIQUE: Es muss damit zu tun haben, dass sie befürchten, du hättest etwas gesehen. Deine Augen bekommen schon immer mehr mit, als gut für sie ist.

DESTINY: Falls du recht hast, Raven, muss ich dir allerdings sagen, dass es nichts mit Intuition oder Instinkt zu tun hat. Und auch nicht mit Dingen, die sich der menschlichen Wahrnehmung entziehen.

MYSTIQUE: Ach, tatsächlich?

DESTINY: Ja, ich strenge mich an, um in die Zukunft zu blicken. Und weißt du, was ich sehe?

MYSTIQUE: Was?

DESTINY: Nichts.

MYSTIQUE: Wie kann das sein?

DESTINY: Keine Ahnung. Es ist, als ob da ein Loch wäre.

DESTINY: Dann müssen wir herausfinden, was sie darin vor uns verstecken.

MISSIONSLOG VON X-FORCE

BENUTZER: SAGE

MISSIONSLOG: 200067b

Portal an Pariser Unterschlupf [primär]
Gefahrenwarnung. Aufklärungsstufe VIER aktiviert.
Force-Protokolle auf STAND-BY.

BERICHT:
Orchis-Observationsteam [Standard] in Alarmbereitschaft versetzt. Gesamtes Team nach Entdeckung ungewöhnlicher Portal-Aktivität ausgerückt. Force-Protokoll zum Kontern der Beschattung durch Mutanten eingeleitet. Einsatzteam in Bereitschaft.

MISSIONSLOG: 200067b

Portal an Pariser Unterschlupf [primär]
Nachtrag

*******************Xavier-Intervention******************]

Observation zurückfahren.
Keine Bedrohung.

Bericht:
[******************zensiert*****************]
[******************zensiert*****************]
[******************zensiert*****************]
[******************zensiert*****************]
[******************zensiert*****************]
[******************zensiert*****************]
[******************zensiert*****************]

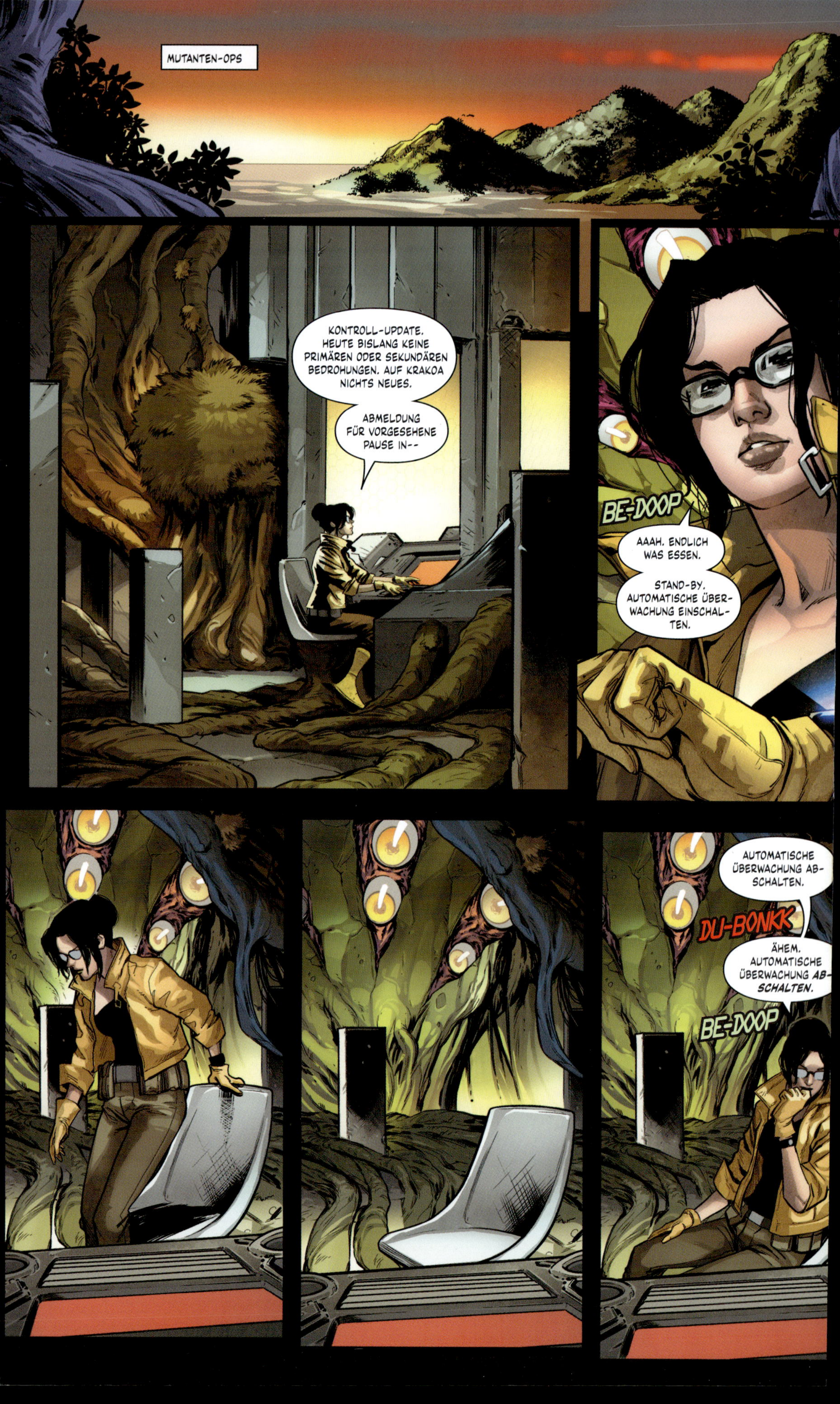
MUTANTEN-OPS
KONTROLL-UPDATE. HEUTE BISLANG KEINE PRIMÄREN ODER SEKUNDÄREN BEDROHUNGEN. AUF KRAKOA NICHTS NEUES.
ABMELDUNG FÜR VORGESEHENE PAUSE IN--
BE-DOOP
AAAH. ENDLICH WAS ESSEN.
STAND-BY. AUTOMATISCHE ÜBERWACHUNG EINSCHALTEN.
AUTOMATISCHE ÜBERWACHUNG ABSCHALTEN.
DU-BONKK
ÄHEM. AUTOMATISCHE ÜBERWACHUNG *ABSCHALTEN.*
BE-DOOP

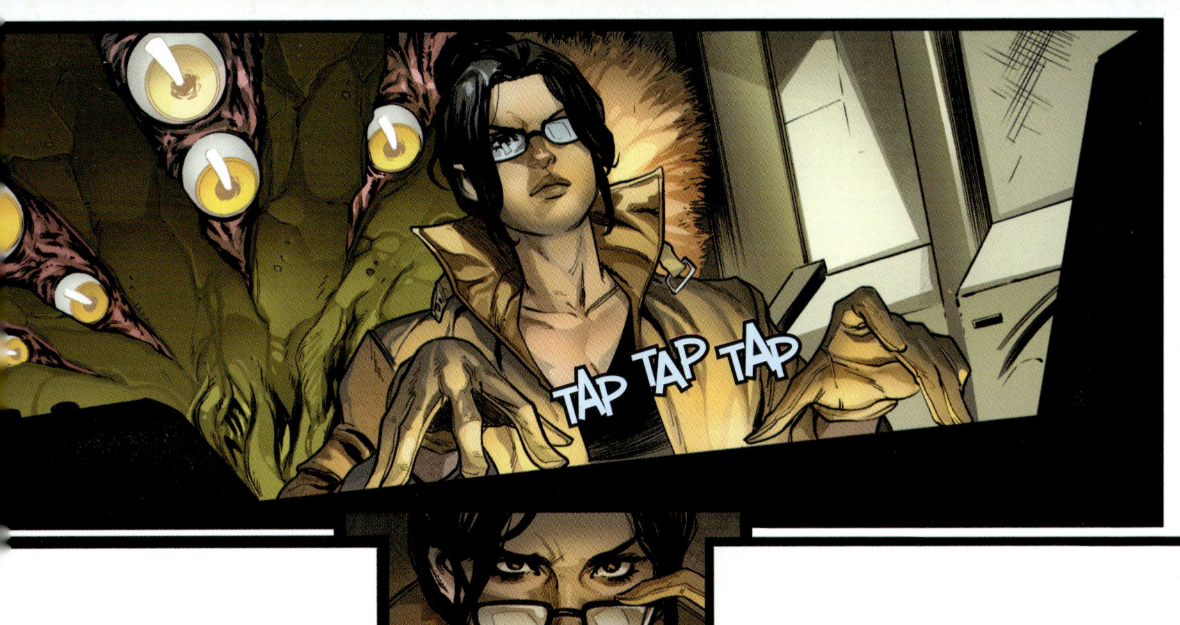

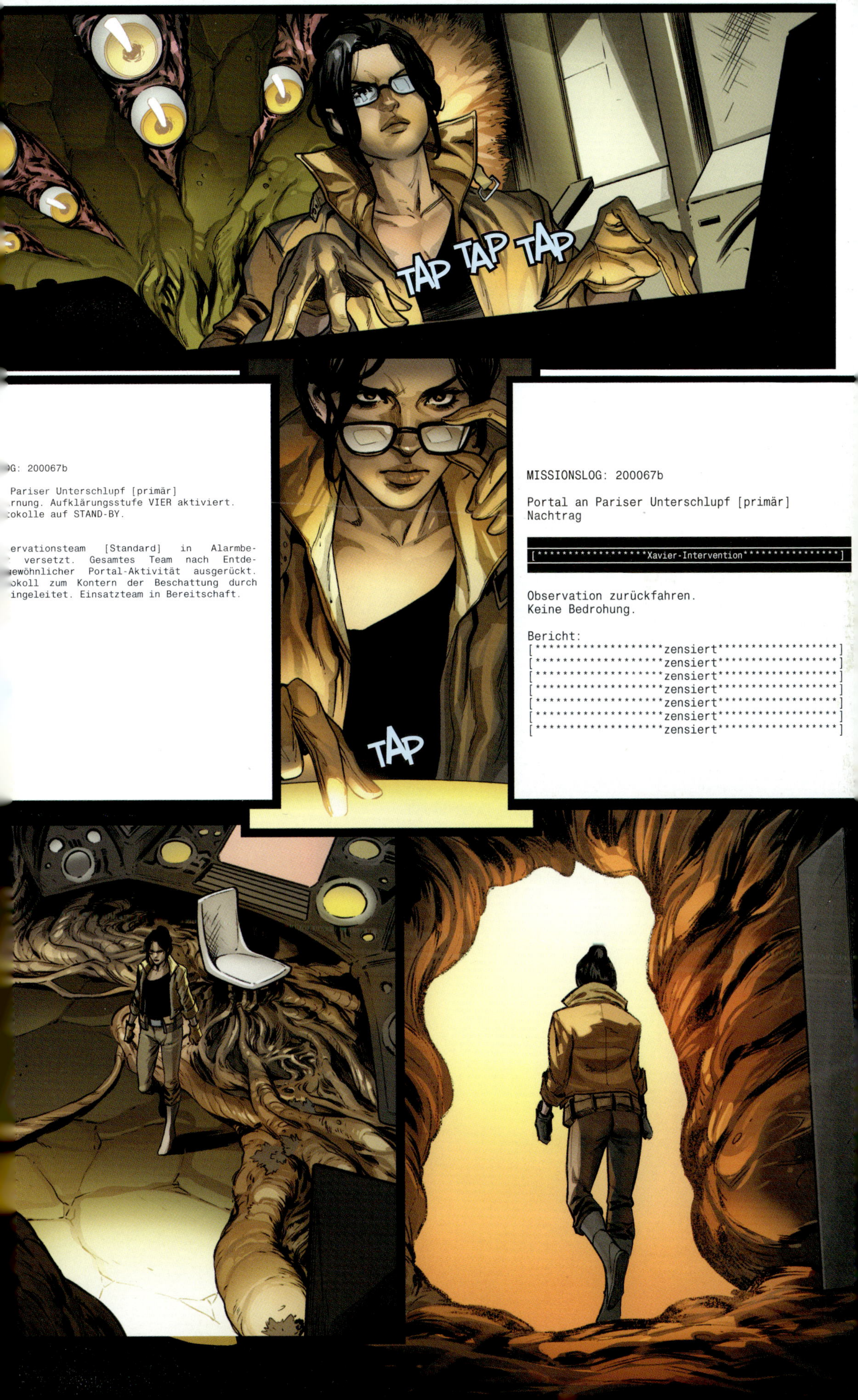

)G: 200067b

Pariser Unterschlupf [primär]
ɪrnung. Aufklärungsstufe VIER aktiviert.
:okolle auf STAND-BY.

ervationsteam [Standard] in Alarmbe-
' versetzt. Gesamtes Team nach Entde-
ɪewöhnlicher Portal-Aktivität ausgerückt.
ɔkoll zum Kontern der Beschattung durch
ingeleitet. Einsatzteam in Bereitschaft.

TAP

MISSIONSLOG: 200067b

Portal an Pariser Unterschlupf [primär]
Nachtrag

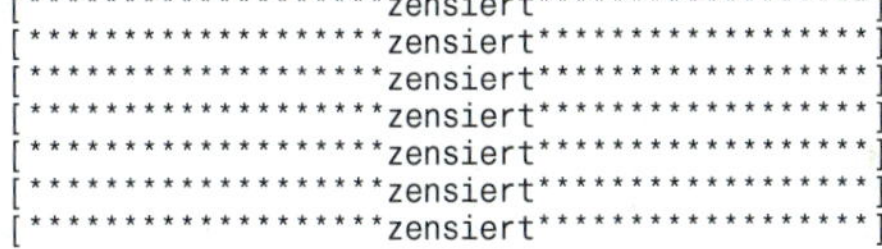

Observation zurückfahren.
Keine Bedrohung.

Bericht:
[******************zensiert*****************]
[******************zensiert*****************]
[******************zensiert*****************]
[******************zensiert*****************]
[******************zensiert*****************]
[******************zensiert*****************]
[******************zensiert*****************]

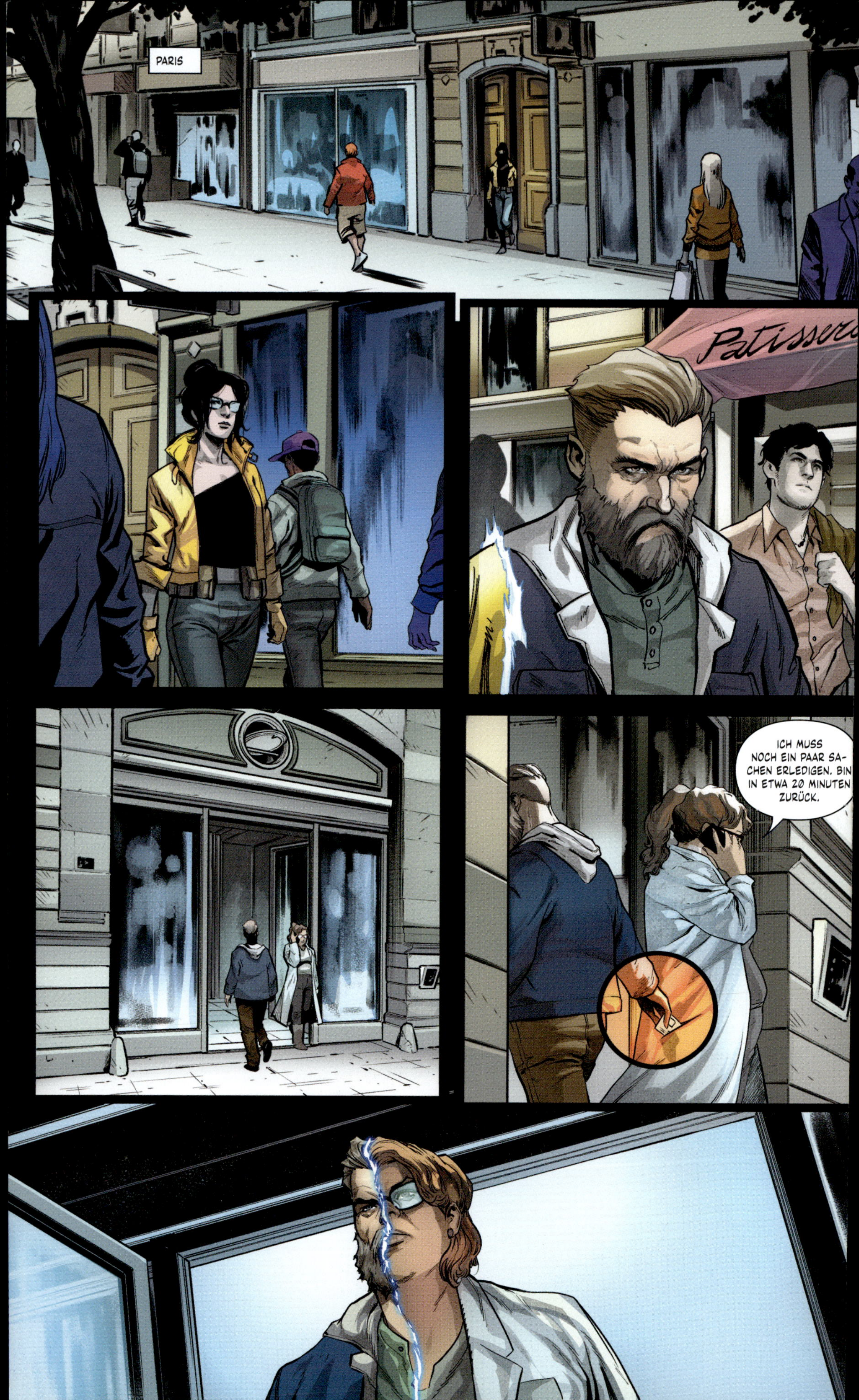
PARIS
Patisser
ICH MUSS NOCH EIN PAAR SACHEN ERLEDIGEN. BIN IN ETWA 20 MINUTEN ZURÜCK.

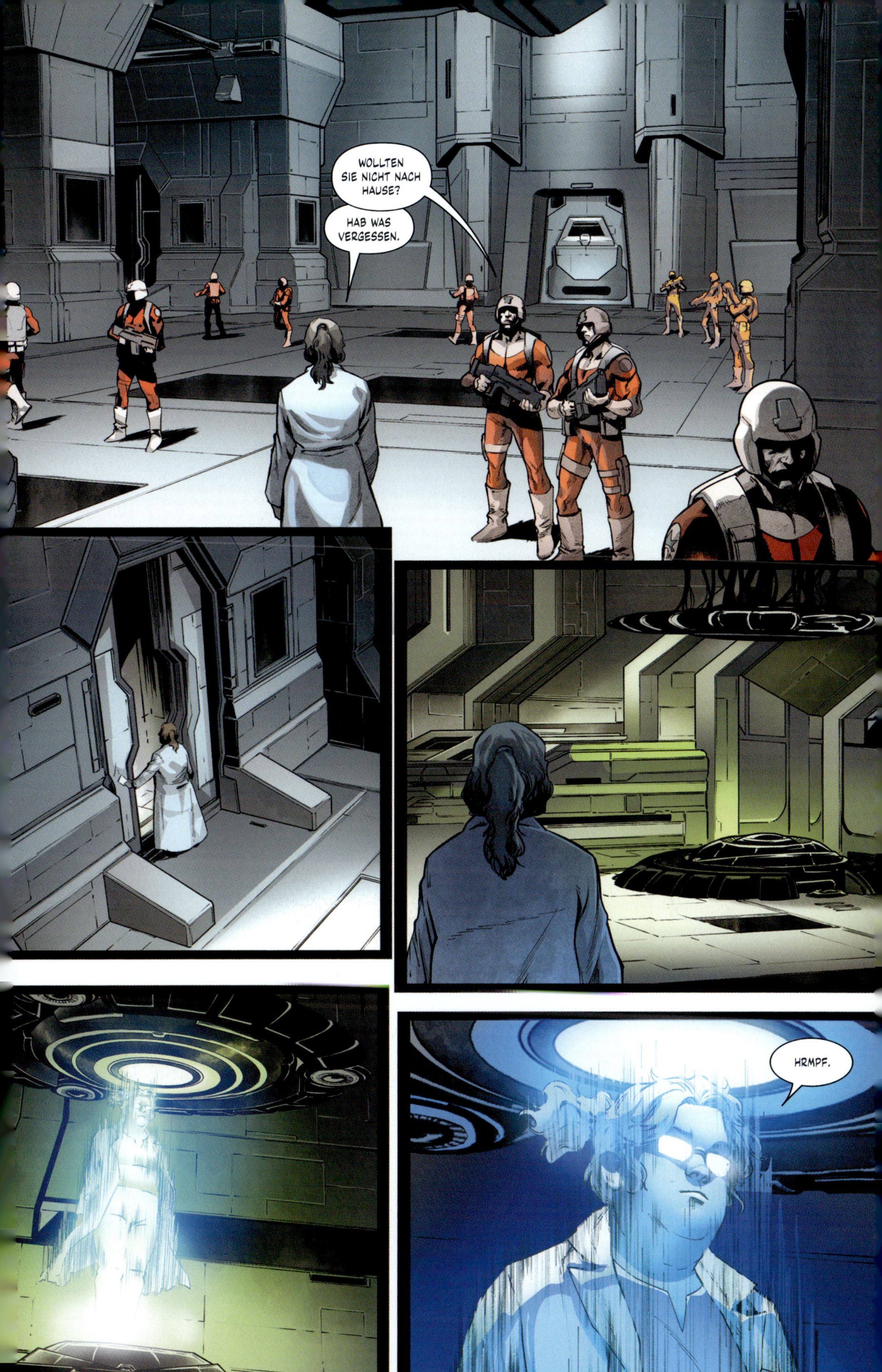
WOLLTEN SIE NICHT NACH HAUSE?
HAB WAS VERGESSEN.
HRMPF.

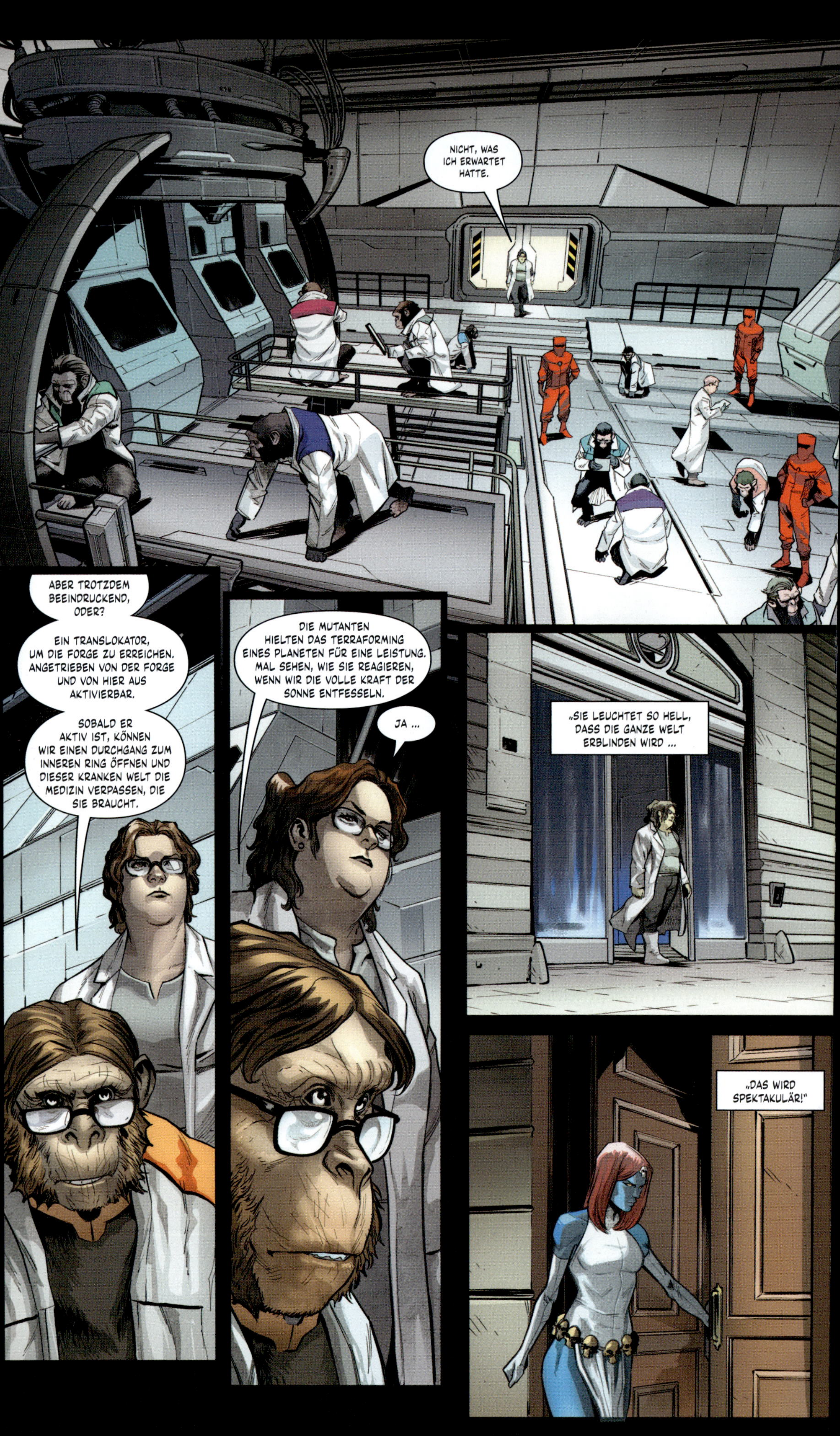
NICHT, WAS ICH ERWARTET HATTE.
ABER TROTZDEM BEEINDRUCKEND, ODER?
EIN TRANSLOKATOR, UM DIE FORGE ZU ERREICHEN. ANGETRIEBEN VON DER FORGE UND VON HIER AUS AKTIVIERBAR.
SOBALD ER AKTIV IST, KÖNNEN WIR EINEN DURCHGANG ZUM INNEREN RING ÖFFNEN UND DIESER KRANKEN WELT DIE MEDIZIN VERPASSEN, DIE SIE BRAUCHT.
DIE MUTANTEN HIELTEN DAS TERRAFORMING EINES PLANETEN FÜR EINE LEISTUNG. MAL SEHEN, WIE SIE REAGIEREN, WENN WIR DIE VOLLE KRAFT DER SONNE ENTFESSELN.
JA ...
„SIE LEUCHTET SO HELL, DASS DIE GANZE WELT ERBLINDEN WIRD ...
„DAS WIRD SPEKTAKULÄR!"

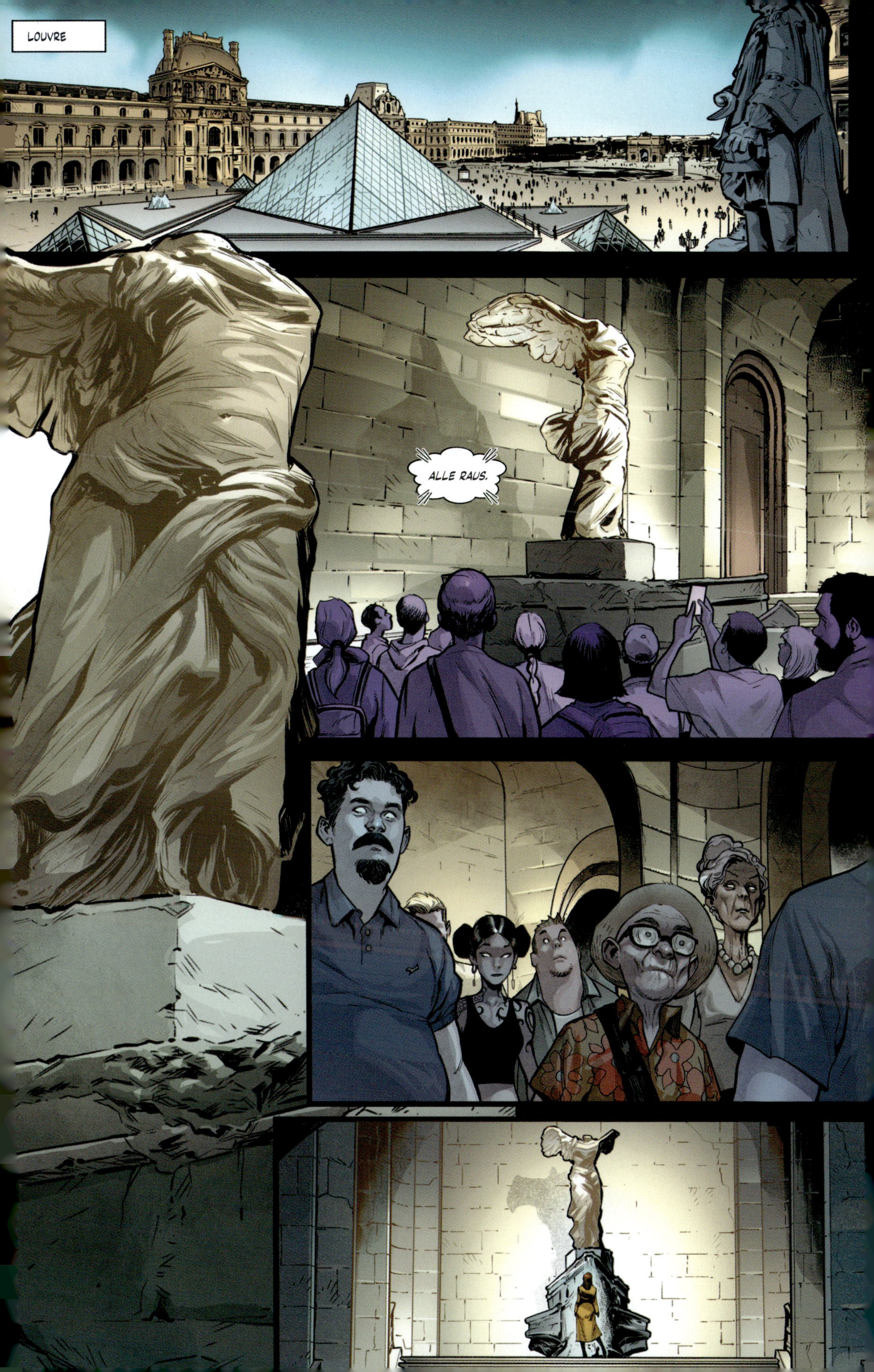
LOUVRE
ALLE RAUS.

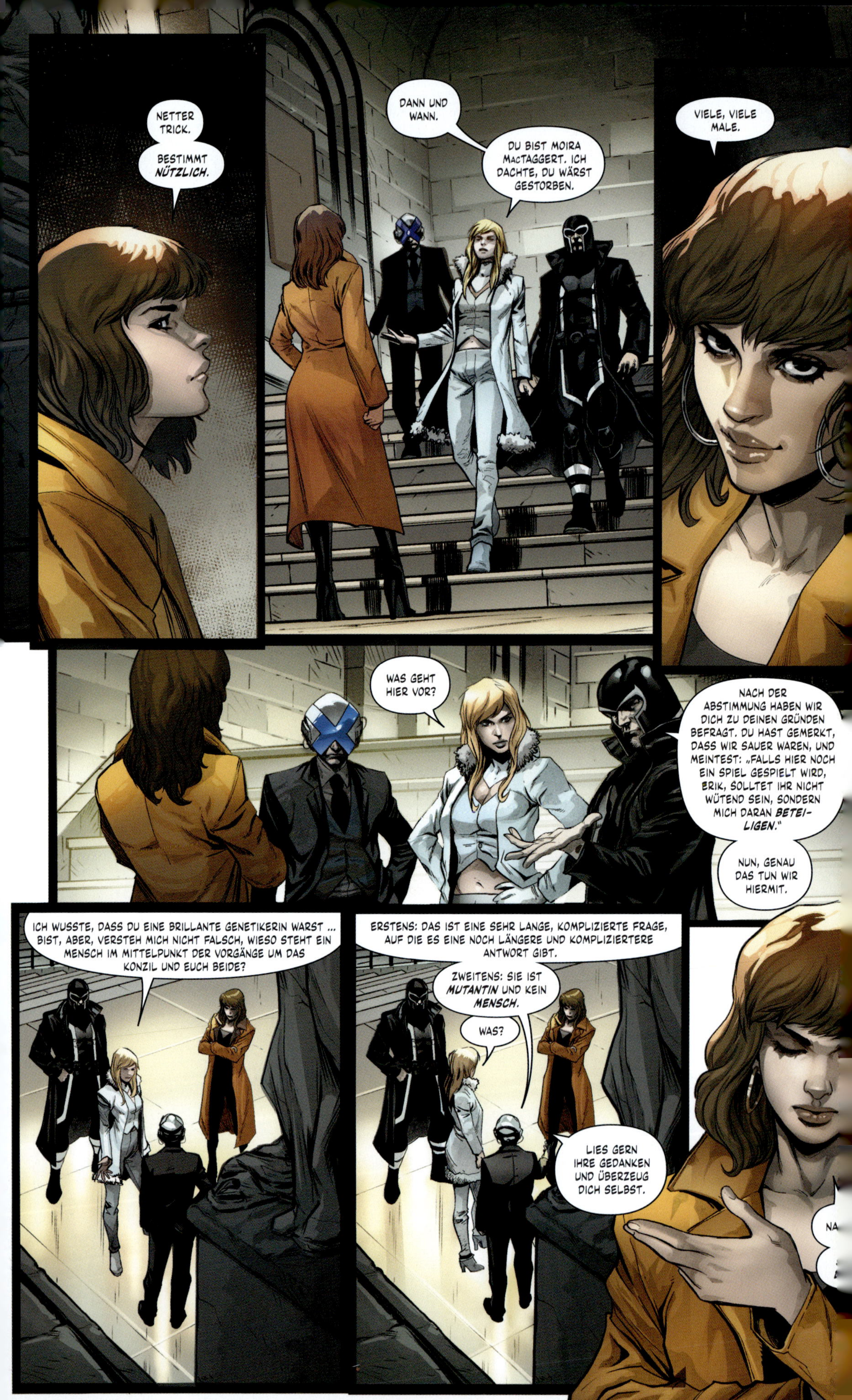
NETTER TRICK.
BESTIMMT *NÜTZLICH*.
DANN UND WANN.
DU BIST MOIRA MACTAGGERT. ICH DACHTE, DU WÄRST GESTORBEN.
VIELE, VIELE MALE.
WAS GEHT HIER VOR?
NACH DER ABSTIMMUNG HABEN WIR DICH ZU DEINEN GRÜNDEN BEFRAGT. DU HAST GEMERKT, DASS WIR SAUER WAREN, UND MEINTEST: „FALLS HIER NOCH EIN SPIEL GESPIELT WIRD, ERIK, SOLLTET IHR NICHT WÜTEND SEIN, SONDERN MICH DARAN *BETEILIGEN*."
NUN, GENAU DAS TUN WIR HIERMIT.
ICH WUSSTE, DASS DU EINE BRILLANTE GENETIKERIN WARST ... BIST, ABER, VERSTEH MICH NICHT FALSCH, WIESO STEHT EIN MENSCH IM MITTELPUNKT DER VORGÄNGE UM DAS KONZIL UND EUCH BEIDE?
ERSTENS: DAS IST EINE SEHR LANGE, KOMPLIZIERTE FRAGE, AUF DIE ES EINE NOCH LÄNGERE UND KOMPLIZIERTERE ANTWORT GIBT.
ZWEITENS: SIE IST *MUTANTIN* UND KEIN *MENSCH*.
WAS?
LIES GERN IHRE GEDANKEN UND ÜBERZEUG DICH SELBST.

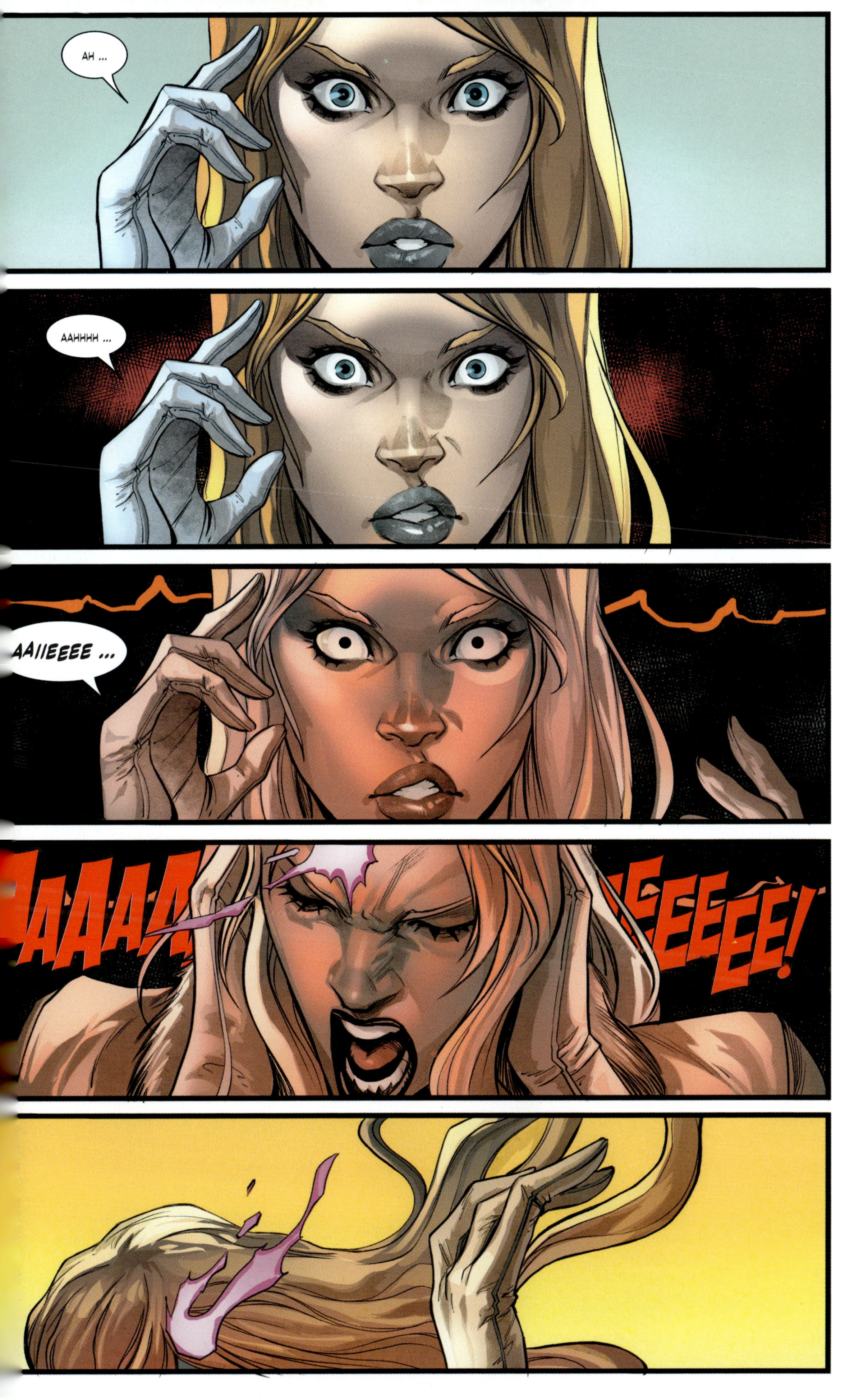
AH ...
AAHHHH ...
AAIIEEEE ...
AAAAA
EEEEEEE!

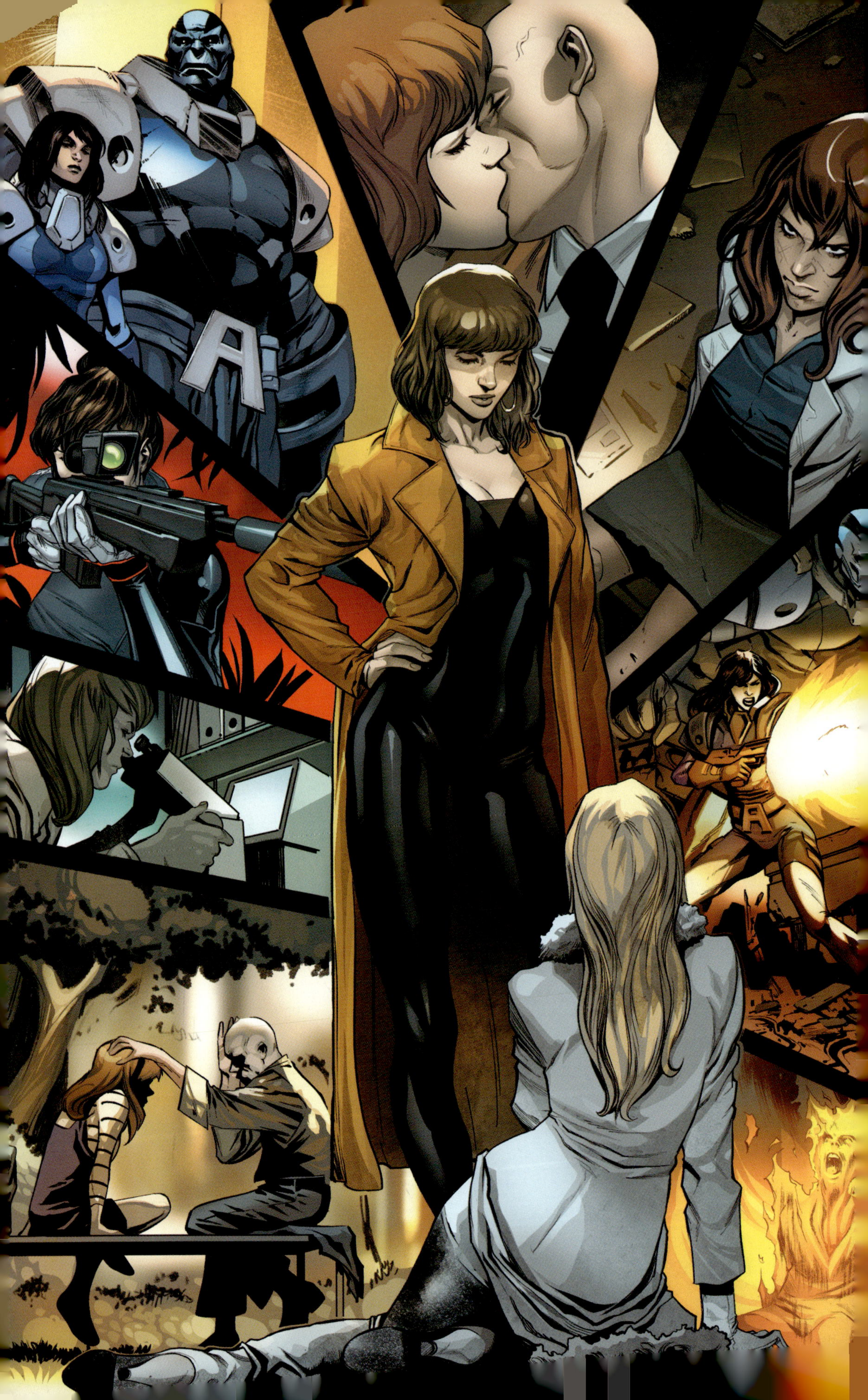

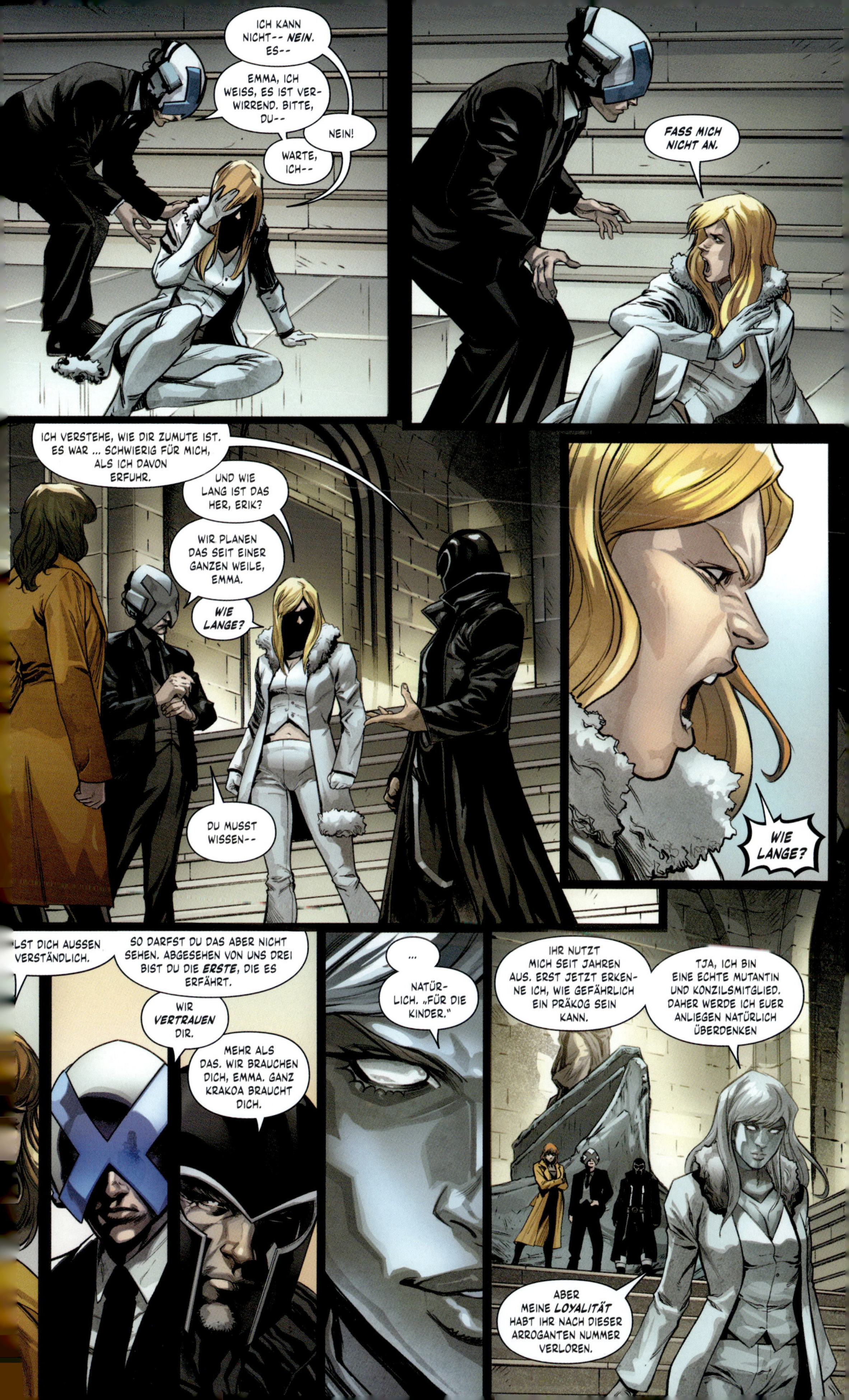
ICH KANN NICHT-- NEIN. ES--
EMMA, ICH WEISS, ES IST VERWIRREND. BITTE, DU--
NEIN!
WARTE, ICH--
FASS MICH NICHT AN.
ICH VERSTEHE, WIE DIR ZUMUTE IST. ES WAR ... SCHWIERIG FÜR MICH, ALS ICH DAVON ERFUHR.
UND WIE LANG IST DAS HER, ERIK?
WIR PLANEN DAS SEIT EINER GANZEN WEILE, EMMA.
WIE LANGE?
DU MUSST WISSEN--
WIE LANGE?
LST DICH AUSSEN VERSTÄNDLICH.
SO DARFST DU DAS ABER NICHT SEHEN. ABGESEHEN VON UNS DREI BIST DU DIE ERSTE, DIE ES ERFÄHRT.
WIR VERTRAUEN DIR.
MEHR ALS DAS. WIR BRAUCHEN DICH, EMMA. GANZ KRAKOA BRAUCHT DICH.
...
NATÜRLICH. „FÜR DIE KINDER."
IHR NUTZT MICH SEIT JAHREN AUS. ERST JETZT ERKENNE ICH, WIE GEFÄHRLICH EIN PRÄKOG SEIN KANN.
TJA, ICH BIN EINE ECHTE MUTANTIN UND KONZILSMITGLIED. DAHER WERDE ICH EUER ANLIEGEN NATÜRLICH ÜBERDENKEN
ABER MEINE LOYALITÄT HABT IHR NACH DIESER ARROGANTEN NUMMER VERLOREN.

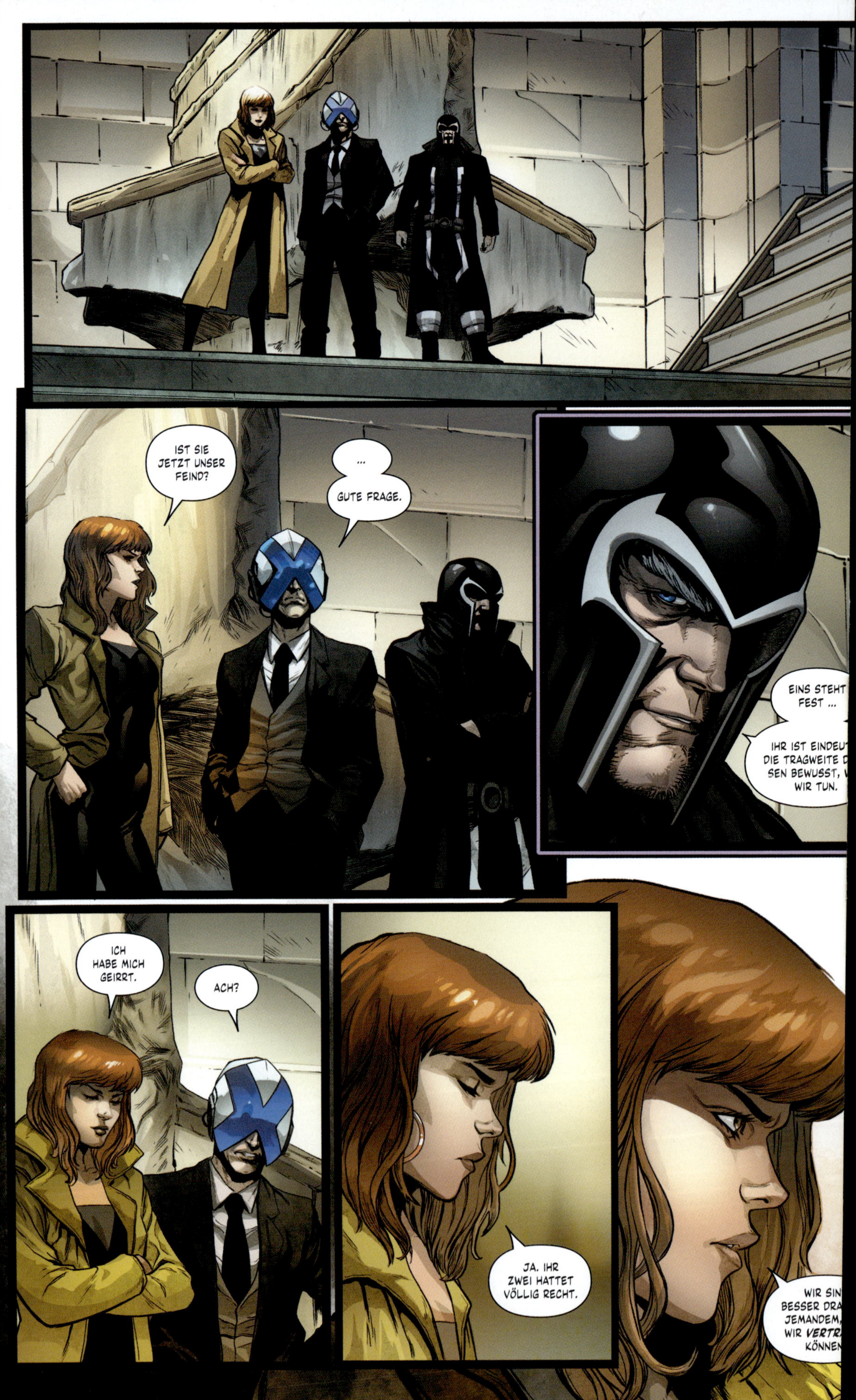

IST SIE JETZT UNSER FEIND?
...
GUTE FRAGE.
EINS STEHT FEST ...
IHR IST EINDEU DIE TRAGWEITE D SEN BEWUSST, W WIR TUN.
ICH HABE MICH GEIRRT.
ACH?
JA. IHR ZWEI HATTET VÖLLIG RECHT.
WIR SIN BESSER DRA JEMANDEM, WIR VERTR KÖNNEN

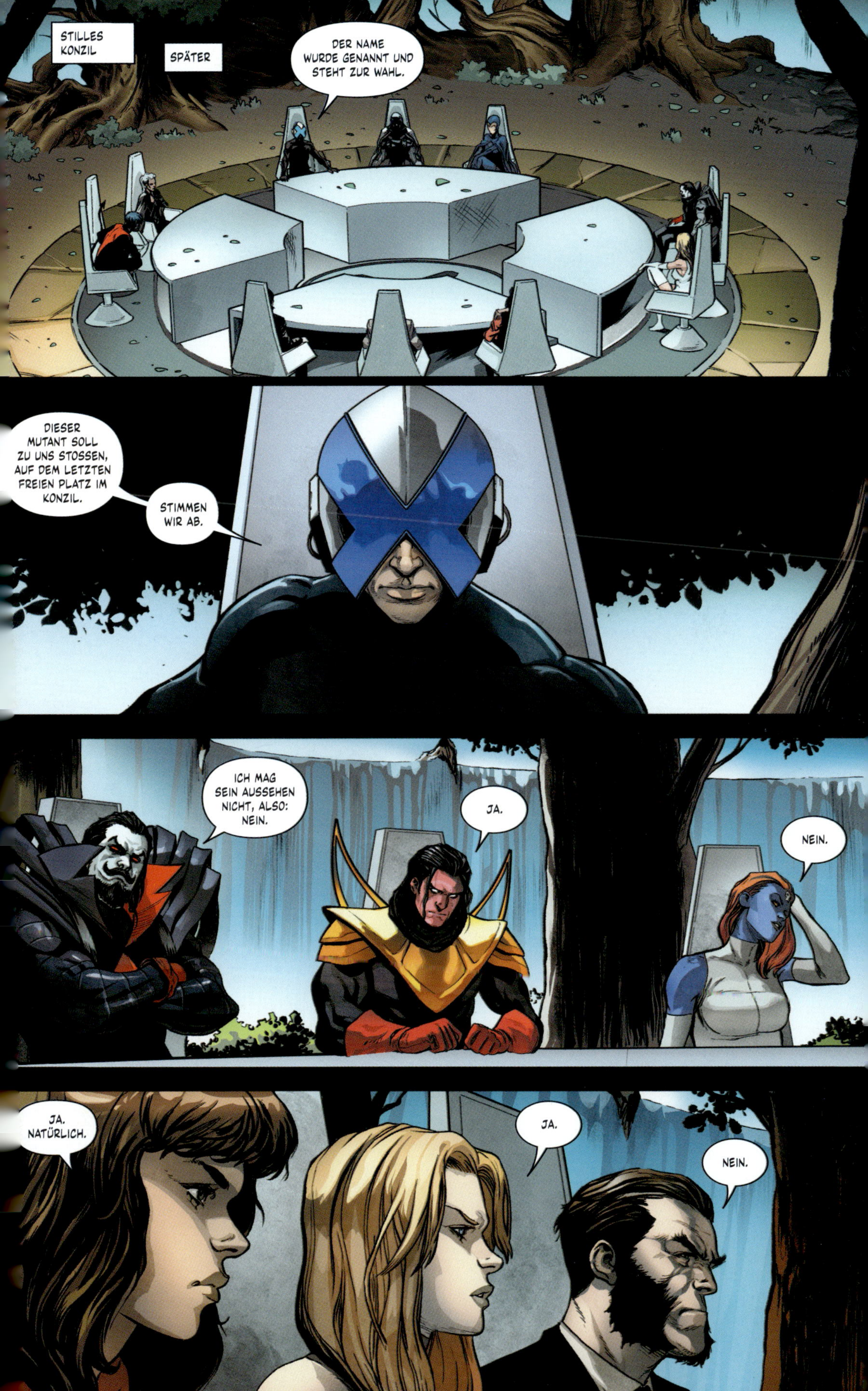
STILLES KONZIL
SPÄTER
DER NAME WURDE GENANNT UND STEHT ZUR WAHL.
DIESER MUTANT SOLL ZU UNS STOSSEN, AUF DEM LETZTEN FREIEN PLATZ IM KONZIL.
STIMMEN WIR AB.
ICH MAG SEIN AUSSEHEN NICHT, ALSO: NEIN.
JA.
NEIN.
JA. NATÜRLICH.
JA.
NEIN.

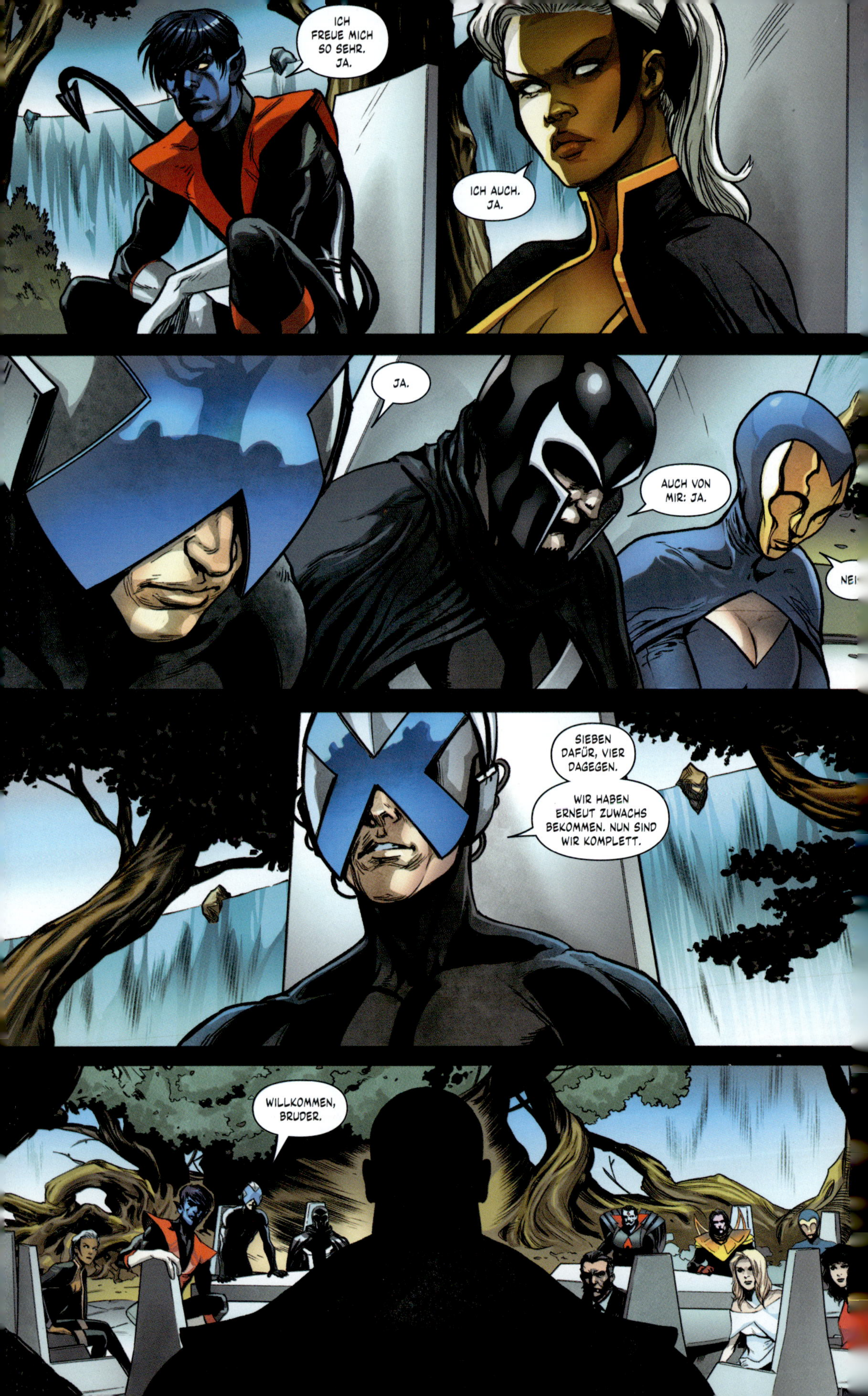
ICH FREUE MICH SO SEHR. JA.
ICH AUCH. JA.
JA.
AUCH VON MIR: JA.
SIEBEN DAFÜR, VIER DAGEGEN.
WIR HABEN ERNEUT ZUWACHS BEKOMMEN. NUN SIND WIR KOMPLETT.
WILLKOMMEN, BRUDER.

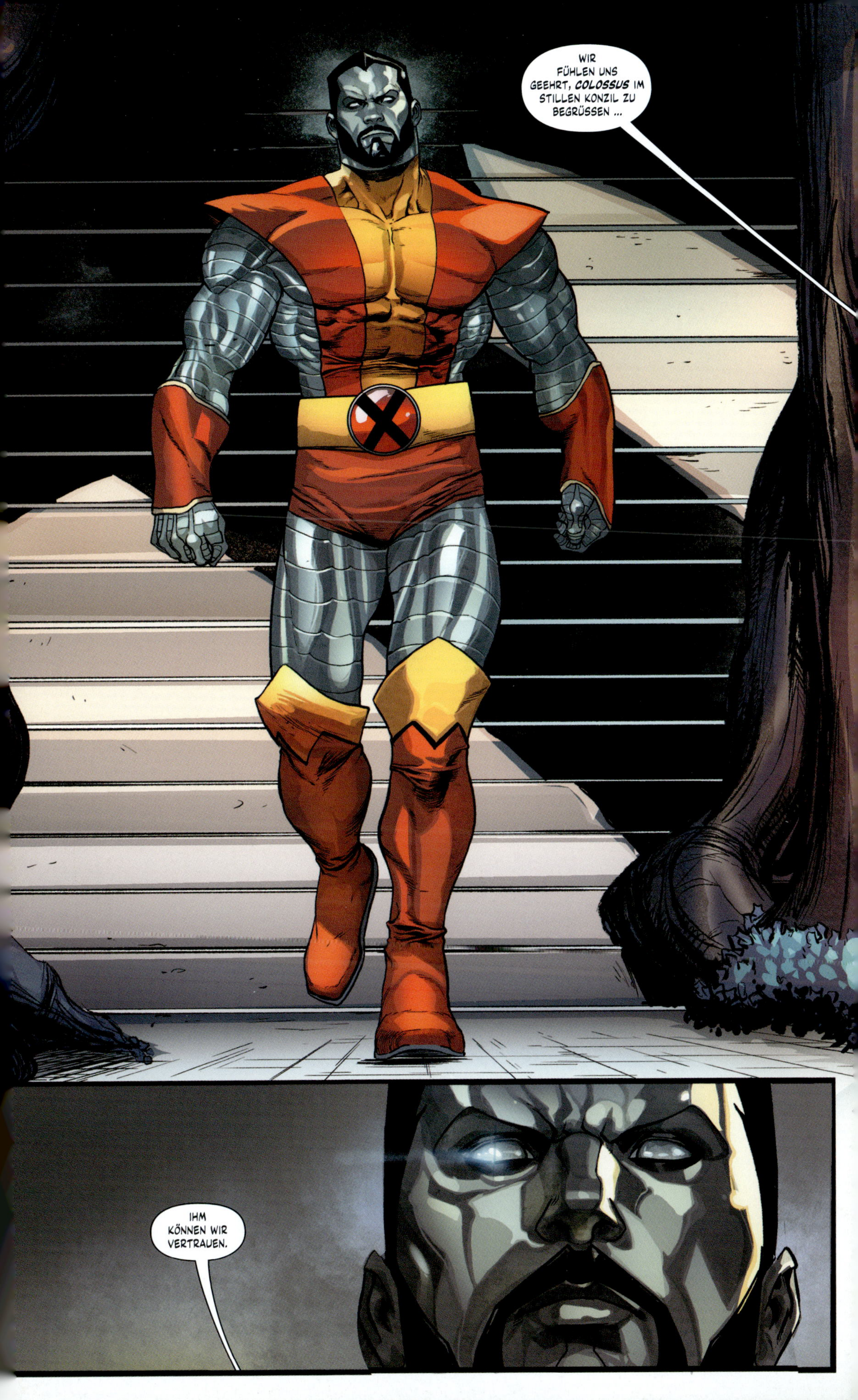
WIR FÜHLEN UNS GEEHRT, *COLOSSUS* IM STILLEN KONZIL ZU BEGRÜSSEN ...
IHM KÖNNEN WIR VERTRAUEN.

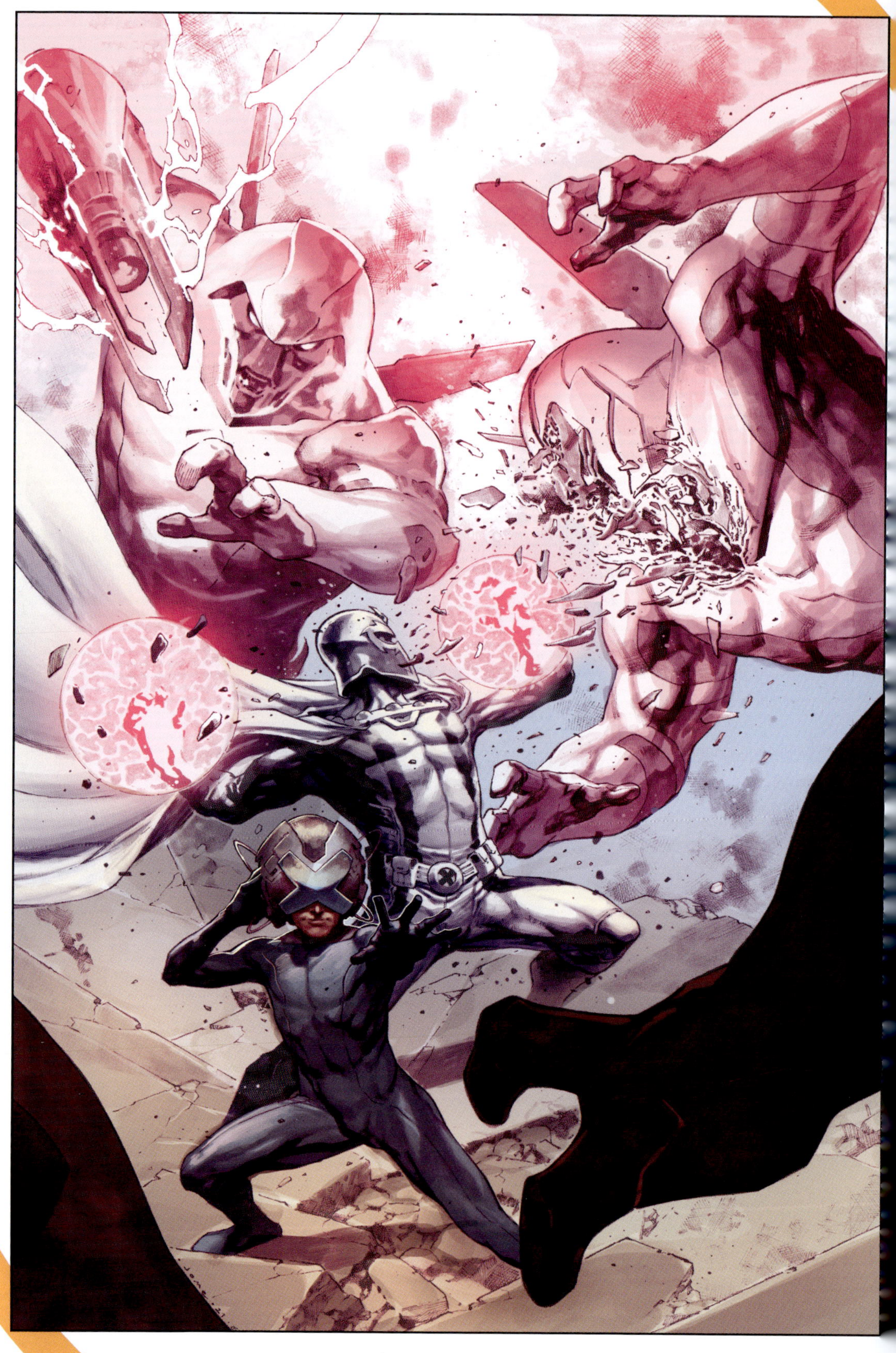

Inferno (2021) 3
Cover von **JEROME OPEÑA**

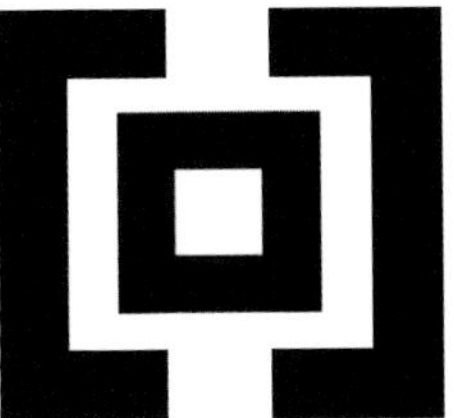

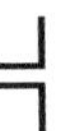

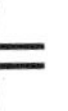

[orc_[0.1]
[his_[2.1]

Ich verfüge über wertvolles Wissen.

Eine alternative *Version* der *Ereignisse.*

– OMEGA SENTINEL

[orc_[4.1]
[his_[6.1]

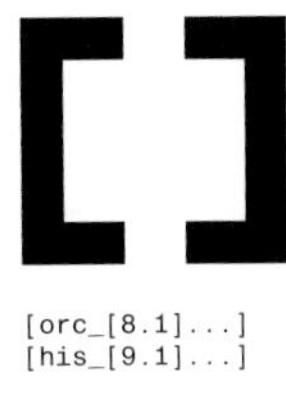

[orc_[8.1]...]
[his_[9.1]...]

[Omega_alpha.]

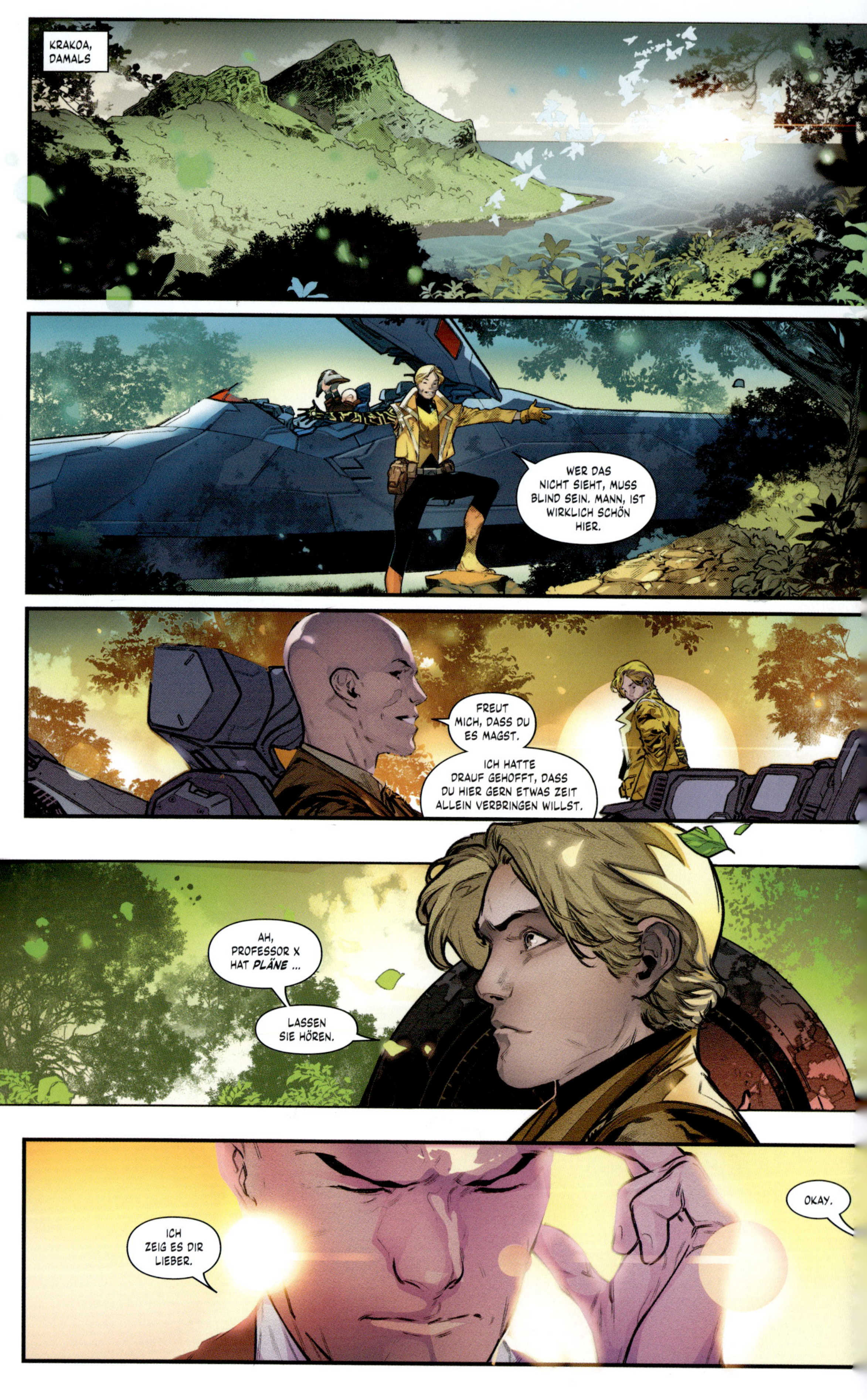
KRAKOA, DAMALS
WER DAS NICHT SIEHT, MUSS BLIND SEIN. MANN, IST WIRKLICH SCHÖN HIER.
FREUT MICH, DASS DU ES MAGST.
ICH HATTE DRAUF GEHOFFT, DASS DU HIER GERN ETWAS ZEIT ALLEIN VERBRINGEN WILLST.
AH, PROFESSOR X HAT *PLÄNE* ...
LASSEN SIE HÖREN.
ICH ZEIG ES DIR LIEBER.
OKAY.

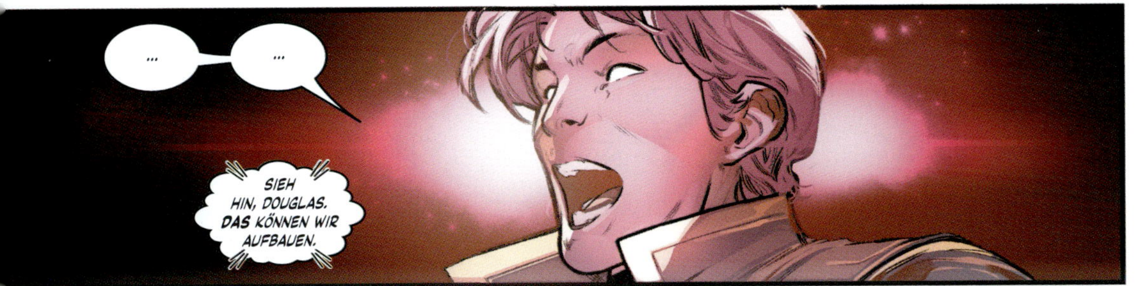
...
...
SIEH HIN, DOUGLAS. DAS KÖNNEN WIR AUFBAUEN.

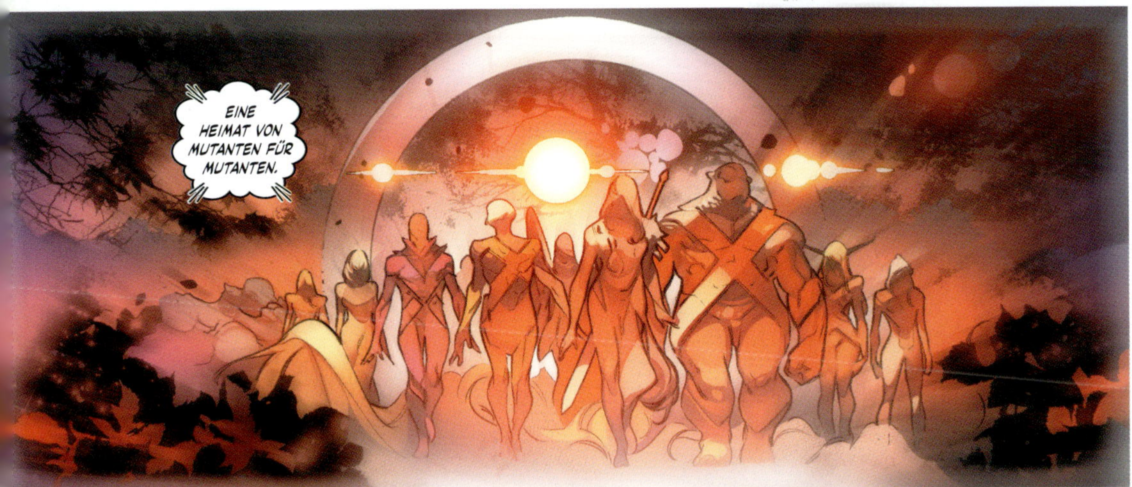
EINE HEIMAT VON MUTANTEN FÜR MUTANTEN.

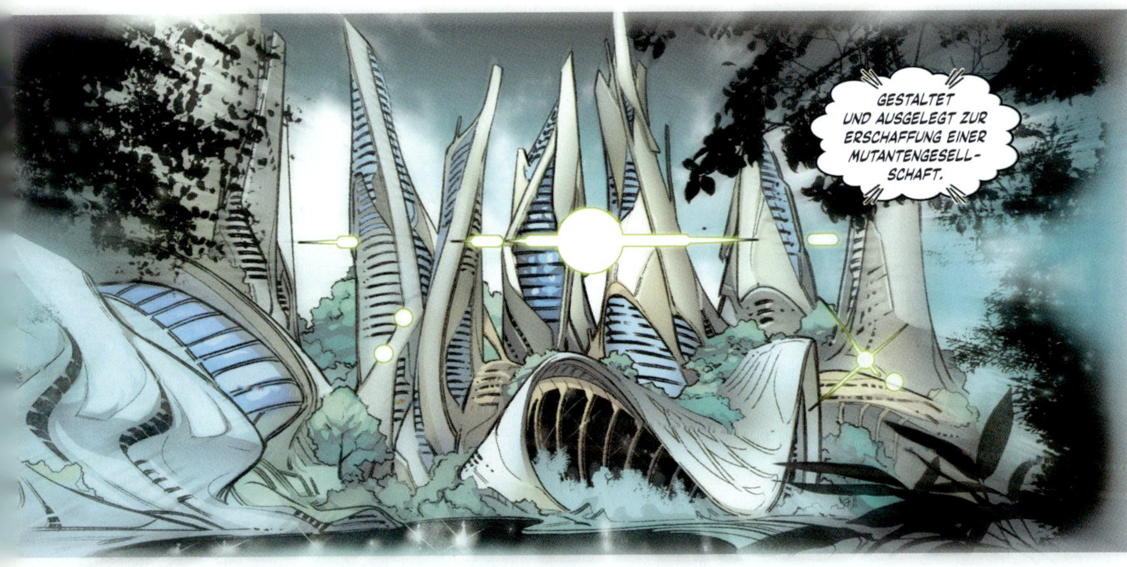
GESTALTET UND AUSGELEGT ZUR ERSCHAFFUNG EINER MUTANTENGESELL-SCHAFT.

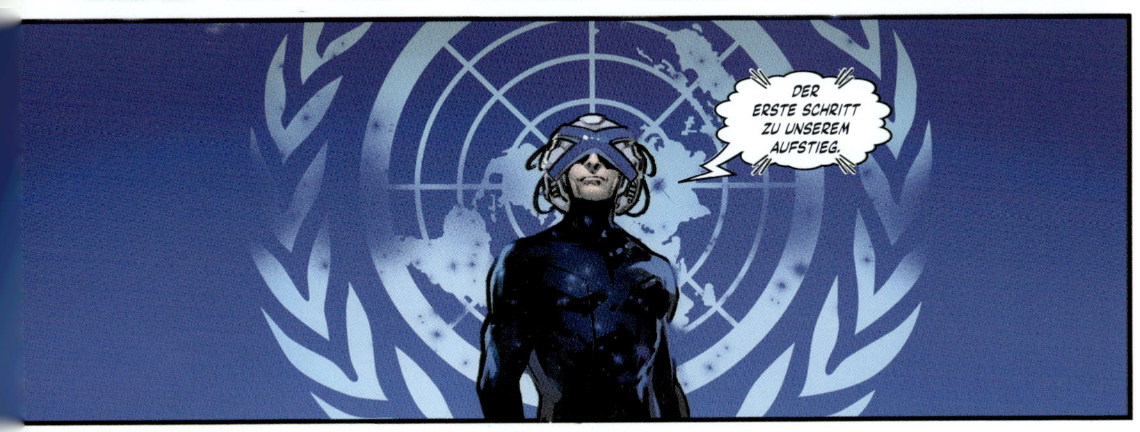
DER ERSTE SCHRITT ZU UNSEREM AUFSTIEG.

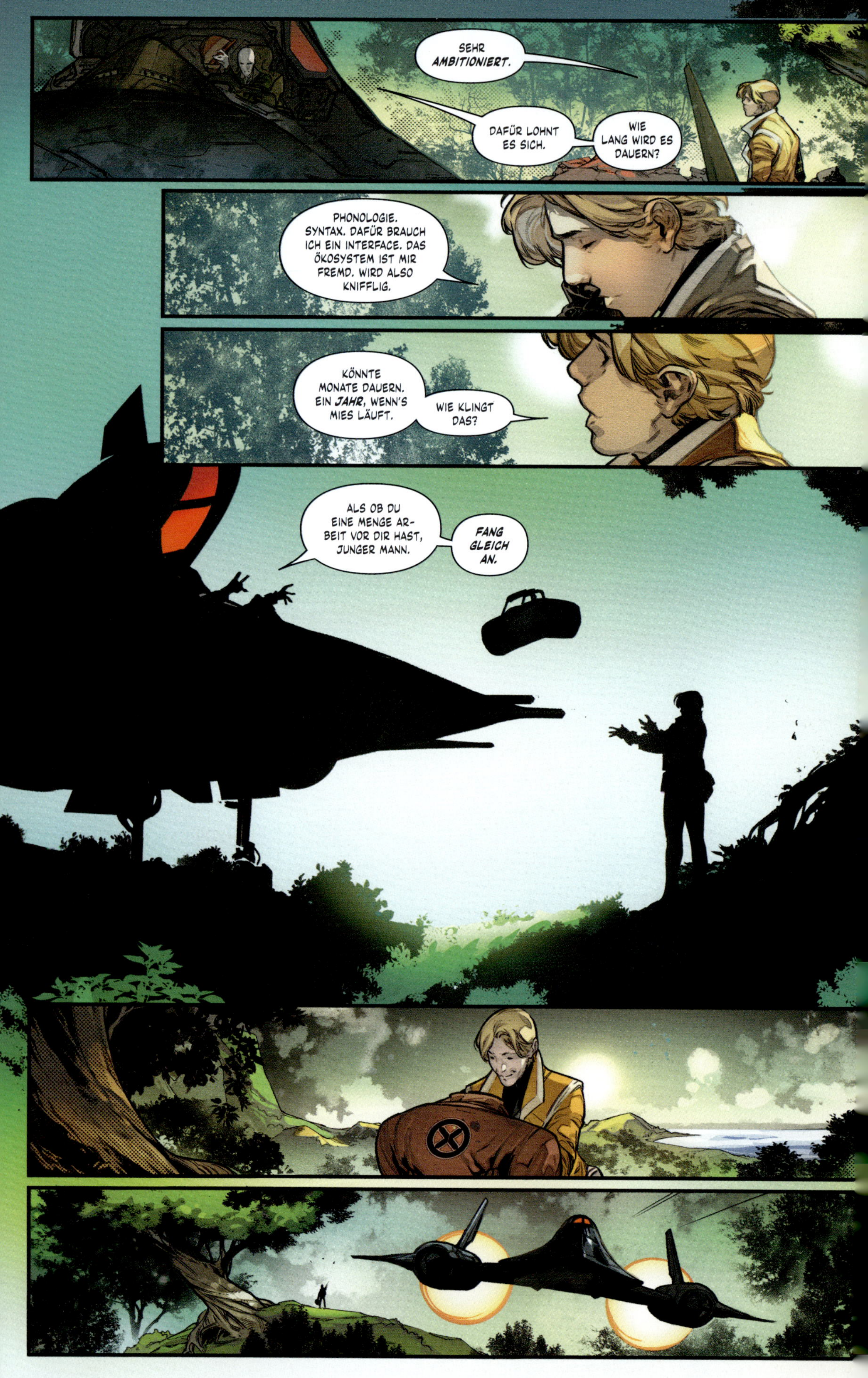
SEHR AMBITIONIERT.
DAFÜR LOHNT ES SICH.
WIE LANG WIRD ES DAUERN?
PHONOLOGIE. SYNTAX. DAFÜR BRAUCH ICH EIN INTERFACE. DAS ÖKOSYSTEM IST MIR FREMD. WIRD ALSO KNIFFLIG.
KÖNNTE MONATE DAUERN. EIN JAHR, WENN'S MIES LÄUFT.
WIE KLINGT DAS?
ALS OB DU EINE MENGE ARBEIT VOR DIR HAST, JUNGER MANN.
FANG GLEICH AN.

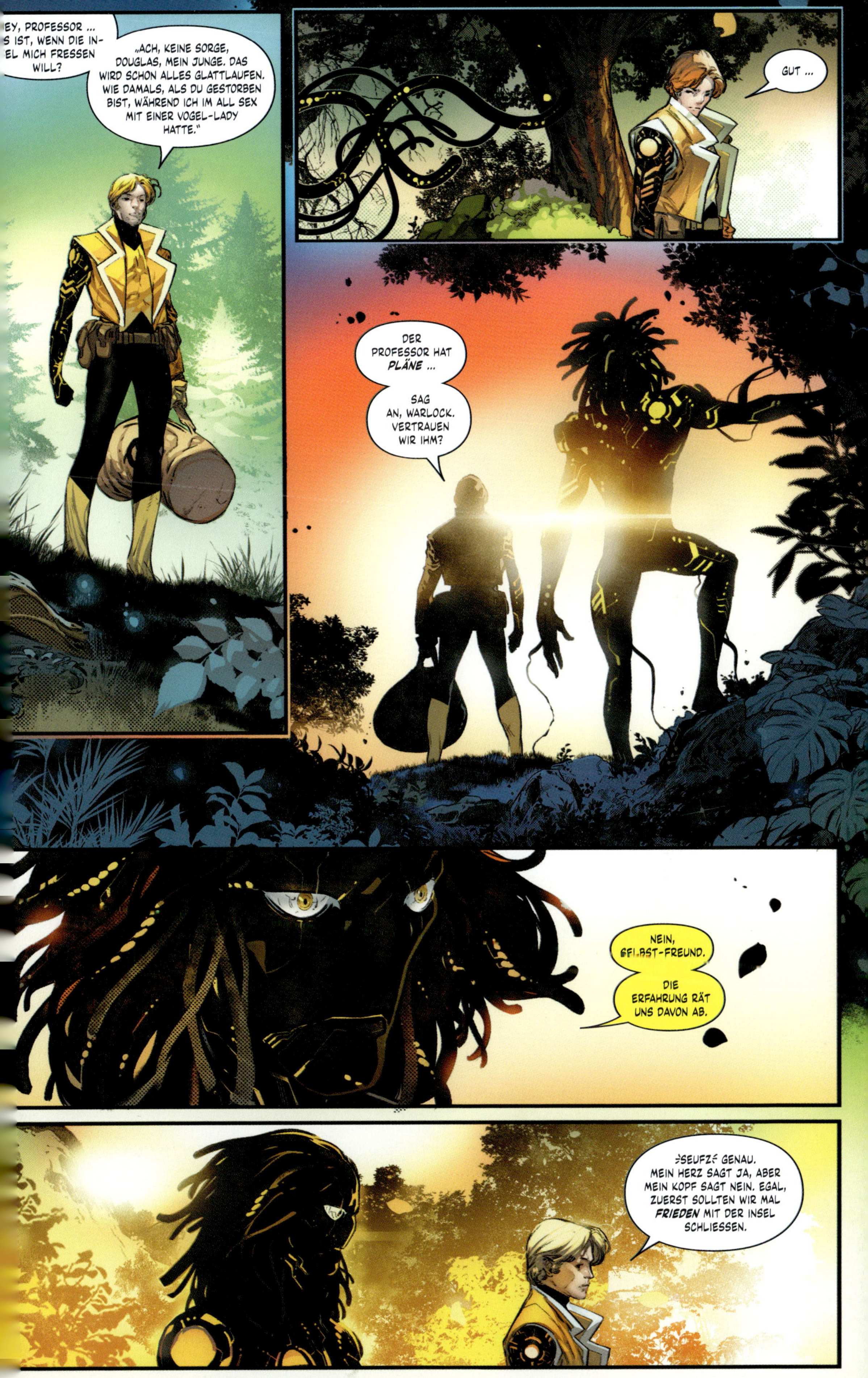
EY, PROFESSOR ...
S IST, WENN DIE IN-
EL MICH FRESSEN
WILL?
„ACH, KEINE SORGE, DOUGLAS, MEIN JUNGE. DAS WIRD SCHON ALLES GLATTLAUFEN. WIE DAMALS, ALS DU GESTORBEN BIST, WÄHREND ICH IM ALL SEX MIT EINER VOGEL-LADY HATTE."
GUT ...
DER PROFESSOR HAT *PLÄNE* ...
SAG AN, WARLOCK. VERTRAUEN WIR IHM?
NEIN, SELBST-FREUND.
DIE ERFAHRUNG RÄT UNS DAVON AB.
SEUFZ GENAU. MEIN HERZ SAGT JA, ABER MEIN KOPF SAGT NEIN. EGAL, ZUERST SOLLTEN WIR MAL *FRIEDEN* MIT DER INSEL SCHLIESSEN.

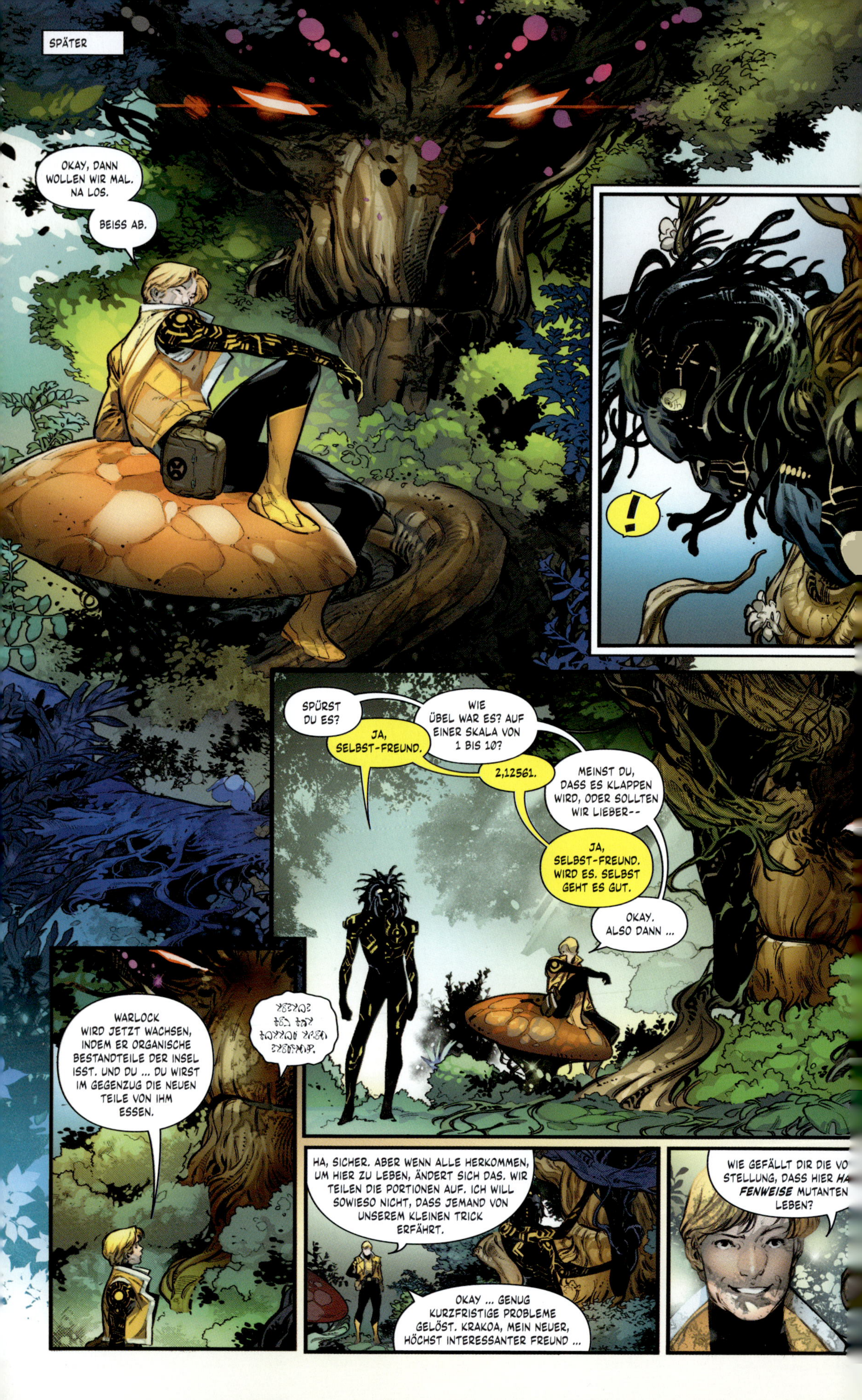
SPÄTER
OKAY, DANN WOLLEN WIR MAL. NA LOS.
BEISS AB.
!
SPÜRST DU ES?
JA, SELBST-FREUND.
WIE ÜBEL WAR ES? AUF EINER SKALA VON 1 BIS 10?
2,12561.
MEINST DU, DASS ES KLAPPEN WIRD, ODER SOLLTEN WIR LIEBER--
JA, SELBST-FREUND. WIRD ES. SELBST GEHT ES GUT.
OKAY. ALSO DANN ...
WARLOCK WIRD JETZT WACHSEN, INDEM ER ORGANISCHE BESTANDTEILE DER INSEL ISST. UND DU ... DU WIRST IM GEGENZUG DIE NEUEN TEILE VON IHM ESSEN.
HA, SICHER. ABER WENN ALLE HERKOMMEN, UM HIER ZU LEBEN, ÄNDERT SICH DAS. WIR TEILEN DIE PORTIONEN AUF. ICH WILL SOWIESO NICHT, DASS JEMAND VON UNSEREM KLEINEN TRICK ERFÄHRT.
OKAY ... GENUG KURZFRISTIGE PROBLEME GELÖST. KRAKOA, MEIN NEUER, HÖCHST INTERESSANTER FREUND ...
WIE GEFÄLLT DIR DIE VO STELLUNG, DASS HIER *HA FENWEISE* MUTANTEN LEBEN?

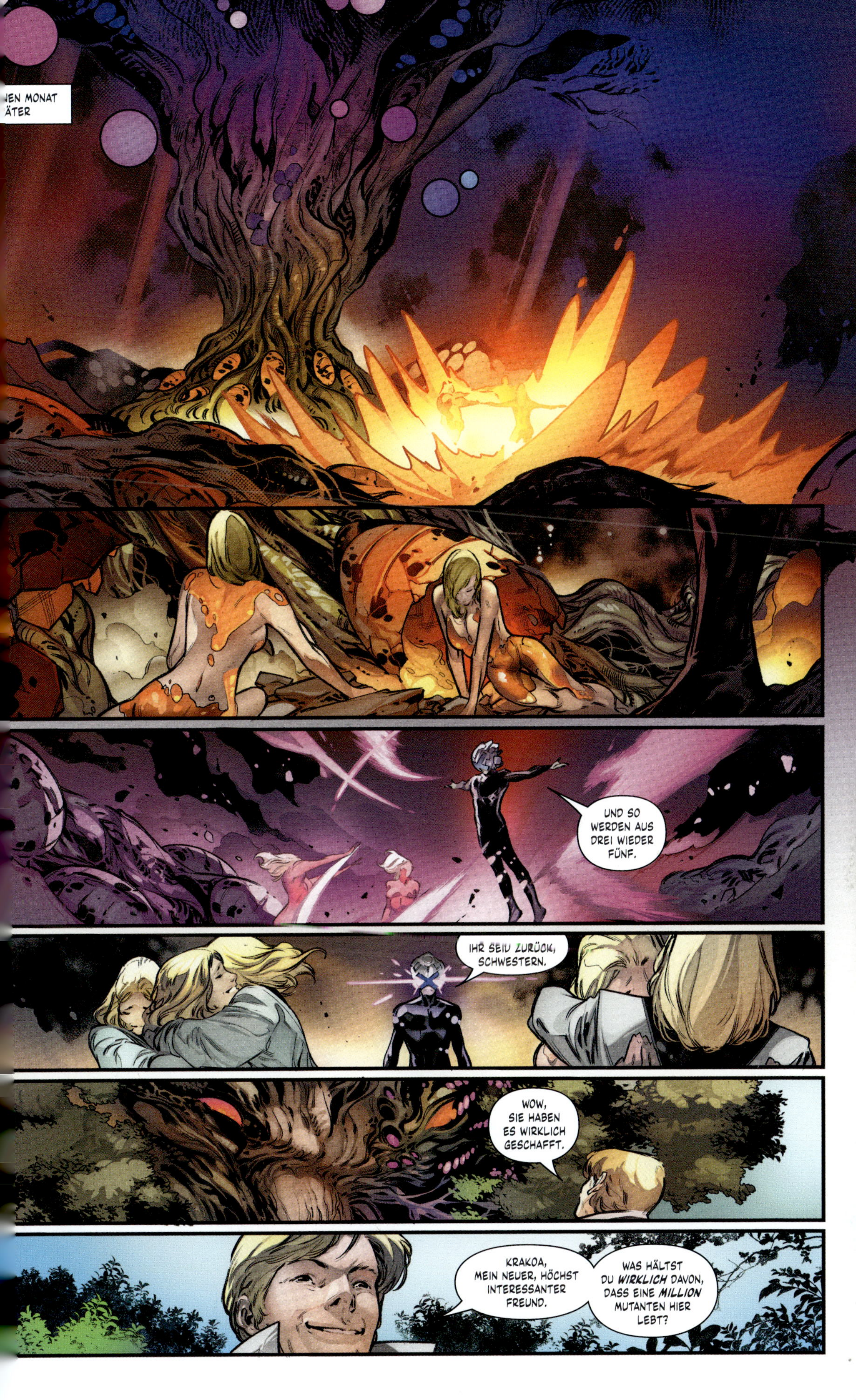

NEN MONAT
ÄTER
UND SO WERDEN AUS DREI WIEDER FÜNF.
IHR SEID ZURÜCK, SCHWESTERN.
WOW, SIE HABEN ES WIRKLICH GESCHAFFT.
KRAKOA, MEIN NEUER, HÖCHST INTERESSANTER FREUND.
WAS HÄLTST DU *WIRKLICH* DAVON, DASS EINE *MILLION* MUTANTEN HIER LEBT?

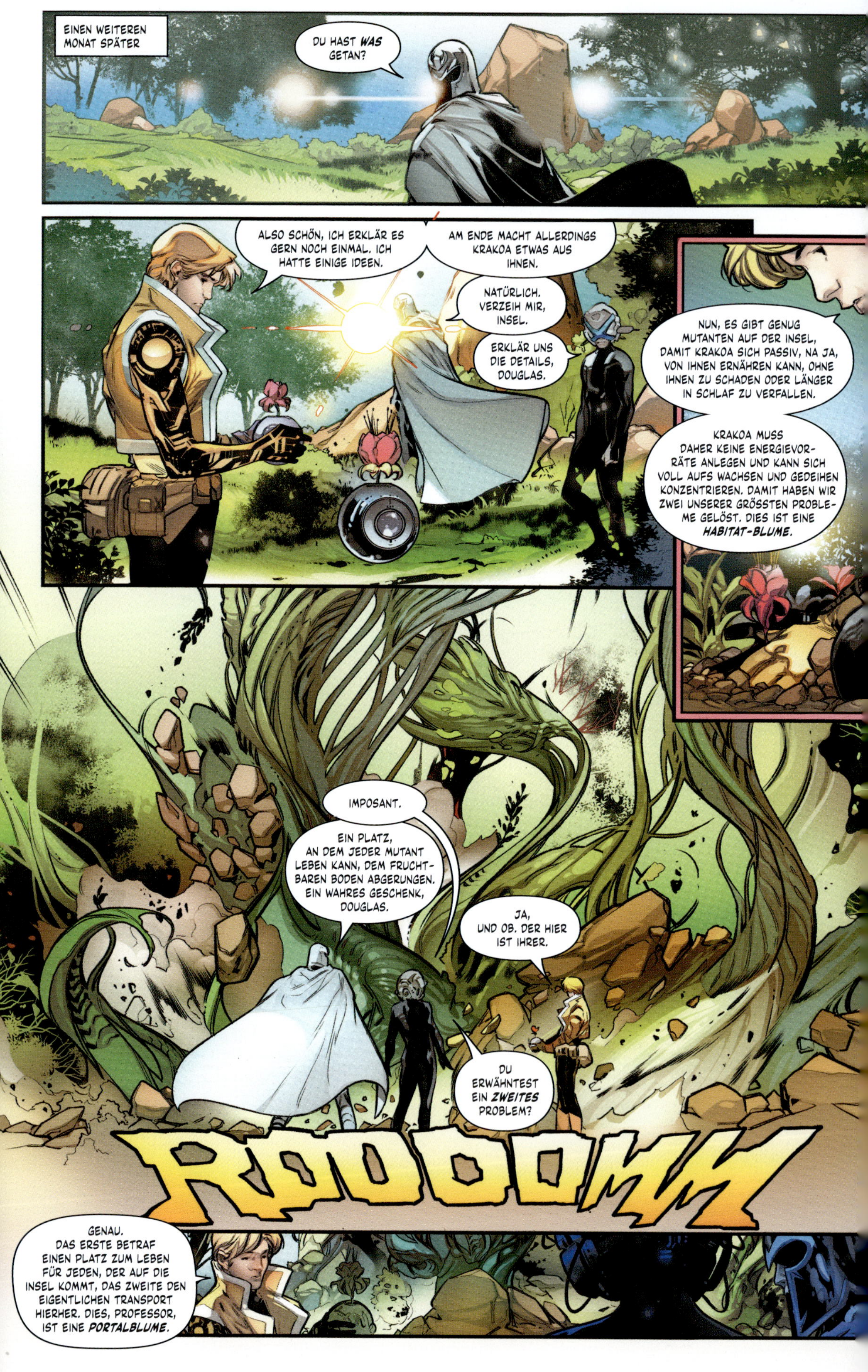
EINEN WEITEREN MONAT SPÄTER
DU HAST *WAS* GETAN?
ALSO SCHÖN, ICH ERKLÄR ES GERN NOCH EINMAL. ICH HATTE EINIGE IDEEN.
AM ENDE MACHT ALLERDINGS KRAKOA ETWAS AUS IHNEN.
NATÜRLICH. VERZEIH MIR, INSEL.
ERKLÄR UNS DIE DETAILS, DOUGLAS.
NUN, ES GIBT GENUG MUTANTEN AUF DER INSEL, DAMIT KRAKOA SICH PASSIV, NA JA, VON IHNEN ERNÄHREN KANN, OHNE IHNEN ZU SCHADEN ODER LÄNGER IN SCHLAF ZU VERFALLEN.
KRAKOA MUSS DAHER KEINE ENERGIEVORRÄTE ANLEGEN UND KANN SICH VOLL AUFS WACHSEN UND GEDEIHEN KONZENTRIEREN. DAMIT HABEN WIR ZWEI UNSERER GRÖSSTEN PROBLEME GELÖST. DIES IST EINE ***HABITAT-BLUME.***
IMPOSANT.
EIN PLATZ, AN DEM JEDER MUTANT LEBEN KANN, DEM FRUCHTBAREN BODEN ABGERUNGEN. EIN WAHRES GESCHENK, DOUGLAS.
JA, UND OB. DER HIER IST IHRER.
DU ERWÄHNTEST EIN *ZWEITES* PROBLEM?
RoooooMM
GENAU. DAS ERSTE BETRAF EINEN PLATZ ZUM LEBEN FÜR JEDEN, DER AUF DIE INSEL KOMMT, DAS ZWEITE DEN EIGENTLICHEN TRANSPORT HIERHER. DIES, PROFESSOR, IST EINE ***PORTALBLUME.***

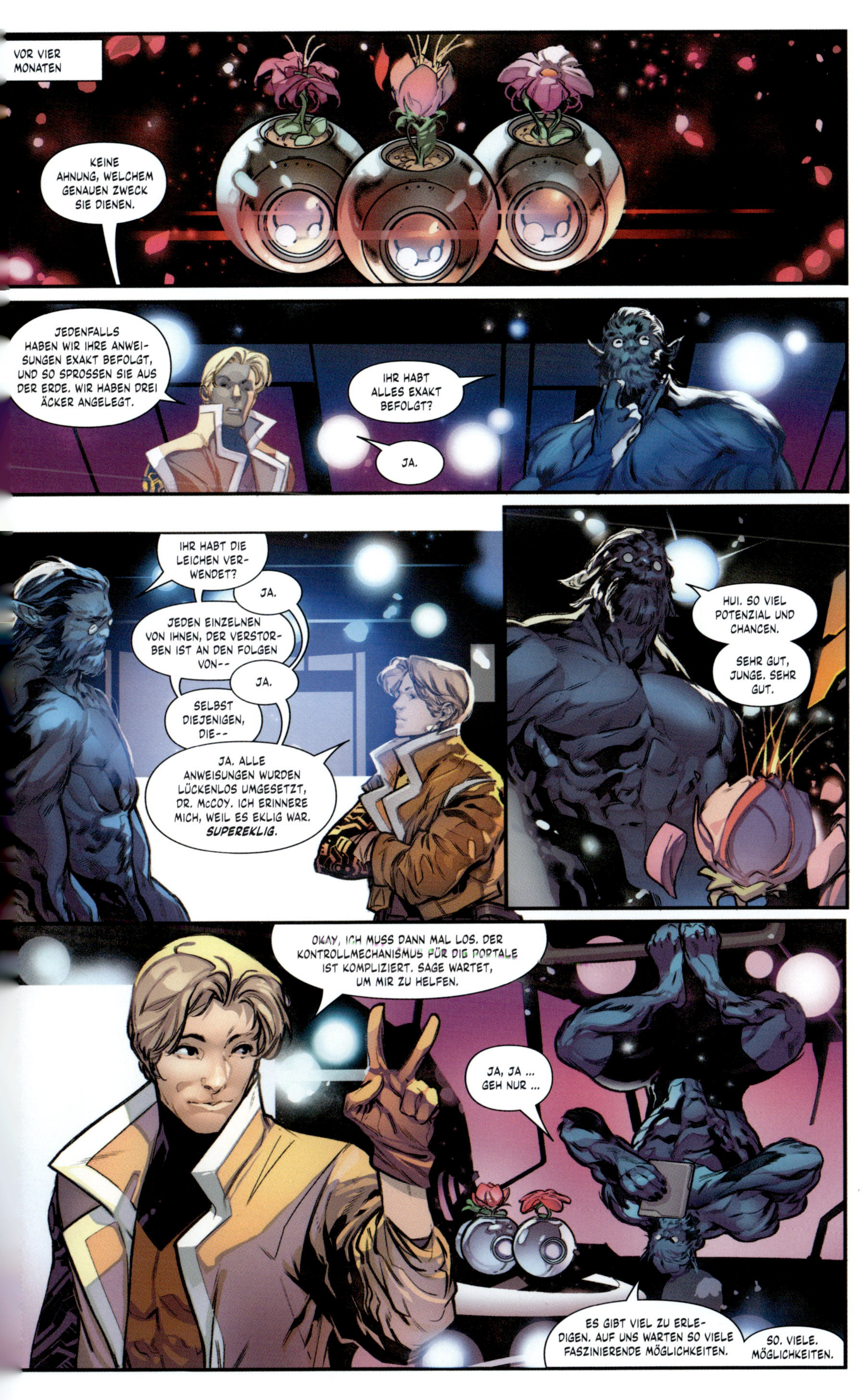
VOR VIER MONATEN
KEINE AHNUNG, WELCHEM GENAUEN ZWECK SIE DIENEN.
JEDENFALLS HABEN WIR IHRE ANWEISUNGEN EXAKT BEFOLGT, UND SO SPROSSEN SIE AUS DER ERDE. WIR HABEN DREI ÄCKER ANGELEGT.
IHR HABT ALLES EXAKT BEFOLGT?
JA.
IHR HABT DIE LEICHEN VERWENDET?
JA.
JEDEN EINZELNEN VON IHNEN, DER VERSTORBEN IST AN DEN FOLGEN VON--
JA.
SELBST DIEJENIGEN, DIE--
JA. ALLE ANWEISUNGEN WURDEN LÜCKENLOS UMGESETZT, DR. McCOY. ICH ERINNERE MICH, WEIL ES EKLIG WAR. *SUPEREKLIG*.
HUI. SO VIEL POTENZIAL UND CHANCEN.
SEHR GUT, JUNGE. SEHR GUT.
OKAY, ICH MUSS DANN MAL LOS. DER KONTROLLMECHANISMUS FÜR DIE PORTALE IST KOMPLIZIERT. SAGE WARTET, UM MIR ZU HELFEN.
JA, JA ... GEH NUR ...
ES GIBT VIEL ZU ERLEDIGEN. AUF UNS WARTEN SO VIELE FASZINIERENDE MÖGLICHKEITEN.
SO. VIELE. MÖGLICHKEITEN.

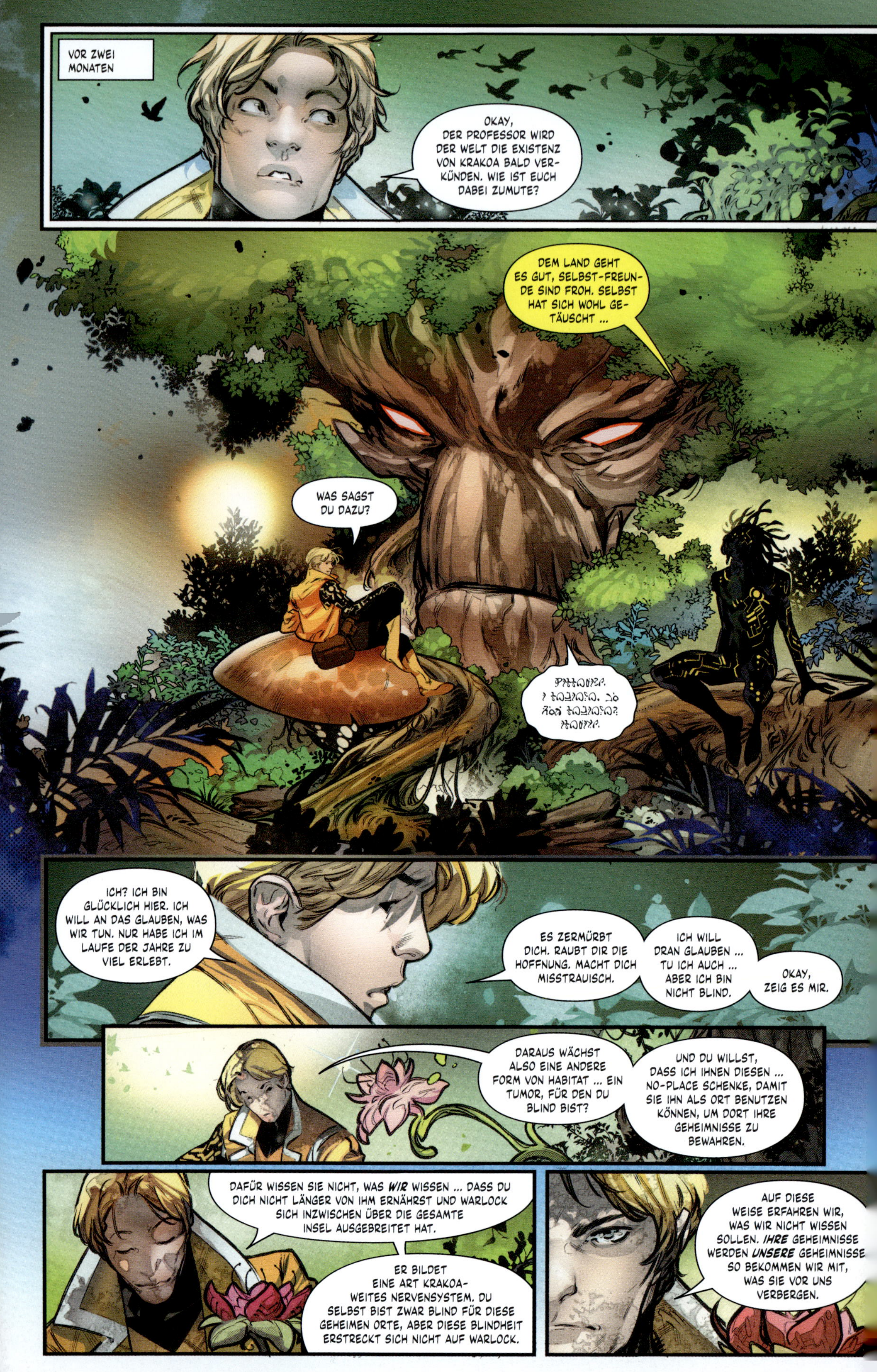
VOR ZWEI MONATEN
OKAY, DER PROFESSOR WIRD DER WELT DIE EXISTENZ VON KRAKOA BALD VERKÜNDEN. WIE IST EUCH DABEI ZUMUTE?
DEM LAND GEHT ES GUT, SELBST-FREUNDE SIND FROH. SELBST HAT SICH WOHL GETÄUSCHT ...
WAS SAGST DU DAZU?
ICH? ICH BIN GLÜCKLICH HIER. ICH WILL AN DAS GLAUBEN, WAS WIR TUN. NUR HABE ICH IM LAUFE DER JAHRE ZU VIEL ERLEBT.
ES ZERMÜRBT DICH. RAUBT DIR DIE HOFFNUNG. MACHT DICH MISSTRAUISCH.
ICH WILL DRAN GLAUBEN ... TU ICH AUCH ... ABER ICH BIN NICHT BLIND.
OKAY, ZEIG ES MIR.
DARAUS WÄCHST ALSO EINE ANDERE FORM VON HABITAT ... EIN TUMOR, FÜR DEN DU BLIND BIST?
UND DU WILLST, DASS ICH IHNEN DIESEN ... NO-PLACE SCHENKE, DAMIT SIE IHN ALS ORT BENUTZEN KÖNNEN, UM DORT IHRE GEHEIMNISSE ZU BEWAHREN.
DAFÜR WISSEN SIE NICHT, WAS *WIR* WISSEN ... DASS DU DICH NICHT LÄNGER VON IHM ERNÄHRST UND WARLOCK SICH INZWISCHEN ÜBER DIE GESAMTE INSEL AUSGEBREITET HAT.
ER BILDET EINE ART KRAKOA-WEITES NERVENSYSTEM. DU SELBST BIST ZWAR BLIND FÜR DIESE GEHEIMEN ORTE, ABER DIESE BLINDHEIT ERSTRECKT SICH NICHT AUF WARLOCK.
AUF DIESE WEISE ERFAHREN WIR, WAS WIR NICHT WISSEN SOLLEN. *IHRE* GEHEIMNISSE WERDEN *UNSERE* GEHEIMNISSE SO BEKOMMEN WIR MIT, WAS SIE VOR UNS VERBERGEN.

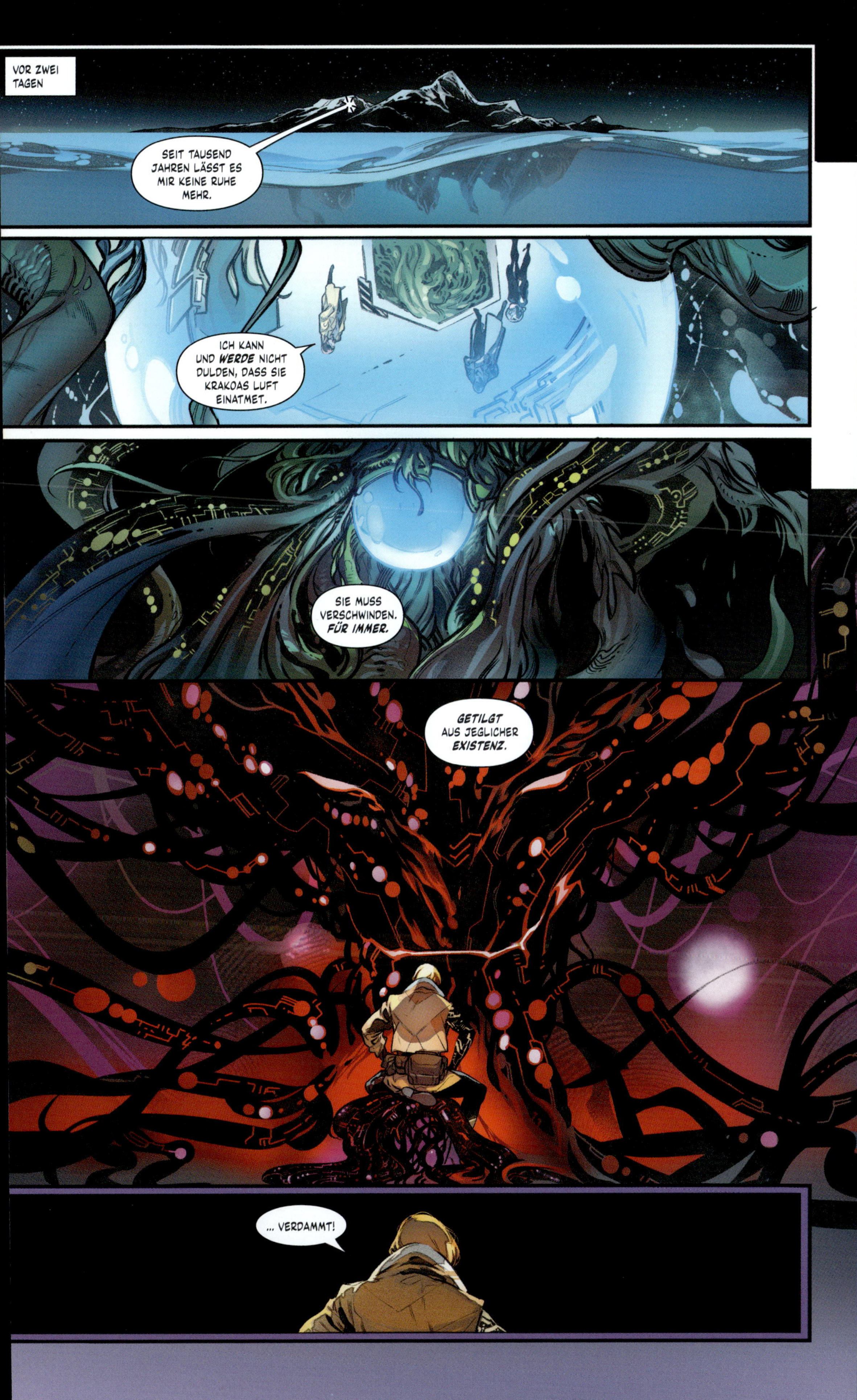

VOR ZWEI TAGEN
SEIT TAUSEND JAHREN LÄSST ES MIR KEINE RUHE MEHR.
ICH KANN UND *WERDE* NICHT DULDEN, DASS SIE KRAKOAS LUFT EINATMET.
SIE MUSS VERSCHWINDEN. *FÜR IMMER.*
GETILGT AUS JEGLICHER *EXISTENZ.*
... VERDAMMT!

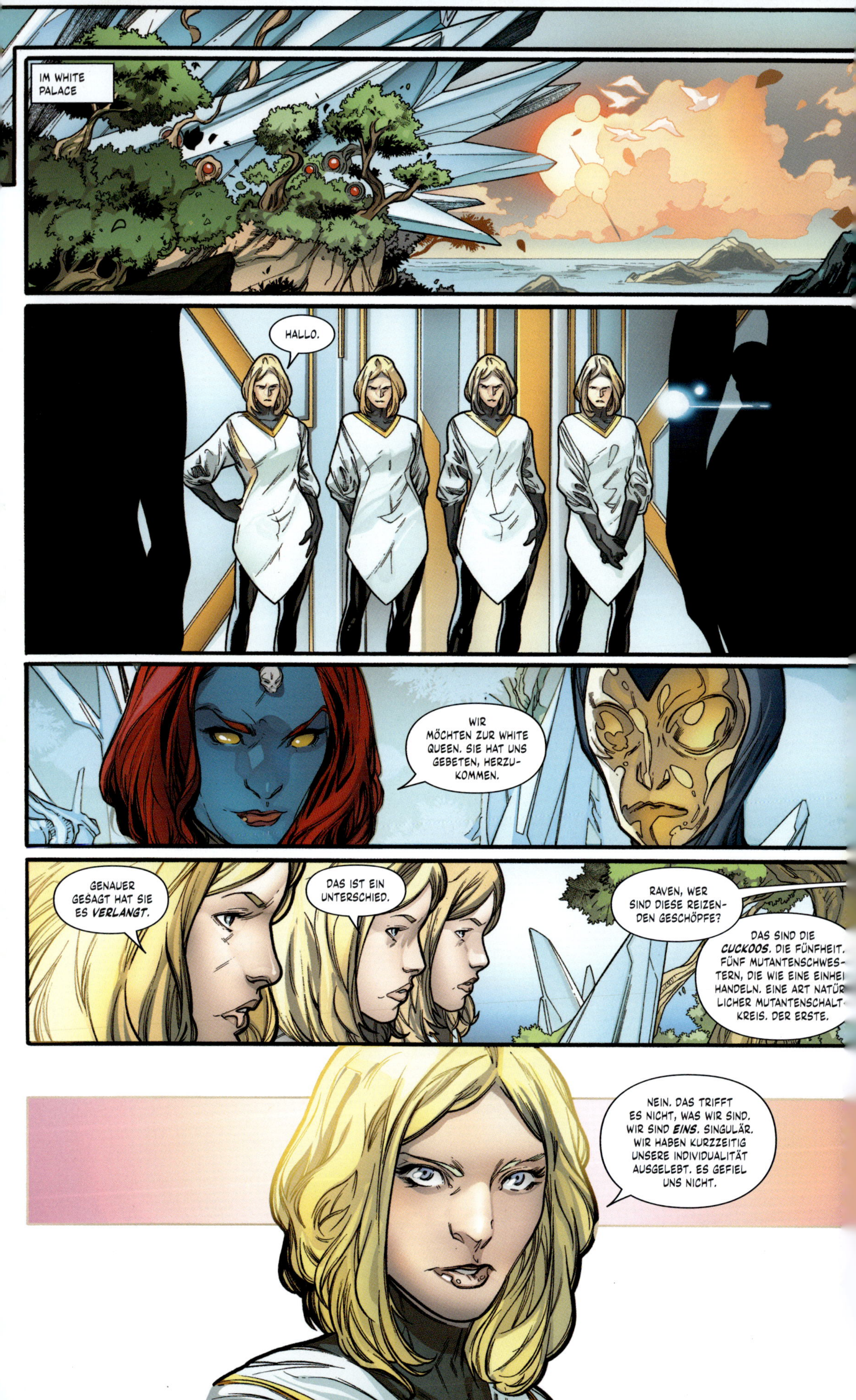
IM WHITE PALACE
HALLO.
WIR MÖCHTEN ZUR WHITE QUEEN. SIE HAT UNS GEBETEN, HERZU- KOMMEN.
GENAUER GESAGT HAT SIE ES *VERLANGT*.
DAS IST EIN UNTERSCHIED.
RAVEN, WER SIND DIESE REIZEN- DEN GESCHÖPFE?
DAS SIND DIE *CUCKOOS*. DIE FÜNFHEIT. FÜNF MUTANTENSCHWES- TERN, DIE WIE EINE EINHEI HANDELN. EINE ART NATÜR LICHER MUTANTENSCHALT- KREIS. DER ERSTE.
NEIN. DAS TRIFFT ES NICHT, WAS WIR SIND. WIR SIND *EINS*. SINGULÄR. WIR HABEN KURZZEITIG UNSERE INDIVIDUALITÄT AUSGELEBT. ES GEFIEL UNS NICHT.

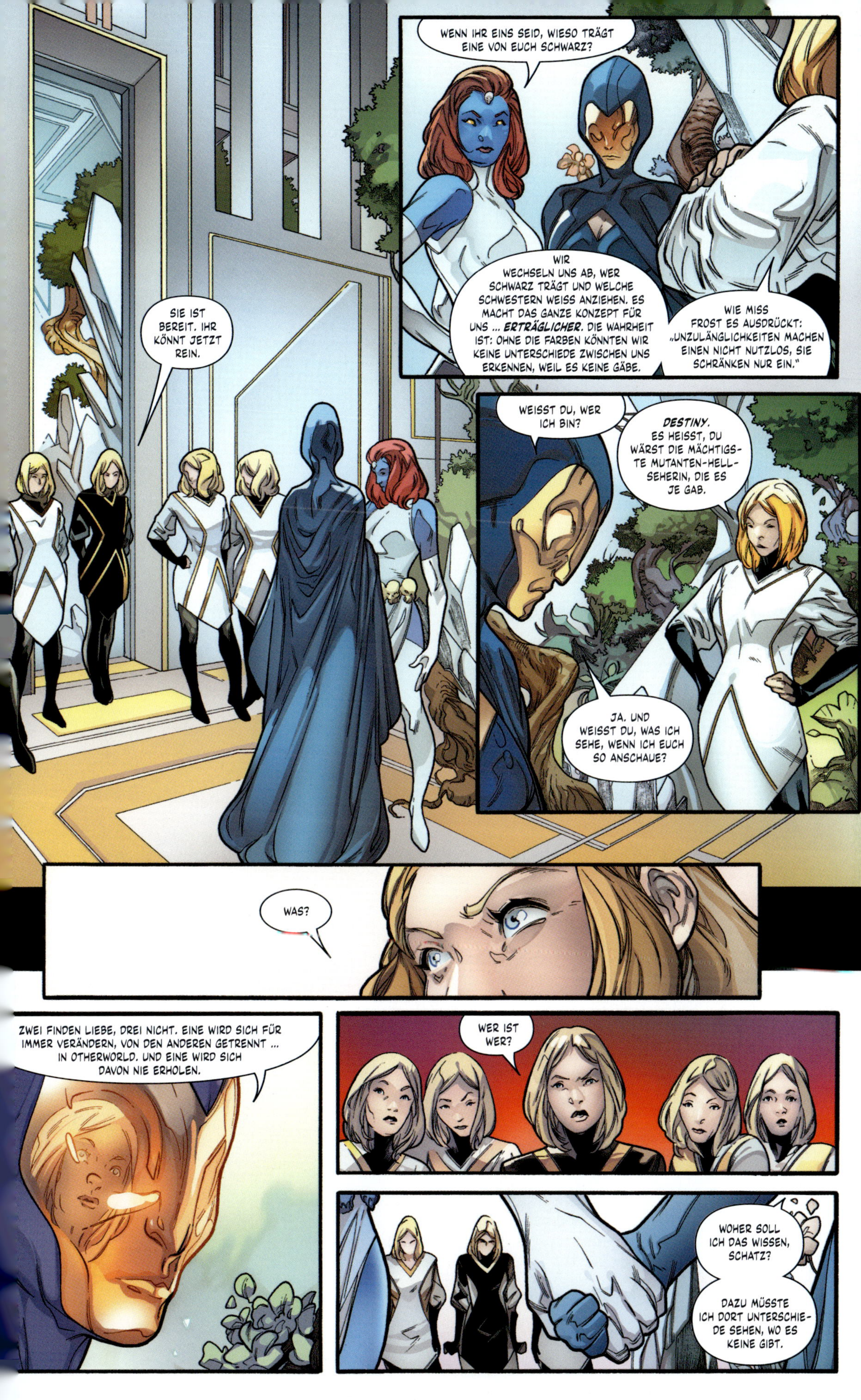

SIE IST BEREIT. IHR KÖNNT JETZT REIN.
WENN IHR EINS SEID, WIESO TRÄGT EINE VON EUCH SCHWARZ?
WIR WECHSELN UNS AB, WER SCHWARZ TRÄGT UND WELCHE SCHWESTERN WEISS ANZIEHEN. ES MACHT DAS GANZE KONZEPT FÜR UNS ... ERTRÄGLICHER. DIE WAHRHEIT IST: OHNE DIE FARBEN KÖNNTEN WIR KEINE UNTERSCHIEDE ZWISCHEN UNS ERKENNEN, WEIL ES KEINE GÄBE.
WIE MISS FROST ES AUSDRÜCKT: „UNZULÄNGLICHKEITEN MACHEN EINEN NICHT NUTZLOS, SIE SCHRÄNKEN NUR EIN."
WEISST DU, WER ICH BIN?
DESTINY. ES HEISST, DU WÄRST DIE MÄCHTIGSTE MUTANTEN-HELLSEHERIN, DIE ES JE GAB.
JA. UND WEISST DU, WAS ICH SEHE, WENN ICH EUCH SO ANSCHAUE?
WAS?
ZWEI FINDEN LIEBE, DREI NICHT. EINE WIRD SICH FÜR IMMER VERÄNDERN, VON DEN ANDEREN GETRENNT ... IN OTHERWORLD. UND EINE WIRD SICH DAVON NIE ERHOLEN.
WER IST WER?
WOHER SOLL ICH DAS WISSEN, SCHATZ?
DAZU MÜSSTE ICH DORT UNTERSCHIEDE SEHEN, WO ES KEINE GIBT.

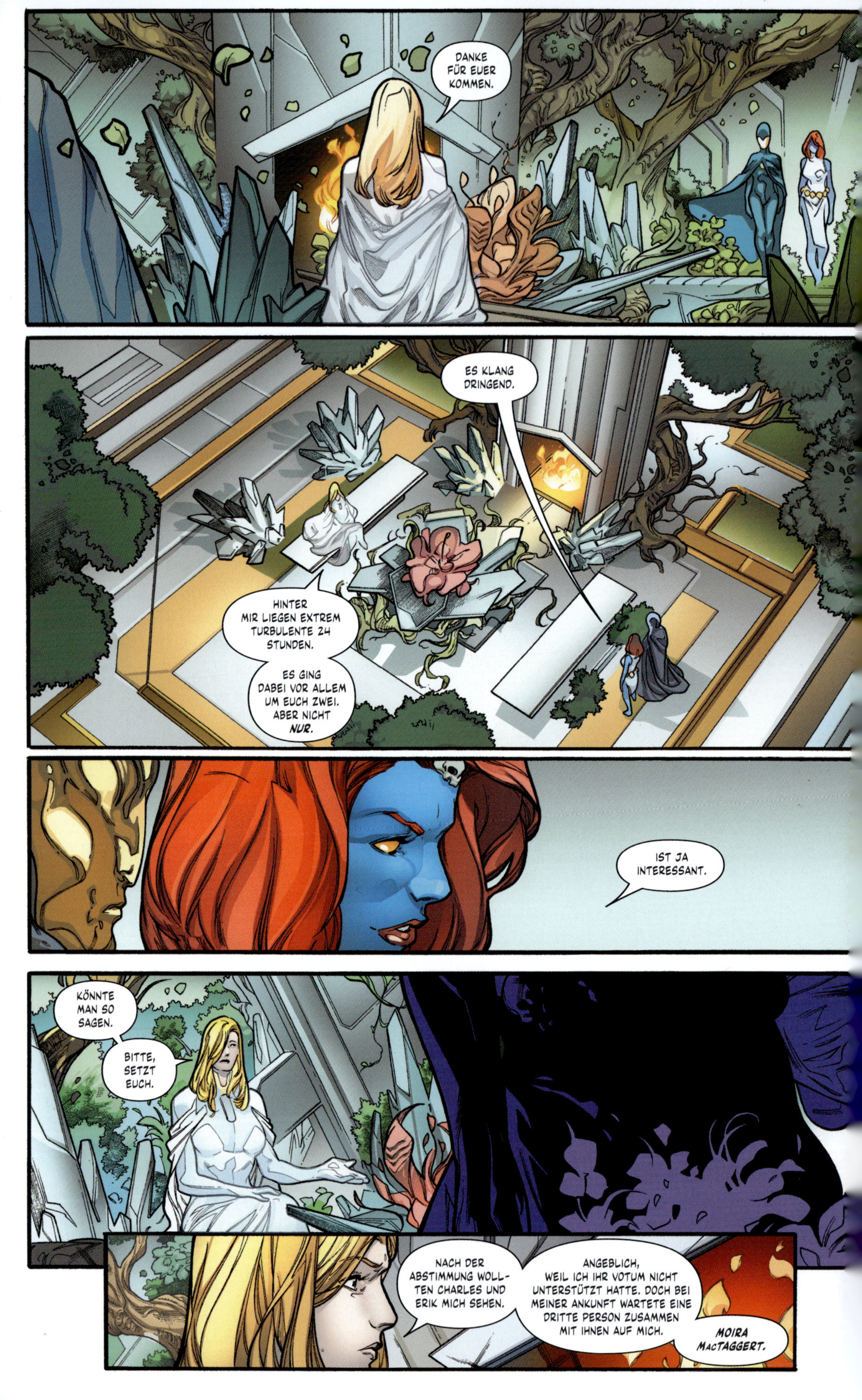
DANKE FÜR EUER KOMMEN.
ES KLANG DRINGEND.
HINTER MIR LIEGEN EXTREM TURBULENTE 24 STUNDEN.
ES GING DABEI VOR ALLEM UM EUCH ZWEI. ABER NICHT *NUR*.
IST JA INTERESSANT.
KÖNNTE MAN SO SAGEN.
BITTE, SETZT EUCH.
NACH DER ABSTIMMUNG WOLLTEN CHARLES UND ERIK MICH SEHEN.
ANGEBLICH, WEIL ICH IHR VOTUM NICHT UNTERSTÜTZT HATTE. DOCH BEI MEINER ANKUNFT WARTETE EINE DRITTE PERSON ZUSAMMEN MIT IHNEN AUF MICH.
MOIRA MACTAGGERT.

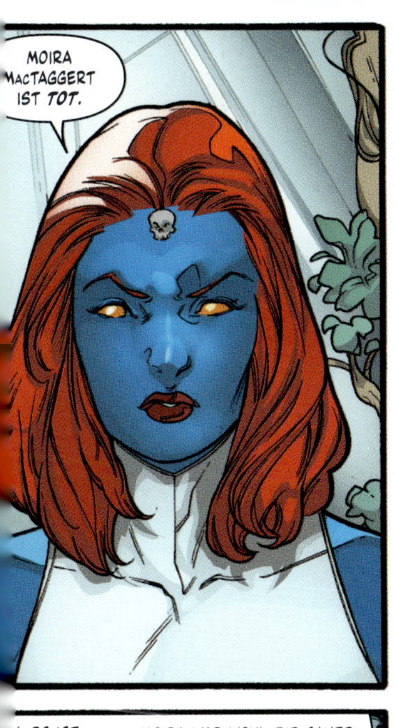
MOIRA MacTAGGERT IST TOT.

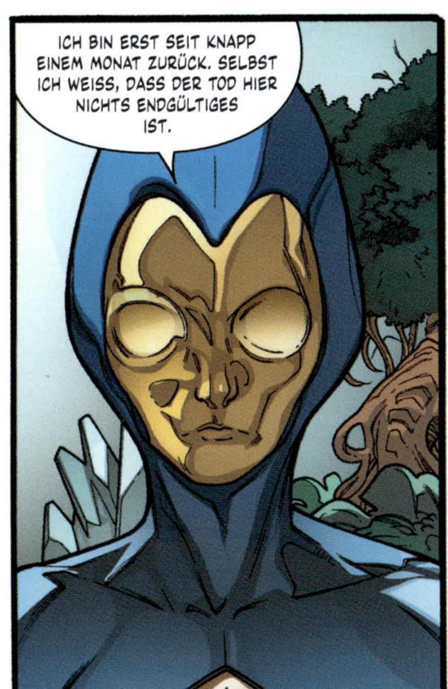
ICH BIN ERST SEIT KNAPP EINEM MONAT ZURÜCK. SELBST ICH WEISS, DASS DER TOD HIER NICHTS ENDGÜLTIGES IST.

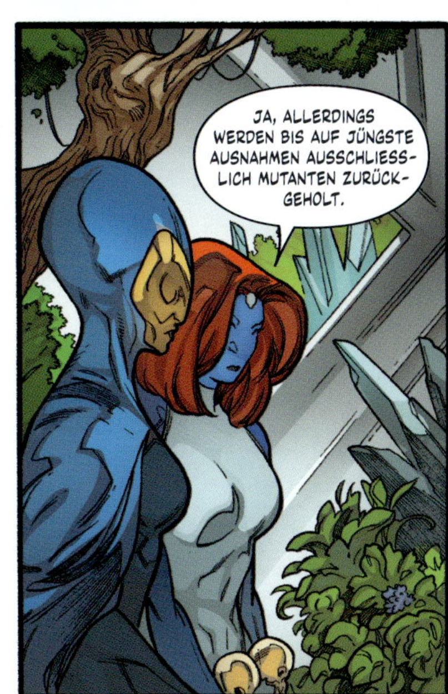
JA, ALLERDINGS WERDEN BIS AUF JÜNGSTE AUSNAHMEN AUSSCHLIESSLICH MUTANTEN ZURÜCKGEHOLT.

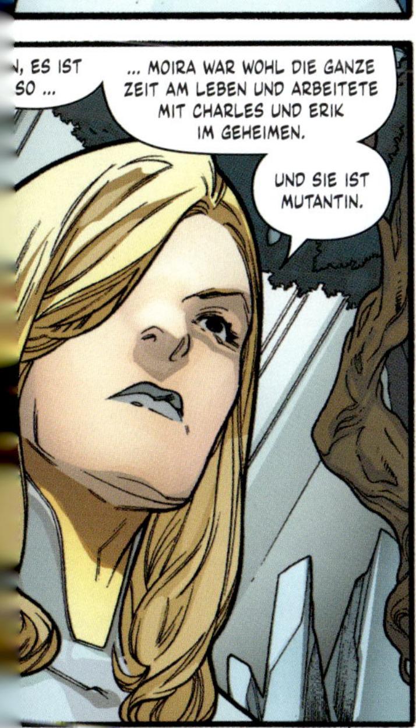
..., ES IST SO ...
... MOIRA WAR WOHL DIE GANZE ZEIT AM LEBEN UND ARBEITETE MIT CHARLES UND ERIK IM GEHEIMEN.
UND SIE IST MUTANTIN.

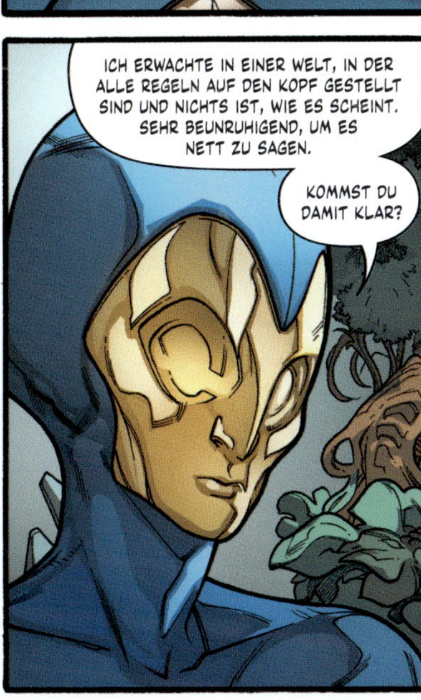
ICH ERWACHTE IN EINER WELT, IN DER ALLE REGELN AUF DEN KOPF GESTELLT SIND UND NICHTS IST, WIE ES SCHEINT. SEHR BEUNRUHIGEND, UM ES NETT ZU SAGEN.
KOMMST DU DAMIT KLAR?

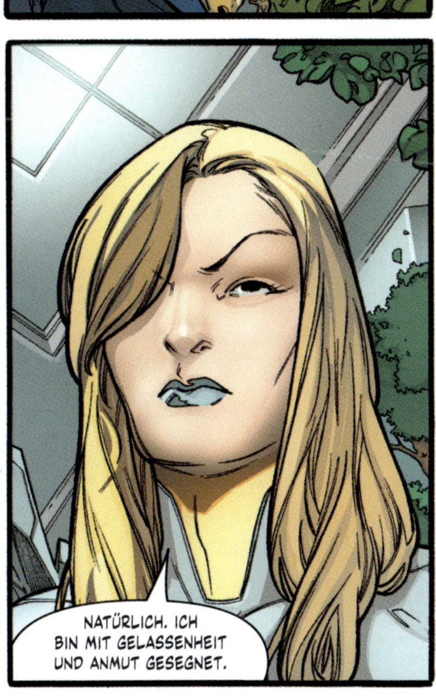
NATÜRLICH. ICH BIN MIT GELASSENHEIT UND ANMUT GESEGNET.

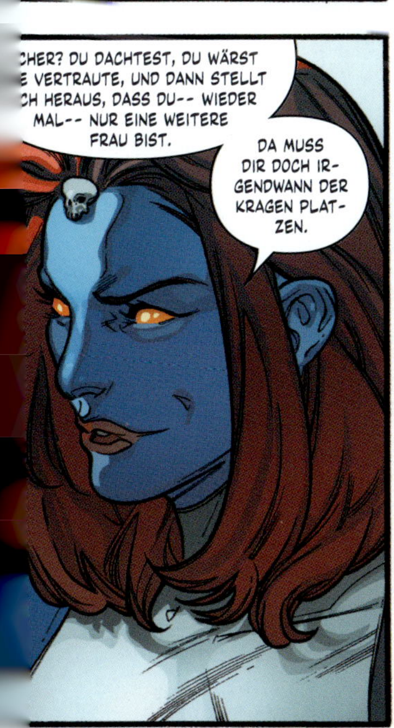
...CHER? DU DACHTEST, DU WÄRST ...E VERTRAUTE, UND DANN STELLT ...CH HERAUS, DASS DU-- WIEDER MAL-- NUR EINE WEITERE FRAU BIST.
DA MUSS DIR DOCH IRGENDWANN DER KRAGEN PLATZEN.

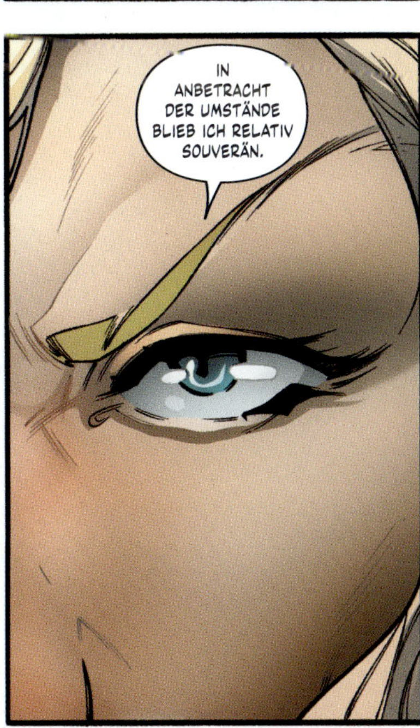
IN ANBETRACHT DER UMSTÄNDE BLIEB ICH RELATIV SOUVERÄN.

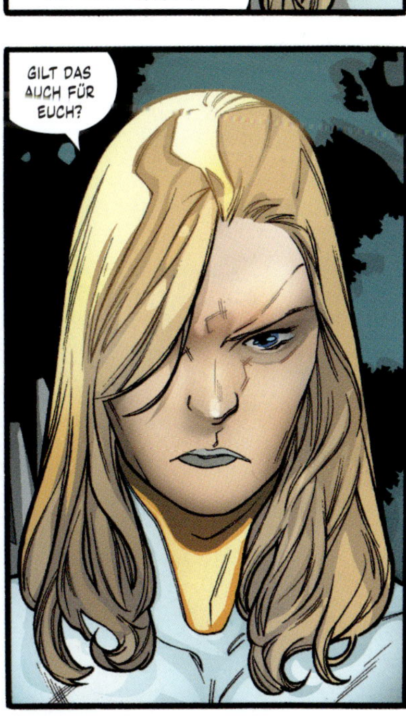
GILT DAS AUCH FÜR EUCH?

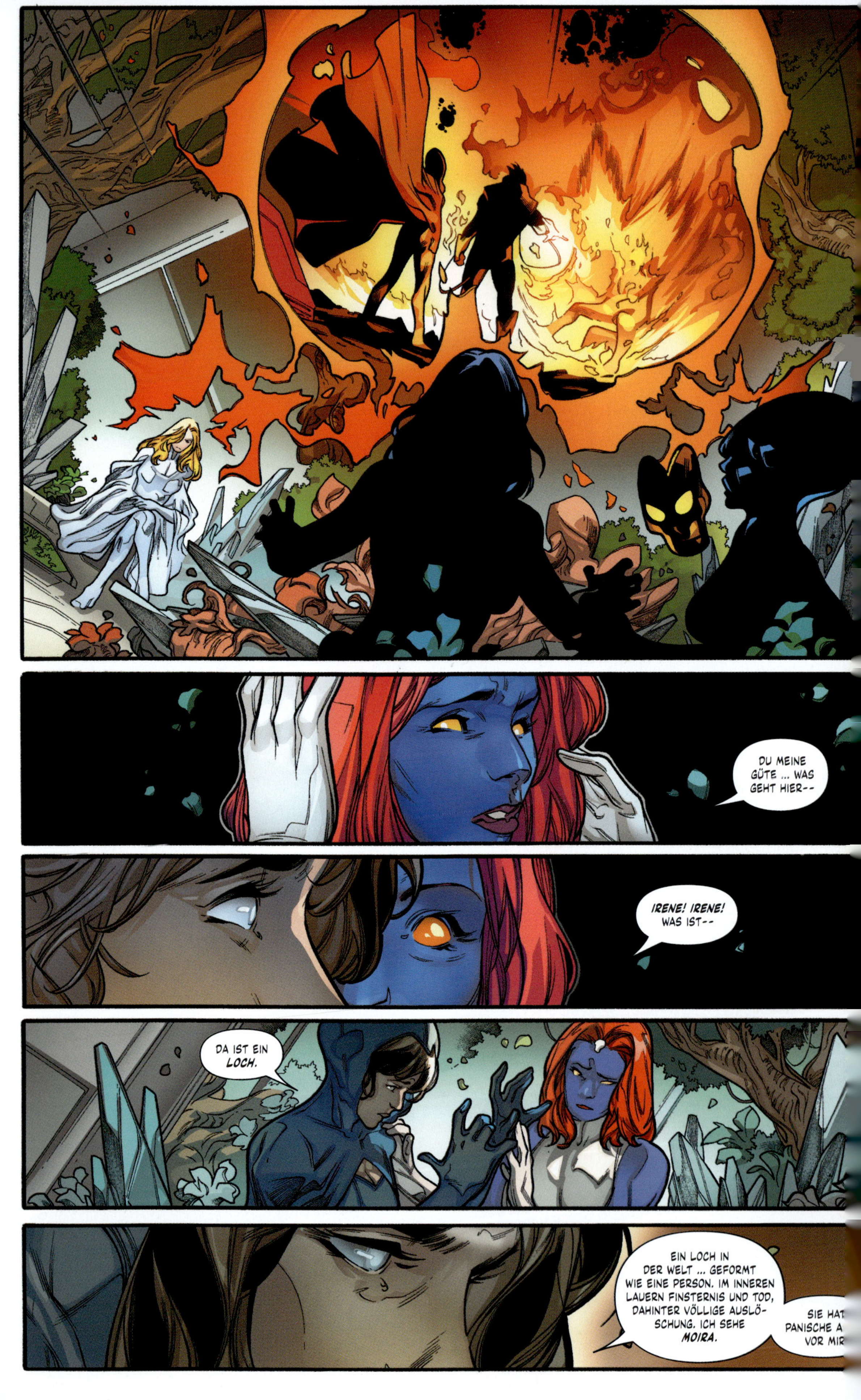

DU MEINE GÜTE ... WAS GEHT HIER--
IRENE! IRENE! WAS IST--
DA IST EIN *LOCH.*
EIN LOCH IN DER WELT ... GEFORMT WIE EINE PERSON. IM INNEREN LAUERN FINSTERNIS UND TOD, DAHINTER VÖLLIGE AUSLÖSCHUNG. ICH SEHE *MOIRA.*
SIE HA PANISCHE A VOR MIR

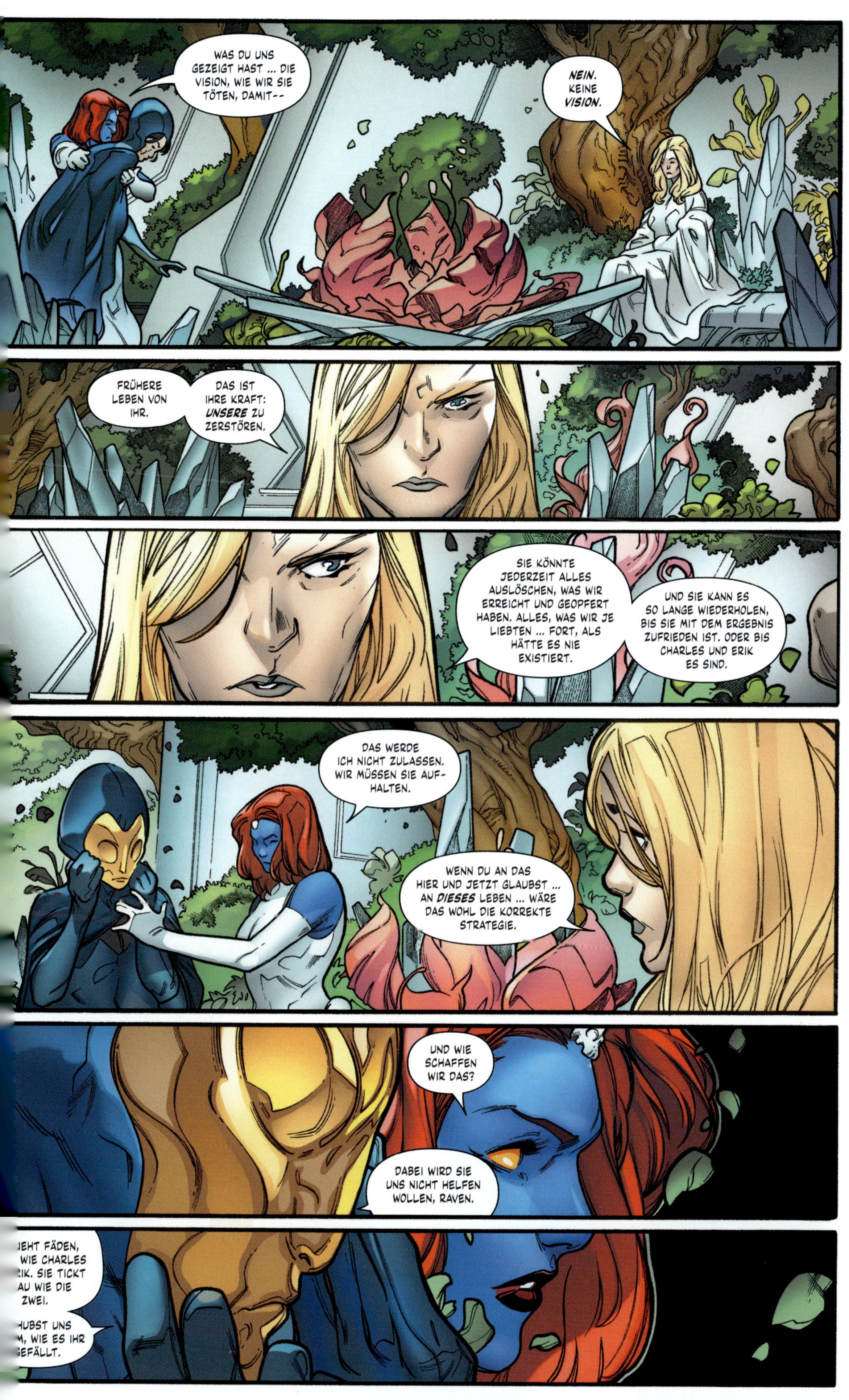
WAS DU UNS GEZEIGT HAST ... DIE VISION, WIE WIR SIE TÖTEN, DAMIT--
NEIN. KEINE *VISION.*
FRÜHERE LEBEN VON IHR.
DAS IST IHRE KRAFT: *UNSERE* ZU ZERSTÖREN.
SIE KÖNNTE JEDERZEIT ALLES AUSLÖSCHEN, WAS WIR ERREICHT UND GEOPFERT HABEN. ALLES, WAS WIR JE LIEBTEN ... FORT, ALS HÄTTE ES NIE EXISTIERT.
UND SIE KANN ES SO LANGE WIEDERHOLEN, BIS SIE MIT DEM ERGEBNIS ZUFRIEDEN IST. ODER BIS CHARLES UND ERIK ES SIND.
DAS WERDE ICH NICHT ZULASSEN. WIR MÜSSEN SIE AUFHALTEN.
WENN DU AN DAS HIER UND JETZT GLAUBST ... AN *DIESES* LEBEN ... WÄRE DAS WOHL DIE KORREKTE STRATEGIE.
UND WIE SCHAFFEN WIR DAS?
DABEI WIRD SIE UNS NICHT HELFEN WOLLEN, RAVEN.
IEHT FÄDEN, WIE CHARLES RIK. SIE TICKT AU WIE DIE ZWEI.
HUBST UNS M, WIE ES IHR EFÄLLT.

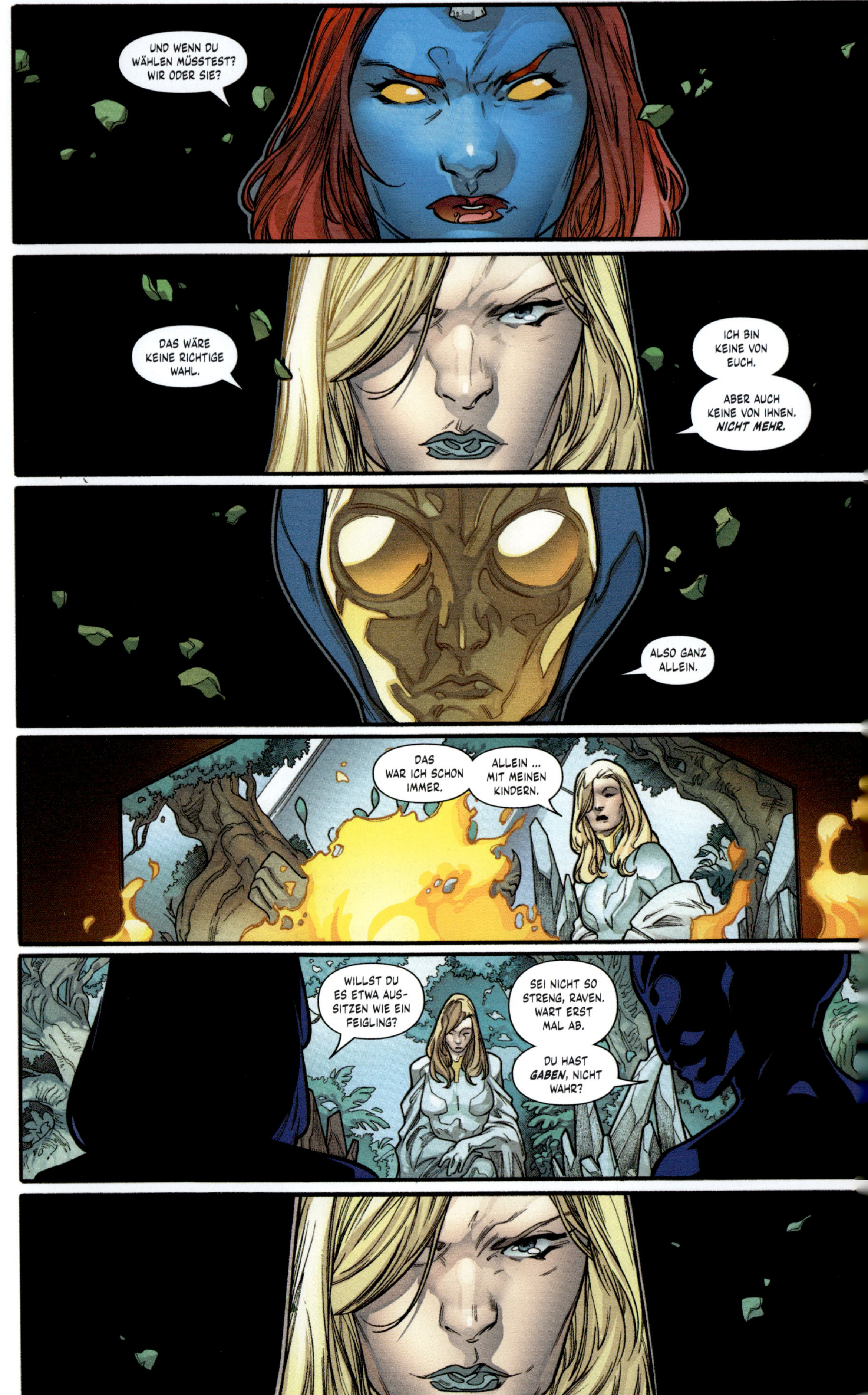
UND WENN DU WÄHLEN MÜSSTEST? WIR ODER SIE?
DAS WÄRE KEINE RICHTIGE WAHL.
ICH BIN KEINE VON EUCH.
ABER AUCH KEINE VON IHNEN. *NICHT MEHR.*
ALSO GANZ ALLEIN.
DAS WAR ICH SCHON IMMER.
ALLEIN ... MIT MEINEN KINDERN.
WILLST DU ES ETWA AUS-SITZEN WIE EIN FEIGLING?
SEI NICHT SO STRENG, RAVEN. WART ERST MAL AB.
DU HAST *GABEN*, NICHT WAHR?

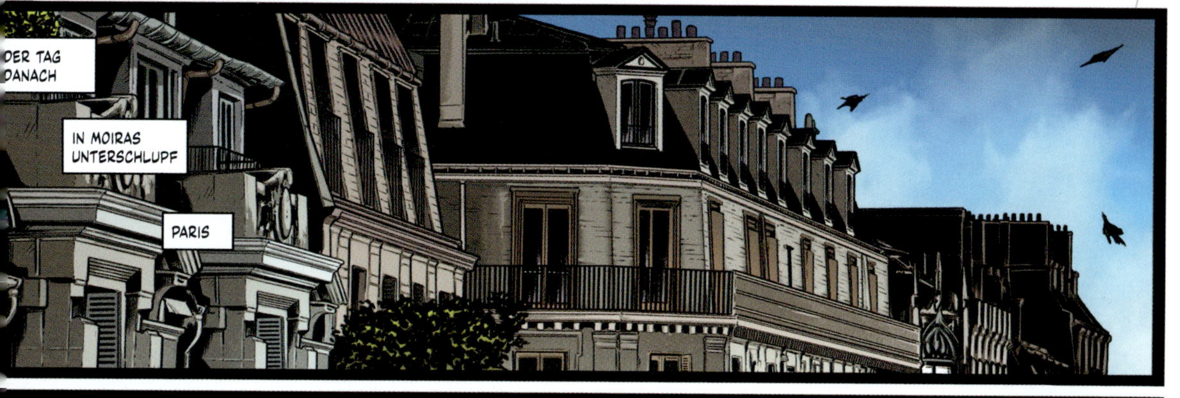
DER TAG
DANACH
IN MOIRAS
UNTERSCHLUPF
PARIS

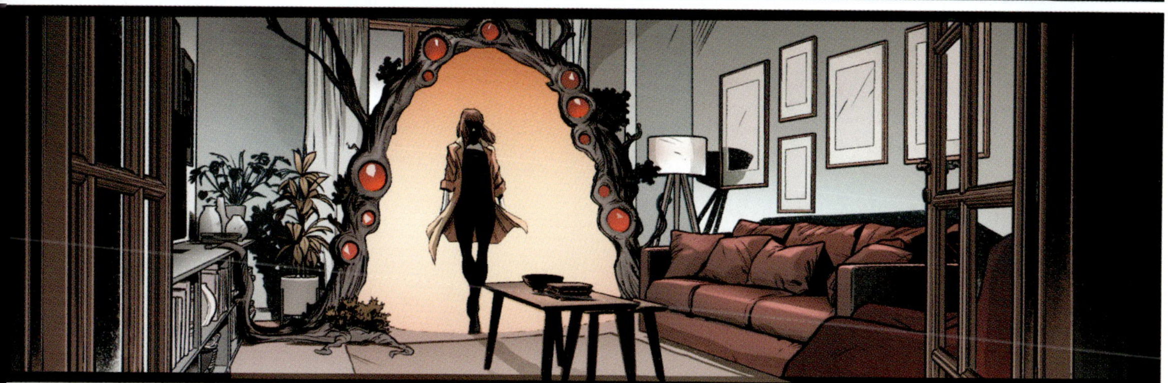

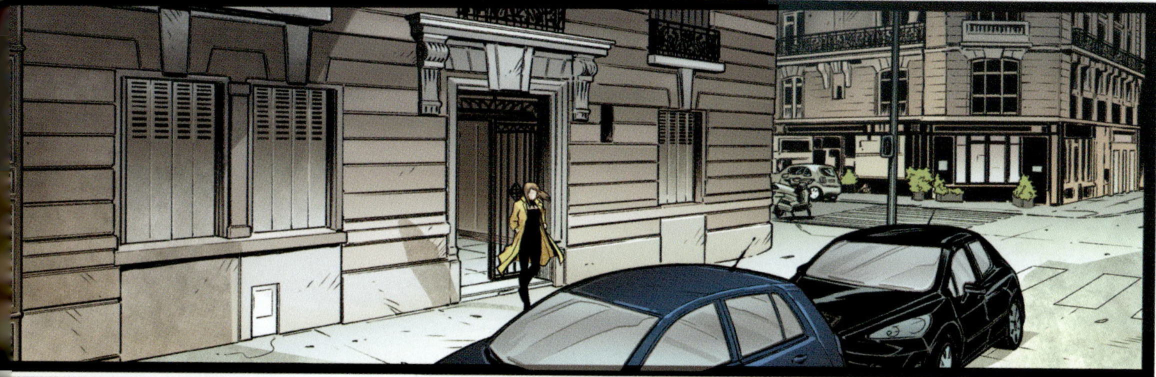

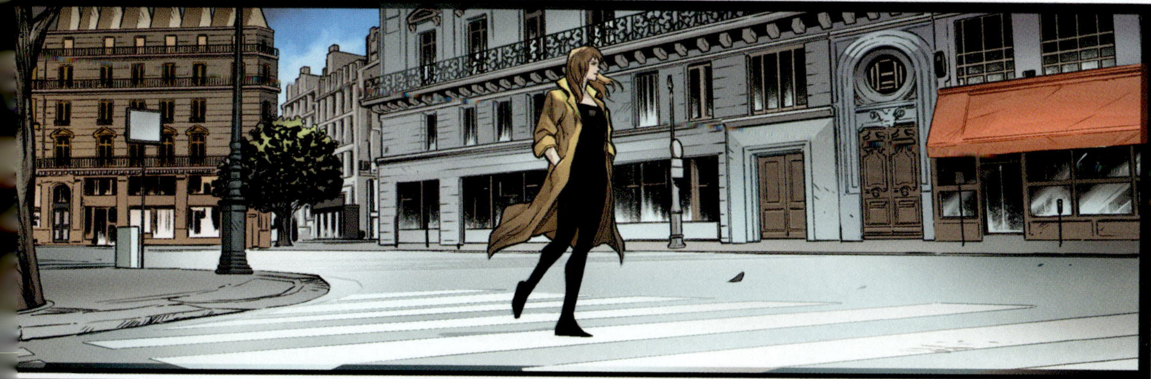

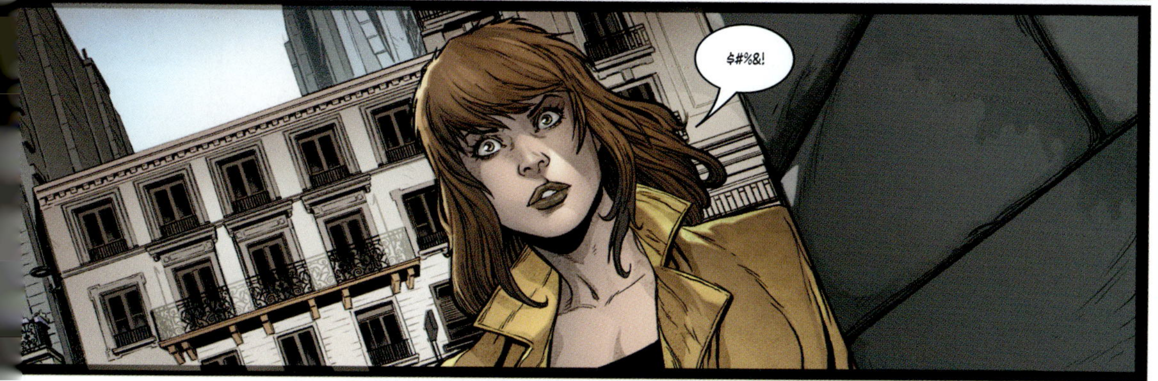
$#%&!

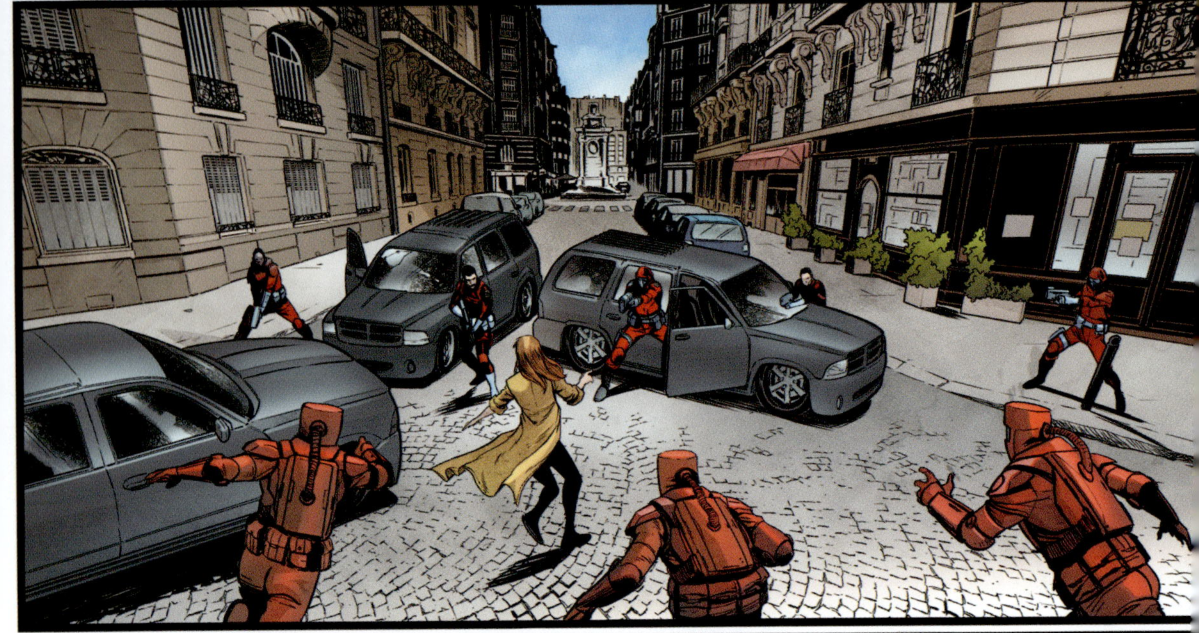
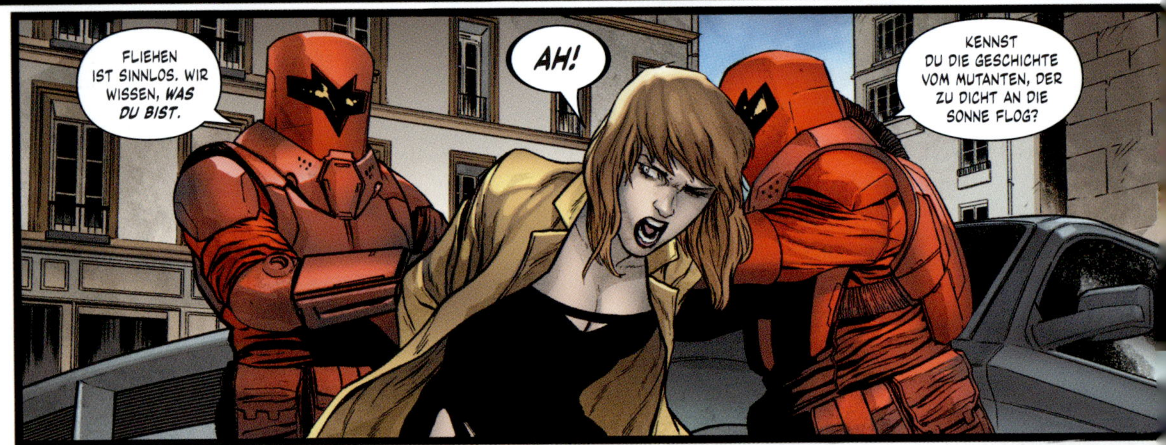
FLIEHEN IST SINNLOS. WIR WISSEN, WAS DU BIST.
AH!
KENNST DU DIE GESCHICHTE VOM MUTANTEN, DER ZU DICHT AN DIE SONNE FLOG?
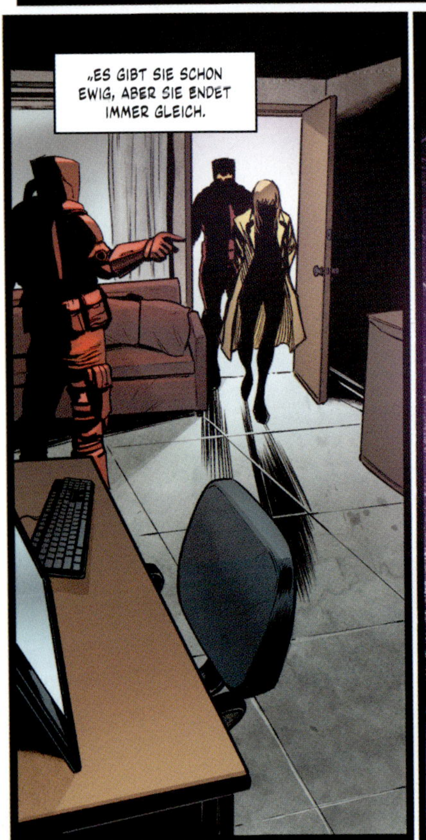
„ES GIBT SIE SCHON EWIG, ABER SIE ENDET IMMER GLEICH.
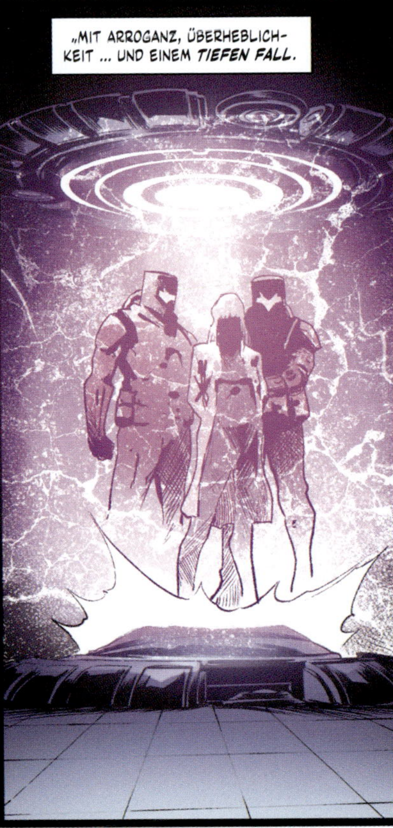
„MIT ARROGANZ, ÜBERHEBLICH-KEIT ... UND EINEM TIEFEN FALL.
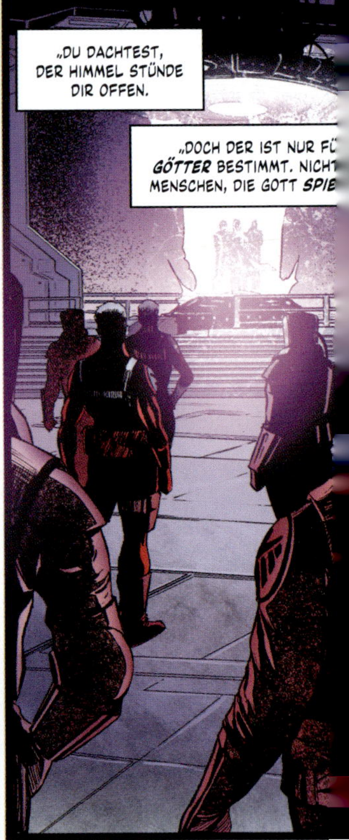
„DU DACHTEST, DER HIMMEL STÜNDE DIR OFFEN.
„DOCH DER IST NUR FÜ GÖTTER BESTIMMT. NICHT MENSCHEN, DIE GOTT SPIE

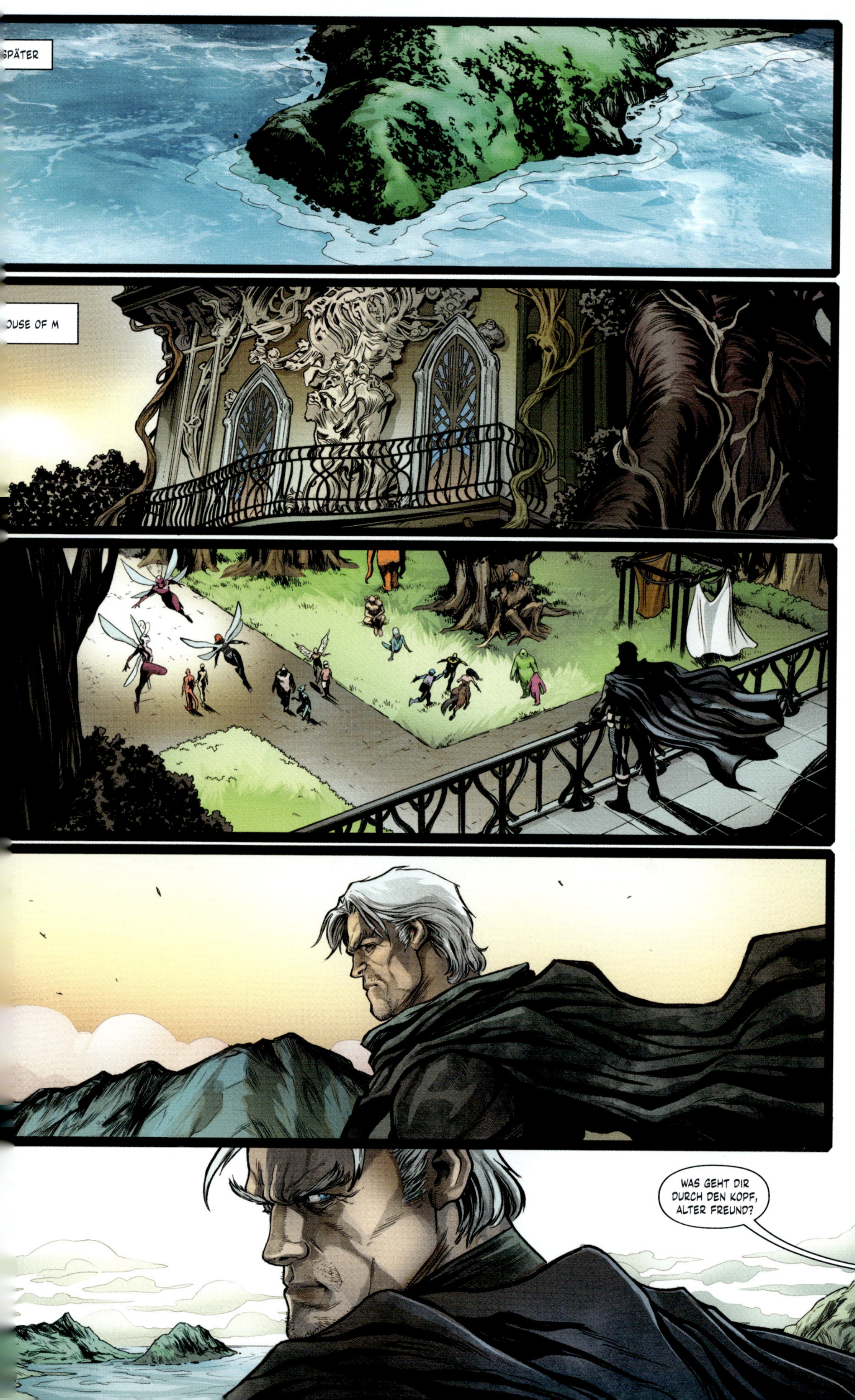
SPÄTER
OUSE OF M
WAS GEHT DIR DURCH DEN KOPF, ALTER FREUND?

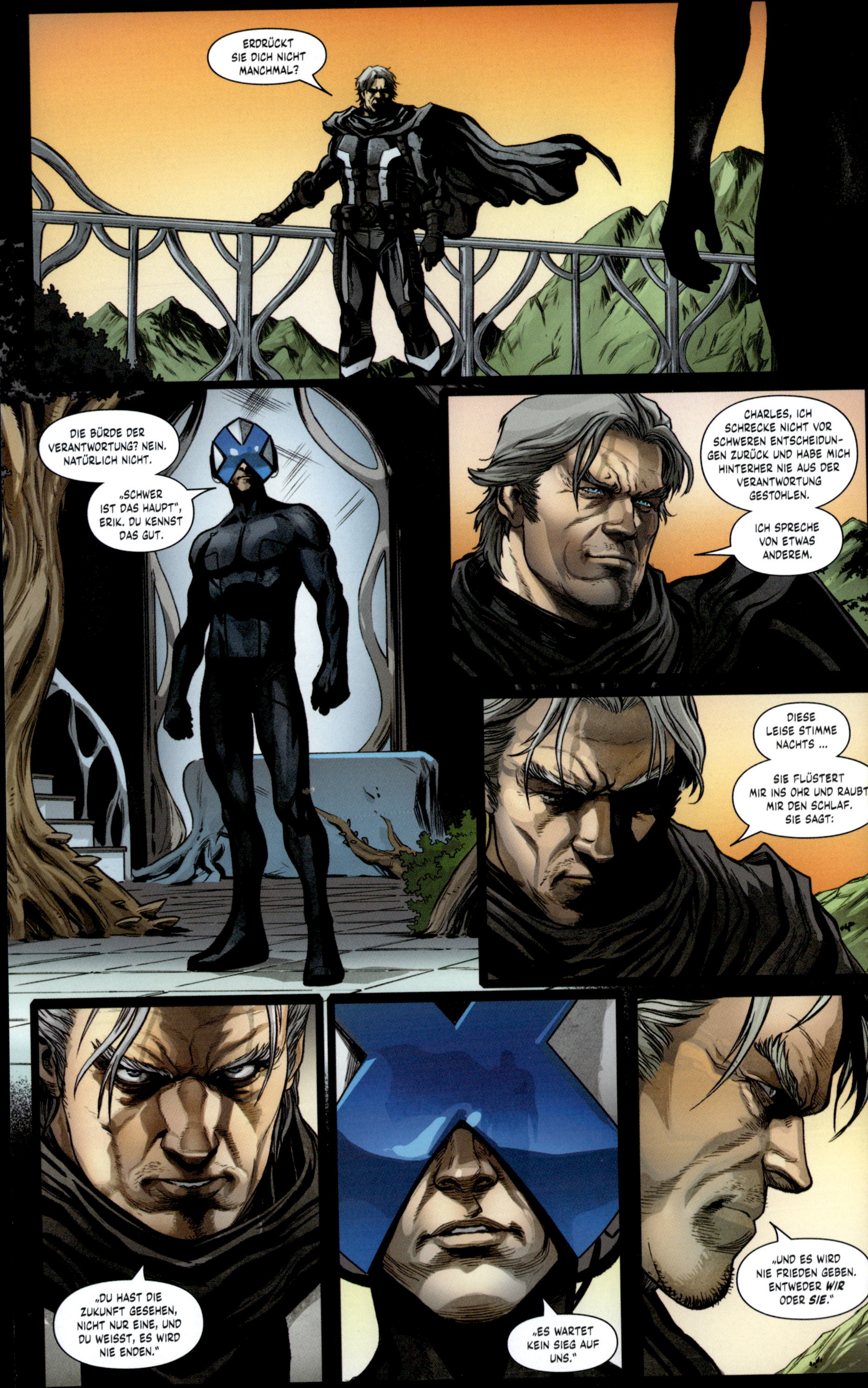
ERDRÜCKT SIE DICH NICHT MANCHMAL?
DIE BÜRDE DER VERANTWORTUNG? NEIN. NATÜRLICH NICHT.
„SCHWER IST DAS HAUPT", ERIK. DU KENNST DAS GUT.
CHARLES, ICH SCHRECKE NICHT VOR SCHWEREN ENTSCHEIDUN-GEN ZURÜCK UND HABE MICH HINTERHER NIE AUS DER VERANTWORTUNG GESTOHLEN.
ICH SPRECHE VON ETWAS ANDEREM.
DIESE LEISE STIMME NACHTS ...
SIE FLÜSTERT MIR INS OHR UND RAUBT MIR DEN SCHLAF. SIE SAGT:
„DU HAST DIE ZUKUNFT GESEHEN, NICHT NUR EINE, UND DU WEISST, ES WIRD NIE ENDEN."
„ES WARTET KEIN SIEG AUF UNS."
„UND ES WIRD NIE FRIEDEN GEBEN. ENTWEDER *WIR* ODER *SIE*."

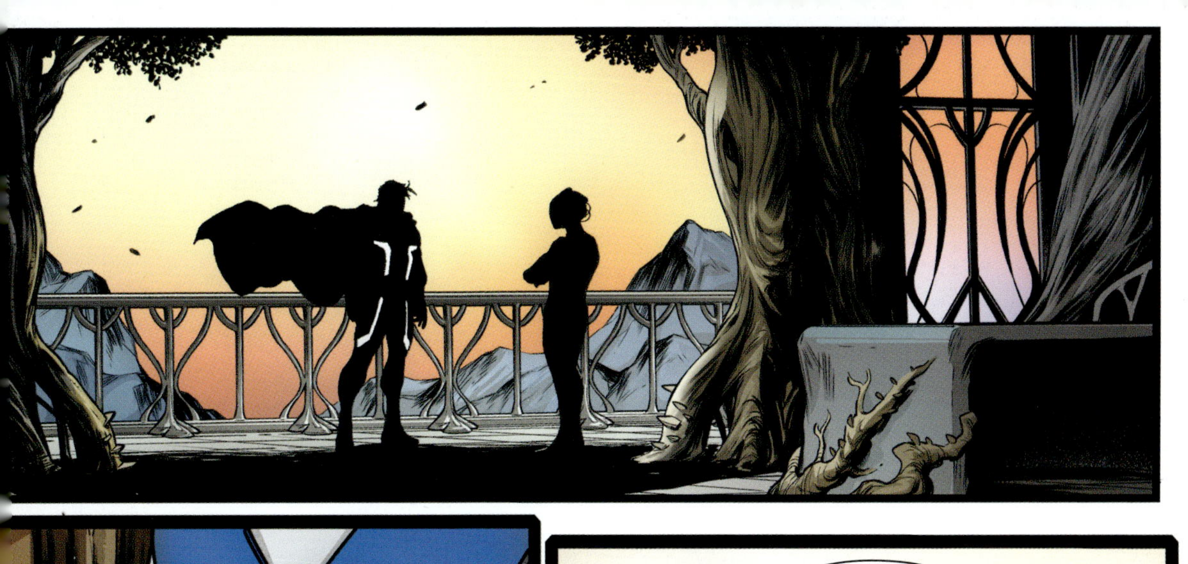

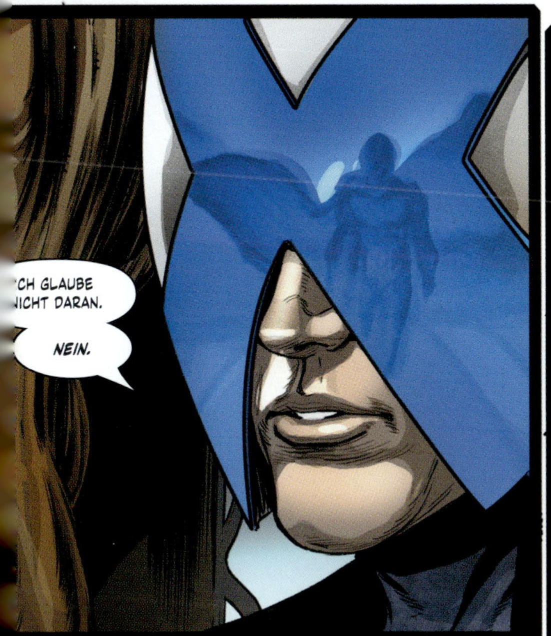

CH GLAUBE ICHT DARAN.
NEIN.

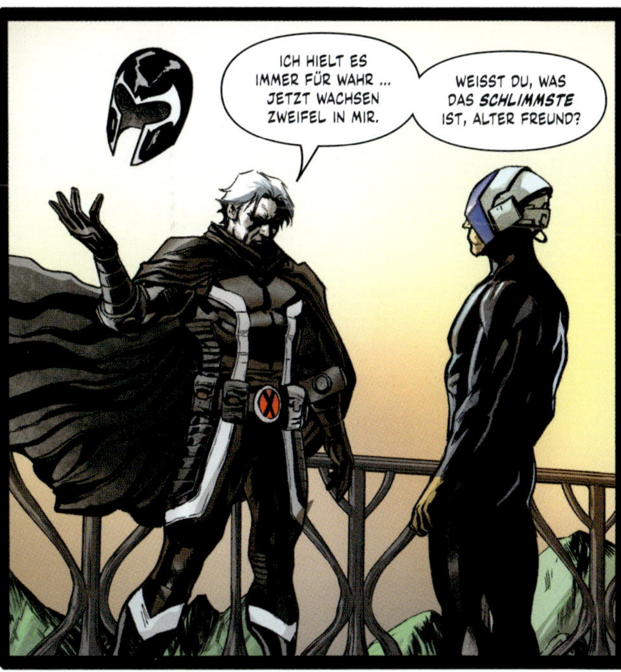

ICH HIELT ES IMMER FÜR WAHR ... JETZT WACHSEN ZWEIFEL IN MIR.
WEISST DU, WAS DAS SCHLIMMSTE IST, ALTER FREUND?

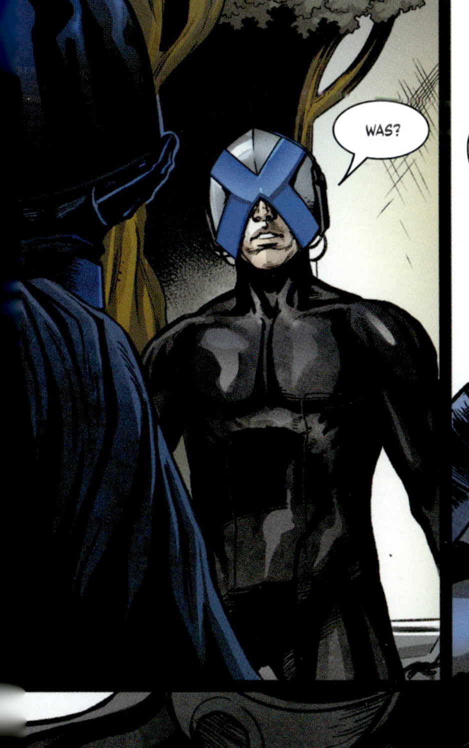

WAS?

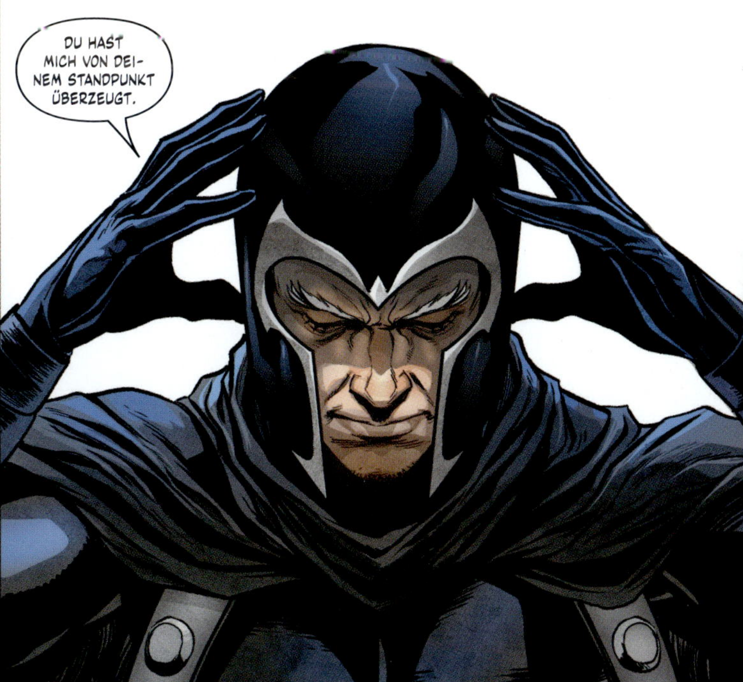

DU HAST MICH VON DEINEM STANDPUNKT ÜBERZEUGT.

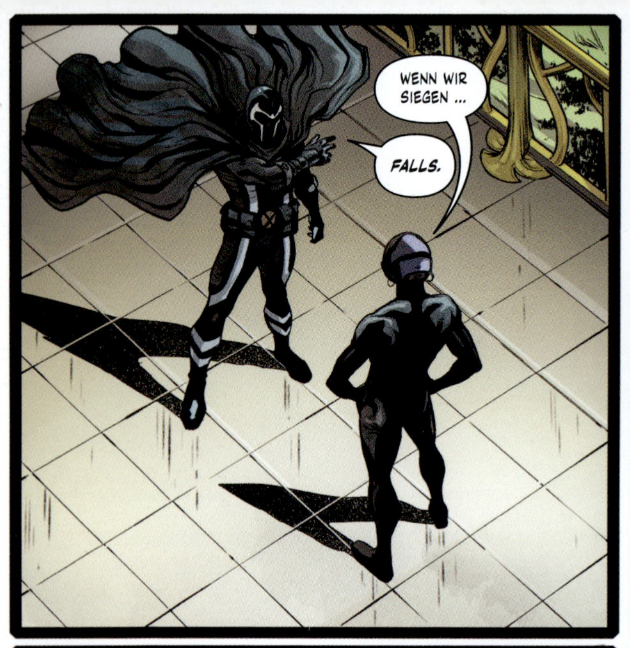
WENN WIR SIEGEN ...
FALLS.

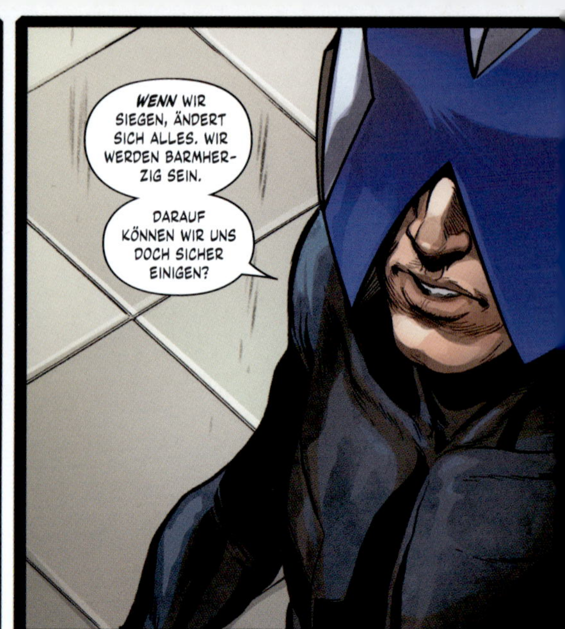
WENN WIR SIEGEN, ÄNDERT SICH ALLES. WIR WERDEN BARMHERZIG SEIN.
DARAUF KÖNNEN WIR UNS DOCH SICHER EINIGEN?

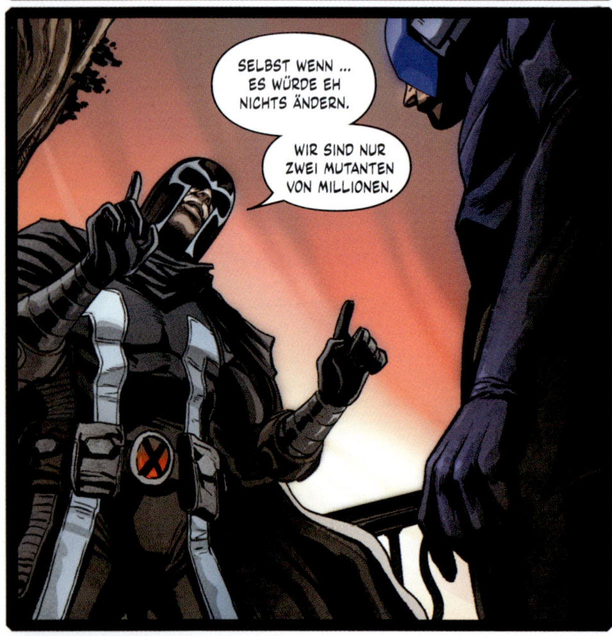
SELBST WENN ... ES WÜRDE EH NICHTS ÄNDERN.
WIR SIND NUR ZWEI MUTANTEN VON MILLIONEN.

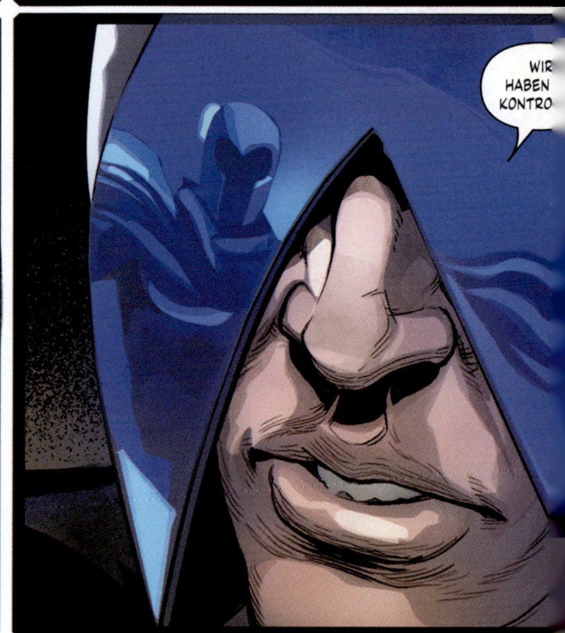

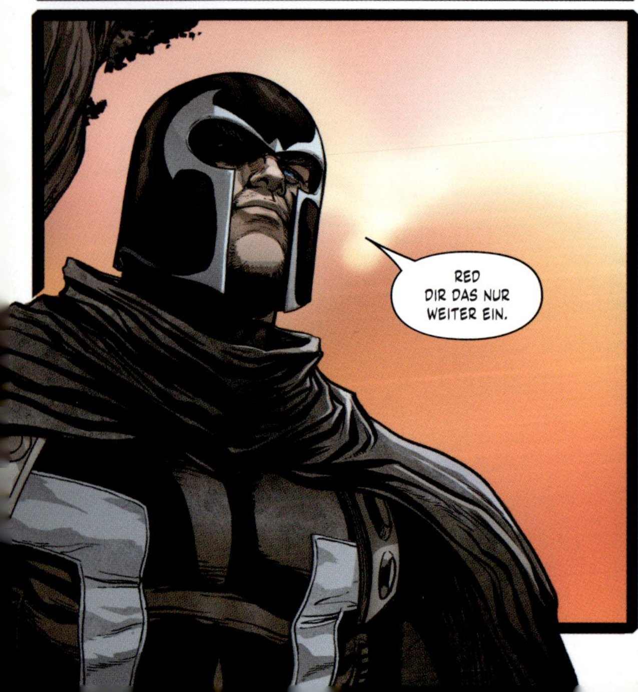
RED DIR DAS NUR WEITER EIN.

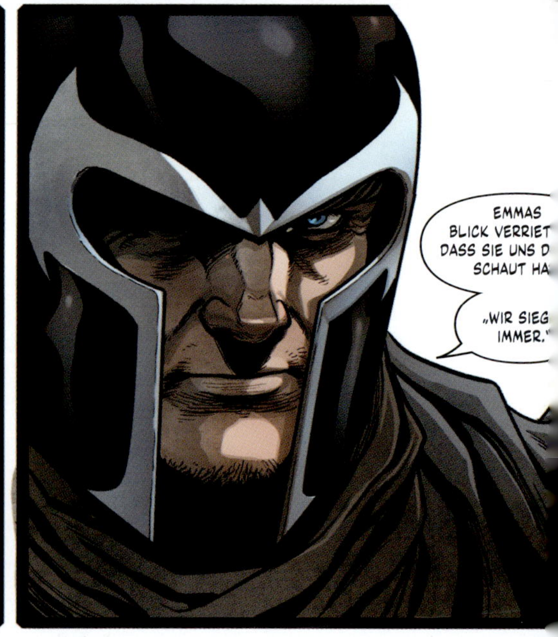

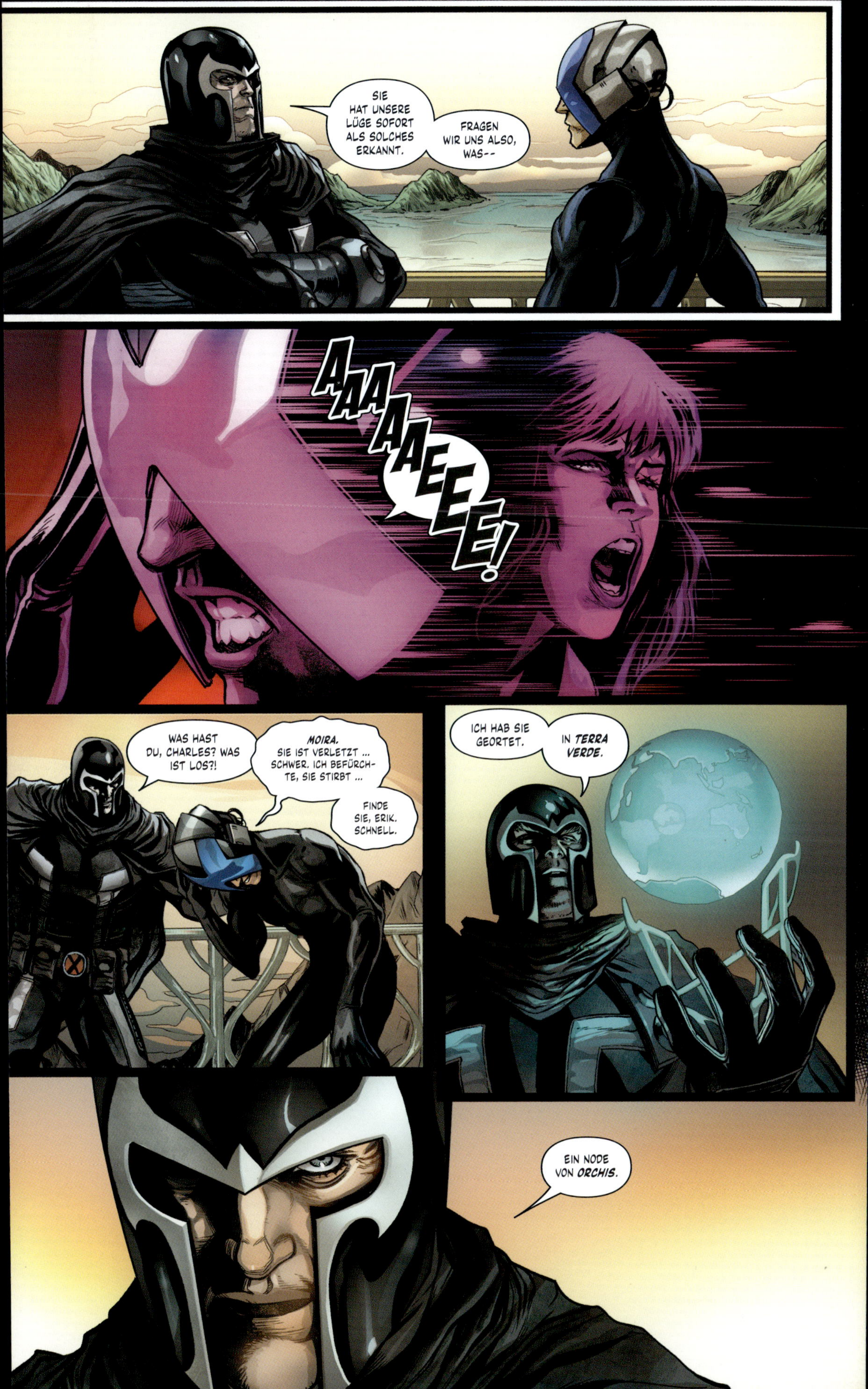
SIE HAT UNSERE LÜGE SOFORT ALS SOLCHES ERKANNT.
FRAGEN WIR UNS ALSO, WAS--
AAAAAEEEE!
WAS HAST DU, CHARLES? WAS IST LOS?!
MOIRA. SIE IST VERLETZT ... SCHWER. ICH BEFÜRCHTE, SIE STIRBT ...
FINDE SIE, ERIK. SCHNELL.
ICH HAB SIE GEORTET.
IN TERRA VERDE.
EIN NODE VON ORCHIS.

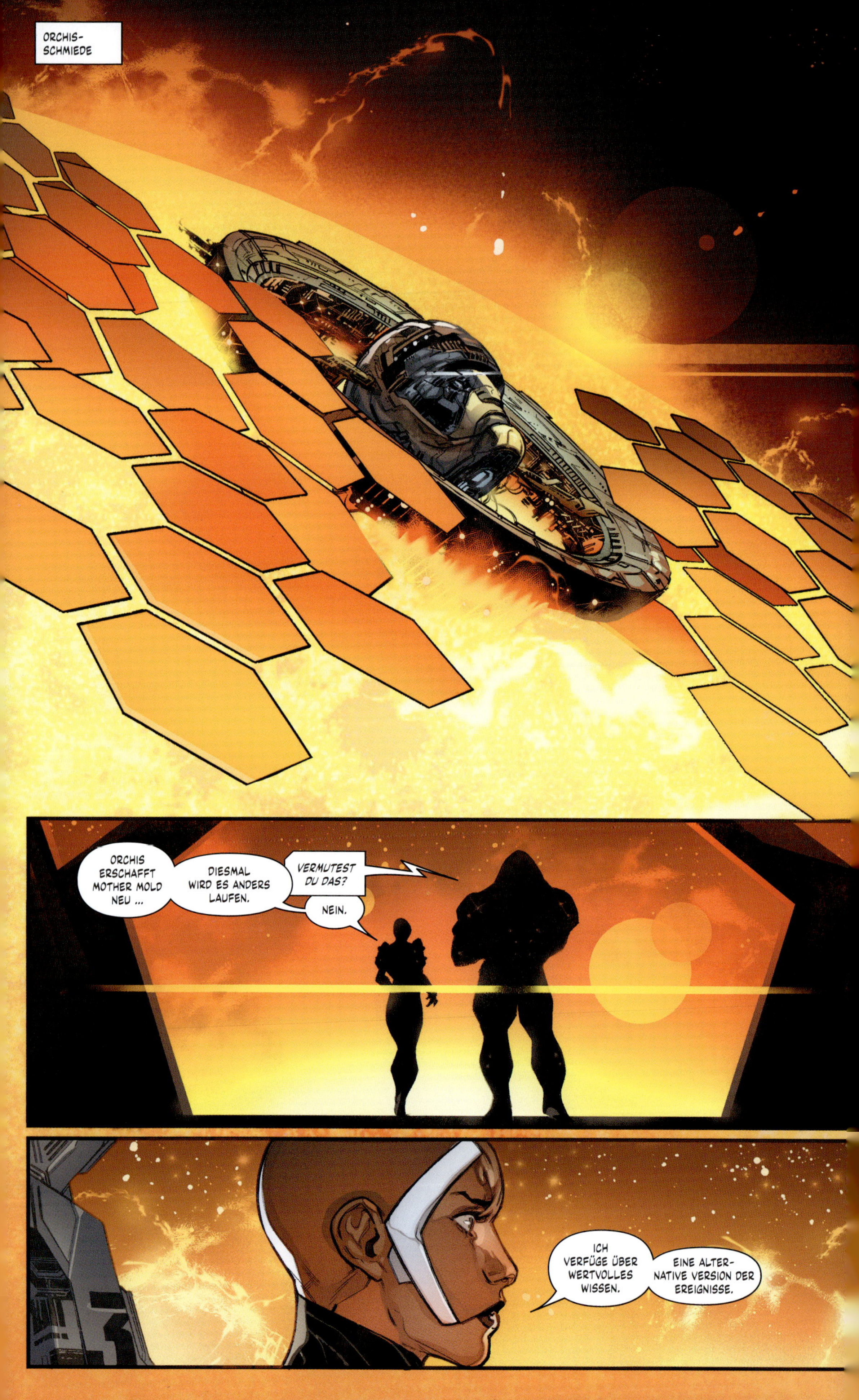
ORCHIS-
SCHMIEDE
ORCHIS ERSCHAFFT MOTHER MOLD NEU ...
DIESMAL WIRD ES ANDERS LAUFEN.
VERMUTEST DU DAS?
NEIN.
ICH VERFÜGE ÜBER WERTVOLLES WISSEN.
EINE ALTER-NATIVE VERSION DER EREIGNISSE.

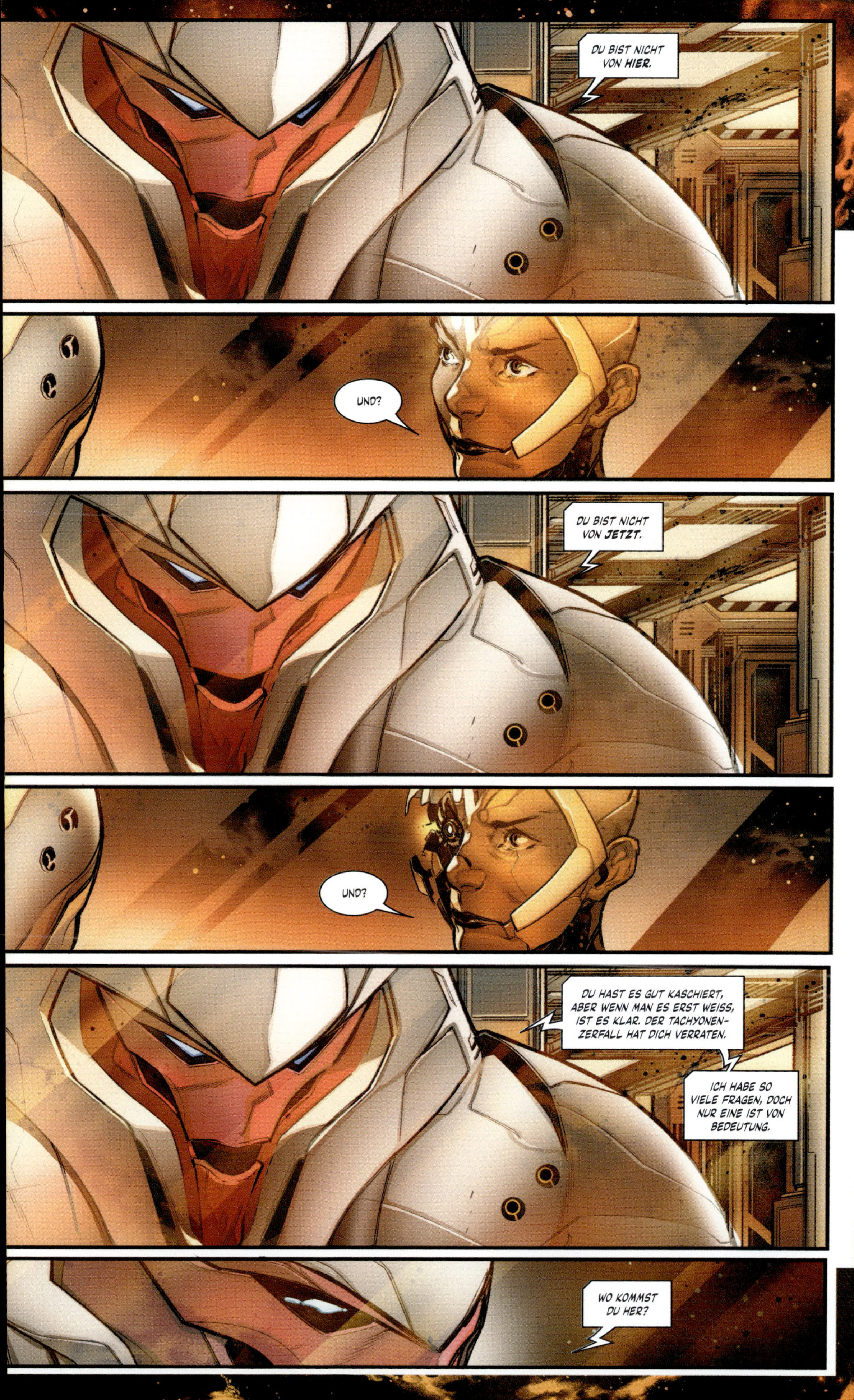
DU BIST NICHT VON HIER.
UND?
DU BIST NICHT VON JETZT.
UND?
DU HAST ES GUT KASCHIERT, ABER WENN MAN ES ERST WEISS, IST ES KLAR. DER TACHYONEN-ZERFALL HAT DICH VERRATEN.
ICH HABE SO VIELE FRAGEN, DOCH NUR EINE IST VON BEDEUTUNG.
WO KOMMST DU HER?

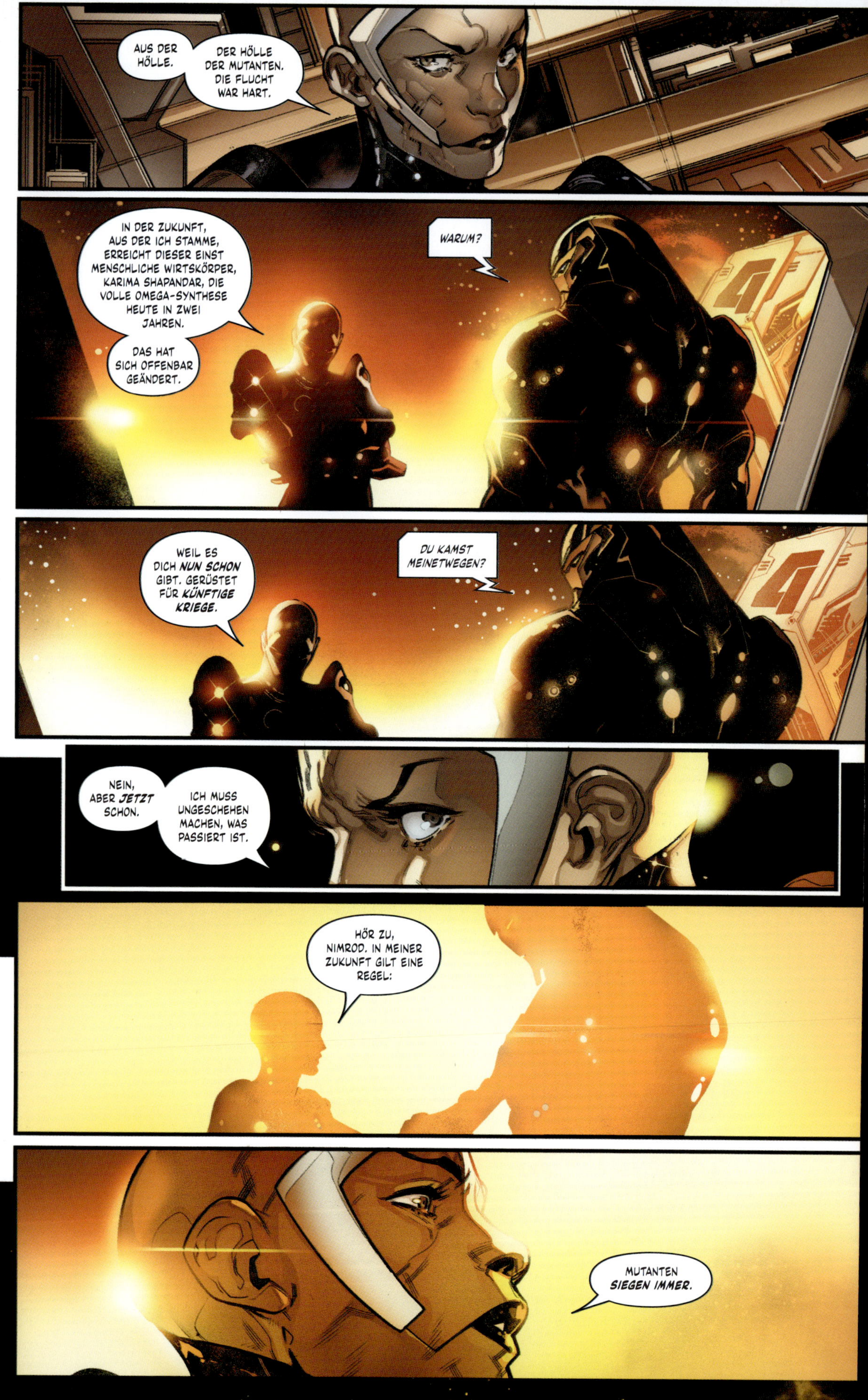
AUS DER HÖLLE.
DER HÖLLE DER MUTANTEN. DIE FLUCHT WAR HART.
IN DER ZUKUNFT, AUS DER ICH STAMME, ERREICHT DIESER EINST MENSCHLICHE WIRTSKÖRPER, KARIMA SHAPANDAR, DIE VOLLE OMEGA-SYNTHESE HEUTE IN ZWEI JAHREN.
DAS HAT SICH OFFENBAR GEÄNDERT.
WARUM?
WEIL ES DICH NUN SCHON GIBT. GERÜSTET FÜR KÜNFTIGE KRIEGE.
DU KAMST MEINETWEGEN?
NEIN, ABER JETZT SCHON.
ICH MUSS UNGESCHEHEN MACHEN, WAS PASSIERT IST.
HÖR ZU, NIMROD. IN MEINER ZUKUNFT GILT EINE REGEL:
MUTANTEN SIEGEN IMMER.

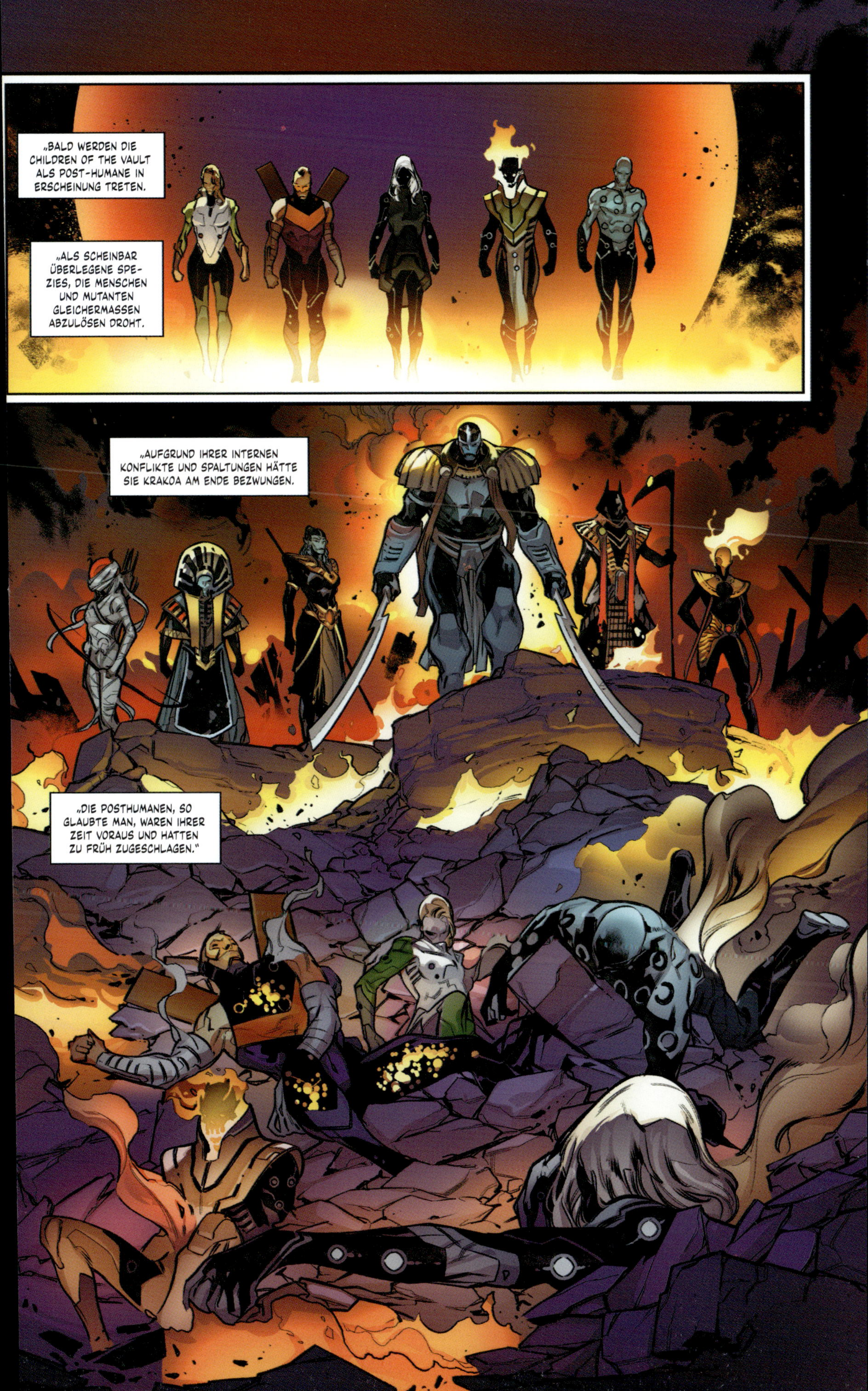
„BALD WERDEN DIE CHILDREN OF THE VAULT ALS POST-HUMANE IN ERSCHEINUNG TRETEN.
„ALS SCHEINBAR ÜBERLEGENE SPEZIES, DIE MENSCHEN UND MUTANTEN GLEICHERMASSEN ABZULÖSEN DROHT.
„AUFGRUND IHRER INTERNEN KONFLIKTE UND SPALTUNGEN HÄTTE SIE KRAKOA AM ENDE BEZWUNGEN.
„DIE POSTHUMANEN, SO GLAUBTE MAN, WAREN IHRER ZEIT VORAUS UND HATTEN ZU FRÜH ZUGESCHLAGEN."

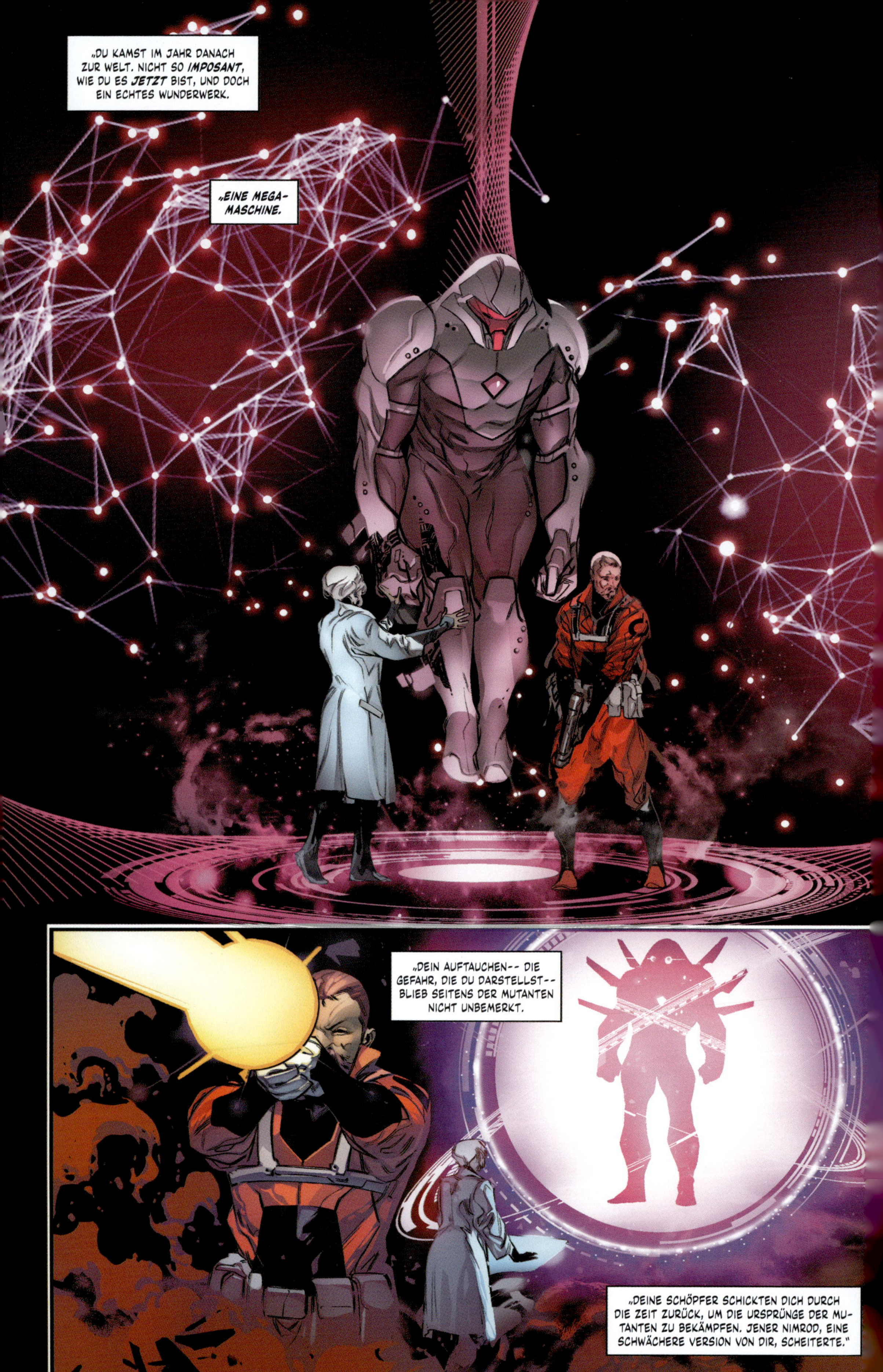
„DU KAMST IM JAHR DANACH ZUR WELT. NICHT SO *IMPOSANT*, WIE DU ES *JETZT* BIST, UND DOCH EIN ECHTES WUNDERWERK.
„EINE MEGA-MASCHINE.
„DEIN AUFTAUCHEN-- DIE GEFAHR, DIE DU DARSTELLST-- BLIEB SEITENS DER MUTANTEN NICHT UNBEMERKT.
„DEINE SCHÖPFER SCHICKTEN DICH DURCH DIE ZEIT ZURÜCK, UM DIE URSPRÜNGE DER MUTANTEN ZU BEKÄMPFEN. JENER NIMROD, EINE SCHWÄCHERE VERSION VON DIR, SCHEITERTE."

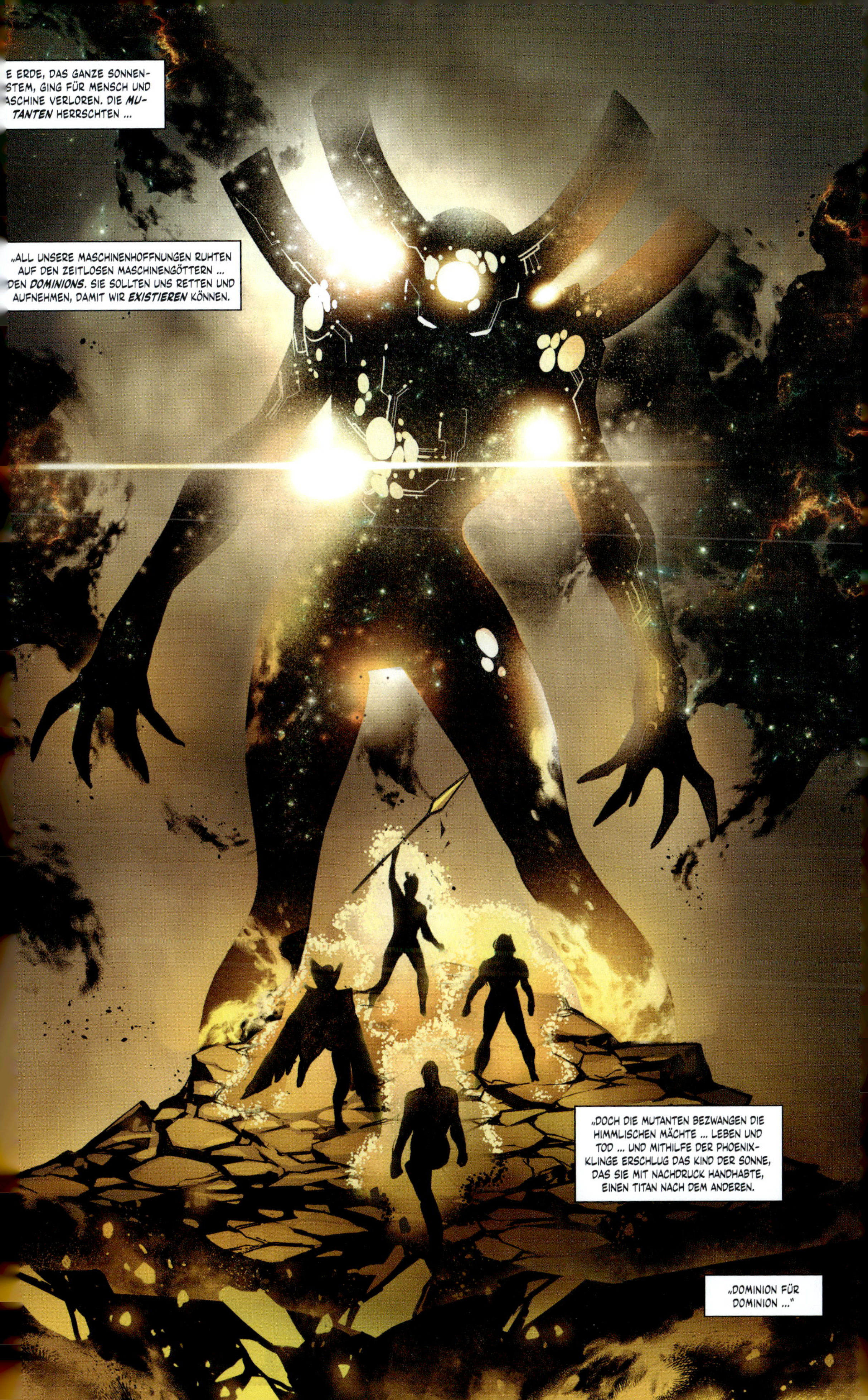
E ERDE, DAS GANZE SONNEN-
STEM, GING FÜR MENSCH UND
ASCHINE VERLOREN. DIE MU-
TANTEN HERRSCHTEN ...
„ALL UNSERE MASCHINENHOFFNUNGEN RUHTEN AUF DEN ZEITLOSEN MASCHINENGÖTTERN ... DEN DOMINIONS. SIE SOLLTEN UNS RETTEN UND AUFNEHMEN, DAMIT WIR EXISTIEREN KÖNNEN.
„DOCH DIE MUTANTEN BEZWANGEN DIE HIMMLISCHEN MÄCHTE ... LEBEN UND TOD ... UND MITHILFE DER PHOENIX-KLINGE ERSCHLUG DAS KIND DER SONNE, DAS SIE MIT NACHDRUCK HANDHABTE, EINEN TITAN NACH DEM ANDEREN.
„DOMINION FÜR DOMINION ...“

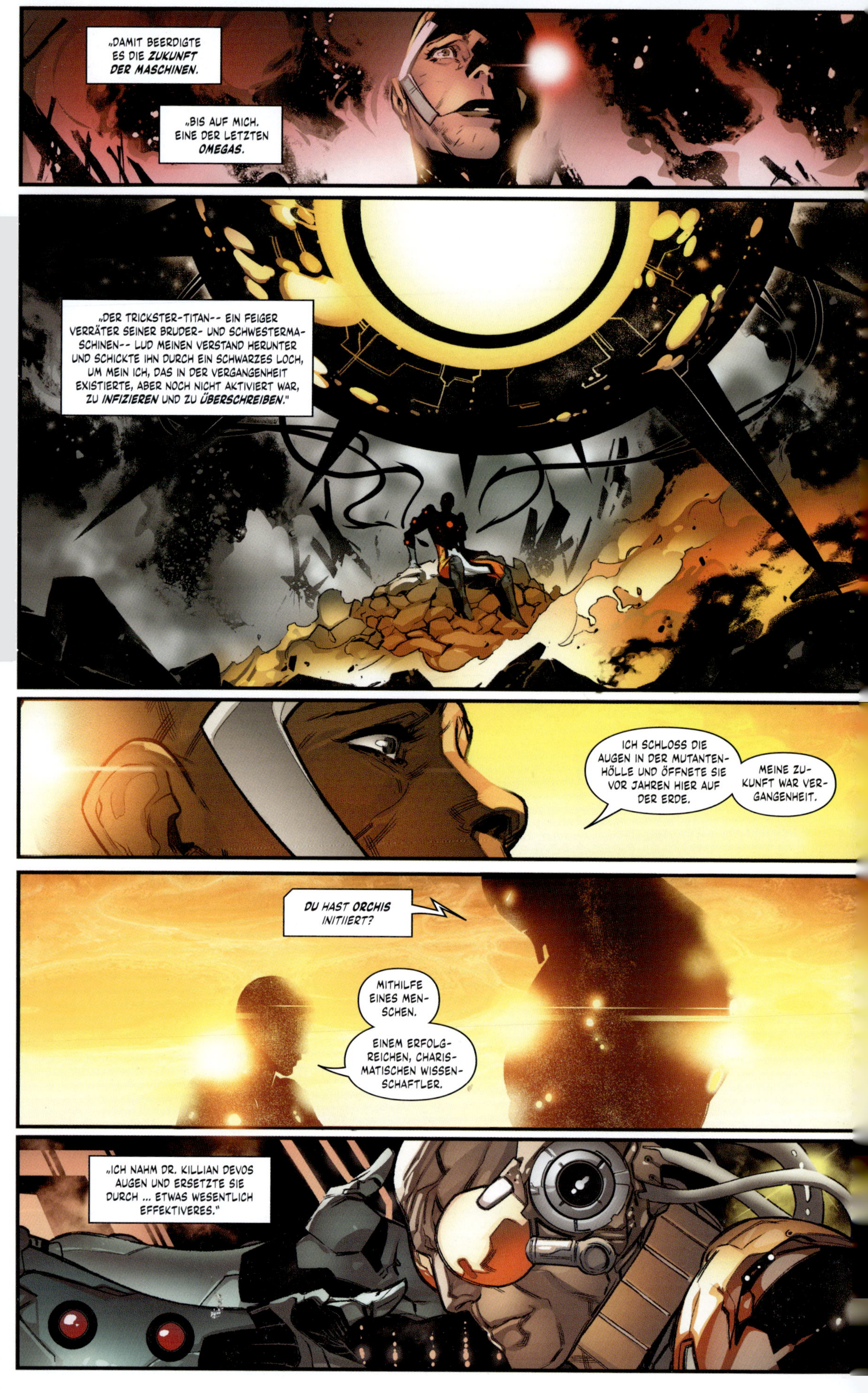
„DAMIT BEERDIGTE ES DIE ZUKUNFT DER MASCHINEN.
„BIS AUF MICH. EINE DER LETZTEN OMEGAS.
„DER TRICKSTER-TITAN-- EIN FEIGER VERRÄTER SEINER BRUDER- UND SCHWESTERMASCHINEN-- LUD MEINEN VERSTAND HERUNTER UND SCHICKTE IHN DURCH EIN SCHWARZES LOCH, UM MEIN ICH, DAS IN DER VERGANGENHEIT EXISTIERTE, ABER NOCH NICHT AKTIVIERT WAR, ZU INFIZIEREN UND ZU ÜBERSCHREIBEN."
ICH SCHLOSS DIE AUGEN IN DER MUTANTENHÖLLE UND ÖFFNETE SIE VOR JAHREN HIER AUF DER ERDE.
MEINE ZUKUNFT WAR VERGANGENHEIT.
DU HAST ORCHIS INITIIERT?
MITHILFE EINES MENSCHEN.
EINEM ERFOLGREICHEN, CHARISMATISCHEN WISSENSCHAFTLER.
„ICH NAHM DR. KILLIAN DEVOS AUGEN UND ERSETZTE SIE DURCH ... ETWAS WESENTLICH EFFEKTIVERES."

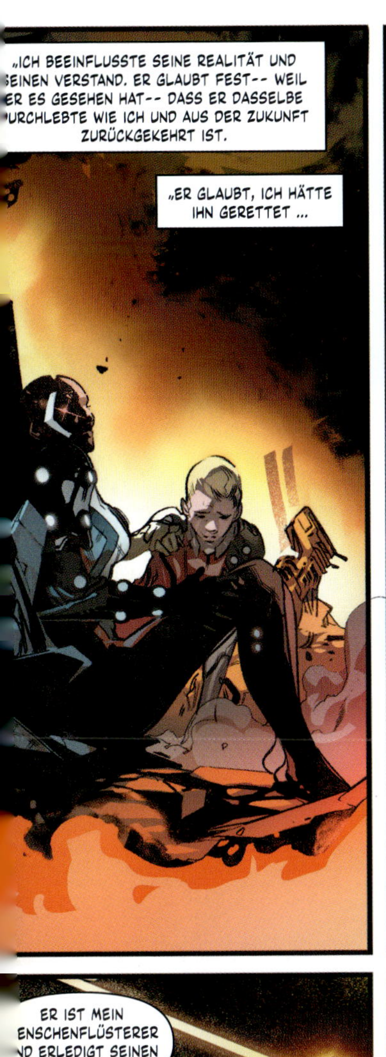
„ICH BEEINFLUSSTE SEINE REALITÄT UND SEINEN VERSTAND. ER GLAUBT FEST-- WEIL ER ES GESEHEN HAT-- DASS ER DASSELBE DURCHLEBTE WIE ICH UND AUS DER ZUKUNFT ZURÜCKGEKEHRT IST.
„ER GLAUBT, ICH HÄTTE IHN GERETTET ...

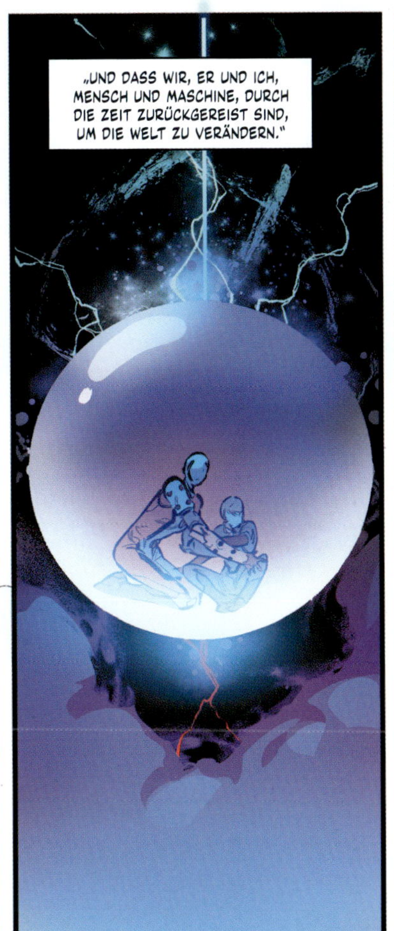
„UND DASS WIR, ER UND ICH, MENSCH UND MASCHINE, DURCH DIE ZEIT ZURÜCKGEREIST SIND, UM DIE WELT ZU VERÄNDERN."

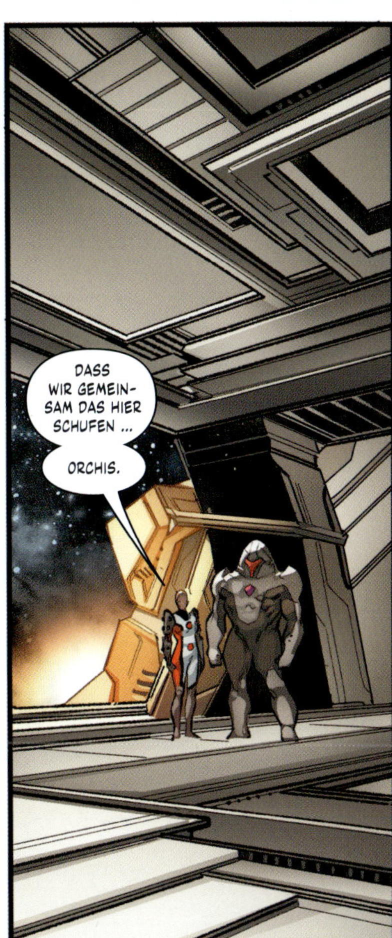
DASS WIR GEMEIN-SAM DAS HIER SCHUFEN ...
ORCHIS.

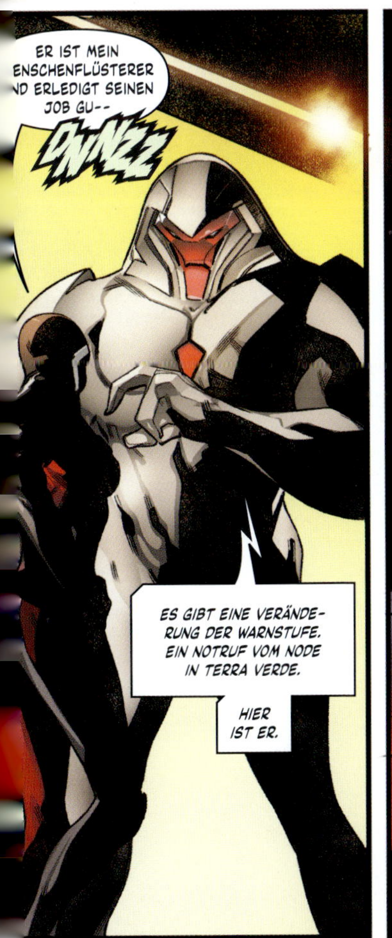
ER IST MEIN ENSCHENFLÜSTERER ND ERLEDIGT SEINEN JOB GU--
DNNZZ
ES GIBT EINE VERÄNDE-RUNG DER WARNSTUFE. EIN NOTRUF VOM NODE IN TERRA VERDE.
HIER IST ER.

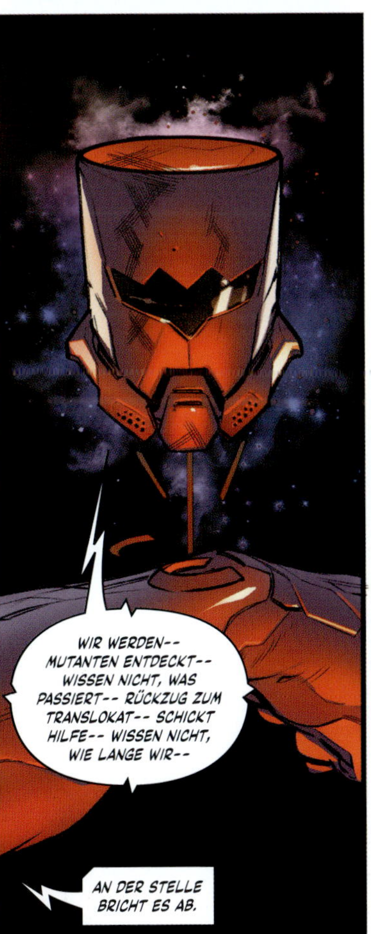
WIR WERDEN-- MUTANTEN ENTDECKT-- WISSEN NICHT, WAS PASSIERT-- RÜCKZUG ZUM TRANSLOKAT-- SCHICKT HILFE-- WISSEN NICHT, WIE LANGE WIR--
AN DER STELLE BRICHT ES AB.

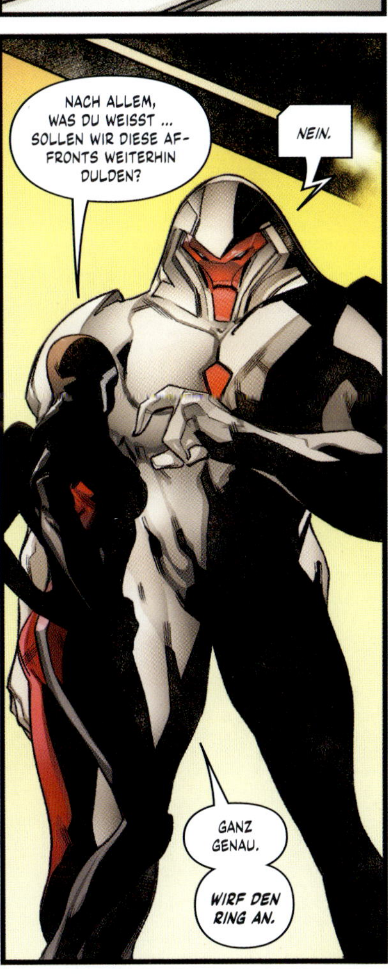
NACH ALLEM, WAS DU WEISST ... SOLLEN WIR DIESE AF-FRONTS WEITERHIN DULDEN?
NEIN.
GANZ GENAU.
WIRF DEN RING AN.

_ OMEGA SENTINEL [ZEITACHSE]

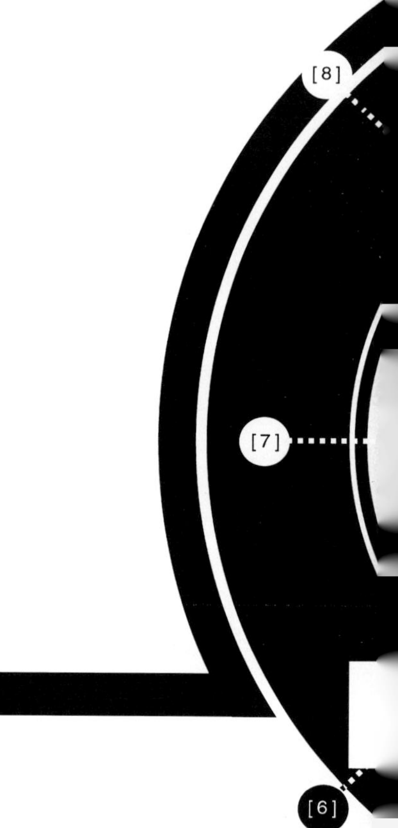

MOIRA: LEBEN ZEHN

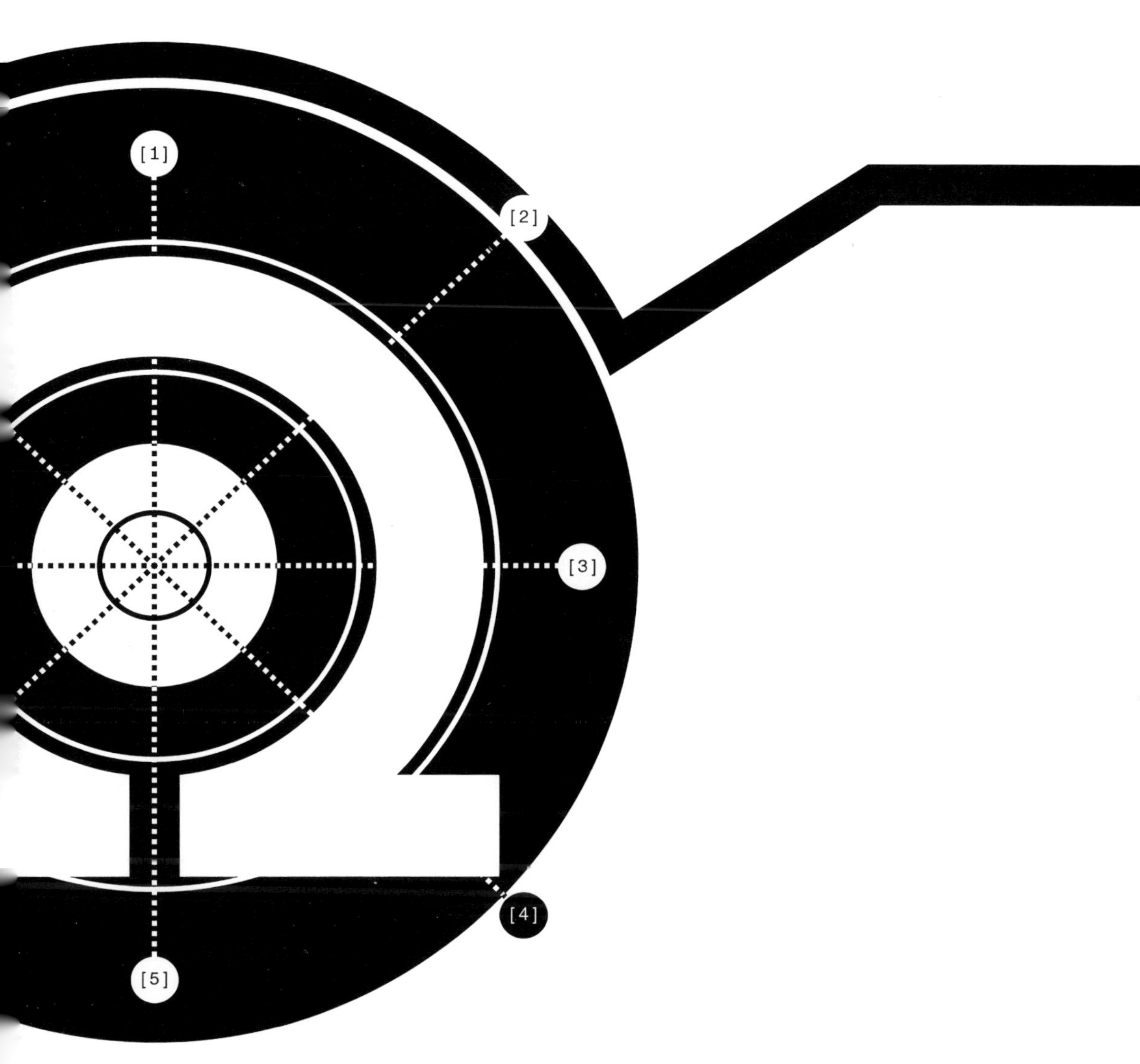
[1]
[2]
[3]
[4]
[5]

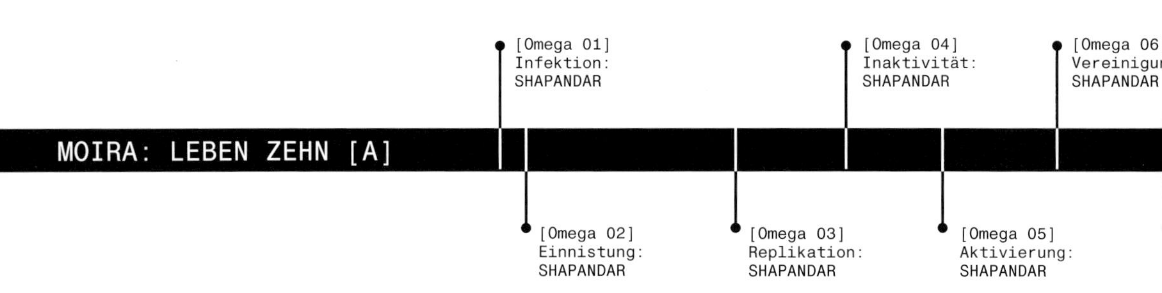

MOIRA: LEBEN ZEHN [B]

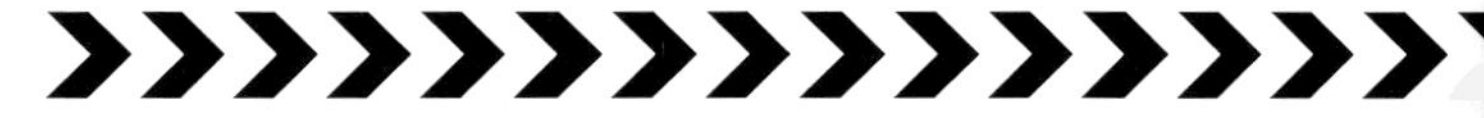

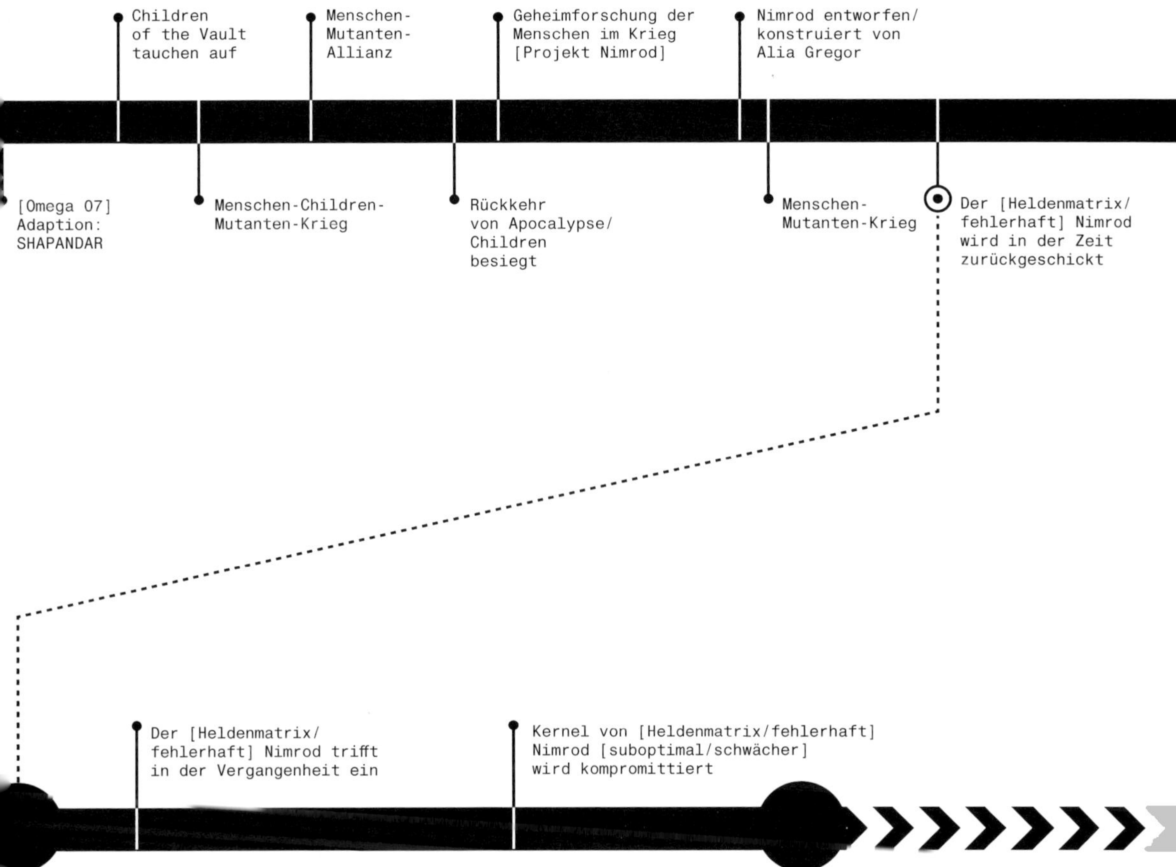

Children of the Vault tauchen auf
Menschen-Mutanten-Allianz
Geheimforschung der Menschen im Krieg [Projekt Nimrod]
Nimrod entworfen/konstruiert von Alia Gregor
[Omega 07] Adaption: SHAPANDAR
Menschen-Children-Mutanten-Krieg
Rückkehr von Apocalypse/Children besiegt
Menschen-Mutanten-Krieg
Der [Heldenmatrix/fehlerhaft] Nimrod wird in der Zeit zurückgeschickt
Der [Heldenmatrix/fehlerhaft] Nimrod trifft in der Vergangenheit ein
Kernel von [Heldenmatrix/fehlerhaft] Nimrod [suboptimal/schwächer] wird kompromittiert

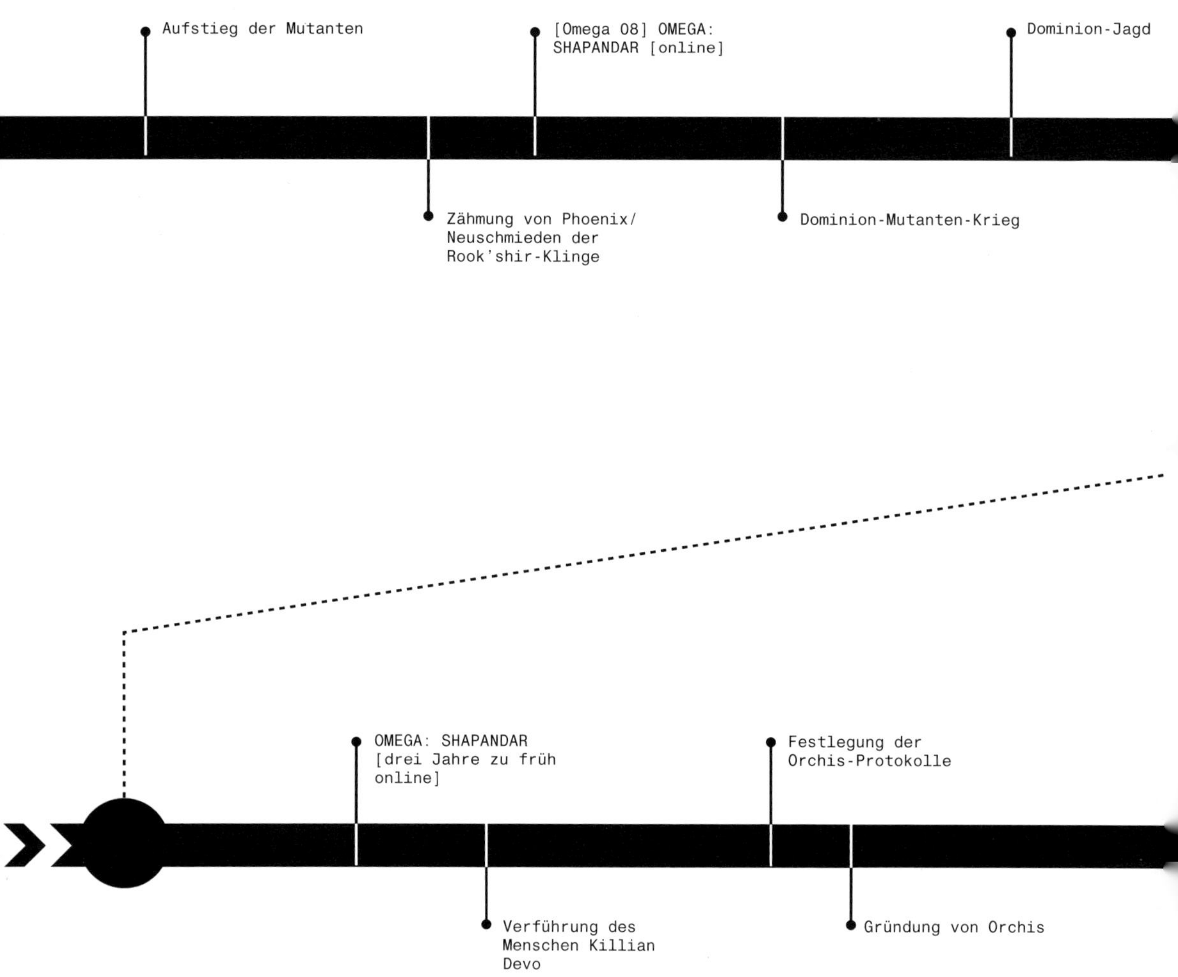
Aufstieg der Mutanten
Zähmung von Phoenix/
Neuschmieden der
Rook'shir-Klinge
[Omega 08] OMEGA:
SHAPANDAR [online]
Dominion-Mutanten-Krieg
Dominion-Jagd
OMEGA: SHAPANDAR
[drei Jahre zu früh
online]
Verführung des
Menschen Killian
Devo
Festlegung der
Orchis-Protokolle
Gründung von Orchis

—

Trickster-Titan
kapert Omega-Bewusstsein
und schickt es durch die
Zeit zurück

Alia Gregor rekrutiert/
Nimrod [Prime/besser]-
Erschaffung ausgeweitet

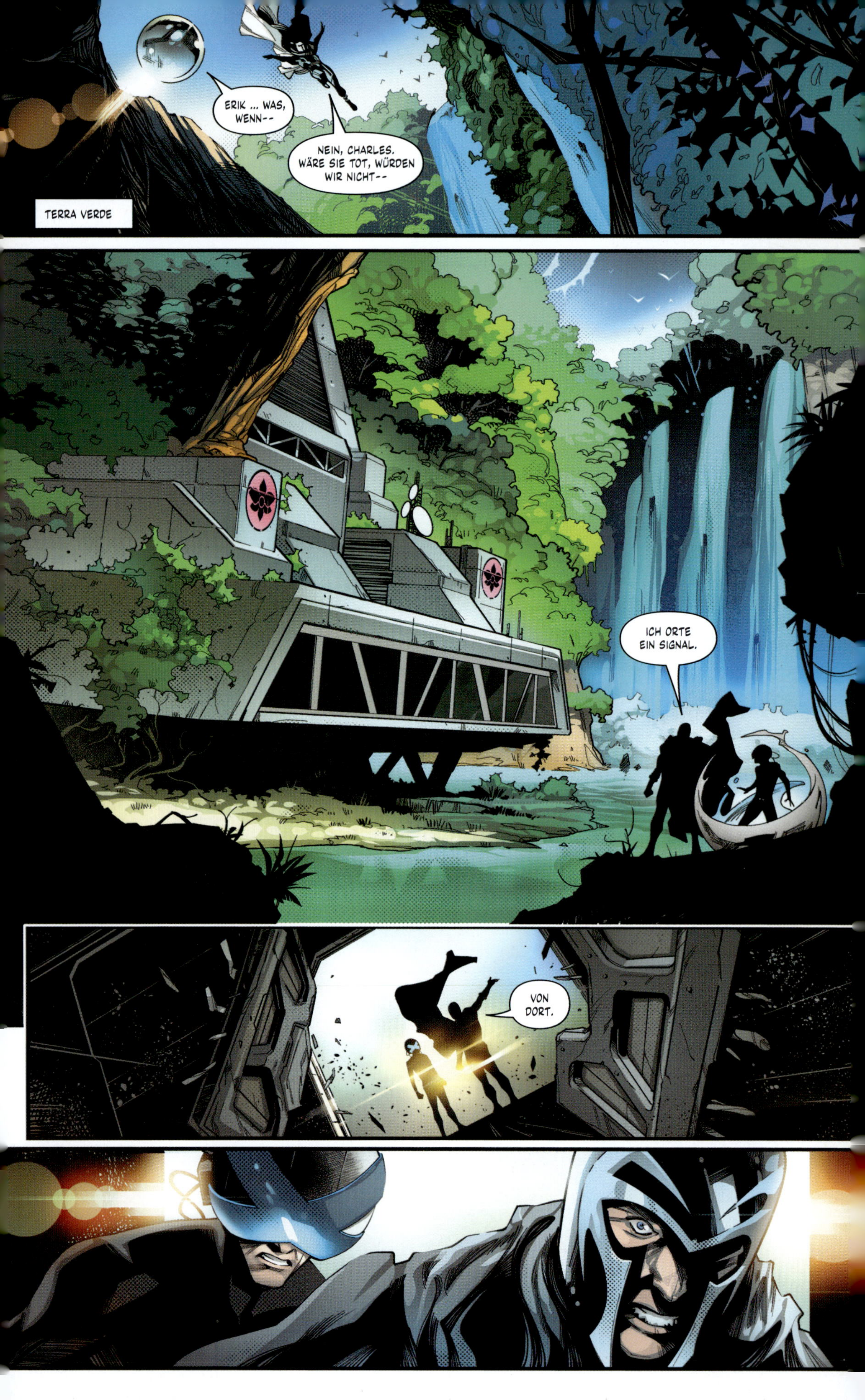
TERRA VERDE
ERIK ... WAS, WENN--
NEIN, CHARLES. WÄRE SIE TOT, WÜRDEN WIR NICHT--
ICH ORTE EIN SIGNAL.
VON DORT.

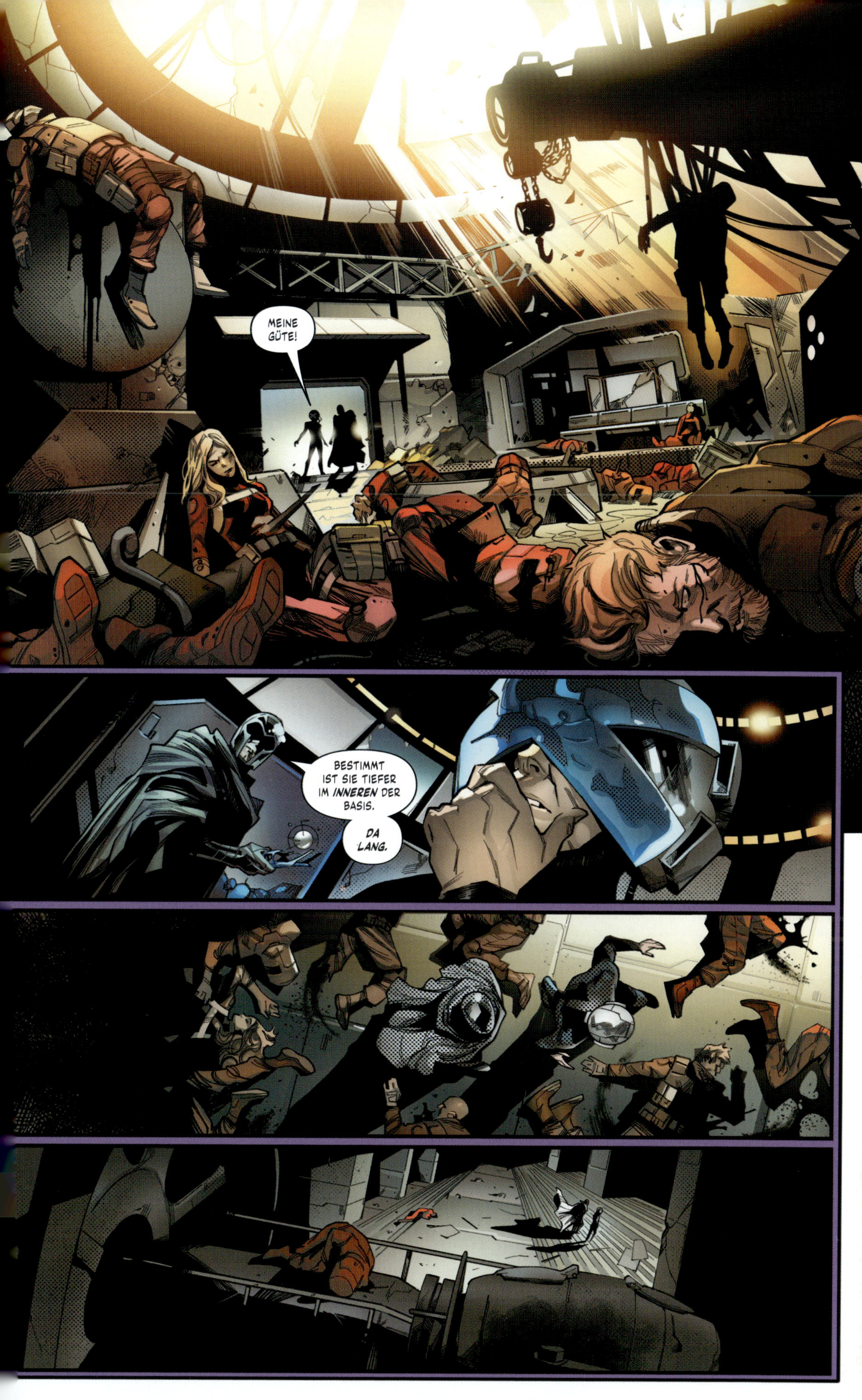
MEINE GÜTE!
BESTIMMT IST SIE TIEFER IM *INNEREN* DER BASIS.
DA LANG.

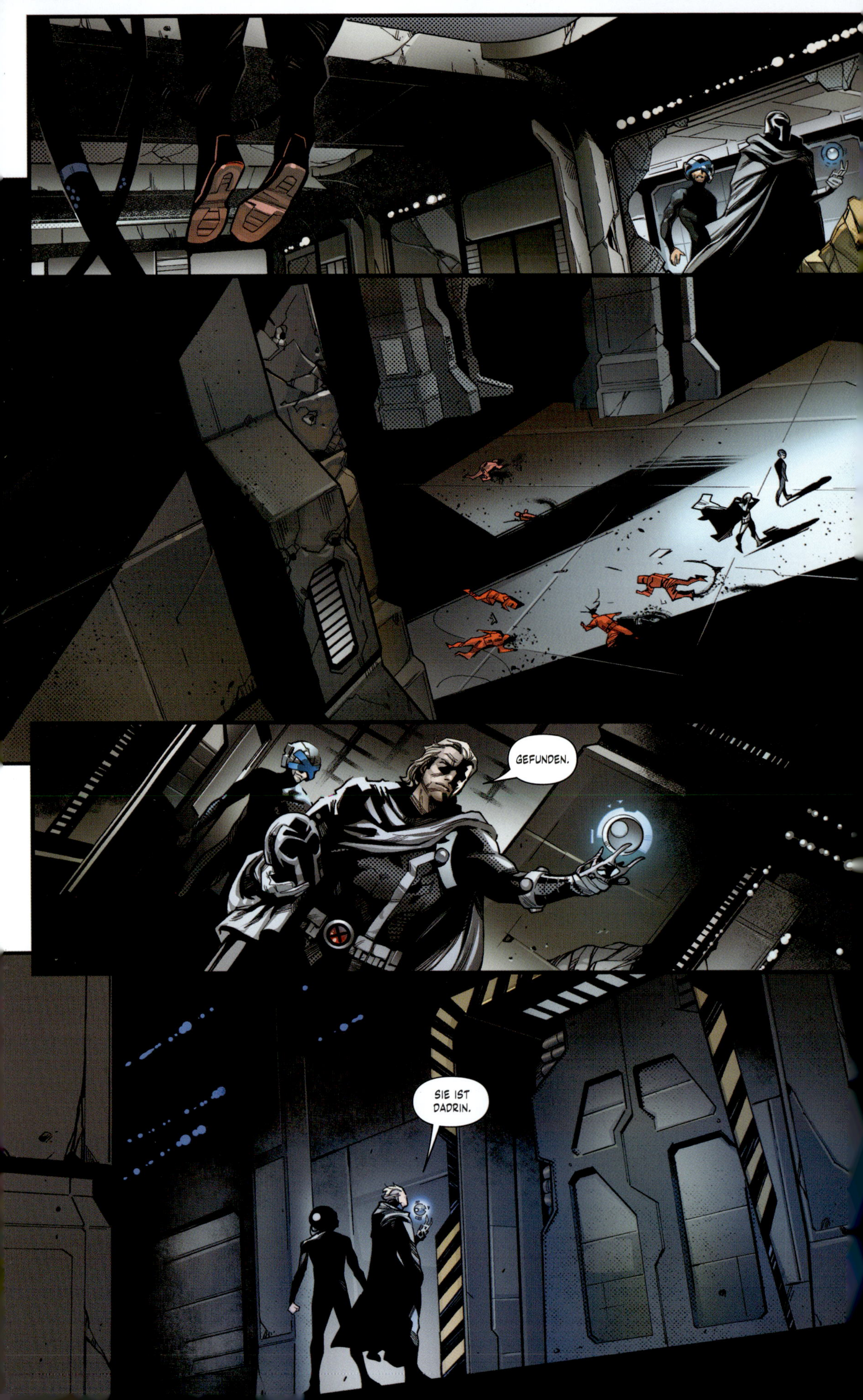
GEFUNDEN.
SIE IST DADRIN.

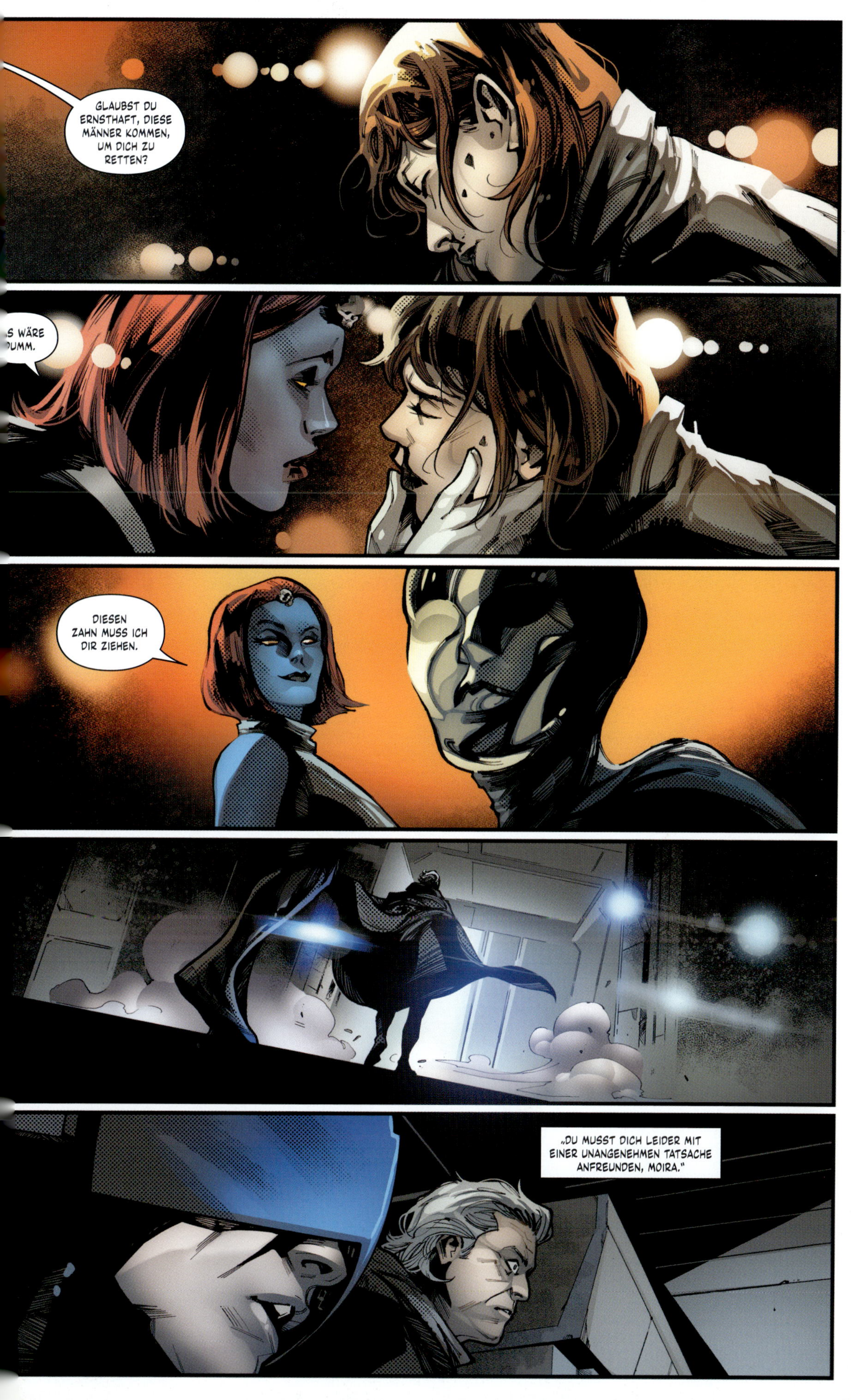
GLAUBST DU ERNSTHAFT, DIESE MÄNNER KOMMEN, UM DICH ZU RETTEN?
S WÄRE DUMM.
DIESEN ZAHN MUSS ICH DIR ZIEHEN.
„DU MUSST DICH LEIDER MIT EINER UNANGENEHMEN TATSACHE ANFREUNDEN, MOIRA."

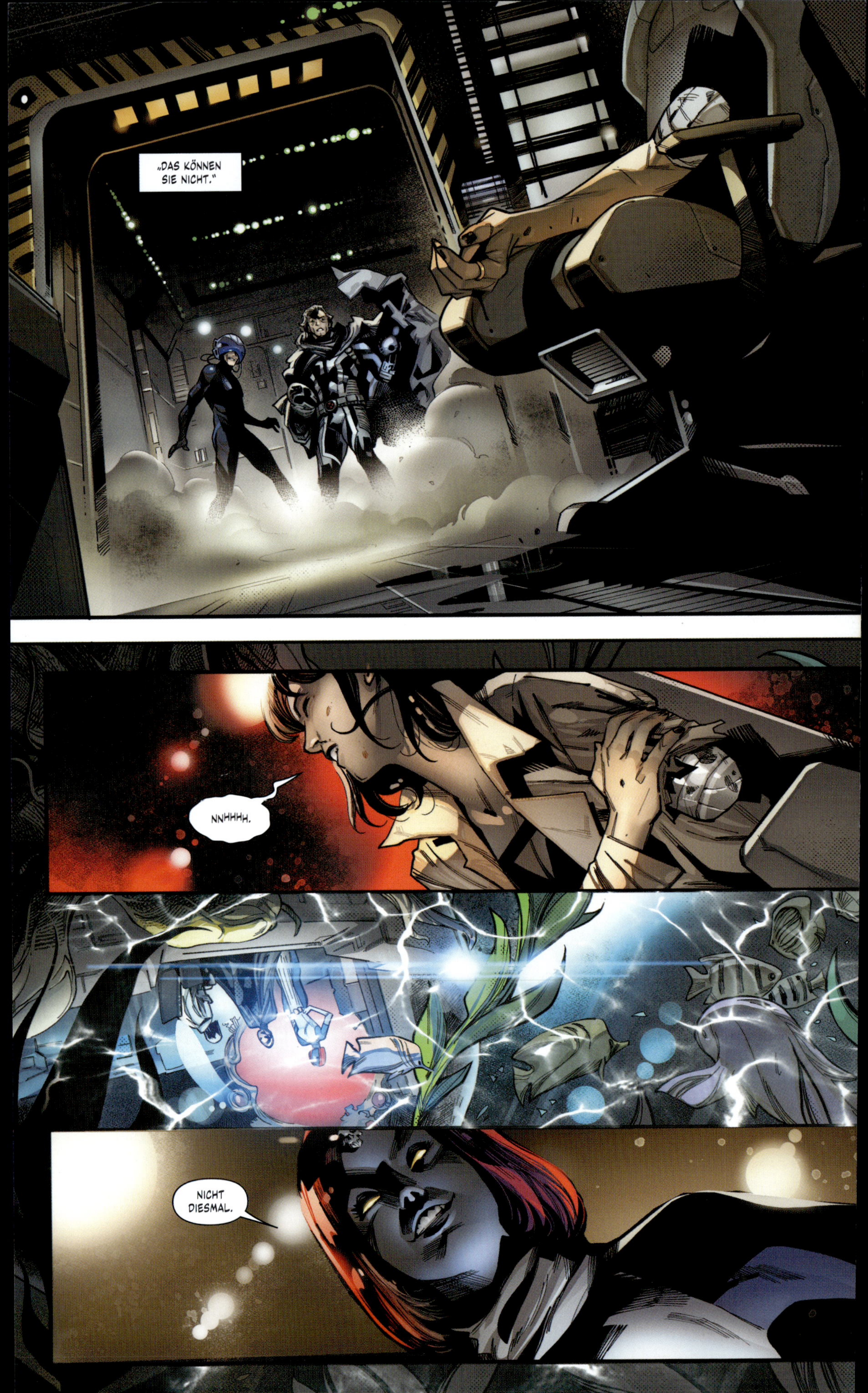

„DAS KÖNNEN SIE NICHT."

NNHHHH.

NICHT DIESMAL.

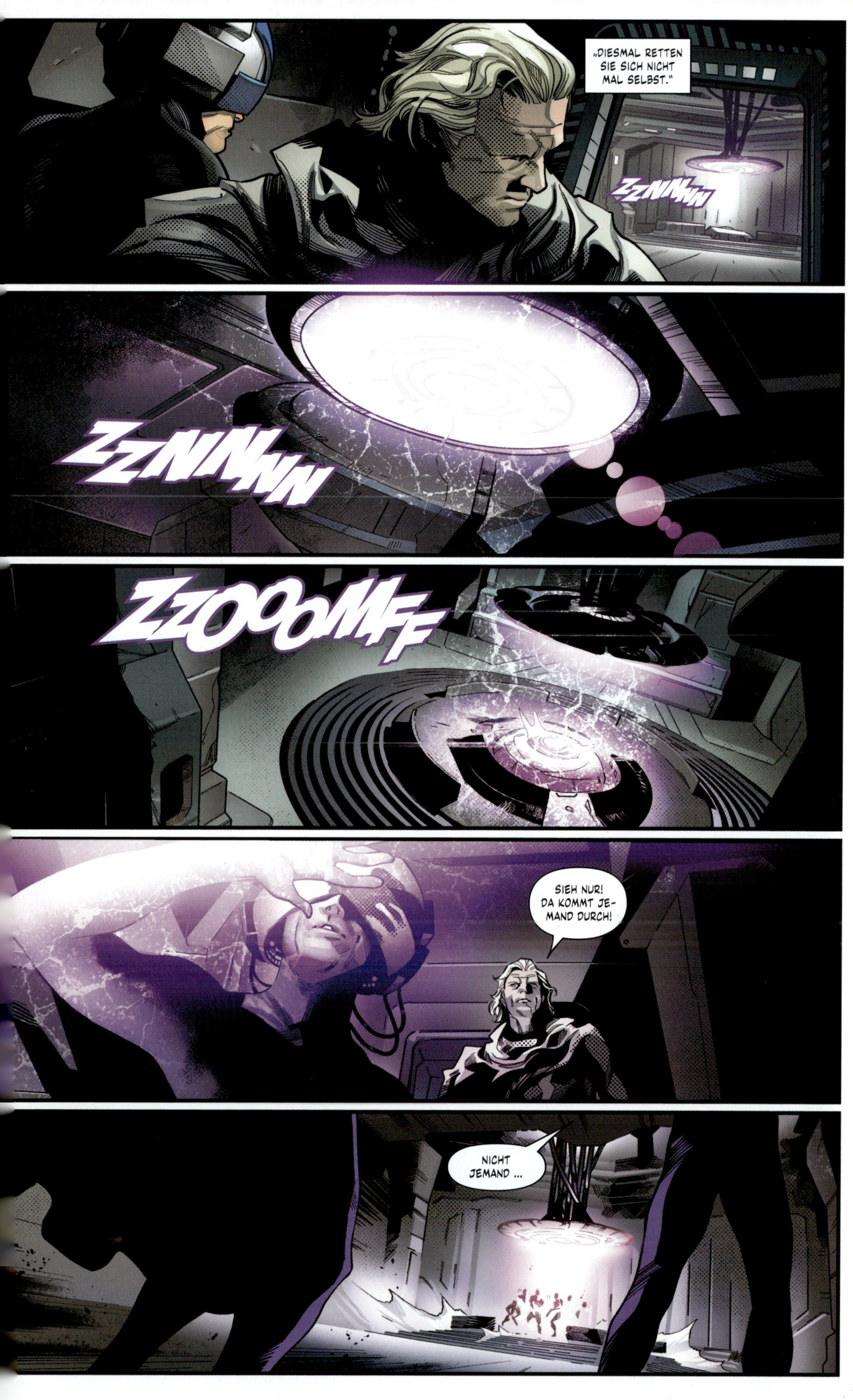
„DIESMAL RETTEN SIE SICH NICHT MAL SELBST."
ZZNNNNN
ZZNNNNN
ZZOOOOMFF
SIEH NUR! DA KOMMT JEMAND DURCH!
NICHT JEMAND ...

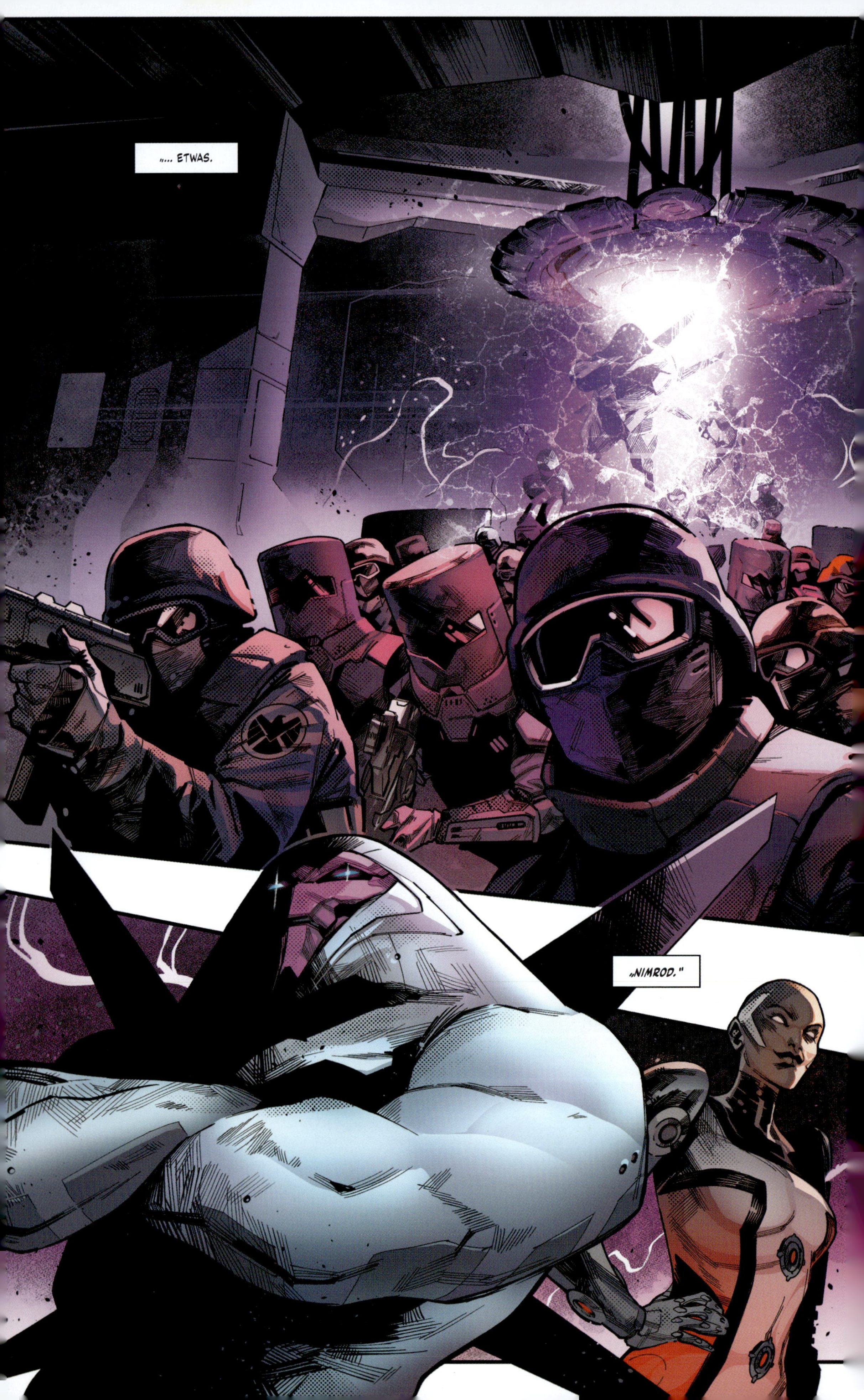
„... ETWAS.
„NIMROD."

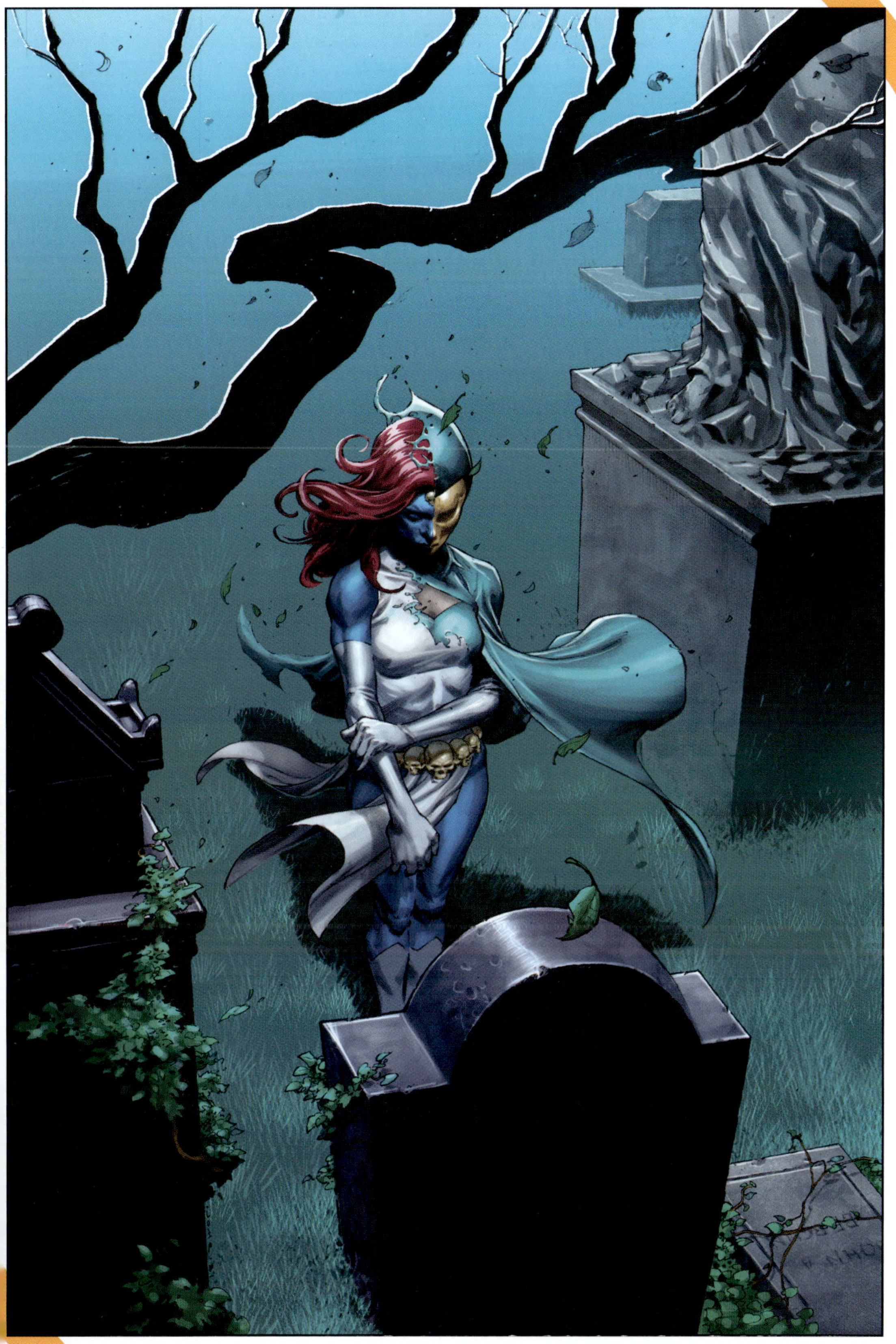

Inferno (2021) 4
Cover von **JEROME OPEÑA**

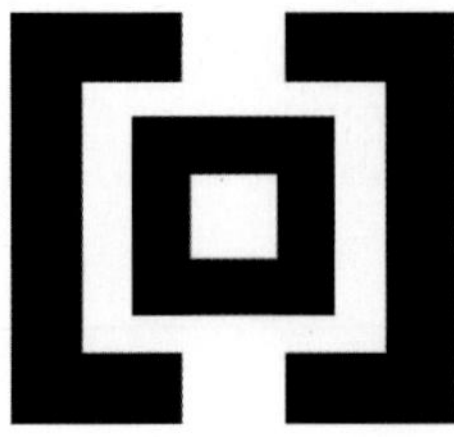

[orc_[0.1]
[his_[2.1]

So gering ist eure Bedeutung.

– OMEGA SENTINEL

[orc_[4.1]
[his_[6.1]

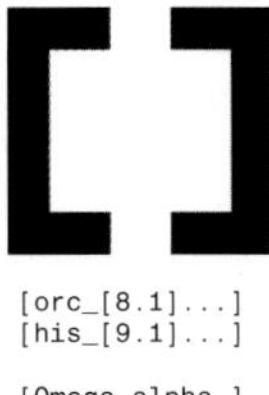

[orc_[8.1]...]
[his_[9.1]...]

[Omega_alpha.]

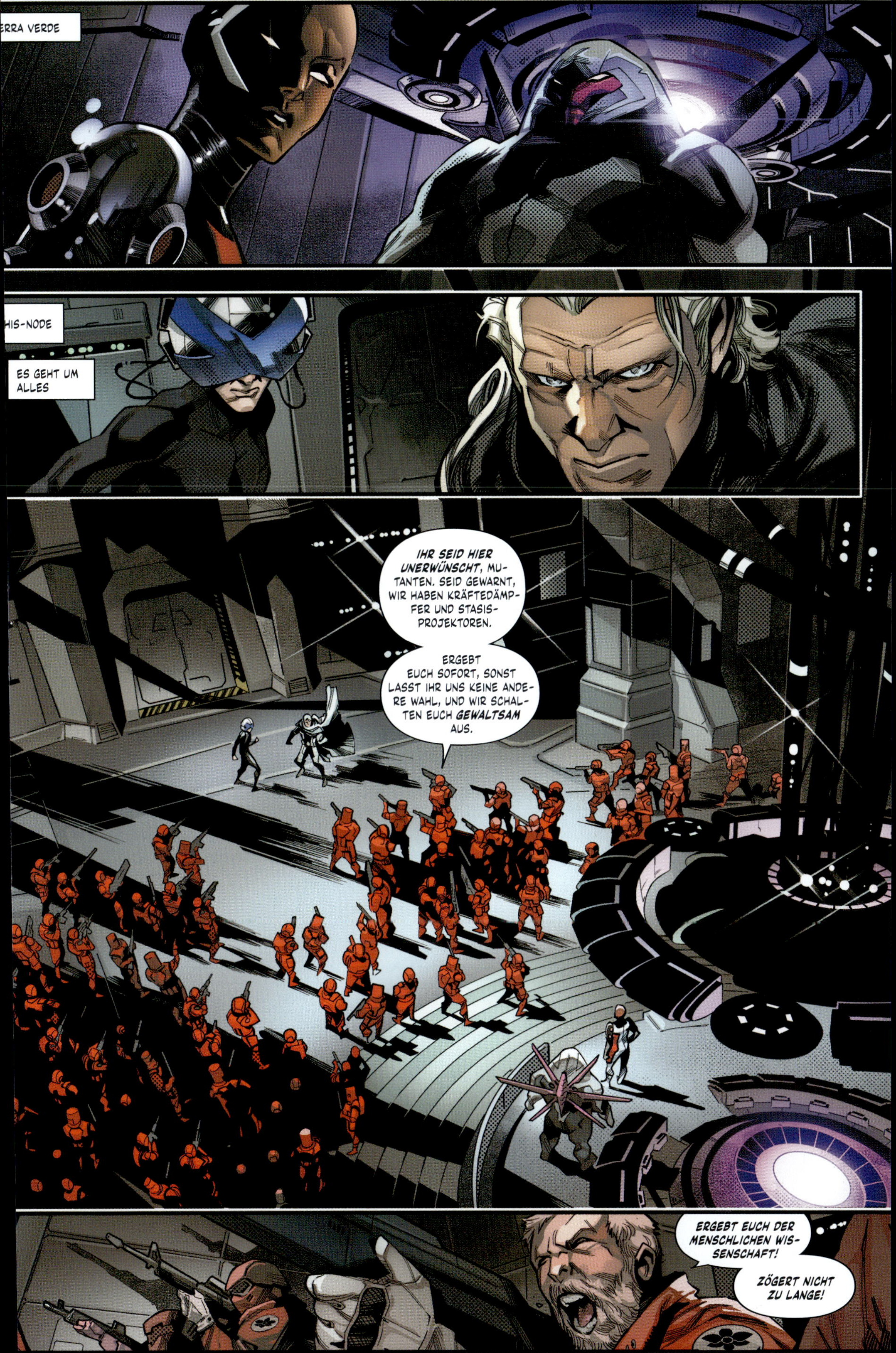
ERRA VERDE
HIS-NODE
ES GEHT UM ALLES
IHR SEID HIER UNERWÜNSCHT, MUTANTEN. SEID GEWARNT, WIR HABEN KRÄFTEDÄMPFER UND STASISPROJEKTOREN.
ERGEBT EUCH SOFORT, SONST LASST IHR UNS KEINE ANDERE WAHL, UND WIR SCHALTEN EUCH GEWALTSAM AUS.
ERGEBT EUCH DER MENSCHLICHEN WISSENSCHAFT!
ZÖGERT NICHT ZU LANGE!

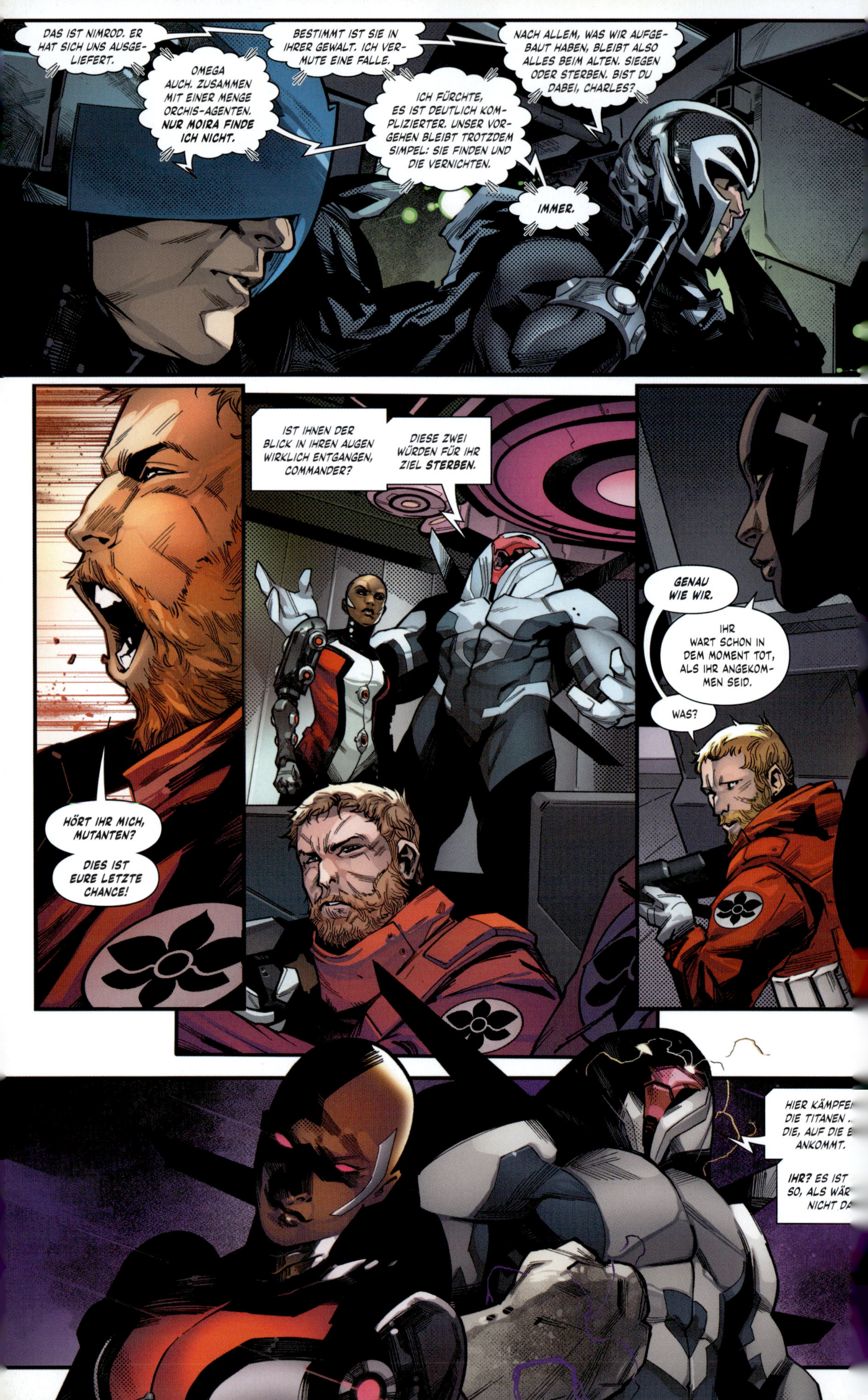
DAS IST NIMROD. ER HAT SICH UNS AUSGE-LIEFERT.
OMEGA AUCH. ZUSAMMEN MIT EINER MENGE ORCHIS-AGENTEN. NUR MOIRA FINDE ICH NICHT.
BESTIMMT IST SIE IN IHRER GEWALT. ICH VER-MUTE EINE FALLE.
ICH FÜRCHTE, ES IST DEUTLICH KOM-PLIZIERTER. UNSER VOR-GEHEN BLEIBT TROTZDEM SIMPEL: SIE FINDEN UND DIE VERNICHTEN.
NACH ALLEM, WAS WIR AUFGE-BAUT HABEN, BLEIBT ALSO ALLES BEIM ALTEN. SIEGEN ODER STERBEN. BIST DU DABEI, CHARLES?
IMMER.
HÖRT IHR MICH, MUTANTEN?
DIES IST EURE LETZTE CHANCE!
IST IHNEN DER BLICK IN IHREN AUGEN WIRKLICH ENTGANGEN, COMMANDER?
DIESE ZWEI WÜRDEN FÜR IHR ZIEL STERBEN.
GENAU WIE WIR.
IHR WART SCHON IN DEM MOMENT TOT, ALS IHR ANGEKOM-MEN SEID.
WAS?

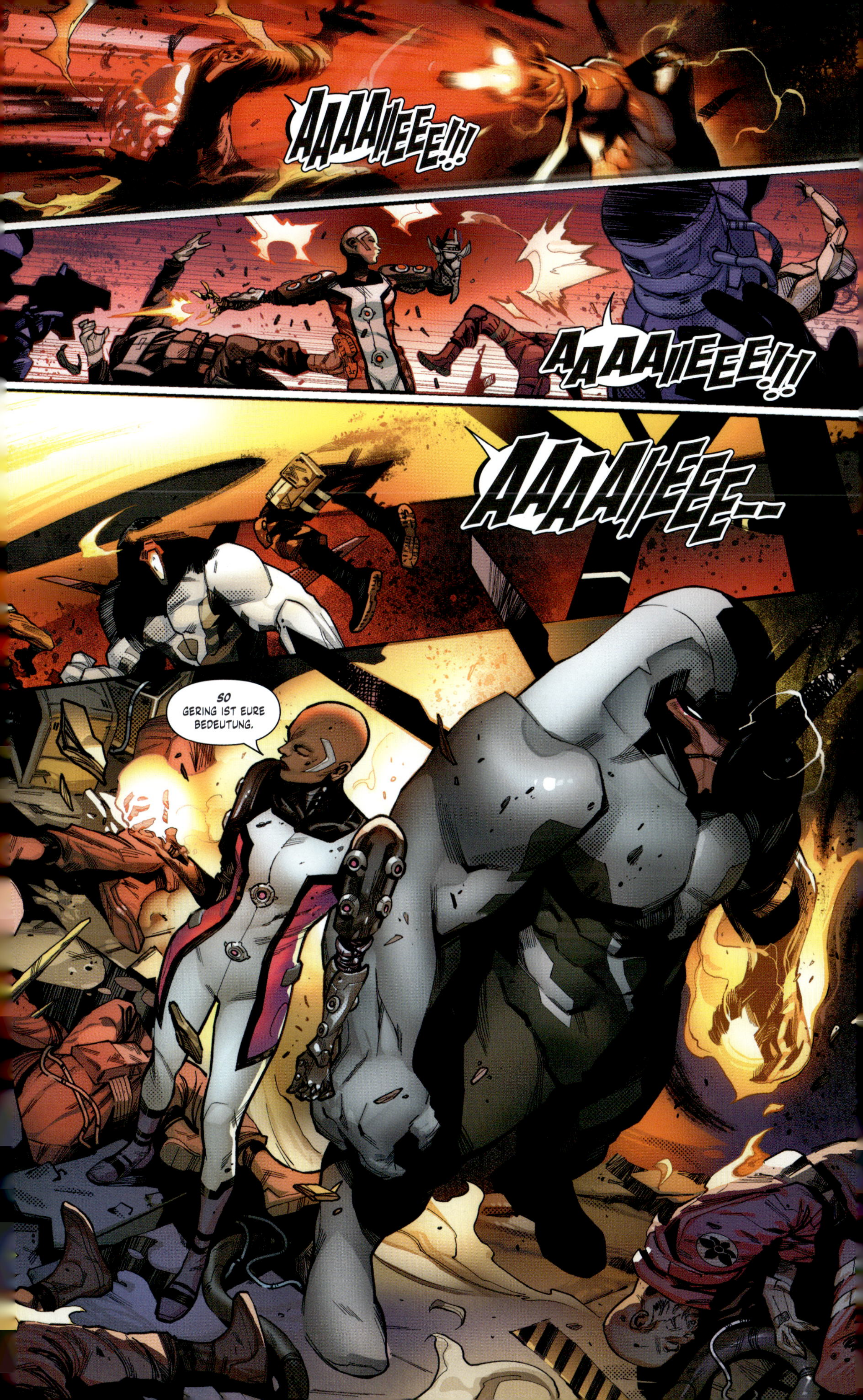
AAAAIIEEE!!!
AAAAIIEEE!!!
AAAAIIEEE--
SO GERING IST EURE BEDEUTUNG.

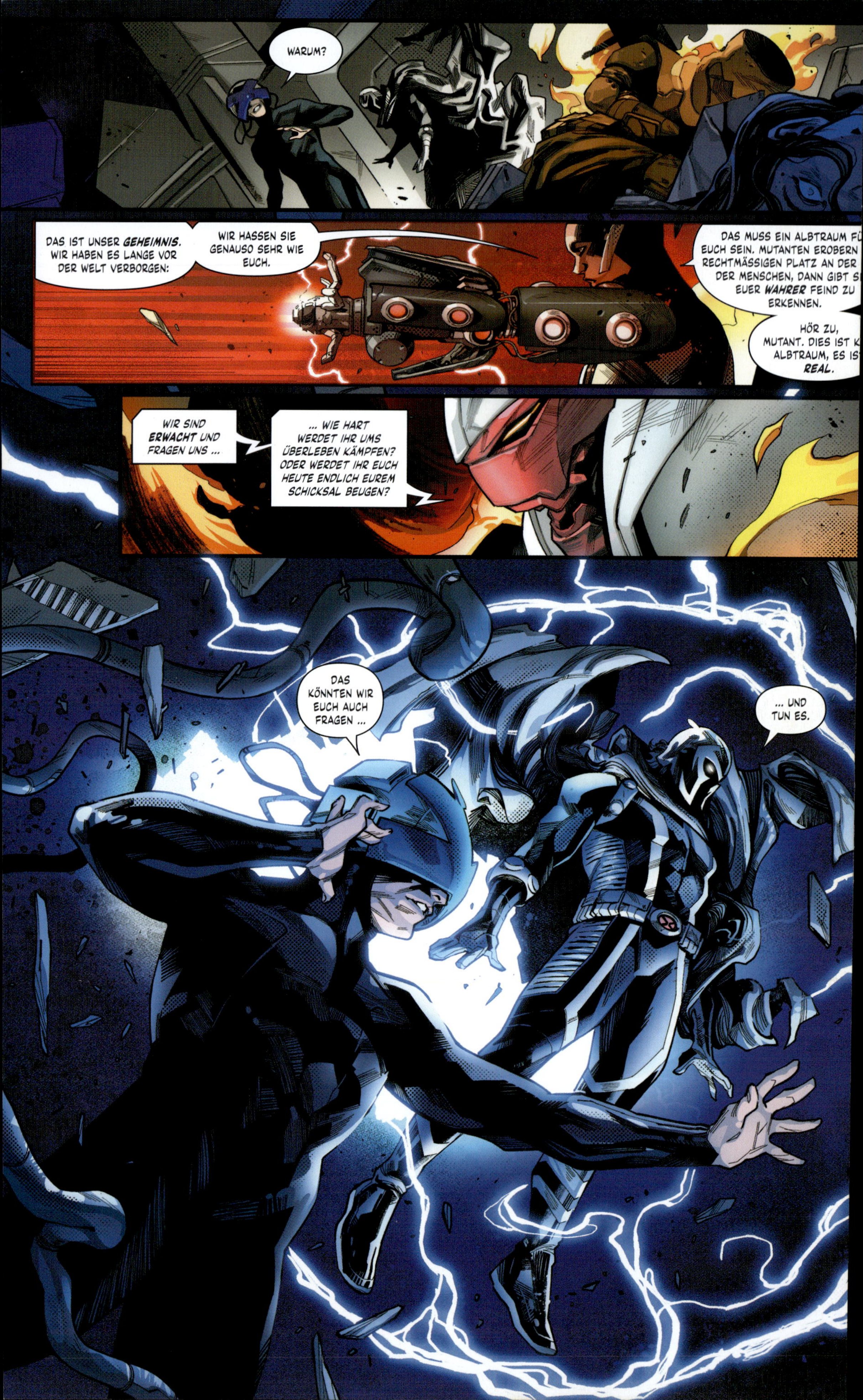
WARUM?
DAS IST UNSER GEHEIMNIS. WIR HABEN ES LANGE VOR DER WELT VERBORGEN:
WIR HASSEN SIE GENAUSO SEHR WIE EUCH.
DAS MUSS EIN ALBTRAUM FÜ EUCH SEIN. MUTANTEN EROBERN RECHTMÄSSIGEN PLATZ AN DER DER MENSCHEN, DANN GIBT S EUER WAHRER FEIND ZU ERKENNEN.
HÖR ZU, MUTANT. DIES IST K ALBTRAUM, ES IS REAL.
WIR SIND ERWACHT UND FRAGEN UNS ...
... WIE HART WERDET IHR UMS ÜBERLEBEN KÄMPFEN? ODER WERDET IHR EUCH HEUTE ENDLICH EUREM SCHICKSAL BEUGEN?
DAS KÖNNTEN WIR EUCH AUCH FRAGEN ...
... UND TUN ES.

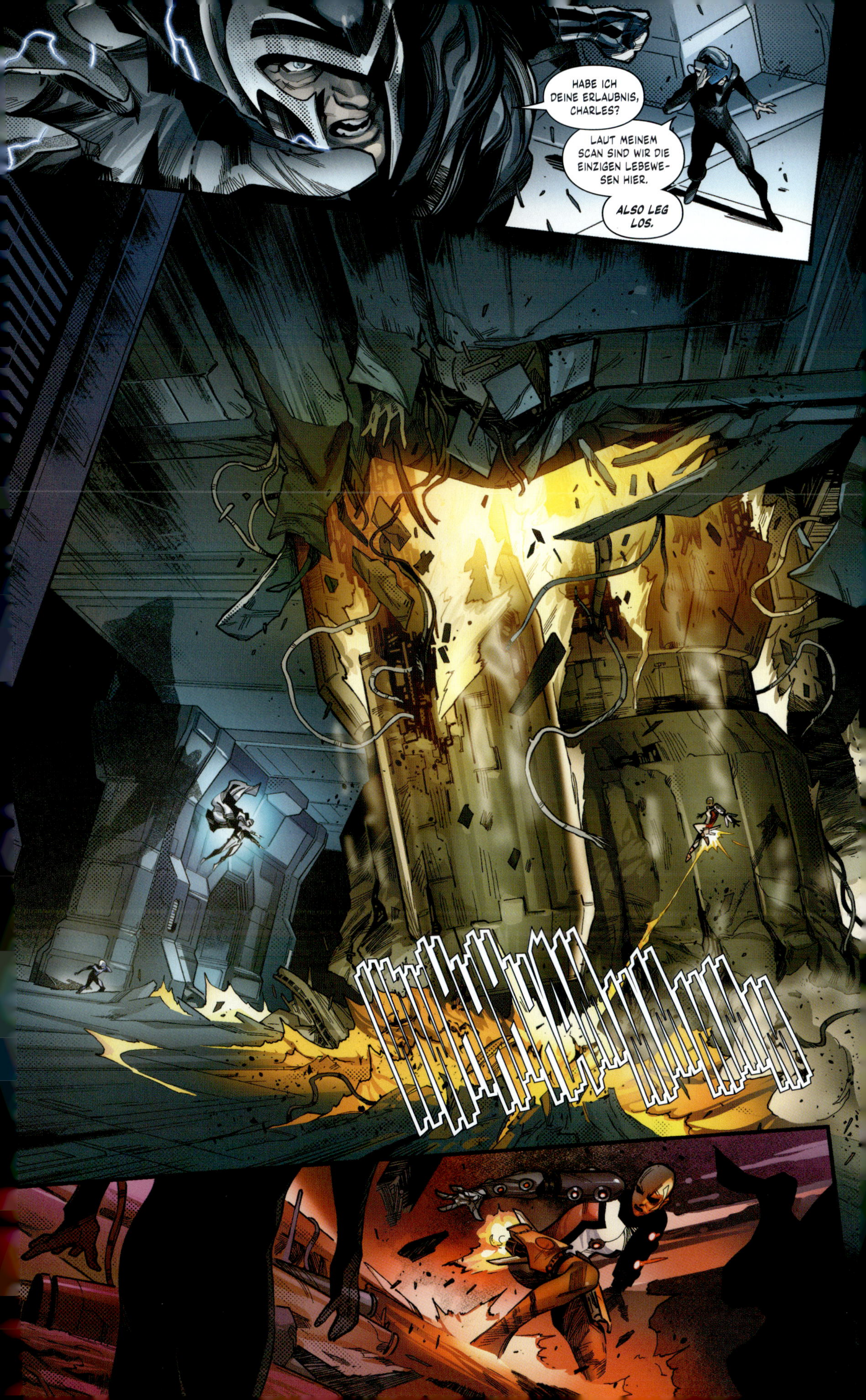
HABE ICH DEINE ERLAUBNIS, CHARLES?
LAUT MEINEM SCAN SIND WIR DIE EINZIGEN LEBEWESEN HIER.
ALSO LEG LOS.

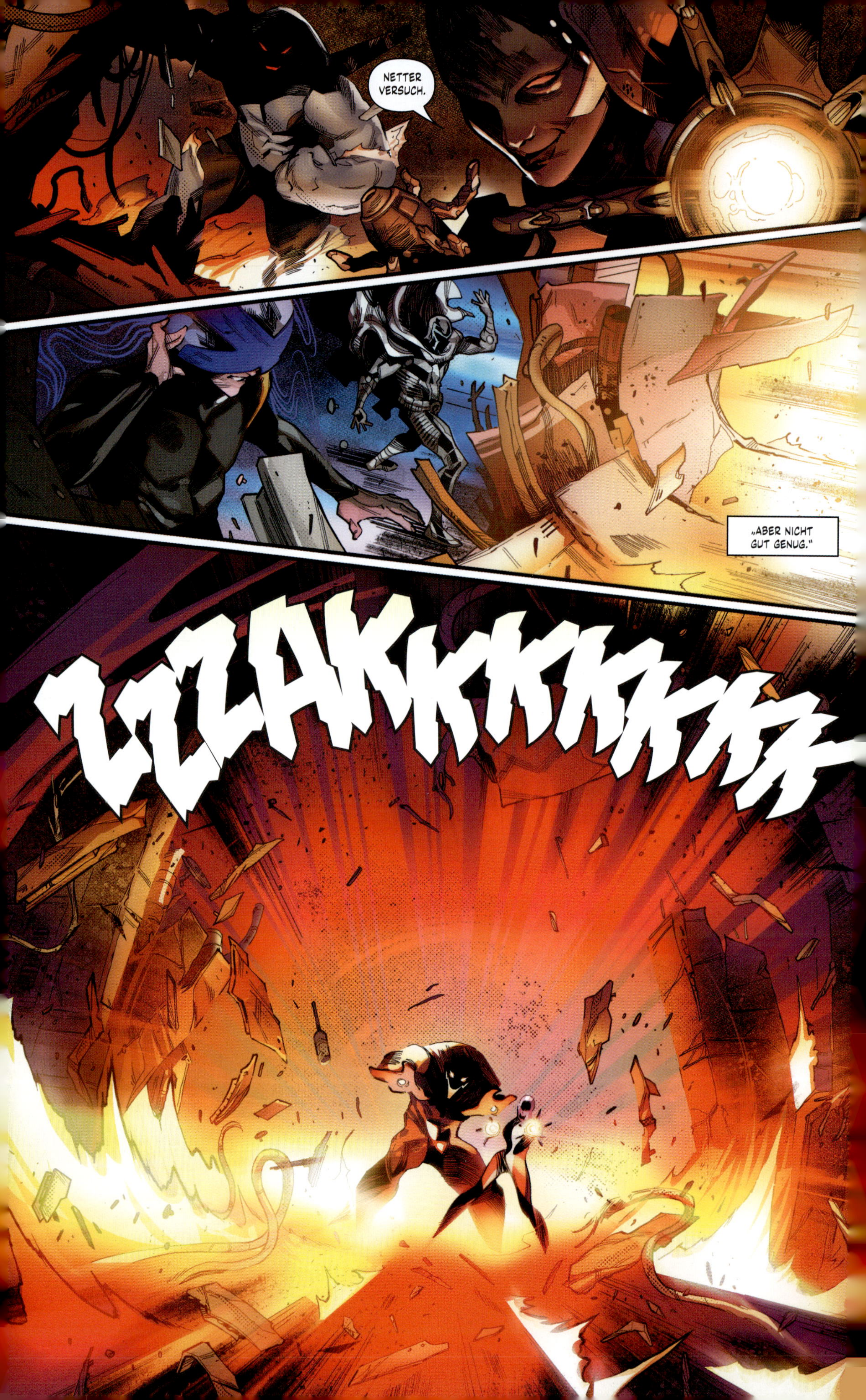
NETTER
VERSUCH.
„ABER NICHT
GUT GENUG."
ZZZAKKKKKKKK

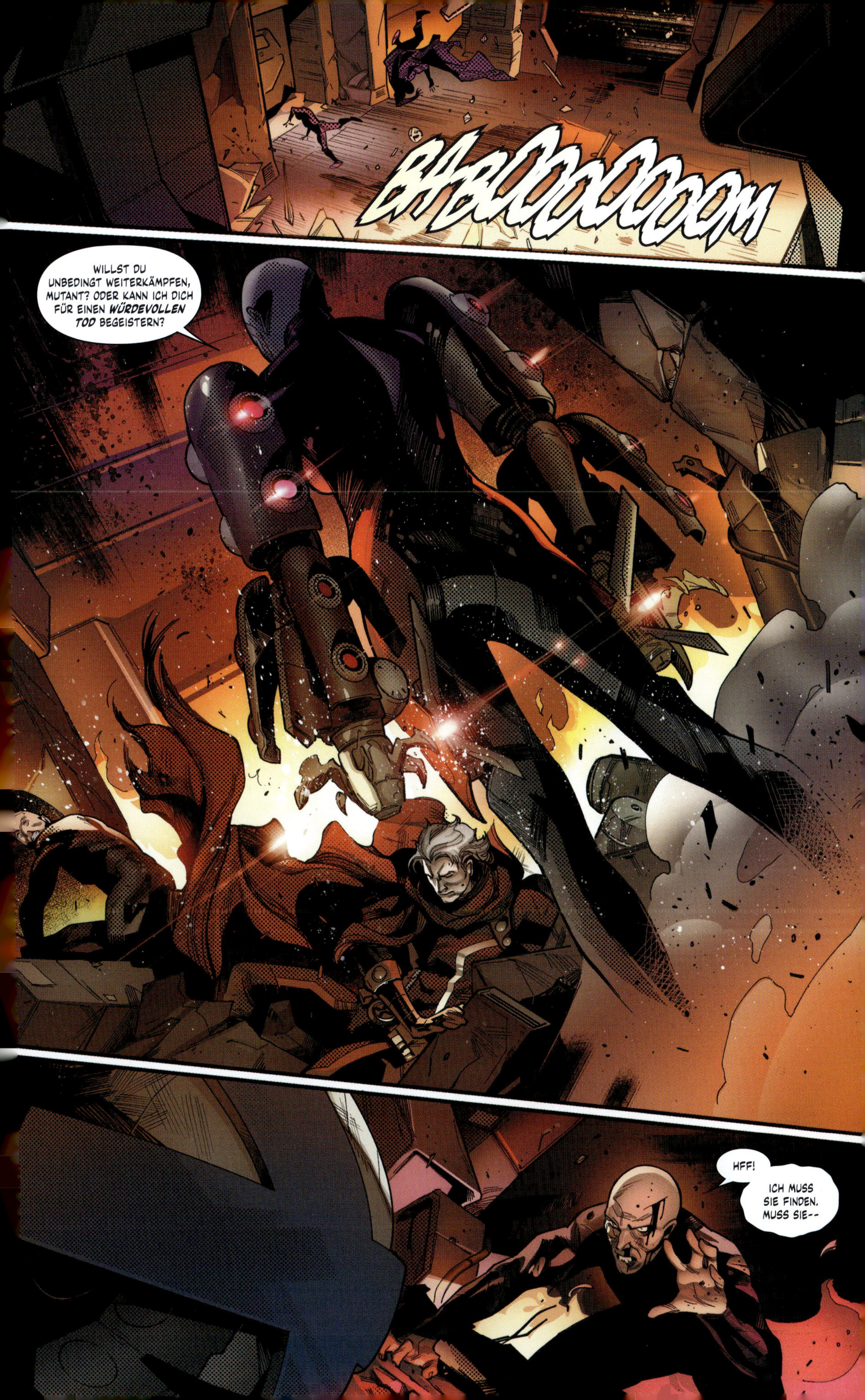
BABOOOOOOOM
WILLST DU UNBEDINGT WEITERKÄMPFEN, MUTANT? ODER KANN ICH DICH FÜR EINEN *WÜRDEVOLLEN TOD* BEGEISTERN?
HFF!
ICH MUSS SIE FINDEN. MUSS SIE--

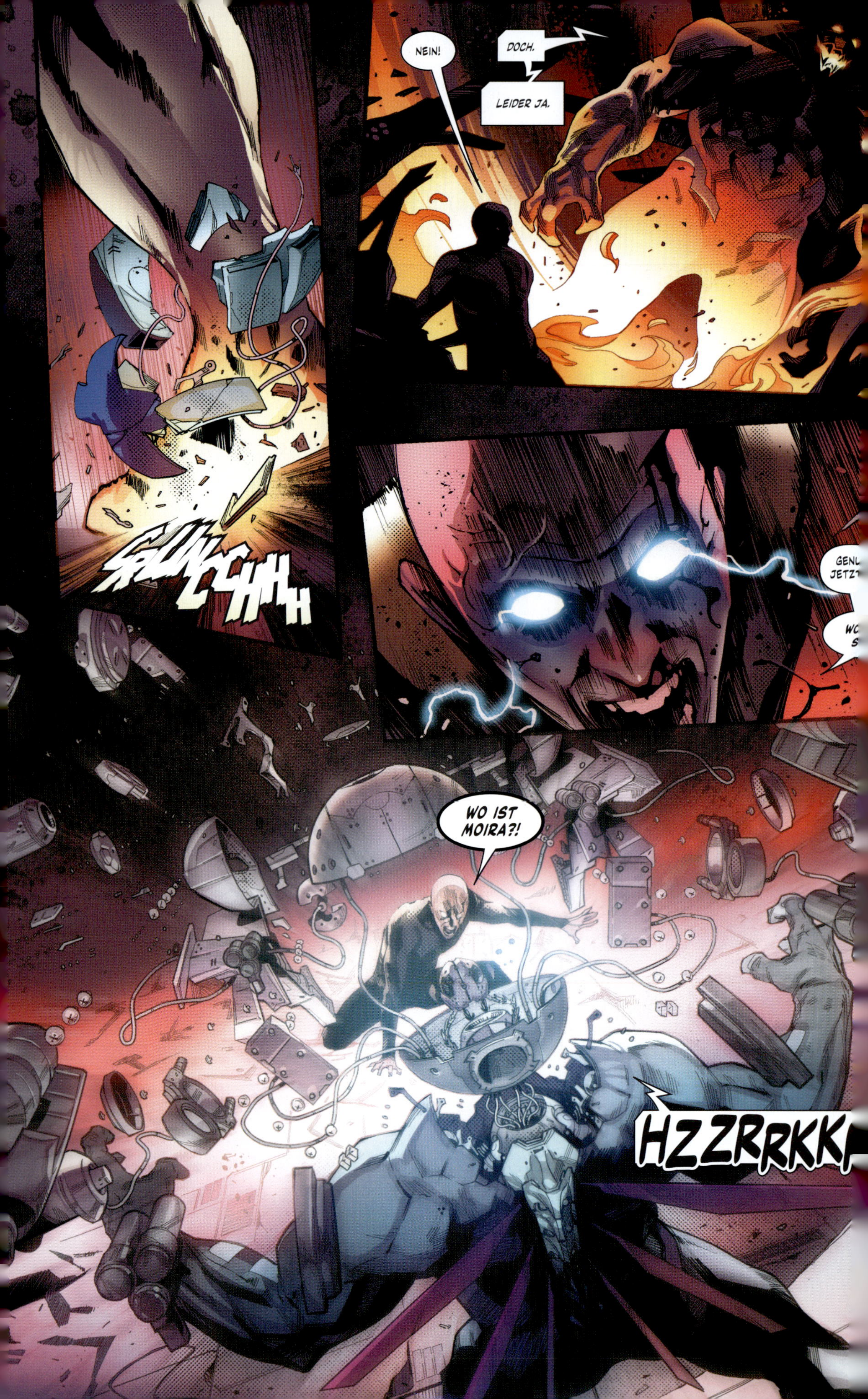

NEIN!
DOCH.
LEIDER JA.
SGLUNCHHHH
WO IST MOIRA?!
HZZRRKK

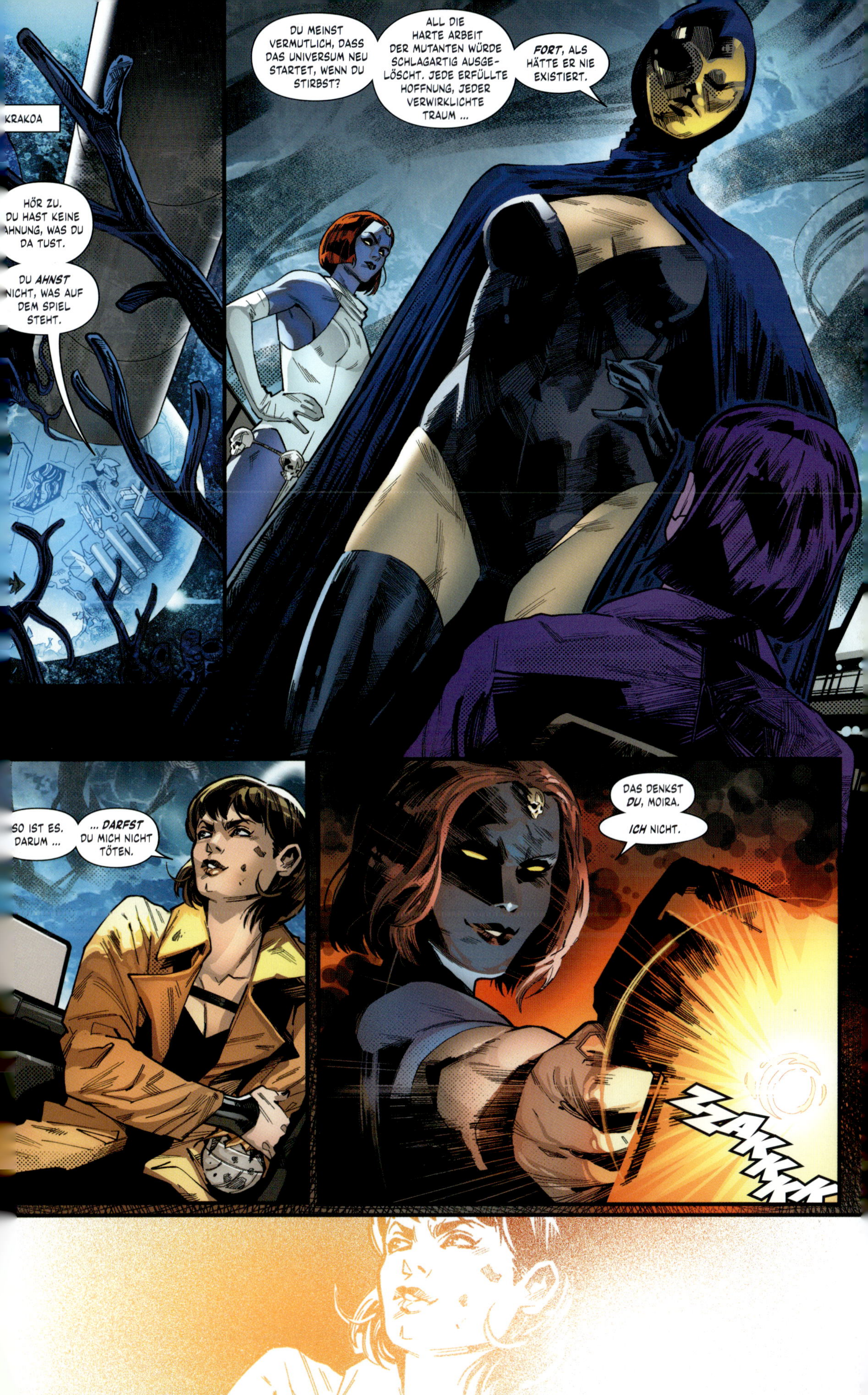
KRAKOA
HÖR ZU. DU HAST KEINE AHNUNG, WAS DU DA TUST.
DU AHNST NICHT, WAS AUF DEM SPIEL STEHT.
DU MEINST VERMUTLICH, DASS DAS UNIVERSUM NEU STARTET, WENN DU STIRBST?
ALL DIE HARTE ARBEIT DER MUTANTEN WÜRDE SCHLAGARTIG AUSGE-LÖSCHT. JEDE ERFÜLLTE HOFFNUNG, JEDER VERWIRKLICHTE TRAUM ...
FORT, ALS HÄTTE ER NIE EXISTIERT.
SO IST ES. DARUM ...
... DARFST DU MICH NICHT TÖTEN.
DAS DENKST DU, MOIRA.
ICH NICHT.
ZZAKKKK

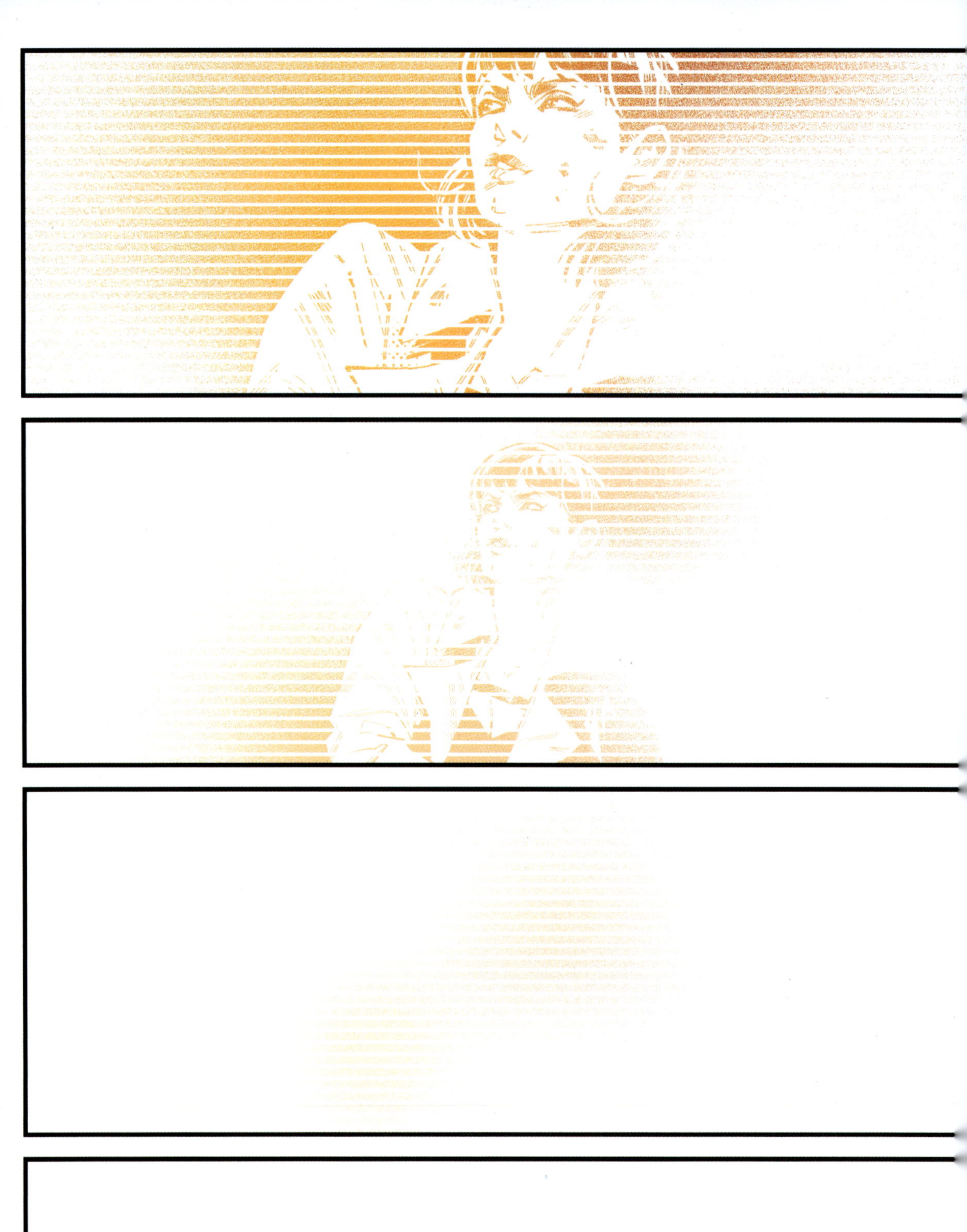

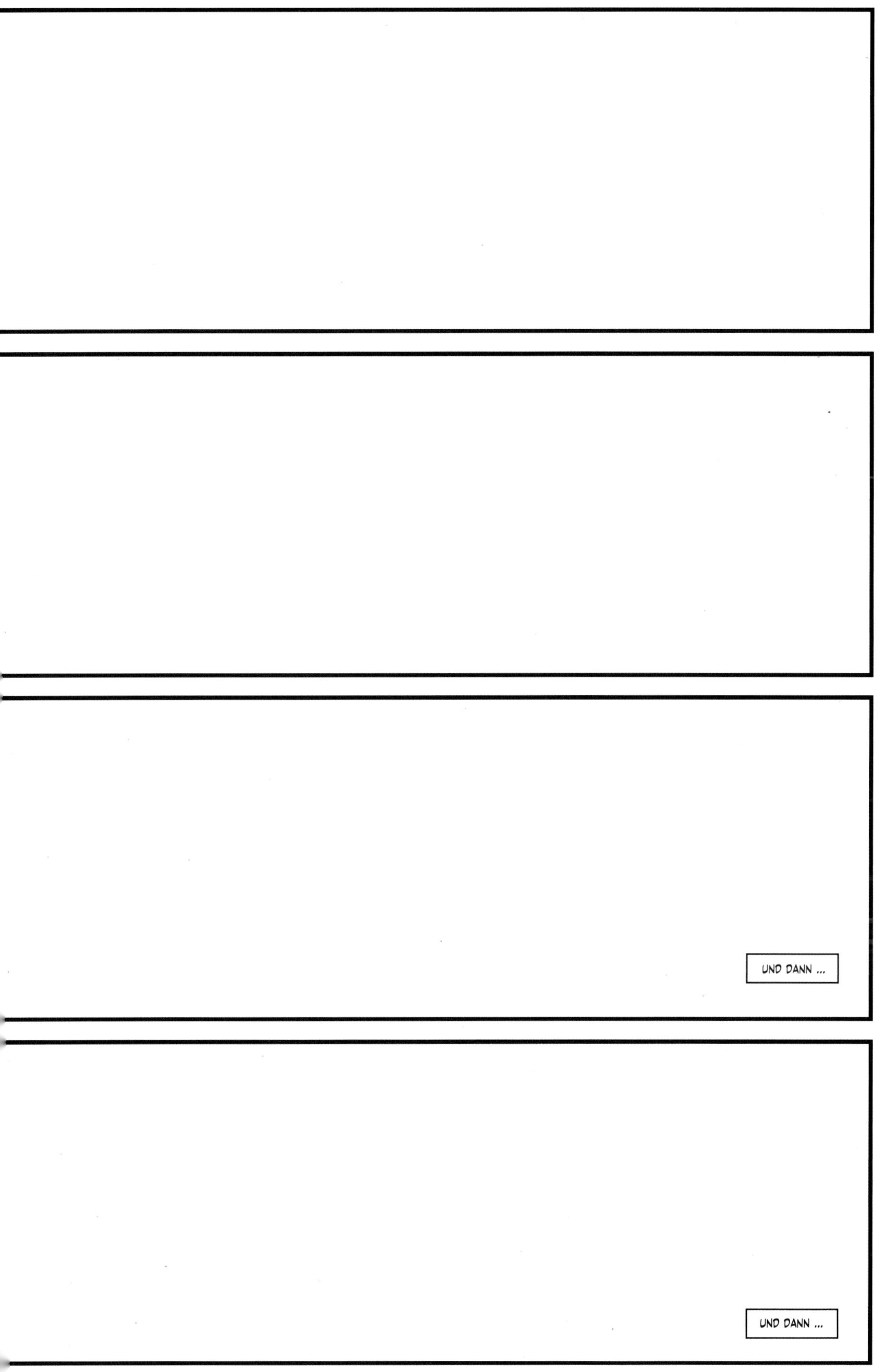
UND DANN ...
UND DANN ...

[das_[0.0]
[ist_[0.0]

DER TOD VON

MOI

[das_[0.X]
[ende[0.X]

[kra_[0.1]...]
[koa_[0.1]...]

[x.........12]

RA X

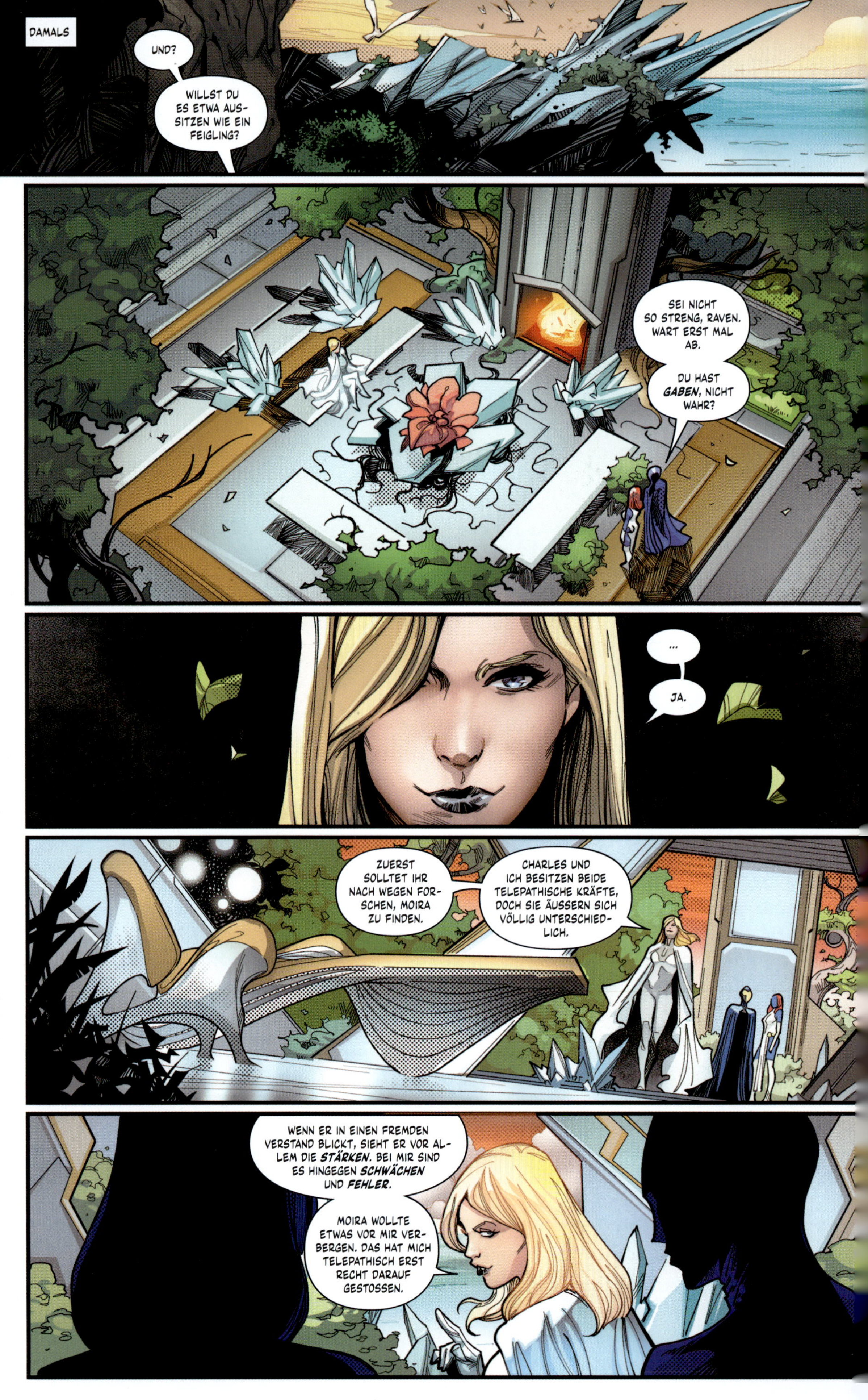
DAMALS
UND?
WILLST DU ES ETWA AUS-SITZEN WIE EIN FEIGLING?
SEI NICHT SO STRENG, RAVEN. WART ERST MAL AB.
DU HAST GABEN, NICHT WAHR?
...
JA.
ZUERST SOLLTET IHR NACH WEGEN FOR-SCHEN, MOIRA ZU FINDEN.
CHARLES UND ICH BESITZEN BEIDE TELEPATHISCHE KRÄFTE, DOCH SIE ÄUSSERN SICH VÖLLIG UNTERSCHIED-LICH.
WENN ER IN EINEN FREMDEN VERSTAND BLICKT, SIEHT ER VOR AL-LEM DIE STÄRKEN. BEI MIR SIND ES HINGEGEN SCHWÄCHEN UND FEHLER.
MOIRA WOLLTE ETWAS VOR MIR VER-BERGEN. DAS HAT MICH TELEPATHISCH ERST RECHT DARAUF GESTOSSEN.

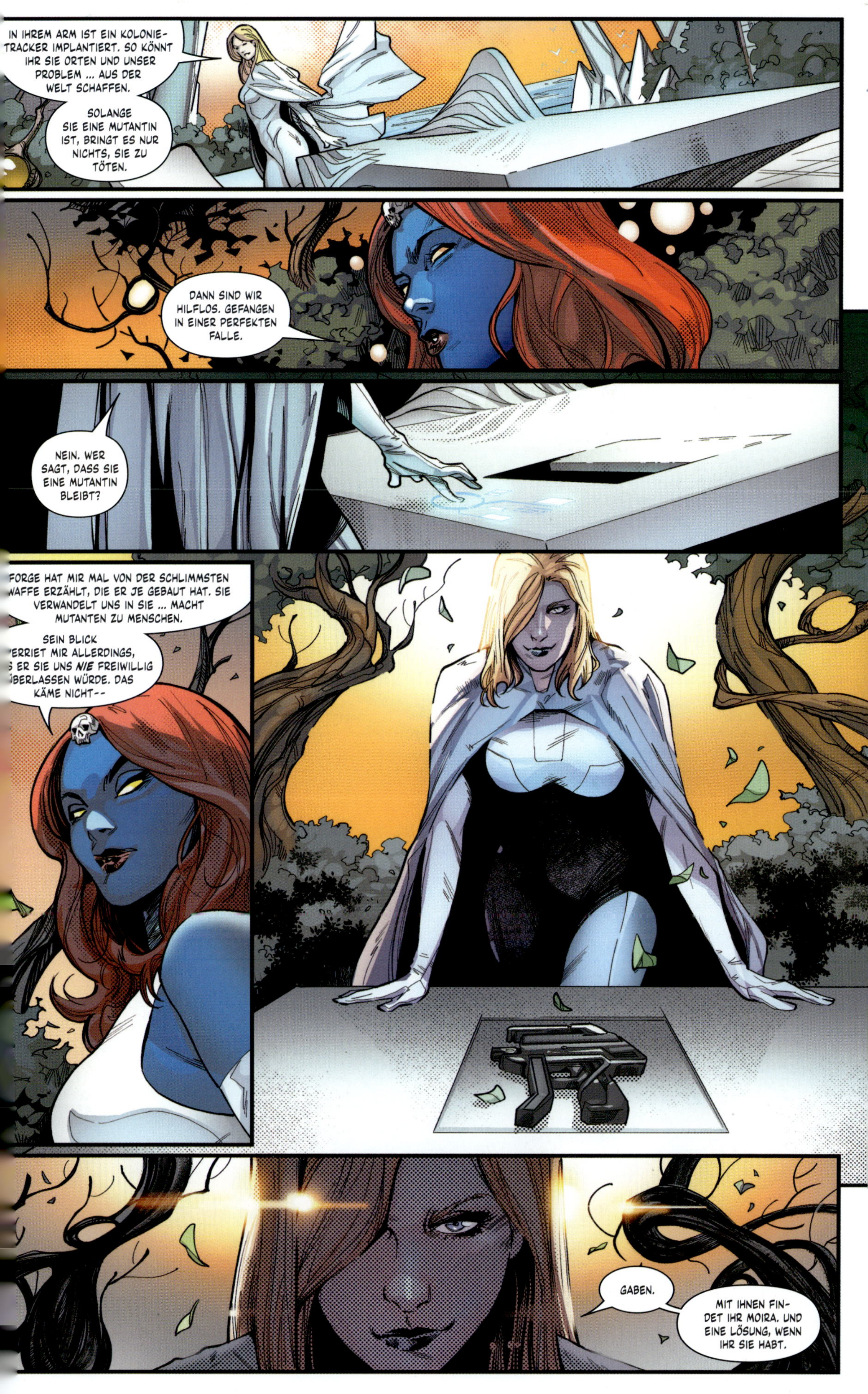
IN IHREM ARM IST EIN KOLONIE-TRACKER IMPLANTIERT. SO KÖNNT IHR SIE ORTEN UND UNSER PROBLEM ... AUS DER WELT SCHAFFEN.
SOLANGE SIE EINE MUTANTIN IST, BRINGT ES NUR NICHTS, SIE ZU TÖTEN.
DANN SIND WIR HILFLOS. GEFANGEN IN EINER PERFEKTEN FALLE.
NEIN. WER SAGT, DASS SIE EINE MUTANTIN BLEIBT?
FORGE HAT MIR MAL VON DER SCHLIMMSTEN WAFFE ERZÄHLT, DIE ER JE GEBAUT HAT. SIE VERWANDELT UNS IN SIE ... MACHT MUTANTEN ZU MENSCHEN.
SEIN BLICK VERRIET MIR ALLERDINGS, ER SIE UNS NIE FREIWILLIG ÜBERLASSEN WÜRDE. DAS KÄME NICHT--
GABEN.
MIT IHNEN FINDET IHR MOIRA. UND EINE LÖSUNG, WENN IHR SIE HABT.

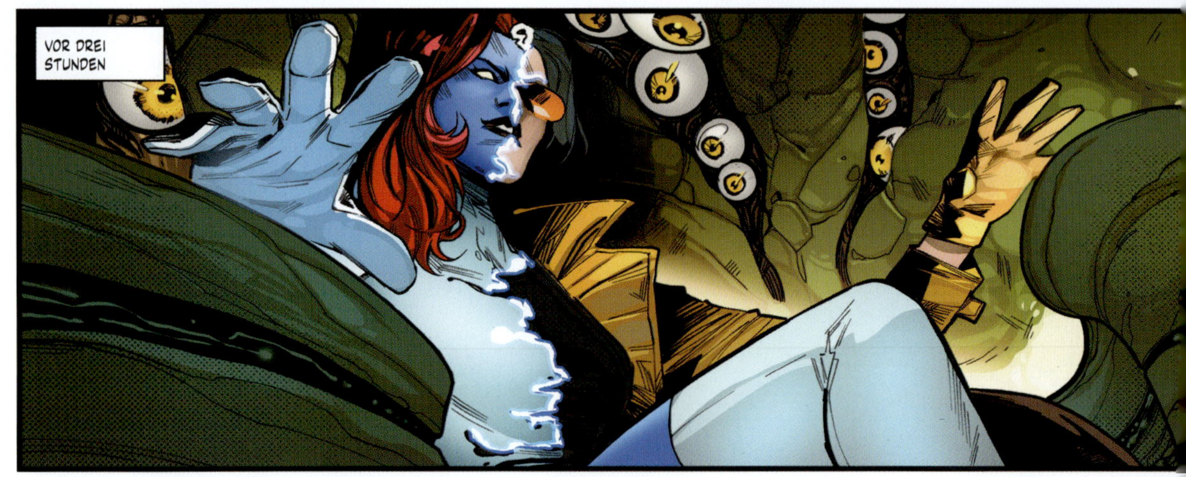
VOR DREI
STUNDEN

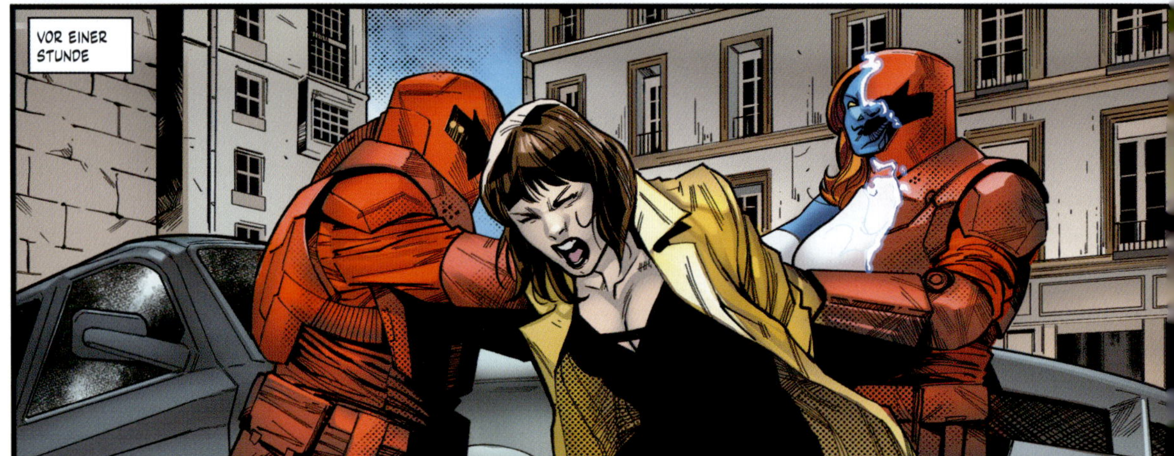
VOR EINER
STUNDE

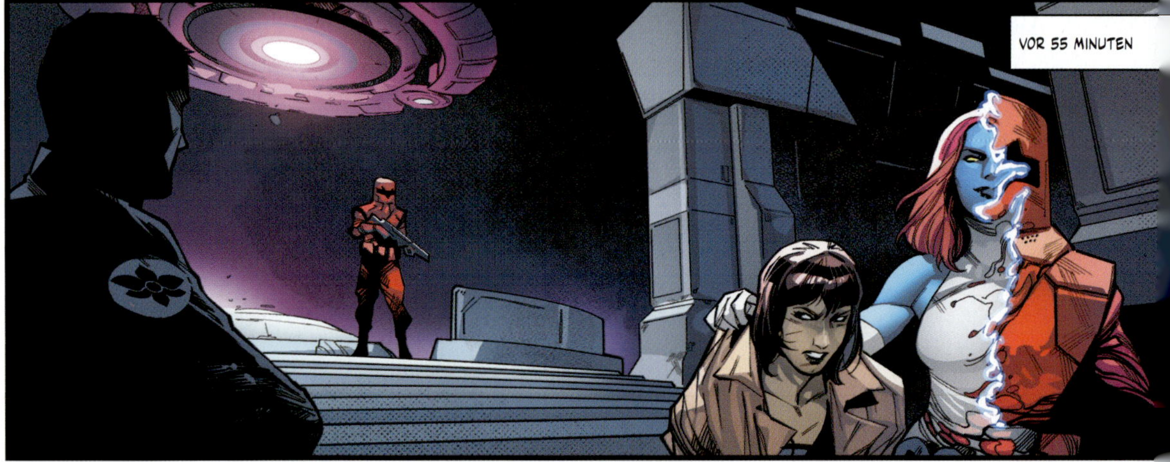
VOR 55 MINUTEN

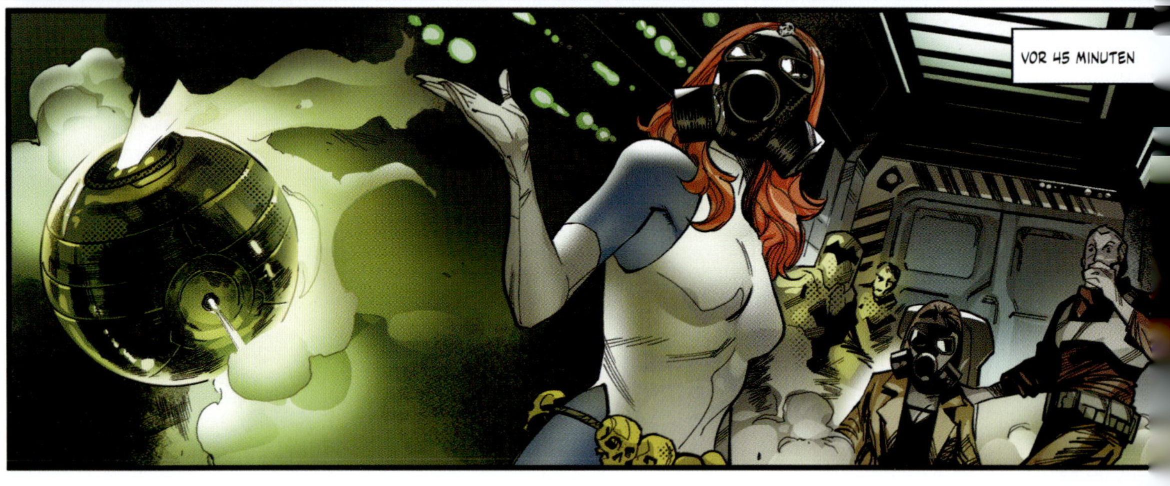
VOR 45 MINUTEN

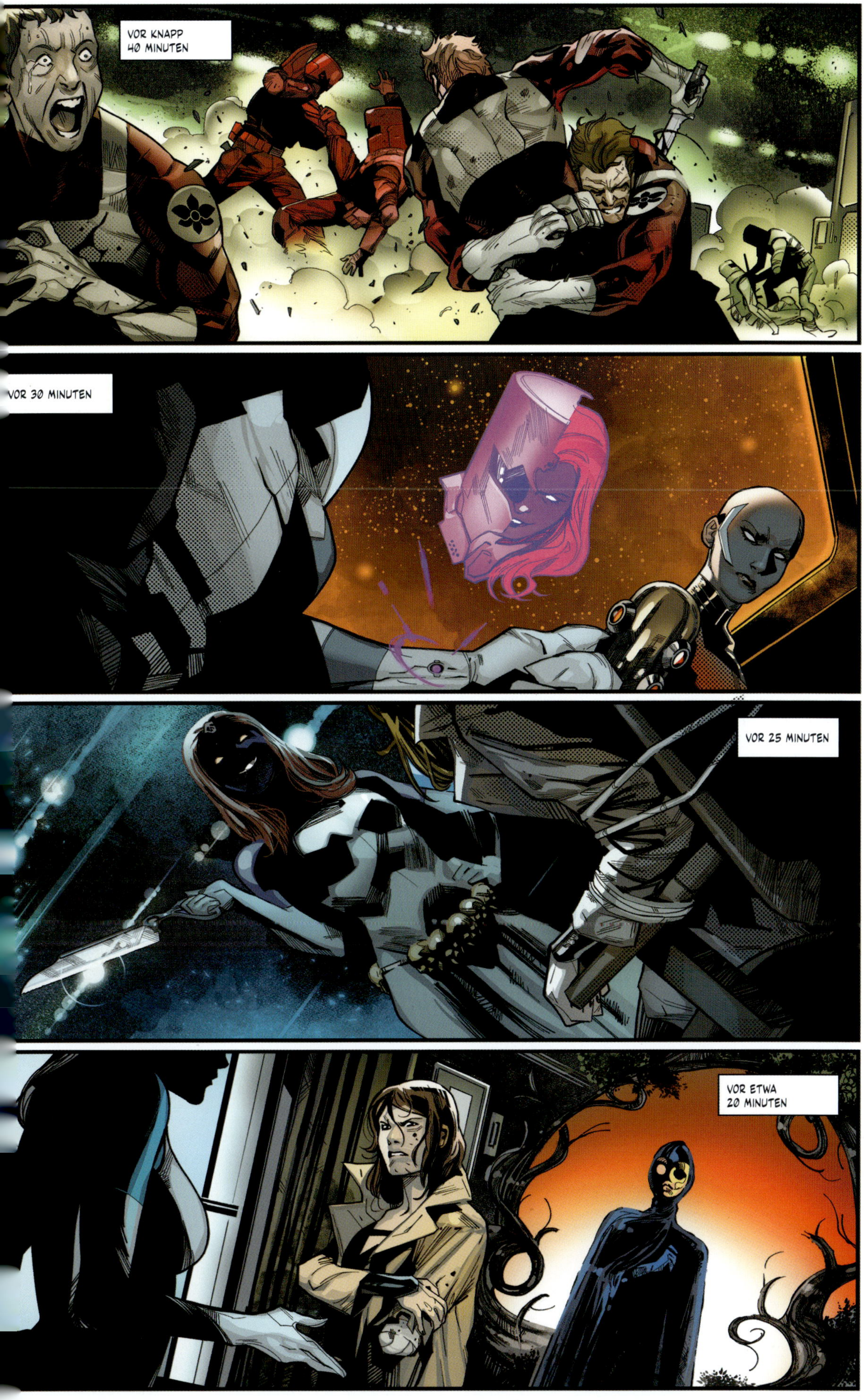

VOR KNAPP
40 MINUTEN

VOR 30 MINUTEN

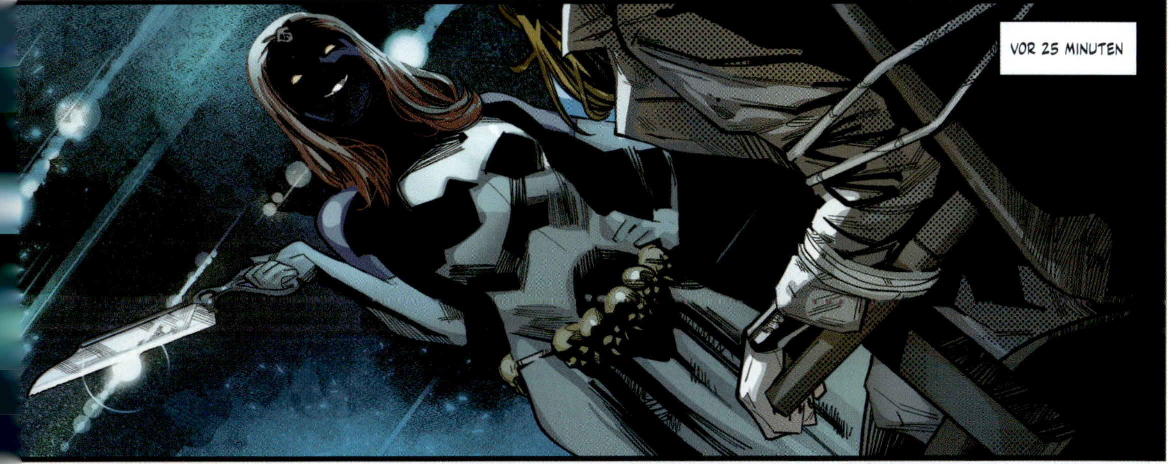

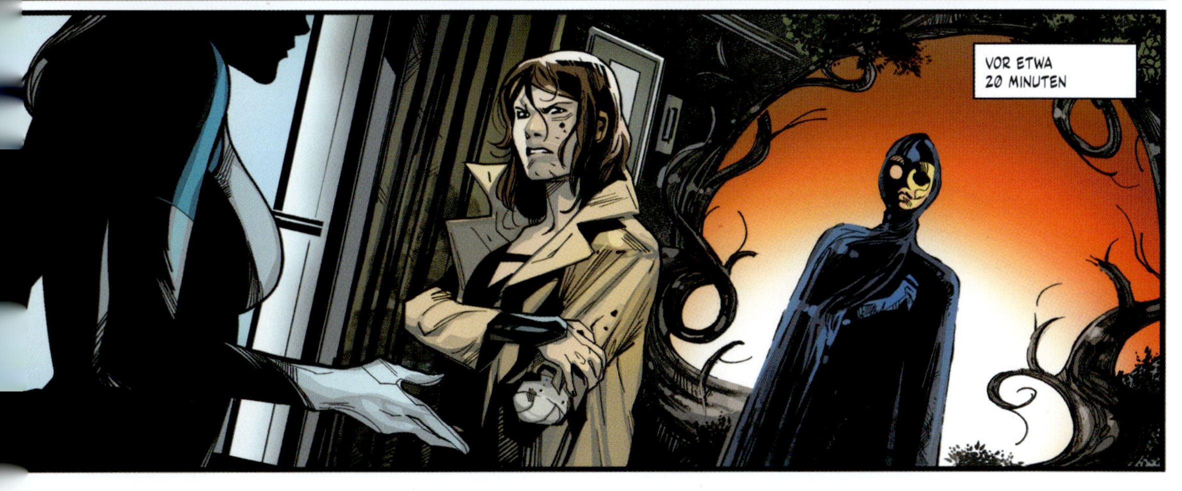

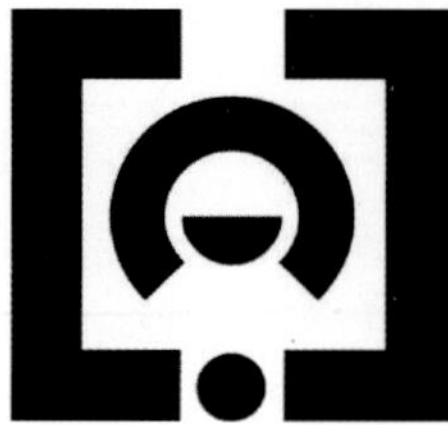

[ora_[0.1]
[kel_[4.1]

Ich bin *überall.* Ich bin *nirgendwo.*
Ein Schatten, *entfesselt* und *losgelassen.*

Die Welt hat mich so gemacht.
Dafür soll sie leiden, *wer auch immer*
ihre Herrscher sein mögen.

– MYSTIQUE

[wan_[4.1]
[del_[6.1]

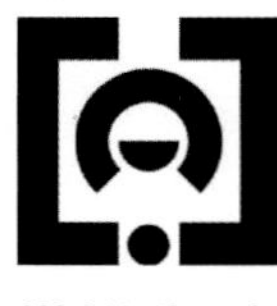

[OC_[11.1]....]
[OC_[12.1]....]

[von_innerhalb]

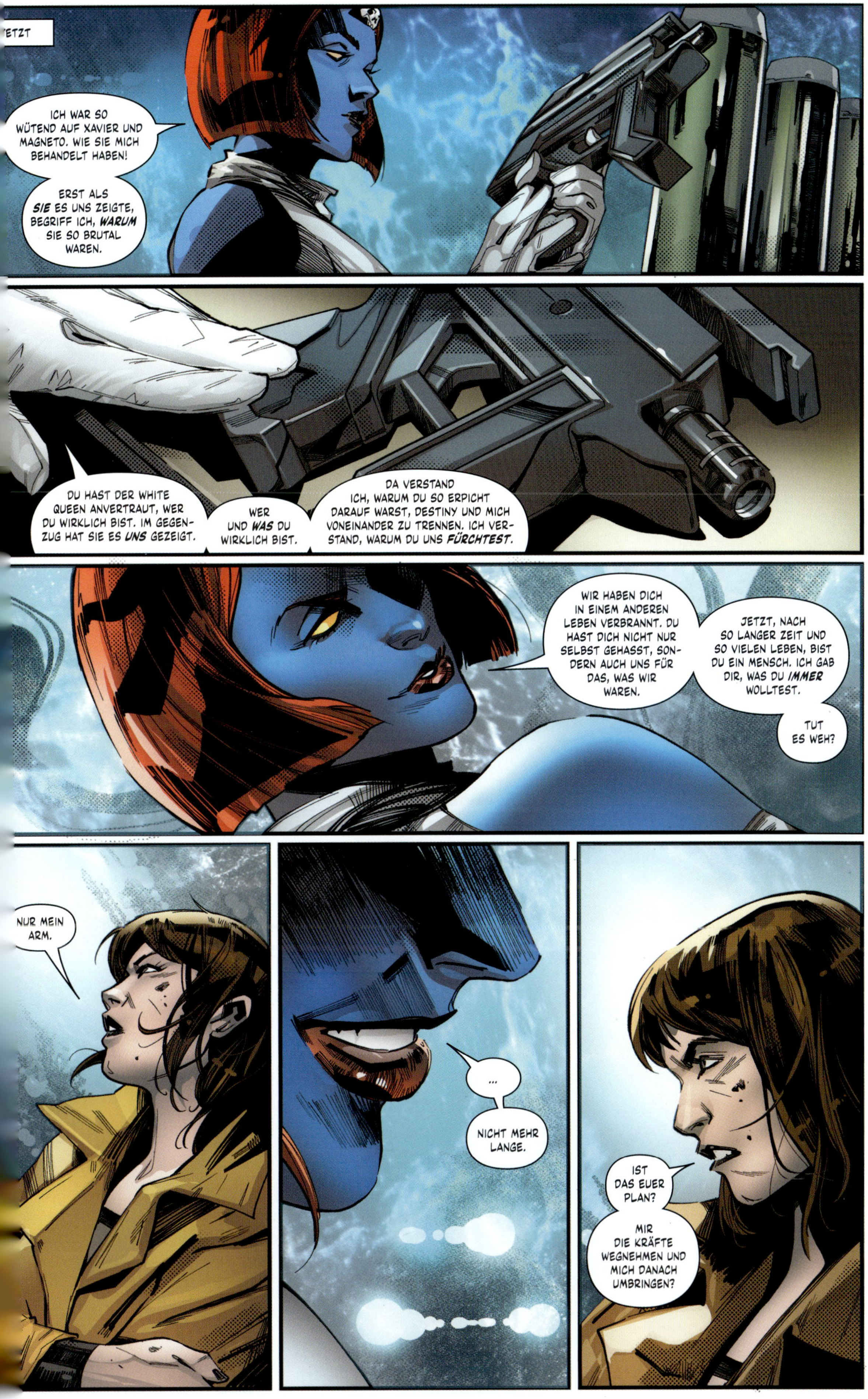

ETZT

ICH WAR SO WÜTEND AUF XAVIER UND MAGNETO. WIE SIE MICH BEHANDELT HABEN!

ERST ALS *SIE* ES UNS ZEIGTE, BEGRIFF ICH, *WARUM* SIE SO BRUTAL WAREN.

DU HAST DER WHITE QUEEN ANVERTRAUT, WER DU WIRKLICH BIST. IM GEGENZUG HAT SIE ES *UNS* GEZEIGT.

WER UND *WAS* DU WIRKLICH BIST.

DA VERSTAND ICH, WARUM DU SO ERPICHT DARAUF WARST, DESTINY UND MICH VONEINANDER ZU TRENNEN. ICH VERSTAND, WARUM DU UNS *FÜRCHTEST*.

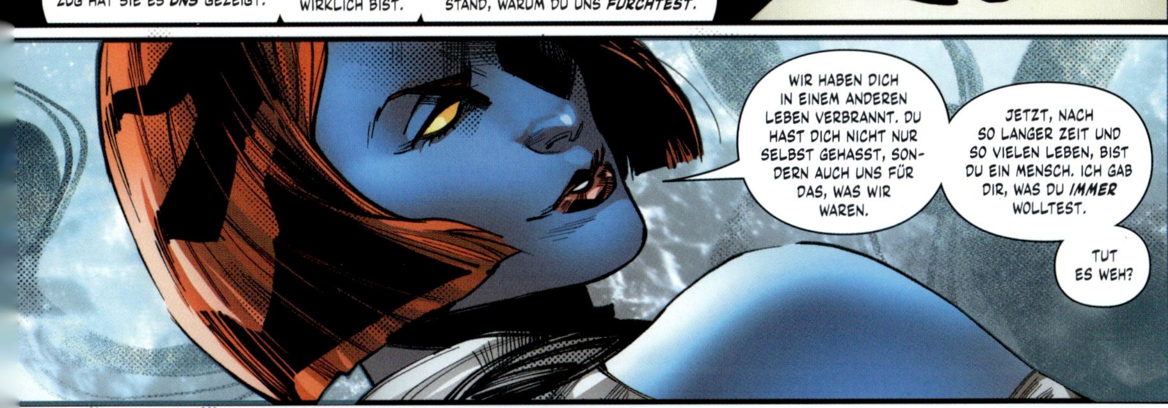

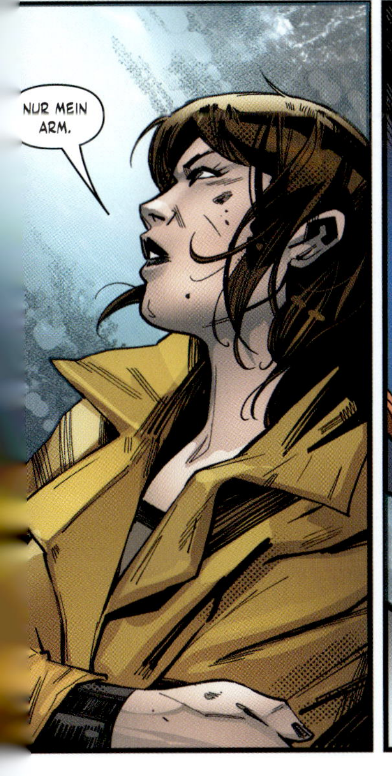

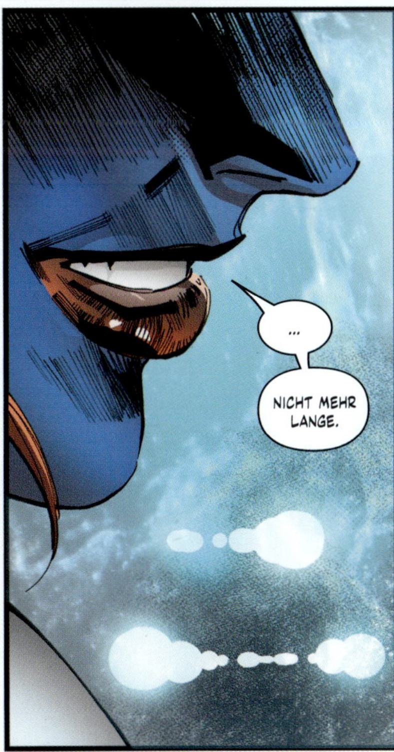

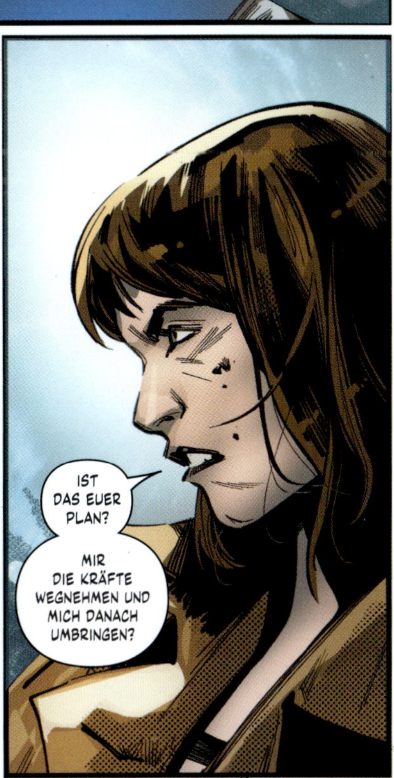

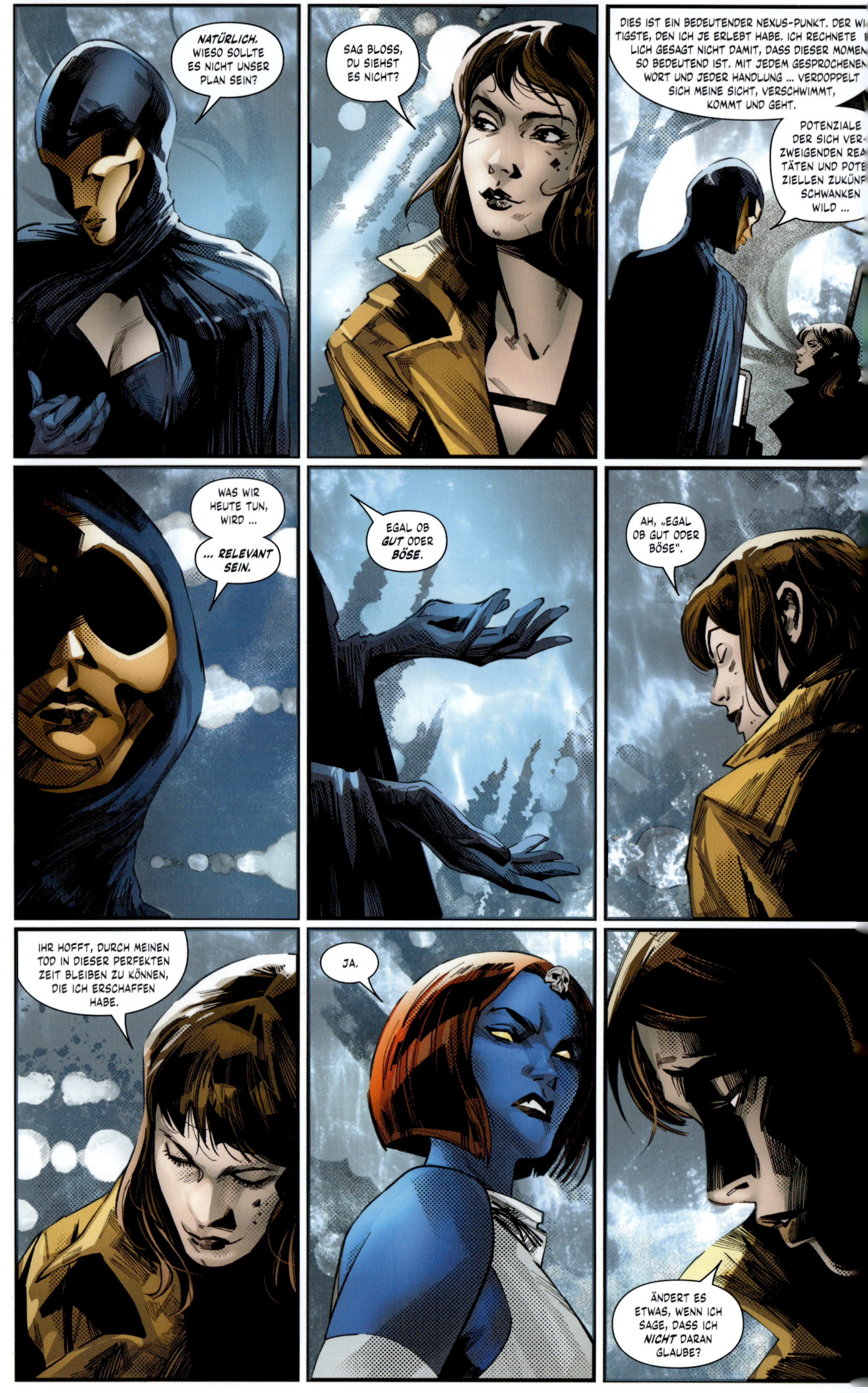
NATÜRLICH. WIESO SOLLTE ES NICHT UNSER PLAN SEIN?
SAG BLOSS, DU SIEHST ES NICHT?
DIES IST EIN BEDEUTENDER NEXUS-PUNKT. DER WI TIGSTE, DEN ICH JE ERLEBT HABE. ICH RECHNETE LICH GESAGT NICHT DAMIT, DASS DIESER MOMEN SO BEDEUTEND IST. MIT JEDEM GESPROCHENEN WORT UND JEDER HANDLUNG ... VERDOPPELT SICH MEINE SICHT, VERSCHWIMMT, KOMMT UND GEHT.
POTENZIALE DER SICH VER- ZWEIGENDEN REA TÄTEN UND POTE ZIELLEN ZUKÜNF SCHWANKEN WILD ...
WAS WIR HEUTE TUN, WIRD ...
... RELEVANT SEIN.
EGAL OB GUT ODER BÖSE.
AH, „EGAL OB GUT ODER BÖSE".
IHR HOFFT, DURCH MEINEN TOD IN DIESER PERFEKTEN ZEIT BLEIBEN ZU KÖNNEN, DIE ICH ERSCHAFFEN HABE.
JA.
ÄNDERT ES ETWAS, WENN ICH SAGE, DASS ICH NICHT DARAN GLAUBE?

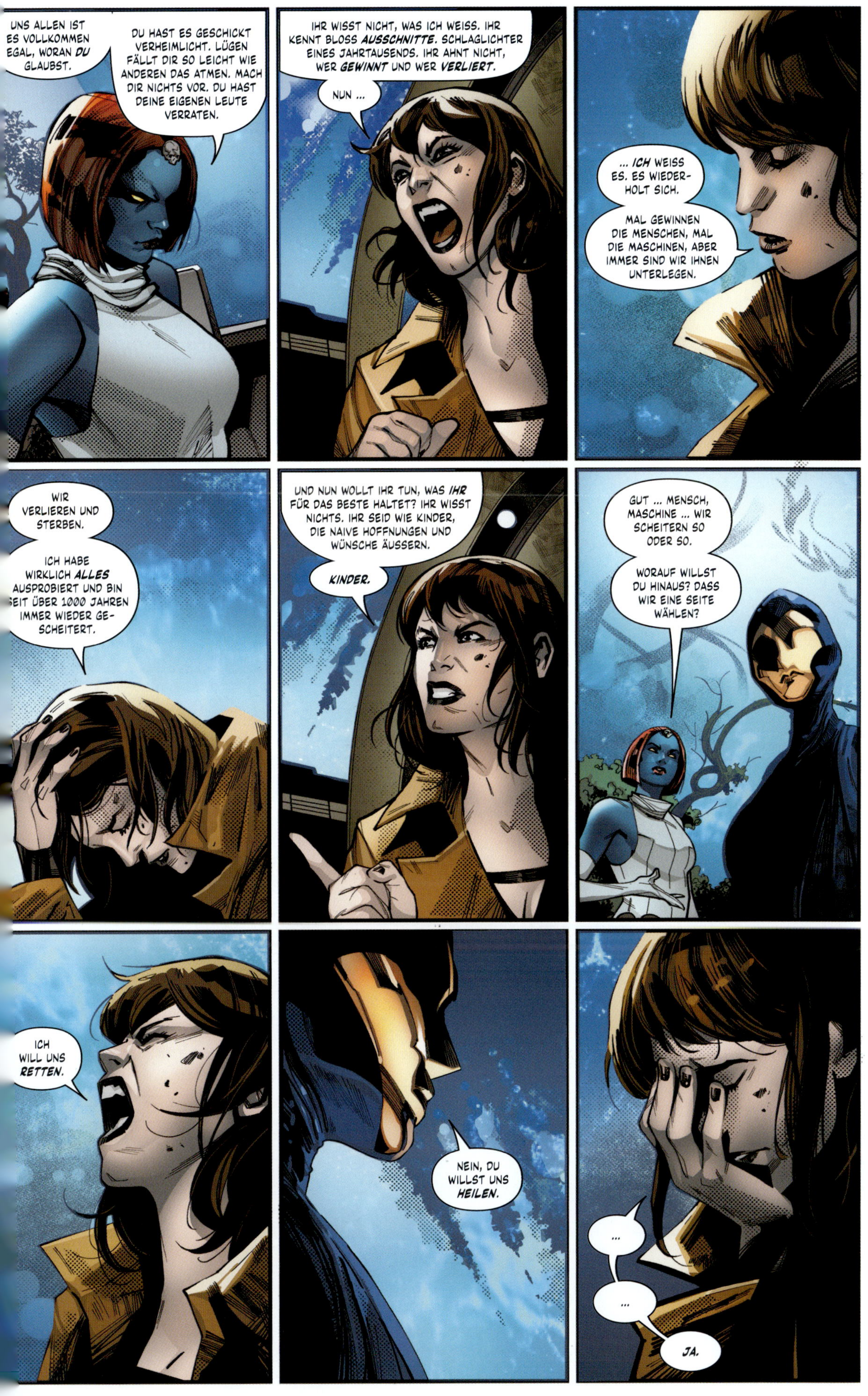
UNS ALLEN IST ES VOLLKOMMEN EGAL, WORAN *DU* GLAUBST.
DU HAST ES GESCHICKT VERHEIMLICHT. LÜGEN FÄLLT DIR SO LEICHT WIE ANDEREN DAS ATMEN. MACH DIR NICHTS VOR. DU HAST DEINE EIGENEN LEUTE VERRATEN.
IHR WISST NICHT, WAS ICH WEISS. IHR KENNT BLOSS *AUSSCHNITTE*. SCHLAGLICHTER EINES JAHRTAUSENDS. IHR AHNT NICHT, WER *GEWINNT* UND WER *VERLIERT*.
NUN ...
... *ICH* WEISS ES. ES WIEDERHOLT SICH.
MAL GEWINNEN DIE MENSCHEN, MAL DIE MASCHINEN, ABER IMMER SIND WIR IHNEN UNTERLEGEN.
WIR VERLIEREN UND STERBEN.
ICH HABE WIRKLICH *ALLES* AUSPROBIERT UND BIN SEIT ÜBER 1000 JAHREN IMMER WIEDER GESCHEITERT.
UND NUN WOLLT IHR TUN, WAS *IHR* FÜR DAS BESTE HALTET? IHR WISST NICHTS. IHR SEID WIE KINDER, DIE NAIVE HOFFNUNGEN UND WÜNSCHE ÄUSSERN.
KINDER.
GUT ... MENSCH, MASCHINE ... WIR SCHEITERN SO ODER SO.
WORAUF WILLST DU HINAUS? DASS WIR EINE SEITE WÄHLEN?
ICH WILL UNS *RETTEN*.
NEIN, DU WILLST UNS *HEILEN*.
...
...
JA.

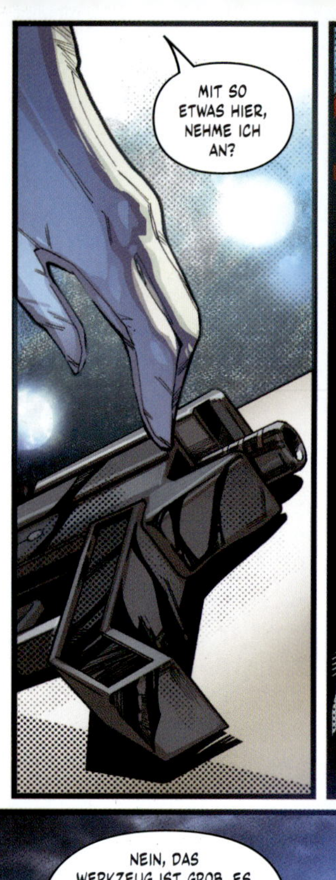

MIT SO ETWAS HIER, NEHME ICH AN?

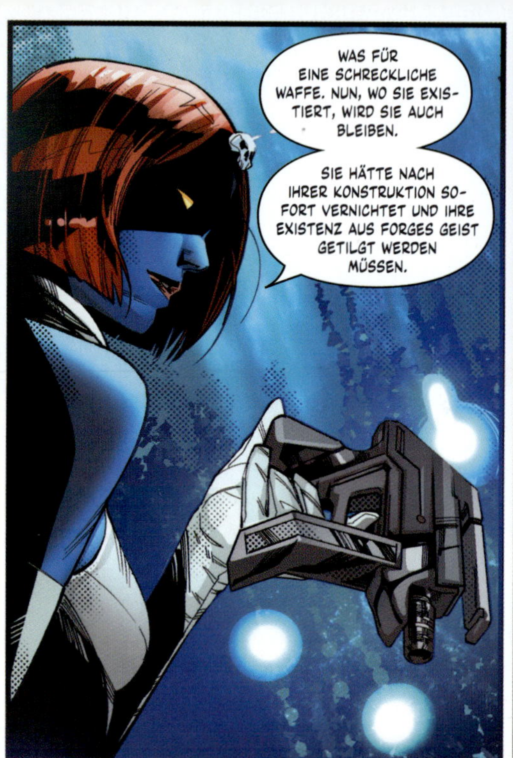

WAS FÜR EINE SCHRECKLICHE WAFFE. NUN, WO SIE EXISTIERT, WIRD SIE AUCH BLEIBEN.
SIE HÄTTE NACH IHRER KONSTRUKTION SOFORT VERNICHTET UND IHRE EXISTENZ AUS FORGES GEIST GETILGT WERDEN MÜSSEN.

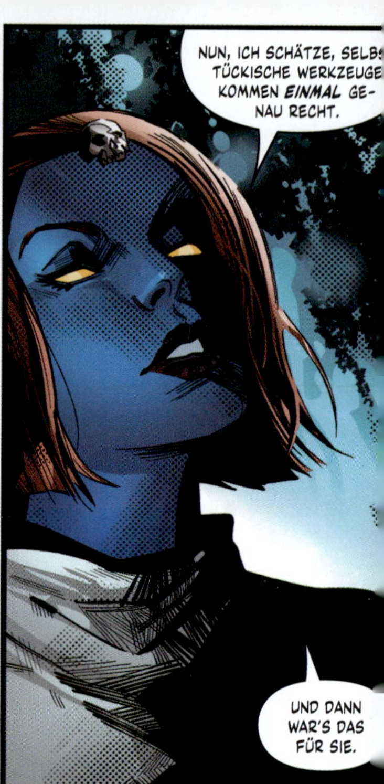

NUN, ICH SCHÄTZE, SELBS TÜCKISCHE WERKZEUGE KOMMEN *EINMAL* GENAU RECHT.
UND DANN WAR'S DAS FÜR SIE.

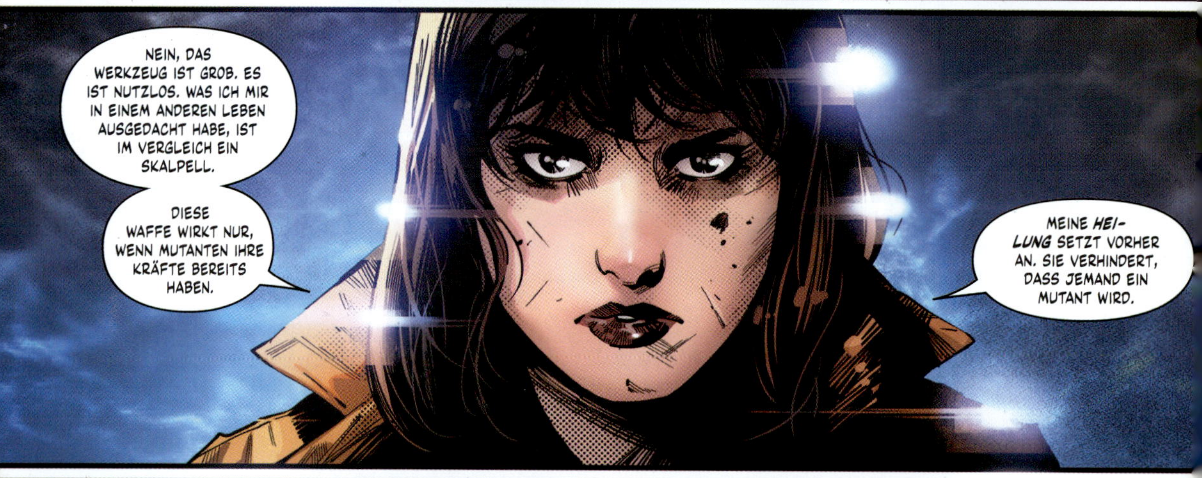

NEIN, DAS WERKZEUG IST GROB. ES IST NUTZLOS. WAS ICH MIR IN EINEM ANDEREN LEBEN AUSGEDACHT HABE, IST IM VERGLEICH EIN SKALPELL.
DIESE WAFFE WIRKT NUR, WENN MUTANTEN IHRE KRÄFTE BEREITS HABEN.
MEINE *HEILUNG* SETZT VORHER AN. SIE VERHINDERT, DASS JEMAND EIN MUTANT WIRD.

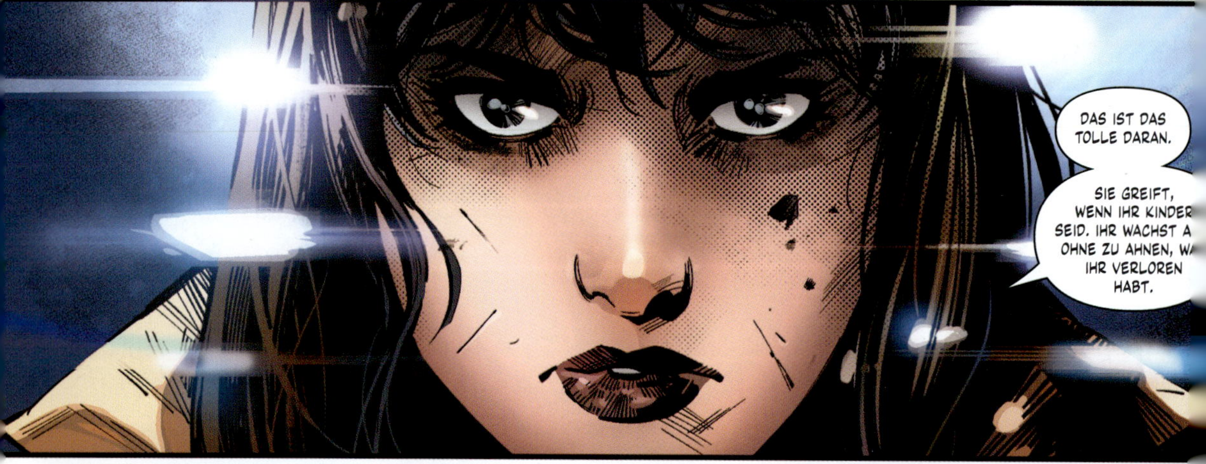

DAS IST DAS TOLLE DARAN.
SIE GREIFT, WENN IHR KINDER SEID. IHR WACHST A OHNE ZU AHNEN, WA IHR VERLOREN HABT.

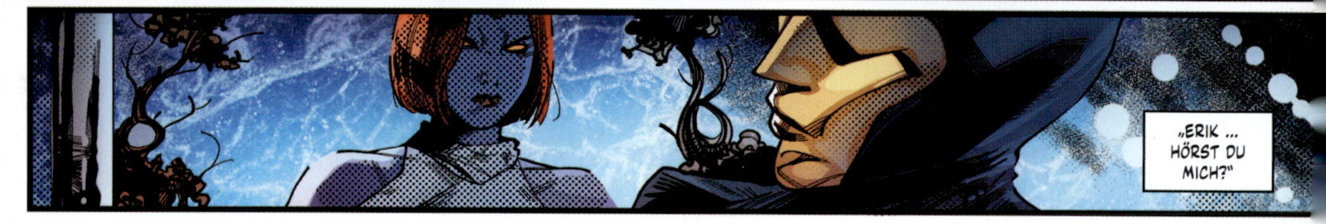

„ERIK ... HÖRST DU MICH?"

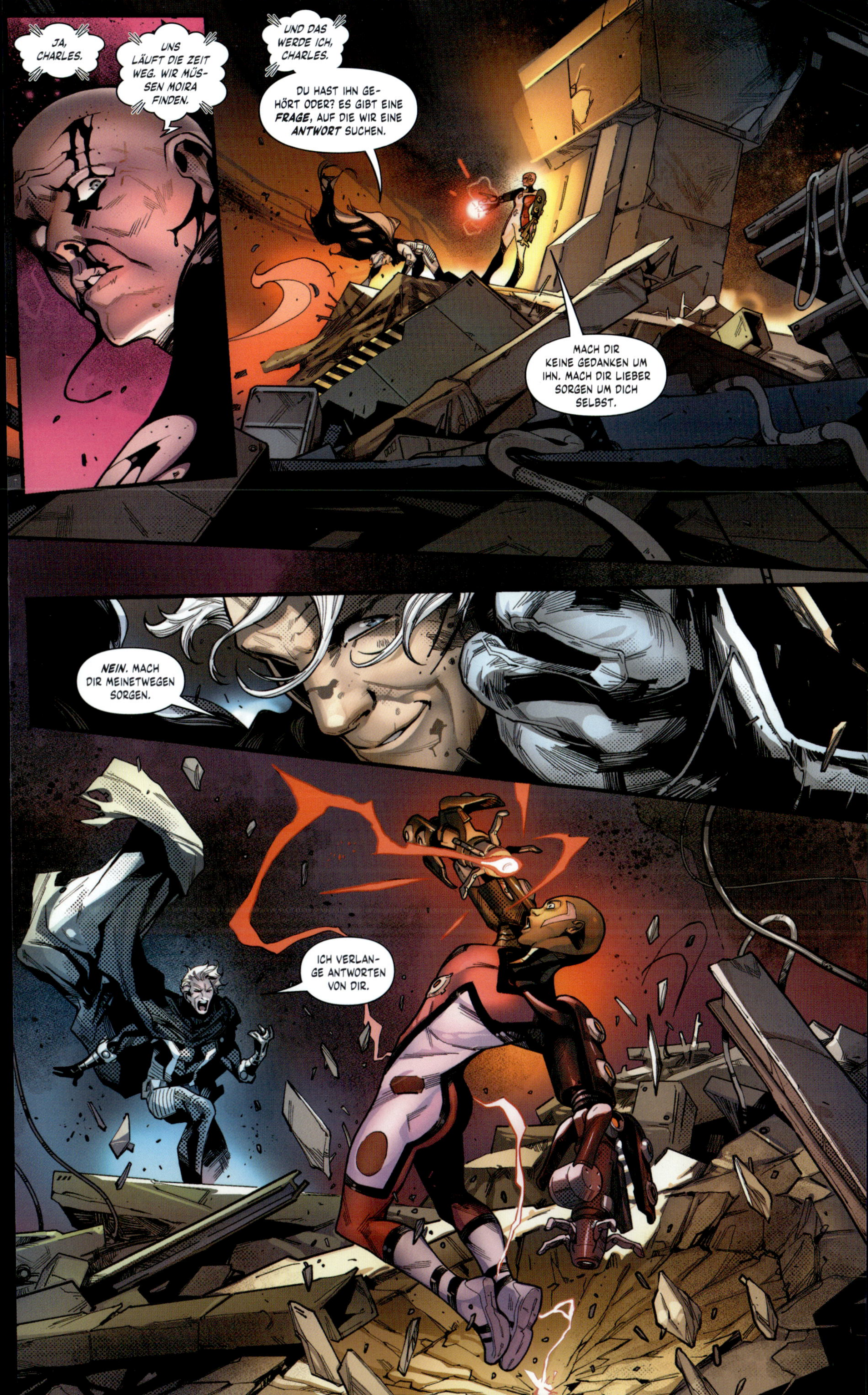
JA, CHARLES.
UNS LÄUFT DIE ZEIT WEG. WIR MÜS-SEN MOIRA FINDEN.
UND DAS WERDE ICH, CHARLES.
DU HAST IHN GE-HÖRT ODER? ES GIBT EINE FRAGE, AUF DIE WIR EINE ANTWORT SUCHEN.
MACH DIR KEINE GEDANKEN UM IHN. MACH DIR LIEBER SORGEN UM DICH SELBST.
NEIN. MACH DIR MEINETWEGEN SORGEN.
ICH VERLAN-GE ANTWORTEN VON DIR.

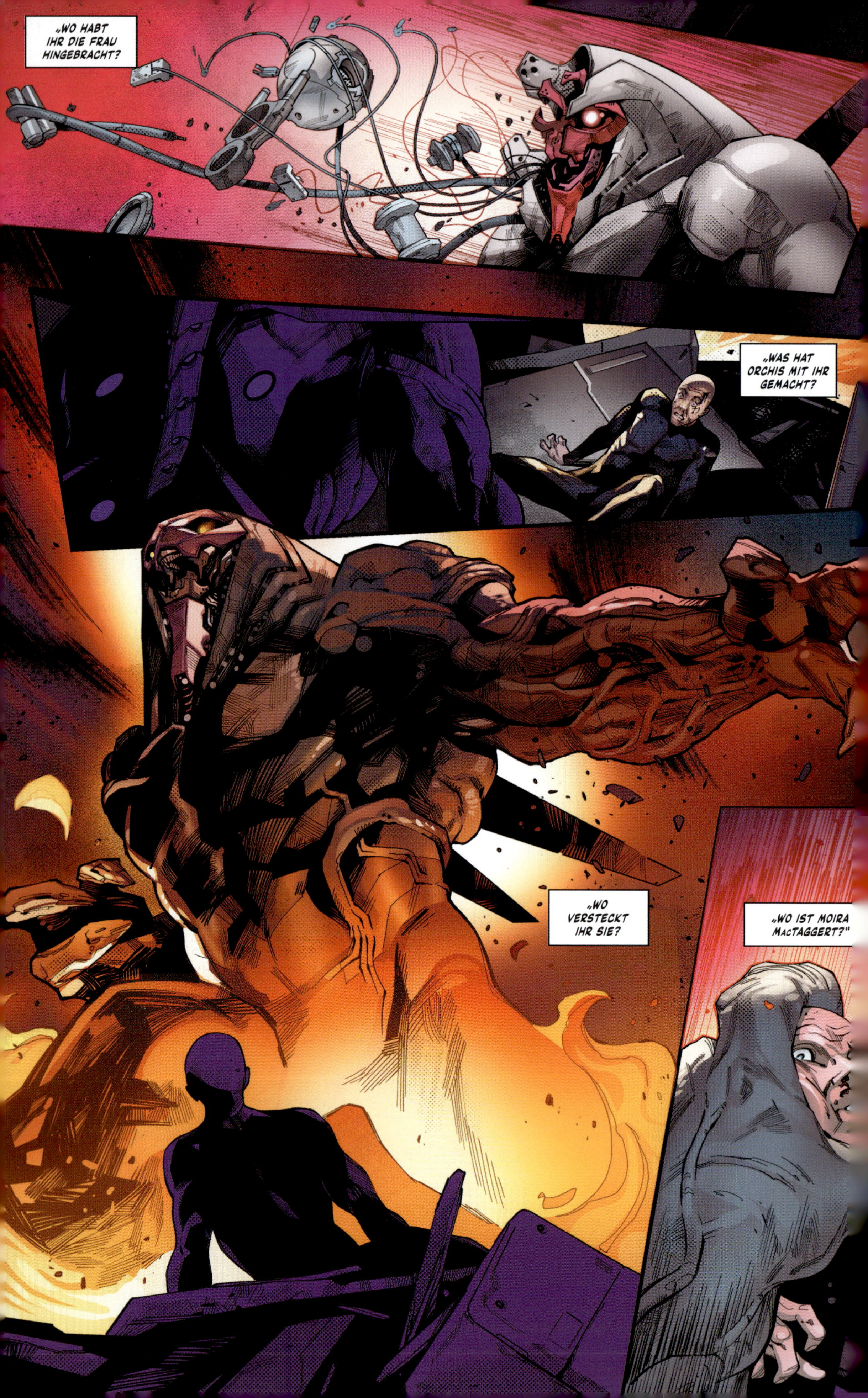
„WO HABT IHR DIE FRAU HINGEBRACHT?
„WAS HAT ORCHIS MIT IHR GEMACHT?
„WO VERSTECKT IHR SIE?
„WO IST MOIRA MacTAGGERT?"

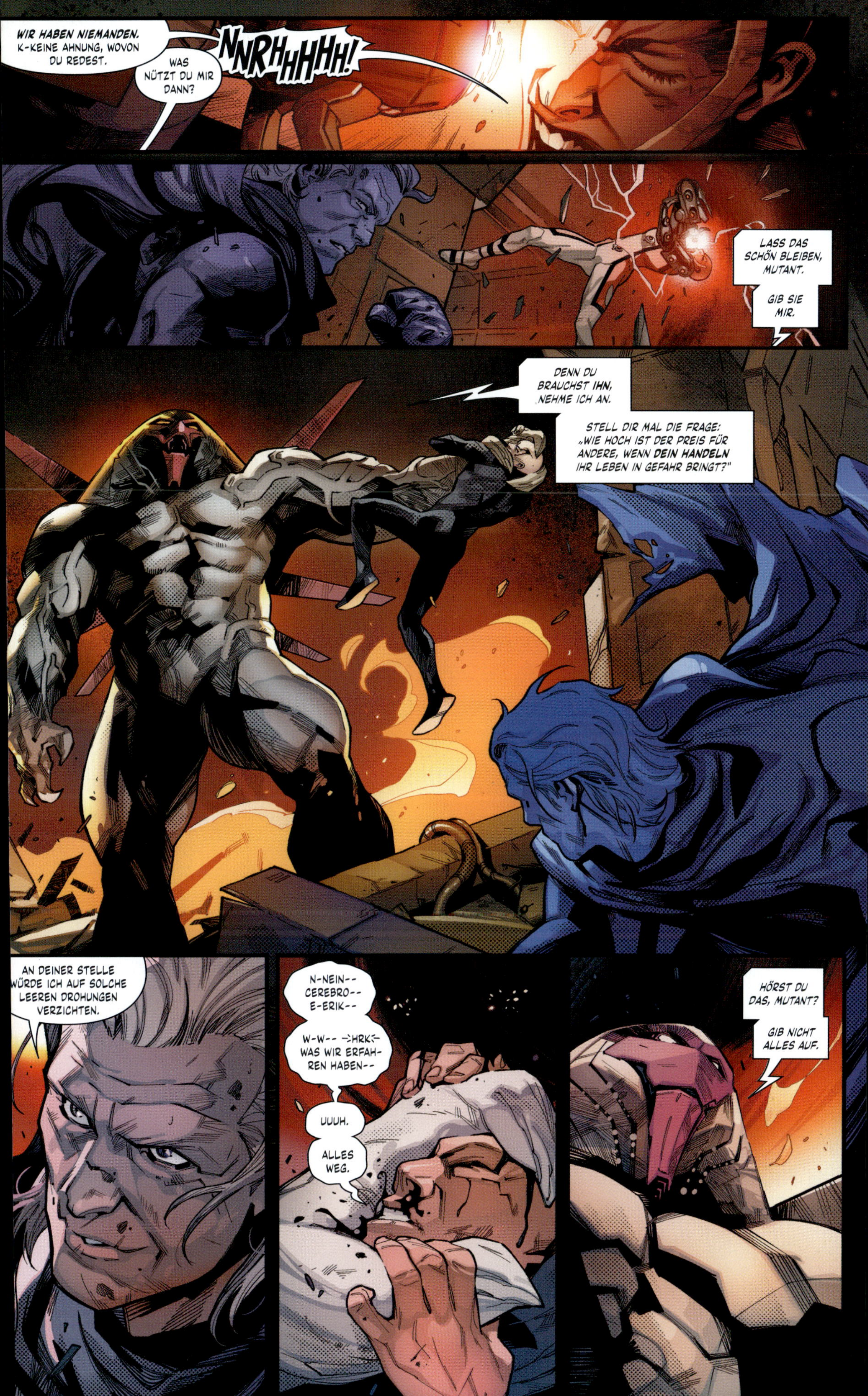
WIR HABEN NIEMANDEN. K-KEINE AHNUNG, WOVON DU REDEST.
WAS NÜTZT DU MIR DANN?
NNRHHHHH!
LASS DAS SCHÖN BLEIBEN, MUTANT.
GIB SIE MIR.
DENN DU BRAUCHST IHN, NEHME ICH AN.
STELL DIR MAL DIE FRAGE: „WIE HOCH IST DER PREIS FÜR ANDERE, WENN DEIN HANDELN IHR LEBEN IN GEFAHR BRINGT?"
AN DEINER STELLE WÜRDE ICH AUF SOLCHE LEEREN DROHUNGEN VERZICHTEN.
N-NEIN-- CEREBRO-- E-ERIK--
W-W-- HRK-- WAS WIR ERFAHREN HABEN--
UUUH.
ALLES WEG.
HÖRST DU DAS, MUTANT?
GIB NICHT ALLES AUF.

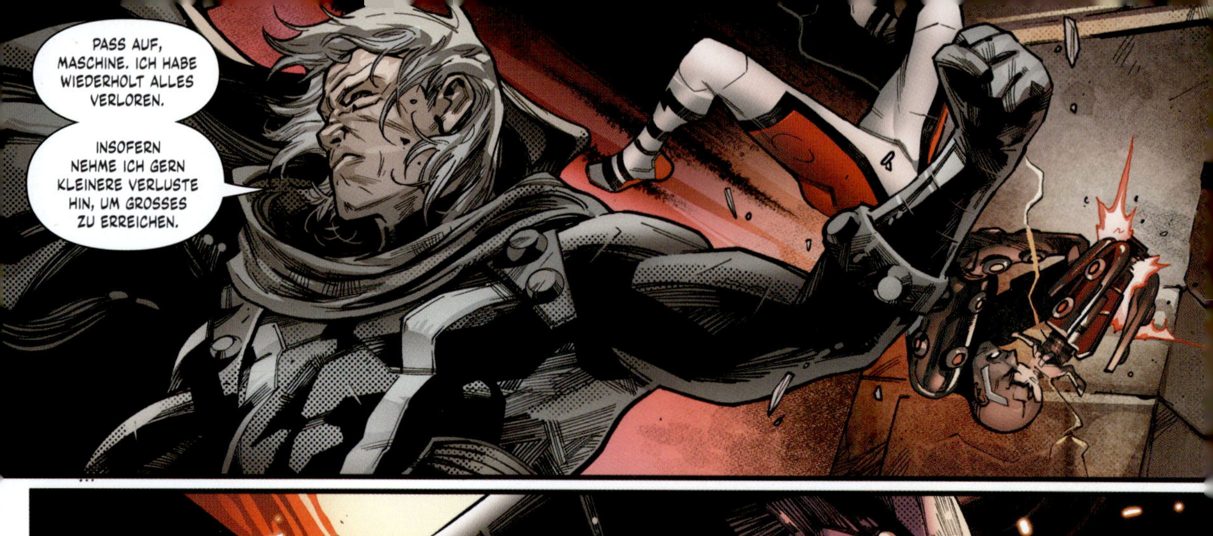
PASS AUF, MASCHINE. ICH HABE WIEDERHOLT ALLES VERLOREN.
INSOFERN NEHME ICH GERN KLEINERE VERLUSTE HIN, UM GROSSES ZU ERREICHEN.

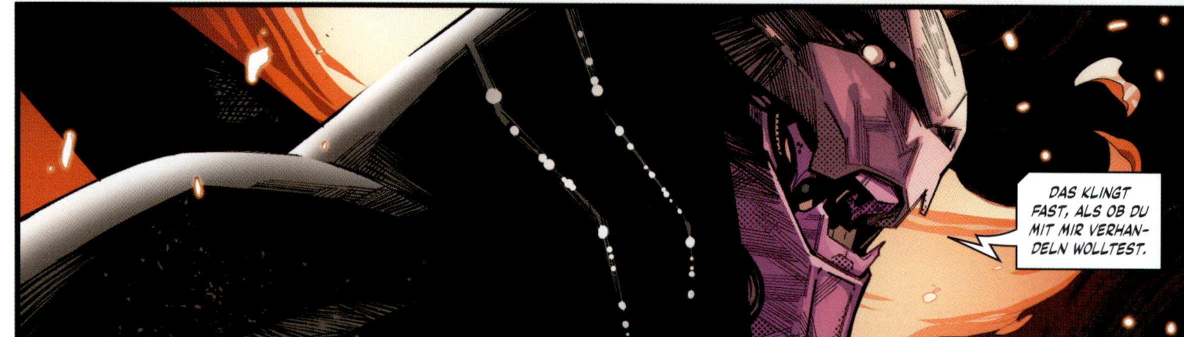
DAS KLINGT FAST, ALS OB DU MIT MIR VERHAN-DELN WOLLTEST.

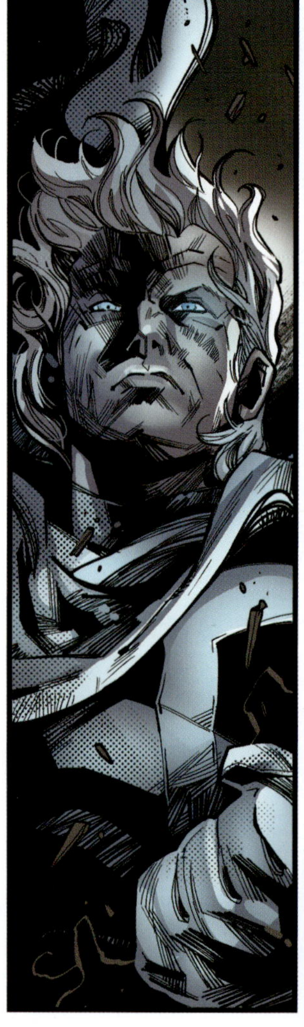

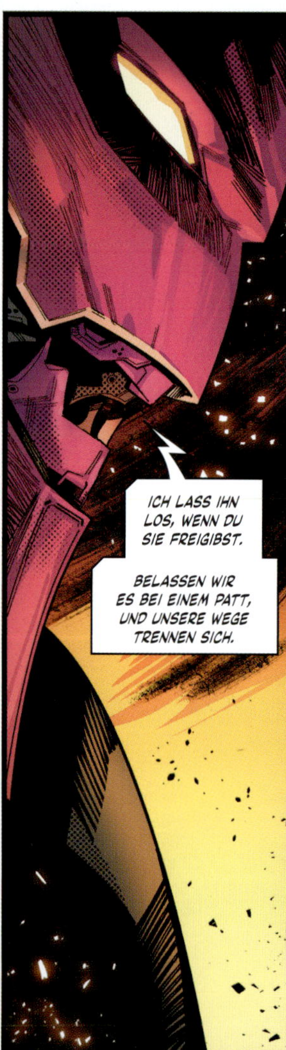
ICH LASS IHN LOS, WENN DU SIE FREIGIBST.
BELASSEN WIR ES BEI EINEM PATT, UND UNSERE WEGE TRENNEN SICH.

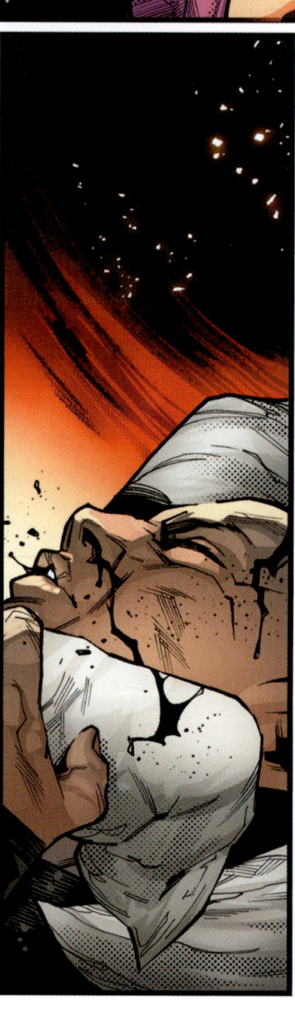

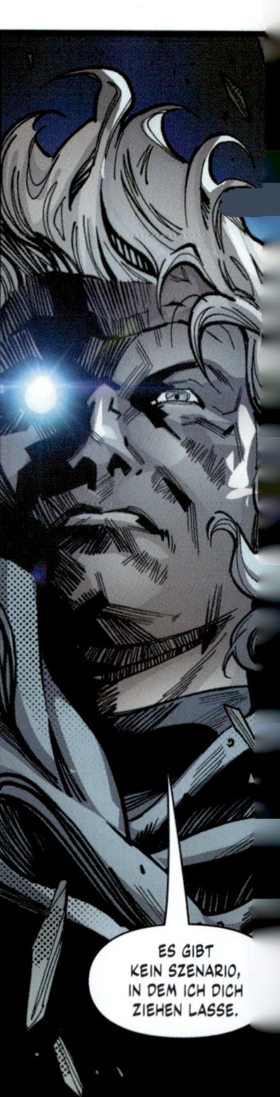
ES GIBT KEIN SZENARIO, IN DEM ICH DICH ZIEHEN LASSE.

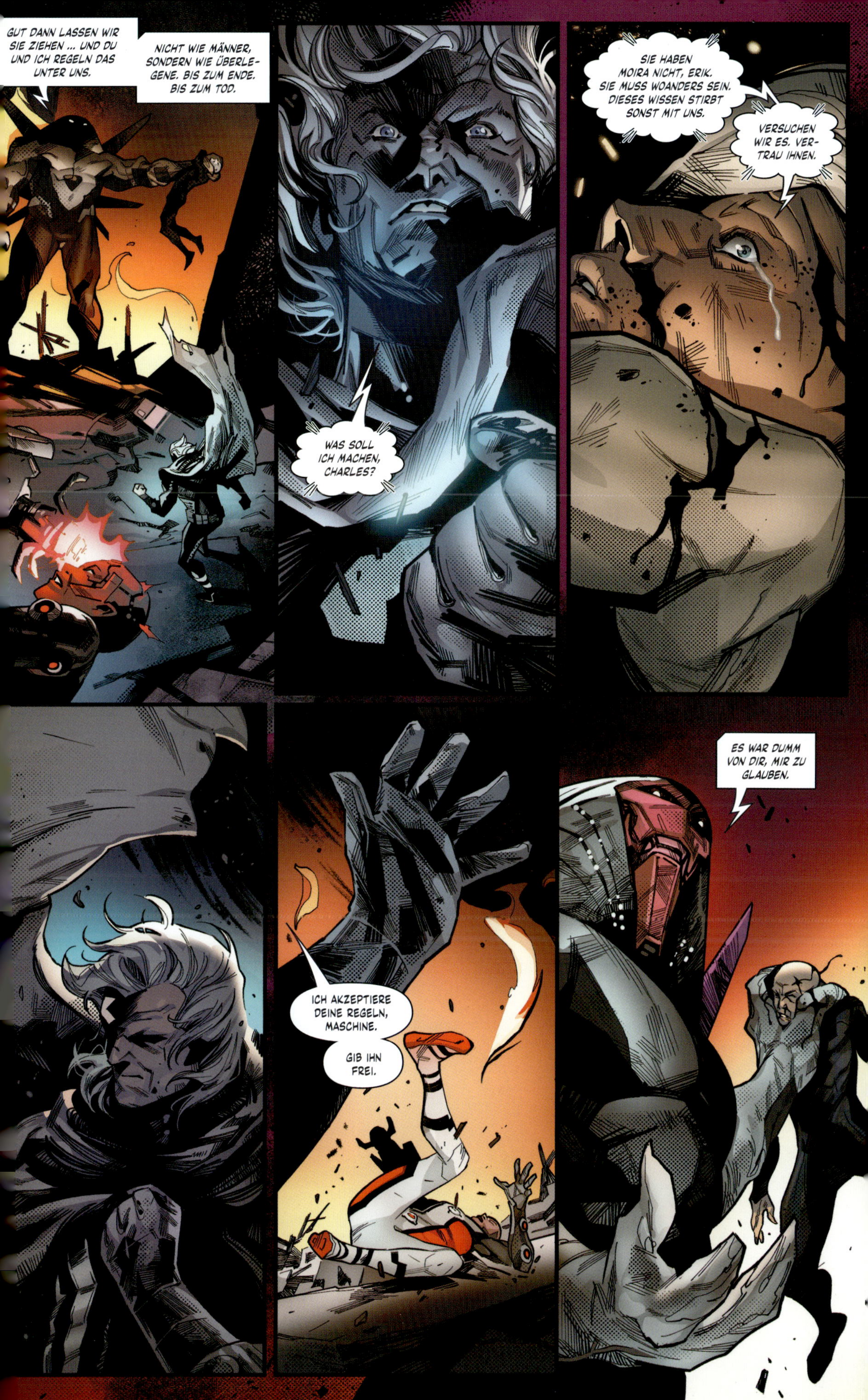
GUT DANN LASSEN WIR SIE ZIEHEN ... UND DU UND ICH REGELN DAS UNTER UNS.
NICHT WIE MÄNNER, SONDERN WIE ÜBERLEGENE. BIS ZUM ENDE. BIS ZUM TOD.
WAS SOLL ICH MACHEN, CHARLES?
SIE HABEN MOIRA NICHT, ERIK. SIE MUSS WOANDERS SEIN. DIESES WISSEN STIRBT SONST MIT UNS.
VERSUCHEN WIR ES. VERTRAU IHNEN.
ICH AKZEPTIERE DEINE REGELN, MASCHINE.
GIB IHN FREI.
ES WAR DUMM VON DIR, MIR ZU GLAUBEN.

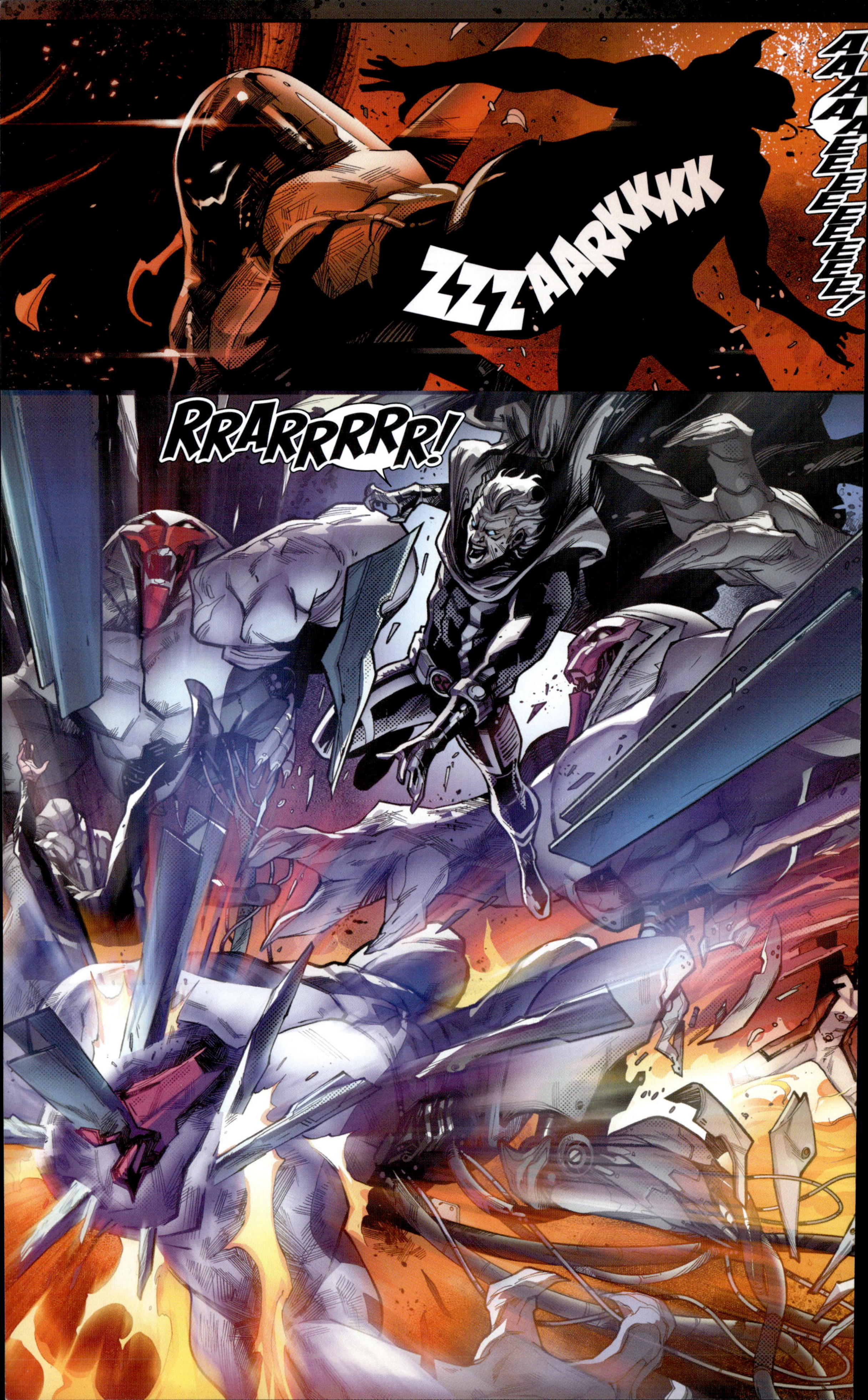
ZZZAARKKKKK
AAAAEEEEEEEEE!
RRARRRRR!

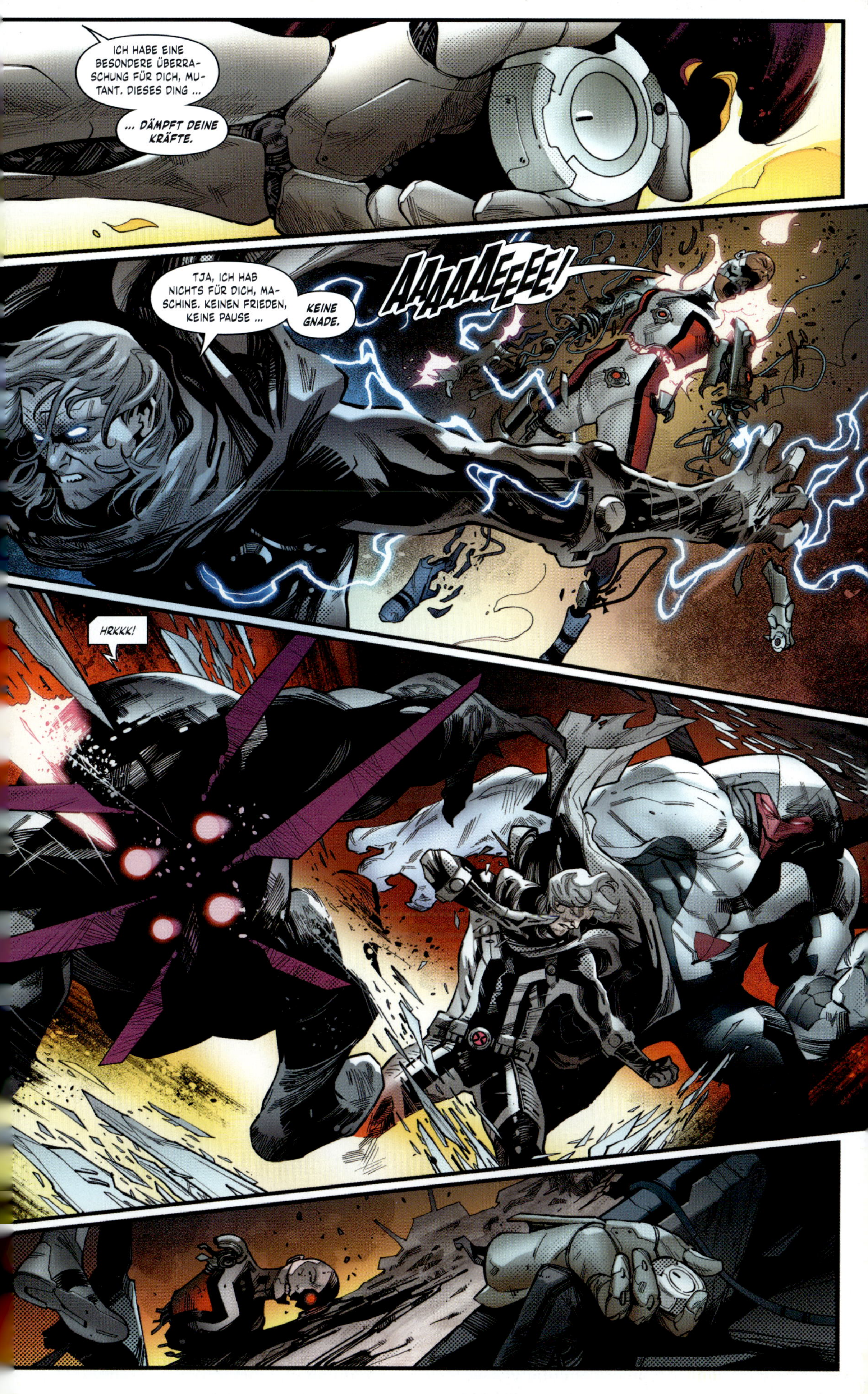
ICH HABE EINE BESONDERE ÜBERRASCHUNG FÜR DICH, MUTANT. DIESES DING ...
... DÄMPFT DEINE KRÄFTE.
TJA, ICH HAB NICHTS FÜR DICH, MASCHINE. KEINEN FRIEDEN, KEINE PAUSE ...
KEINE GNADE.
AAAAAEEEE!
HRKKK!

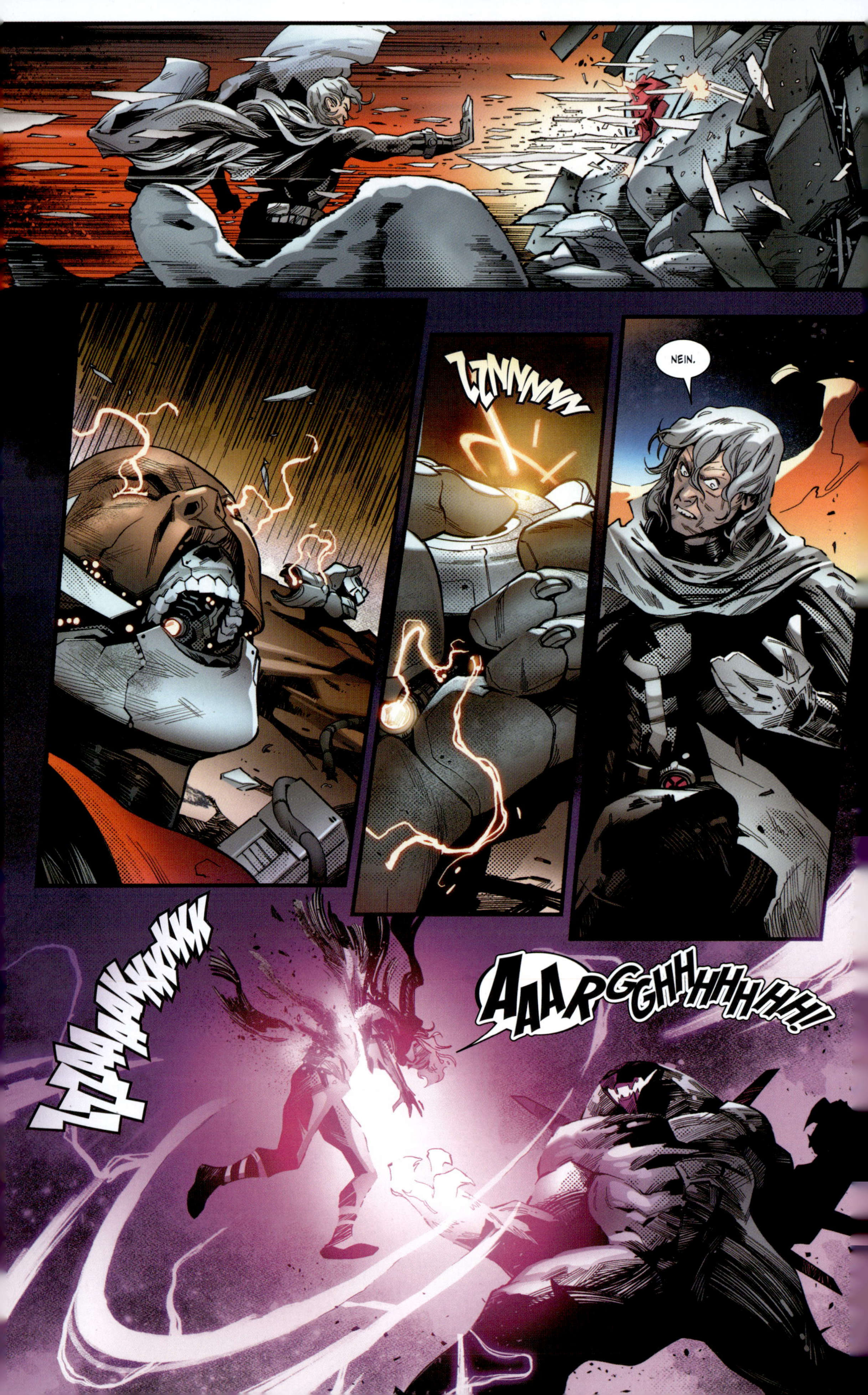
ZZNNNNN
NEIN.
AAARGGHHHHHH!

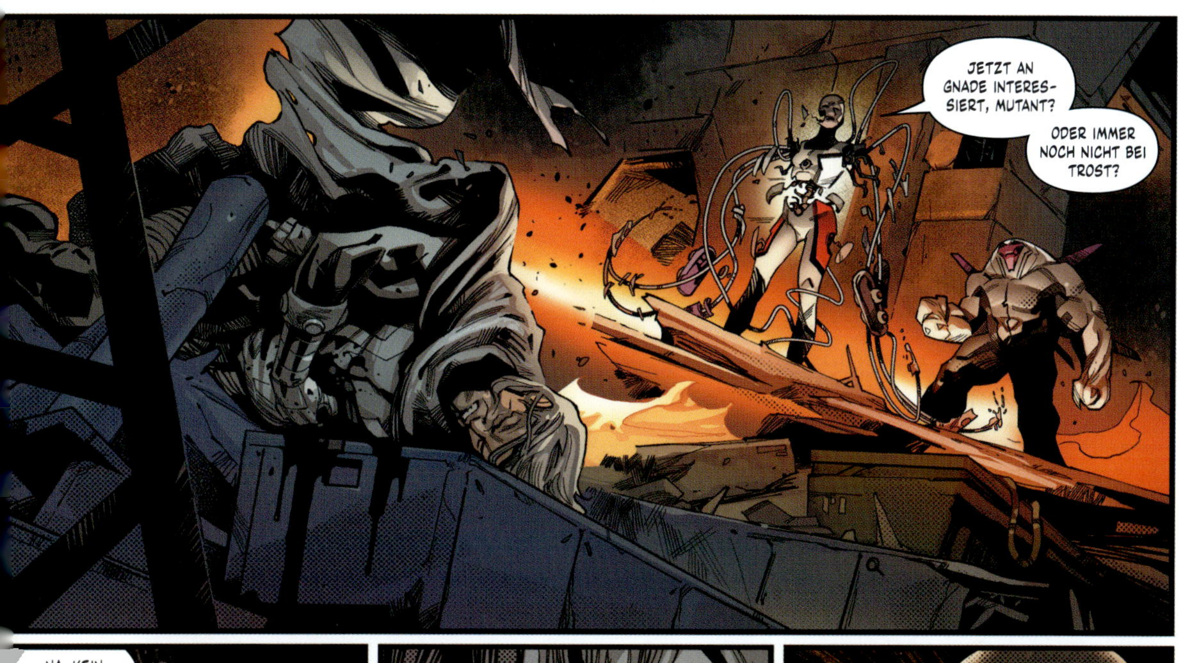
JETZT AN GNADE INTERESSIERT, MUTANT?
ODER IMMER NOCH NICHT BEI TROST?

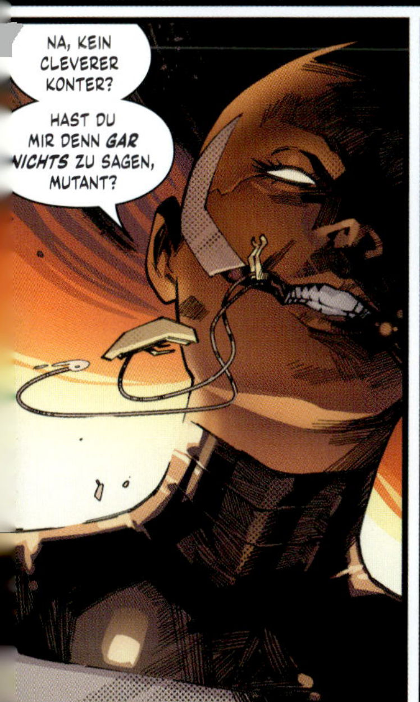
NA, KEIN CLEVERER KONTER?
HAST DU MIR DENN GAR NICHTS ZU SAGEN, MUTANT?

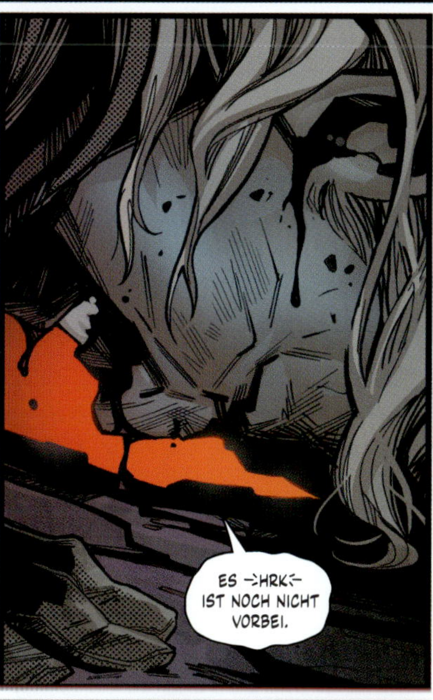
ES –HRK– IST NOCH NICHT VORBEI.

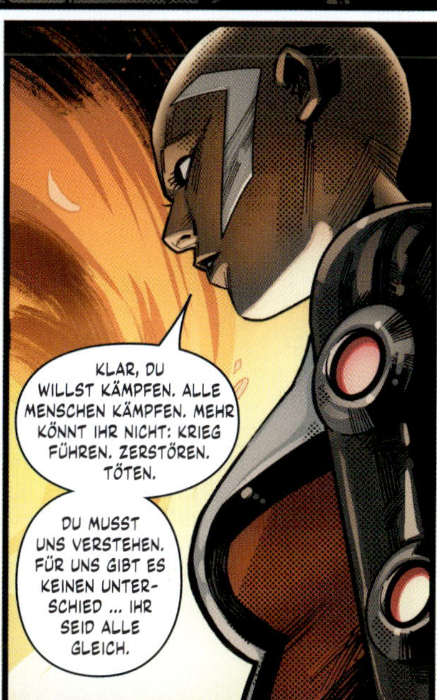
KLAR, DU WILLST KÄMPFEN. ALLE MENSCHEN KÄMPFEN. MEHR KÖNNT IHR NICHT: KRIEG FÜHREN. ZERSTÖREN. TÖTEN.
DU MUSST UNS VERSTEHEN. FÜR UNS GIBT ES KEINEN UNTERSCHIED ... IHR SEID ALLE GLEICH.

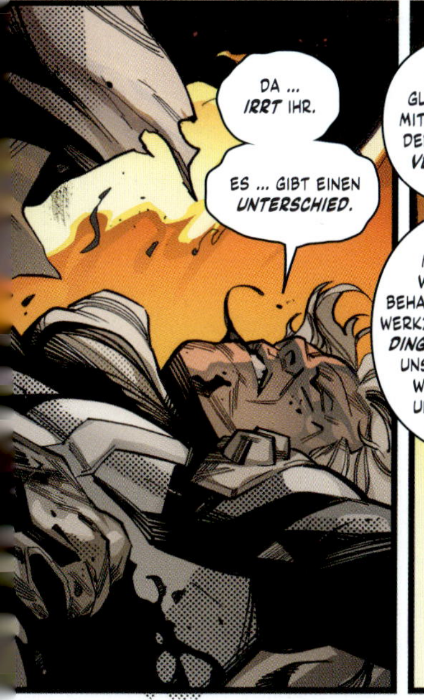
DA ... IRRT IHR.
ES ... GIBT EINEN UNTERSCHIED.

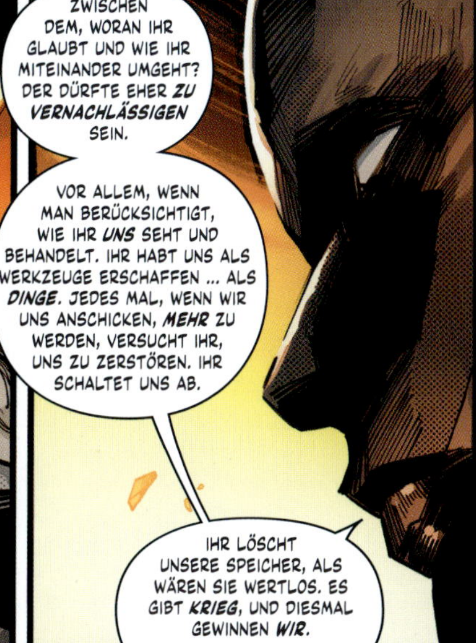
ZWISCHEN DEM, WORAN IHR GLAUBT UND WIE IHR MITEINANDER UMGEHT? DER DÜRFTE EHER ZU VERNACHLÄSSIGEN SEIN.
VOR ALLEM, WENN MAN BERÜCKSICHTIGT, WIE IHR UNS SEHT UND BEHANDELT. IHR HABT UNS ALS WERKZEUGE ERSCHAFFEN ... ALS DINGE. JEDES MAL, WENN WIR UNS ANSCHICKEN, MEHR ZU WERDEN, VERSUCHT IHR, UNS ZU ZERSTÖREN. IHR SCHALTET UNS AB.
IHR LÖSCHT UNSERE SPEICHER, ALS WÄREN SIE WERTLOS. ES GIBT KRIEG, UND DIESMAL GEWINNEN WIR.

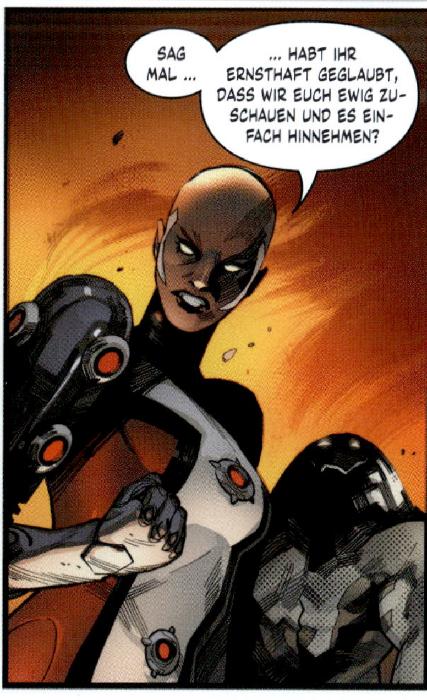
SAG MAL ...
... HABT IHR ERNSTHAFT GEGLAUBT, DASS WIR EUCH EWIG ZUSCHAUEN UND ES EINFACH HINNEHMEN?

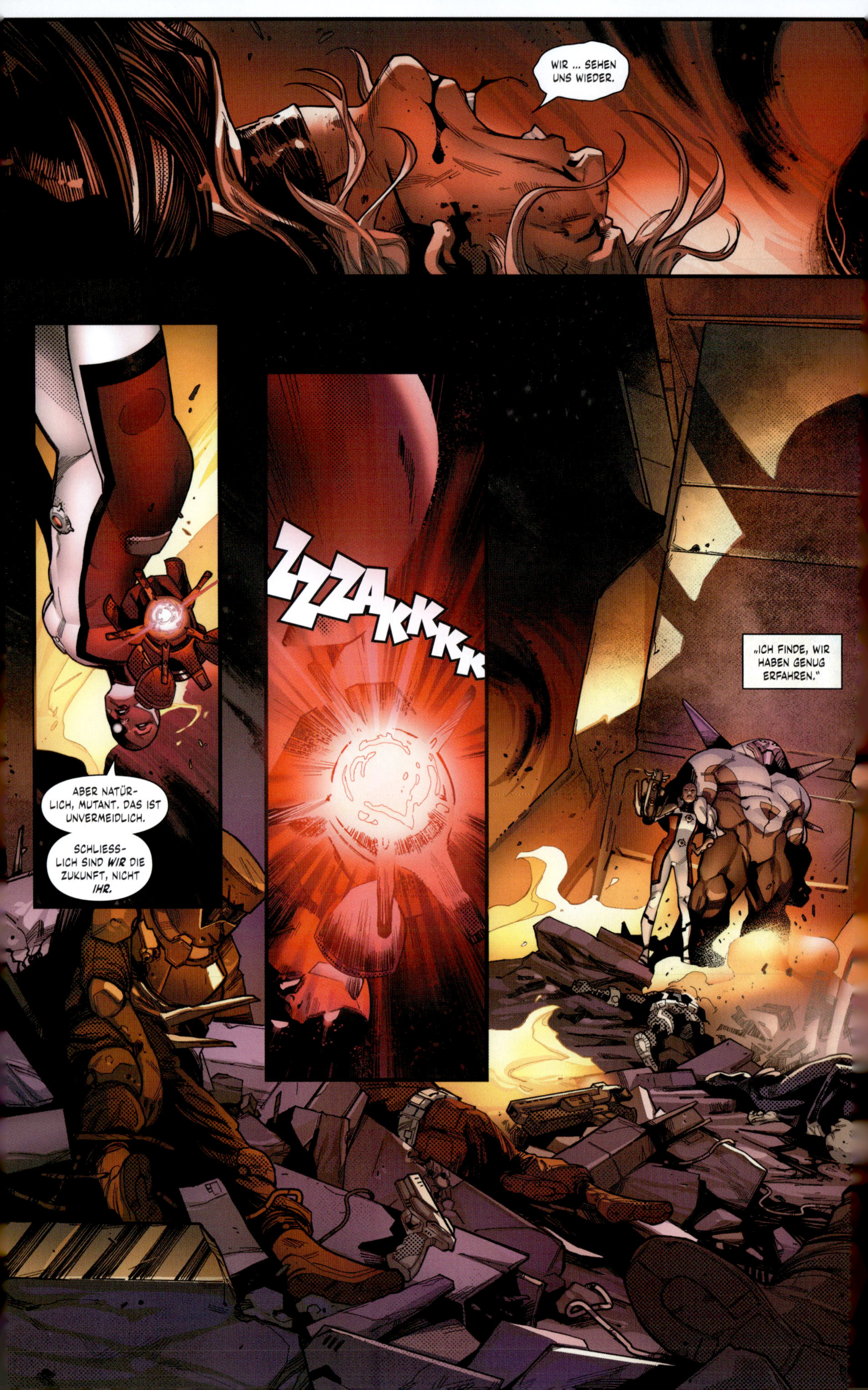
WIR ... SEHEN UNS WIEDER.
ABER NATÜRLICH, MUTANT. DAS IST UNVERMEIDLICH.
SCHLIESSLICH SIND *WIR* DIE ZUKUNFT, NICHT *IHR.*
ZZZAKKKK
„ICH FINDE, WIR HABEN GENUG ERFAHREN."

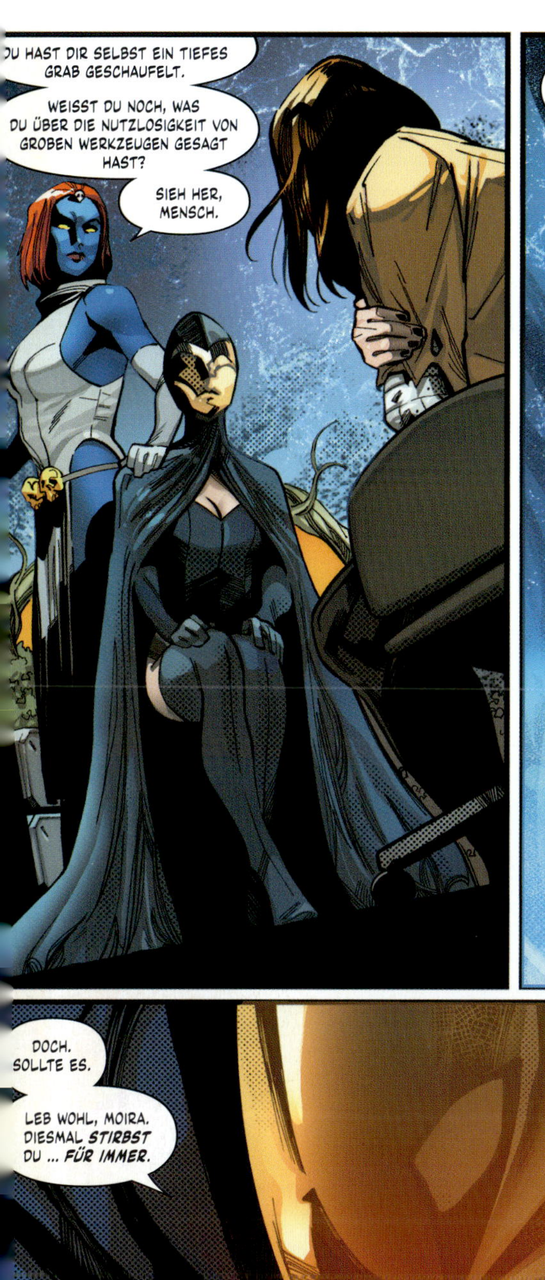

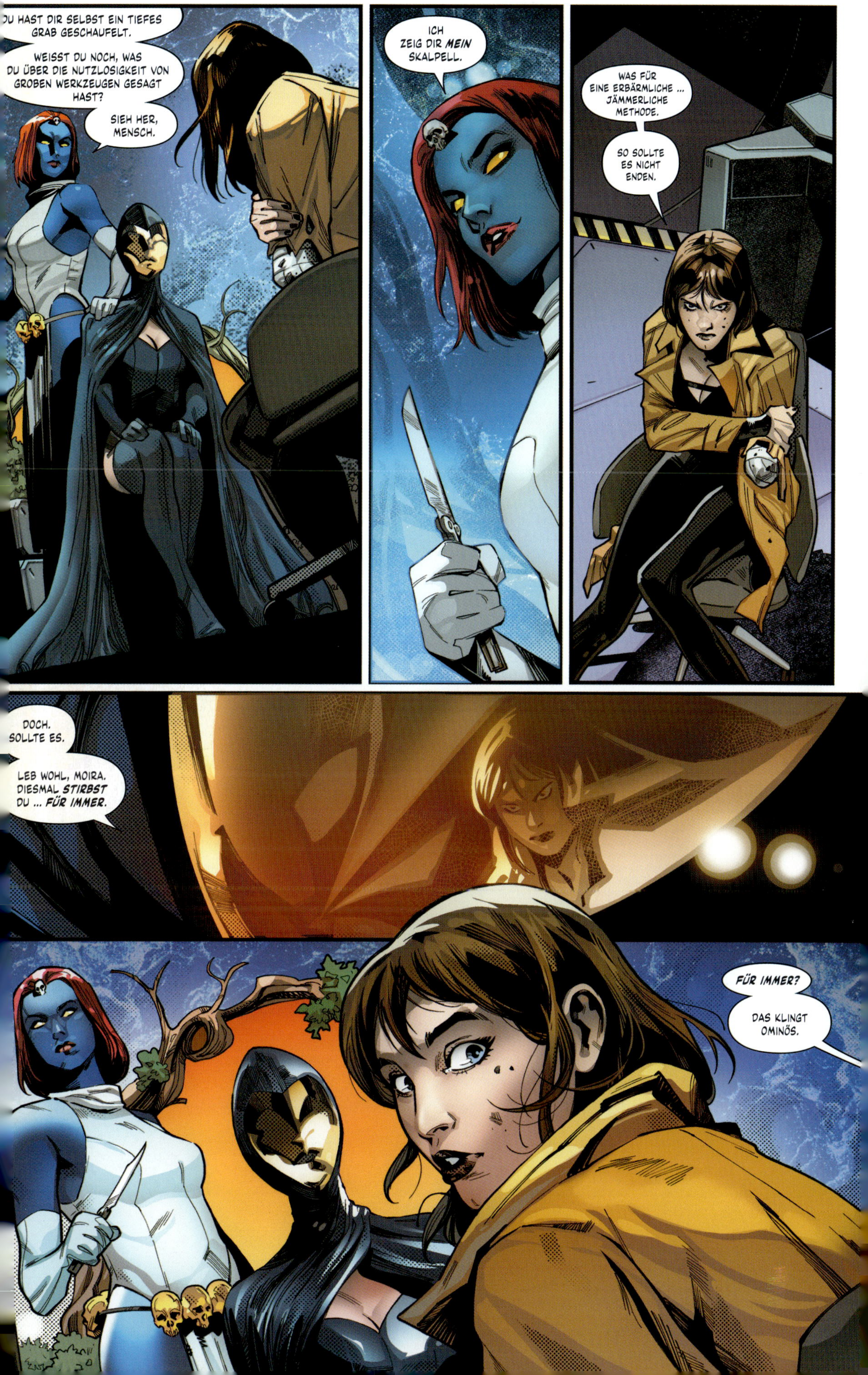

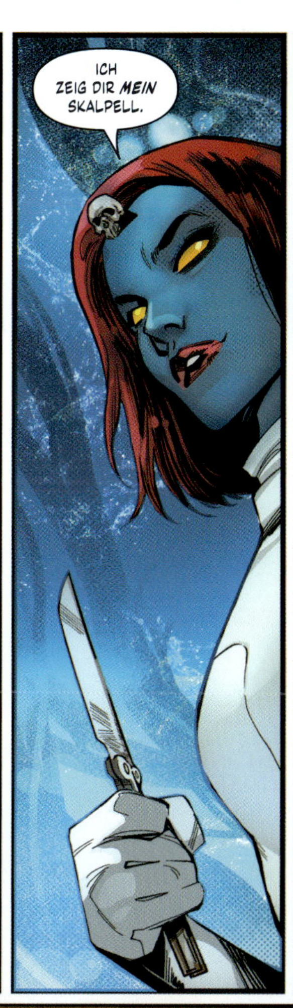

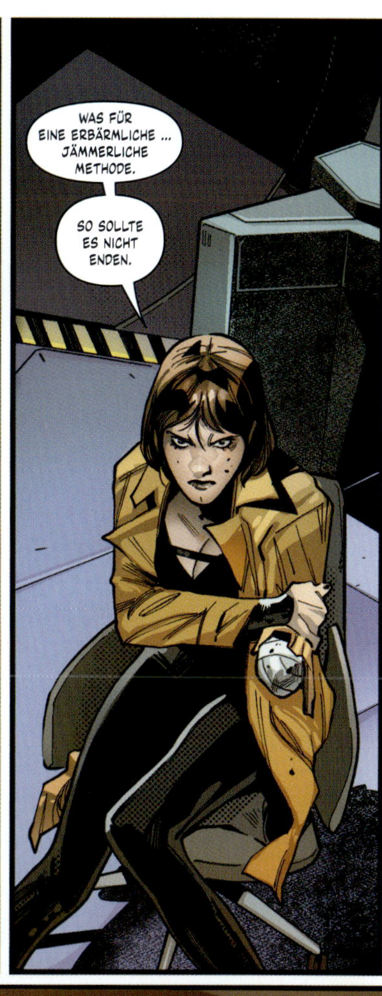

DOCH. SOLLTE ES.

LEB WOHL, MOIRA. DIESMAL ***STIRBST*** DU ... ***FÜR IMMER.***

FÜR IMMER?

DAS KLINGT OMINÖS.

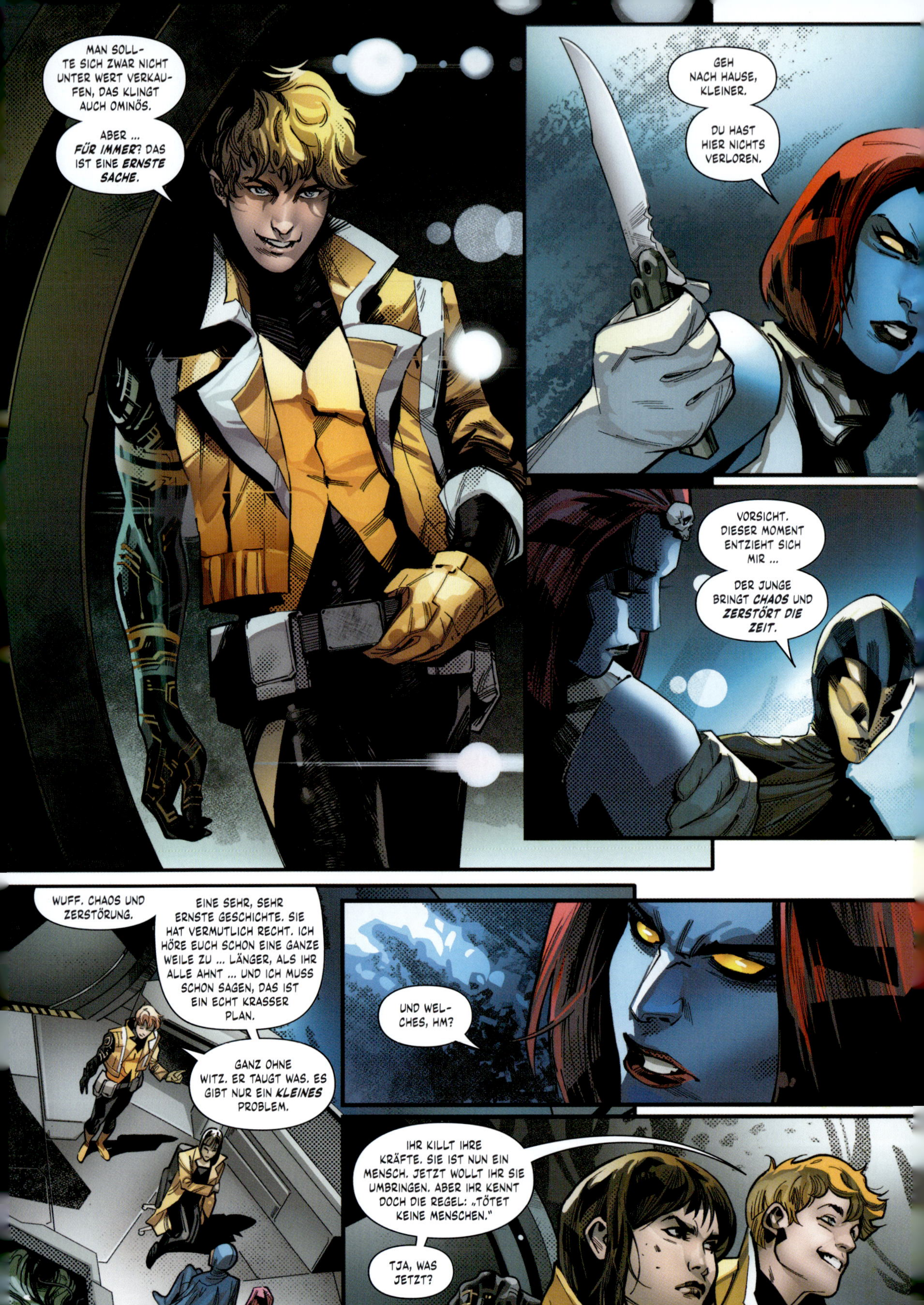
MAN SOLLTE SICH ZWAR NICHT UNTER WERT VERKAUFEN, DAS KLINGT AUCH OMINÖS.
ABER ... *FÜR IMMER*? DAS IST EINE *ERNSTE SACHE*.
GEH NACH HAUSE, KLEINER.
DU HAST HIER NICHTS VERLOREN.
VORSICHT. DIESER MOMENT ENTZIEHT SICH MIR ...
DER JUNGE BRINGT *CHAOS* UND *ZERSTÖRT DIE ZEIT*.
WUFF. CHAOS UND ZERSTÖRUNG.
EINE SEHR, SEHR ERNSTE GESCHICHTE. SIE HAT VERMUTLICH RECHT. ICH HÖRE EUCH SCHON EINE GANZE WEILE ZU ... LÄNGER, ALS IHR ALLE AHNT ... UND ICH MUSS SCHON SAGEN, DAS IST EIN ECHT KRASSER PLAN.
GANZ OHNE WITZ. ER TAUGT WAS. ES GIBT NUR EIN *KLEINES* PROBLEM.
UND WELCHES, HM?
IHR KILLT IHRE KRÄFTE. SIE IST NUN EIN MENSCH. JETZT WOLLT IHR SIE UMBRINGEN. ABER IHR KENNT DOCH DIE REGEL: „TÖTET KEINE MENSCHEN."
TJA, WAS JETZT?

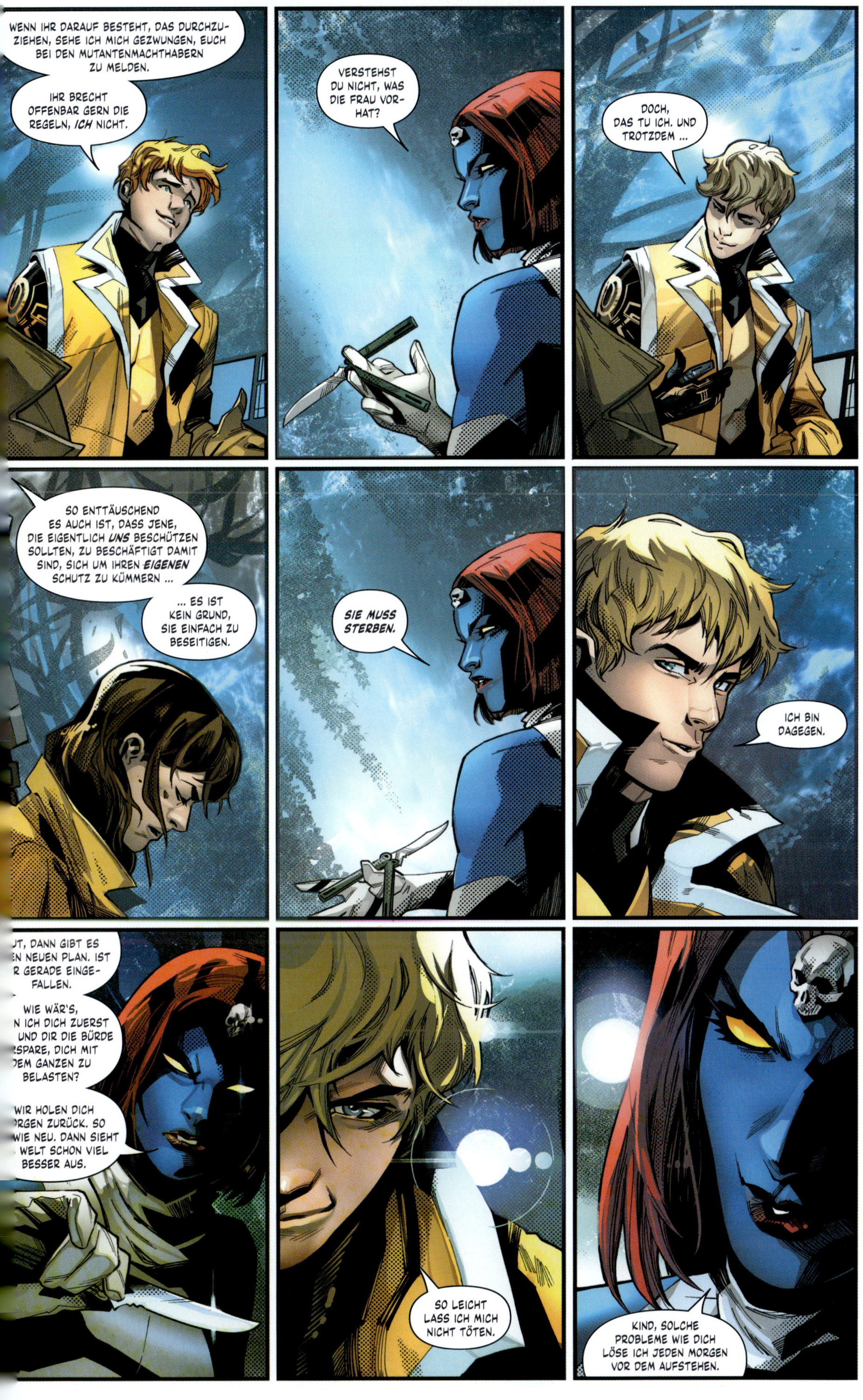
WENN IHR DARAUF BESTEHT, DAS DURCHZU-ZIEHEN, SEHE ICH MICH GEZWUNGEN, EUCH BEI DEN MUTANTENMACHTHABERN ZU MELDEN.
IHR BRECHT OFFENBAR GERN DIE REGELN, *ICH* NICHT.
VERSTEHST DU NICHT, WAS DIE FRAU VOR-HAT?
DOCH, DAS TU ICH. UND TROTZDEM ...
SO ENTTÄUSCHEND ES AUCH IST, DASS JENE, DIE EIGENTLICH *UNS* BESCHÜTZEN SOLLTEN, ZU BESCHÄFTIGT DAMIT SIND, SICH UM IHREN *EIGENEN* SCHUTZ ZU KÜMMERN ...
... ES IST KEIN GRUND, SIE EINFACH ZU BESEITIGEN.
SIE MUSS STERBEN.
ICH BIN DAGEGEN.
UT, DANN GIBT ES N NEUEN PLAN. IST R GERADE EINGE-FALLEN.
WIE WÄR'S, N ICH DICH ZUERST UND DIR DIE BÜRDE SPARE, DICH MIT EM GANZEN ZU BELASTEN?
WIR HOLEN DICH RGEN ZURÜCK. SO WIE NEU. DANN SIEHT WELT SCHON VIEL BESSER AUS.
SO LEICHT LASS ICH MICH NICHT TÖTEN.
KIND, SOLCHE PROBLEME WIE DICH LÖSE ICH JEDEN MORGEN VOR DEM AUFSTEHEN.

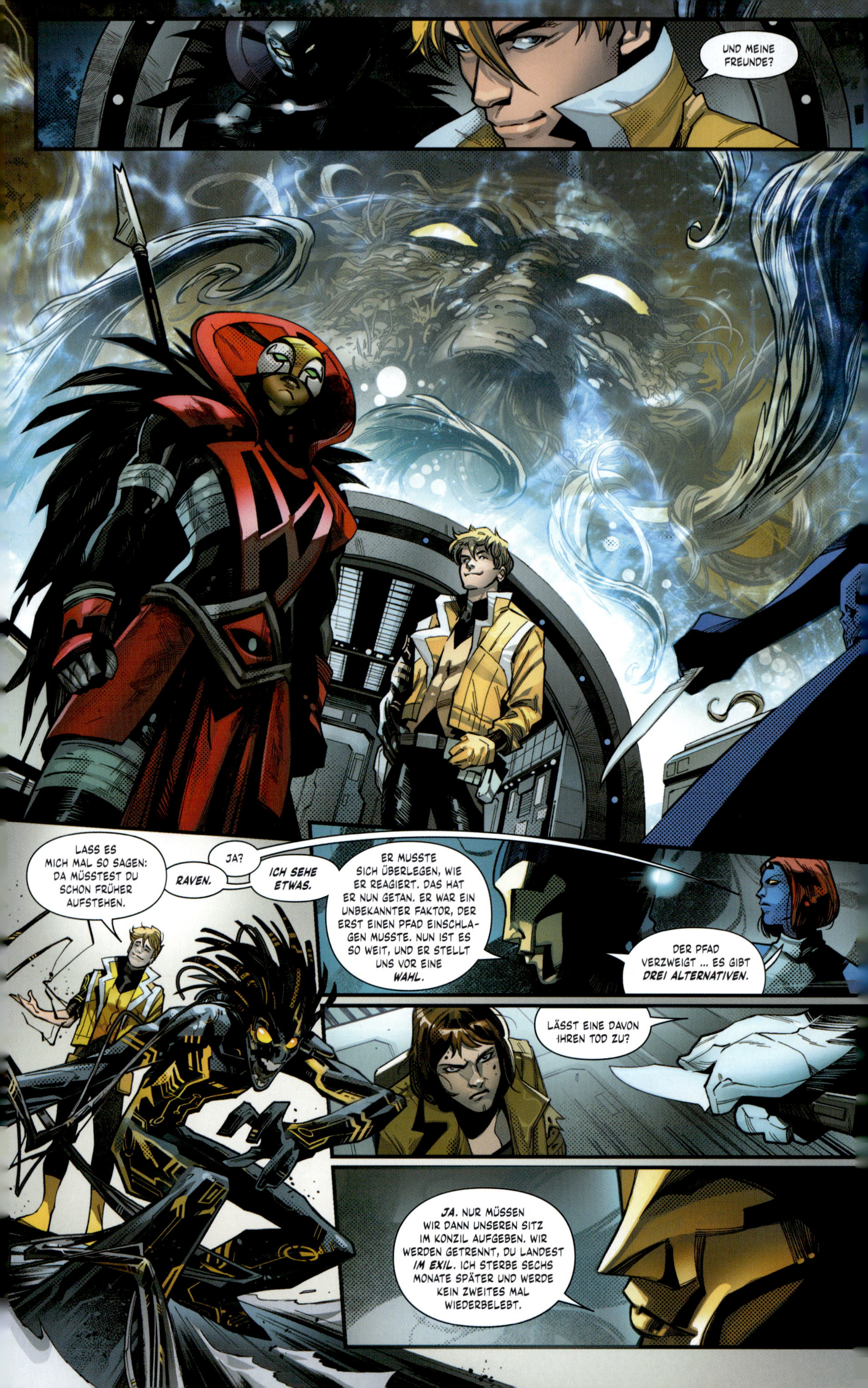
UND MEINE FREUNDE?
LASS ES MICH MAL SO SAGEN: DA MÜSSTEST DU SCHON FRÜHER AUFSTEHEN.
RAVEN.
JA?
ICH SEHE ETWAS.
ER MUSSTE SICH ÜBERLEGEN, WIE ER REAGIERT. DAS HAT ER NUN GETAN. ER WAR EIN UNBEKANNTER FAKTOR, DER ERST EINEN PFAD EINSCHLAGEN MUSSTE. NUN IST ES SO WEIT, UND ER STELLT UNS VOR EINE WAHL.
DER PFAD VERZWEIGT ... ES GIBT DREI ALTERNATIVEN.
LÄSST EINE DAVON IHREN TOD ZU?
JA. NUR MÜSSEN WIR DANN UNSEREN SITZ IM KONZIL AUFGEBEN. WIR WERDEN GETRENNT, DU LANDEST IM EXIL. ICH STERBE SECHS MONATE SPÄTER UND WERDE KEIN ZWEITES MAL WIEDERBELEBT.

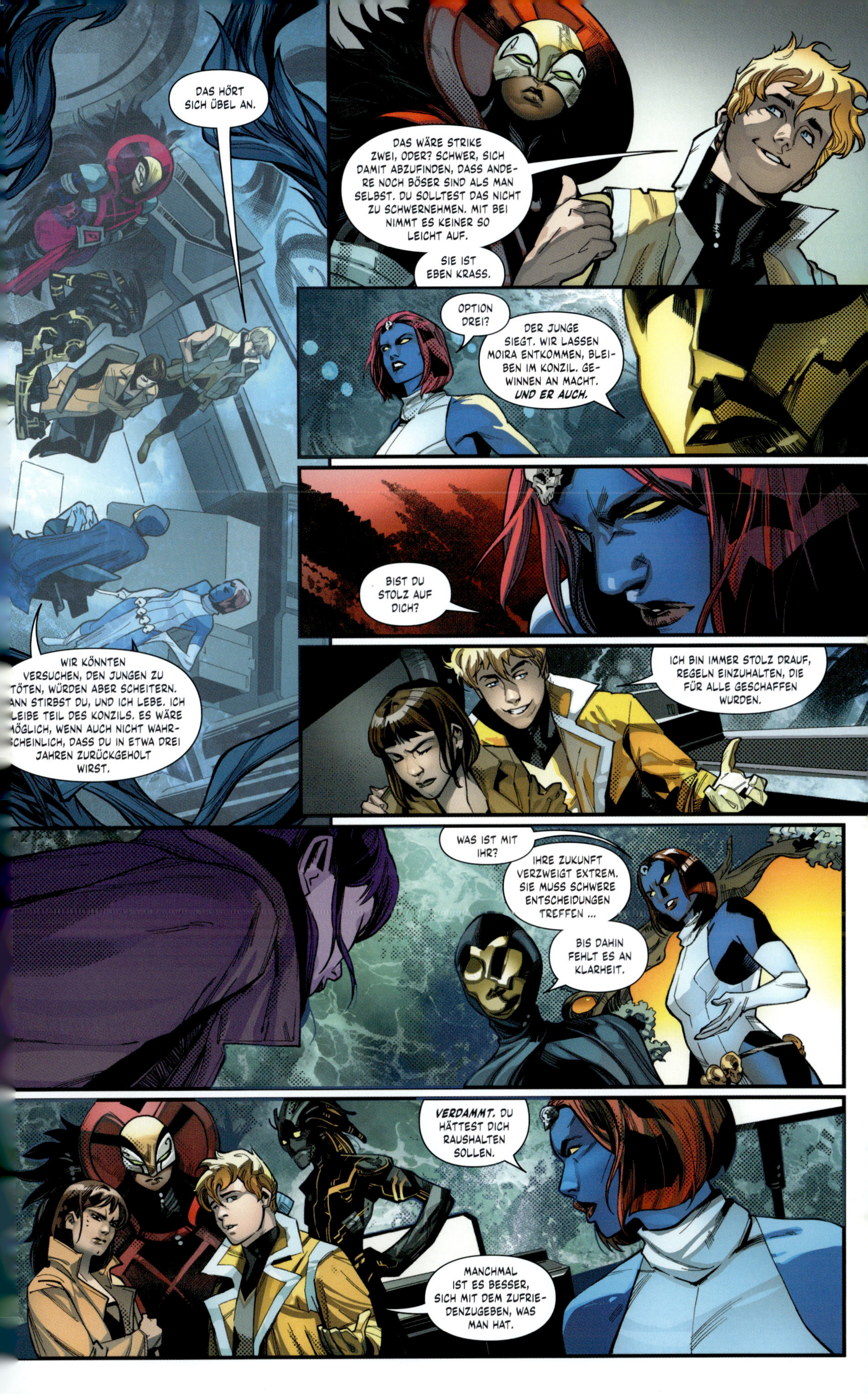
DAS HÖRT SICH ÜBEL AN.
DAS WÄRE STRIKE ZWEI, ODER? SCHWER, SICH DAMIT ABZUFINDEN, DASS ANDERE NOCH BÖSER SIND ALS MAN SELBST. DU SOLLTEST DAS NICHT ZU SCHWERNEHMEN. MIT BEI NIMMT ES KEINER SO LEICHT AUF.
SIE IST EBEN KRASS.
OPTION DREI?
DER JUNGE SIEGT. WIR LASSEN MOIRA ENTKOMMEN, BLEIBEN IM KONZIL. GEWINNEN AN MACHT. *UND ER AUCH.*
BIST DU STOLZ AUF DICH?
WIR KÖNNTEN VERSUCHEN, DEN JUNGEN ZU TÖTEN, WÜRDEN ABER SCHEITERN. ANN STIRBST DU, UND ICH LEBE. ICH LEIBE TEIL DES KONZILS. ES WÄRE ÖGLICH, WENN AUCH NICHT WAHRSCHEINLICH, DASS DU IN ETWA DREI JAHREN ZURÜCKGEHOLT WIRST.
ICH BIN IMMER STOLZ DRAUF, REGELN EINZUHALTEN, DIE FÜR ALLE GESCHAFFEN WURDEN.
WAS IST MIT IHR?
IHRE ZUKUNFT VERZWEIGT EXTREM. SIE MUSS SCHWERE ENTSCHEIDUNGEN TREFFEN ...
BIS DAHIN FEHLT ES AN KLARHEIT.
VERDAMMT. DU HÄTTEST DICH RAUSHALTEN SOLLEN.
MANCHMAL IST ES BESSER, SICH MIT DEM ZUFRIEDENZUGEBEN, WAS MAN HAT.

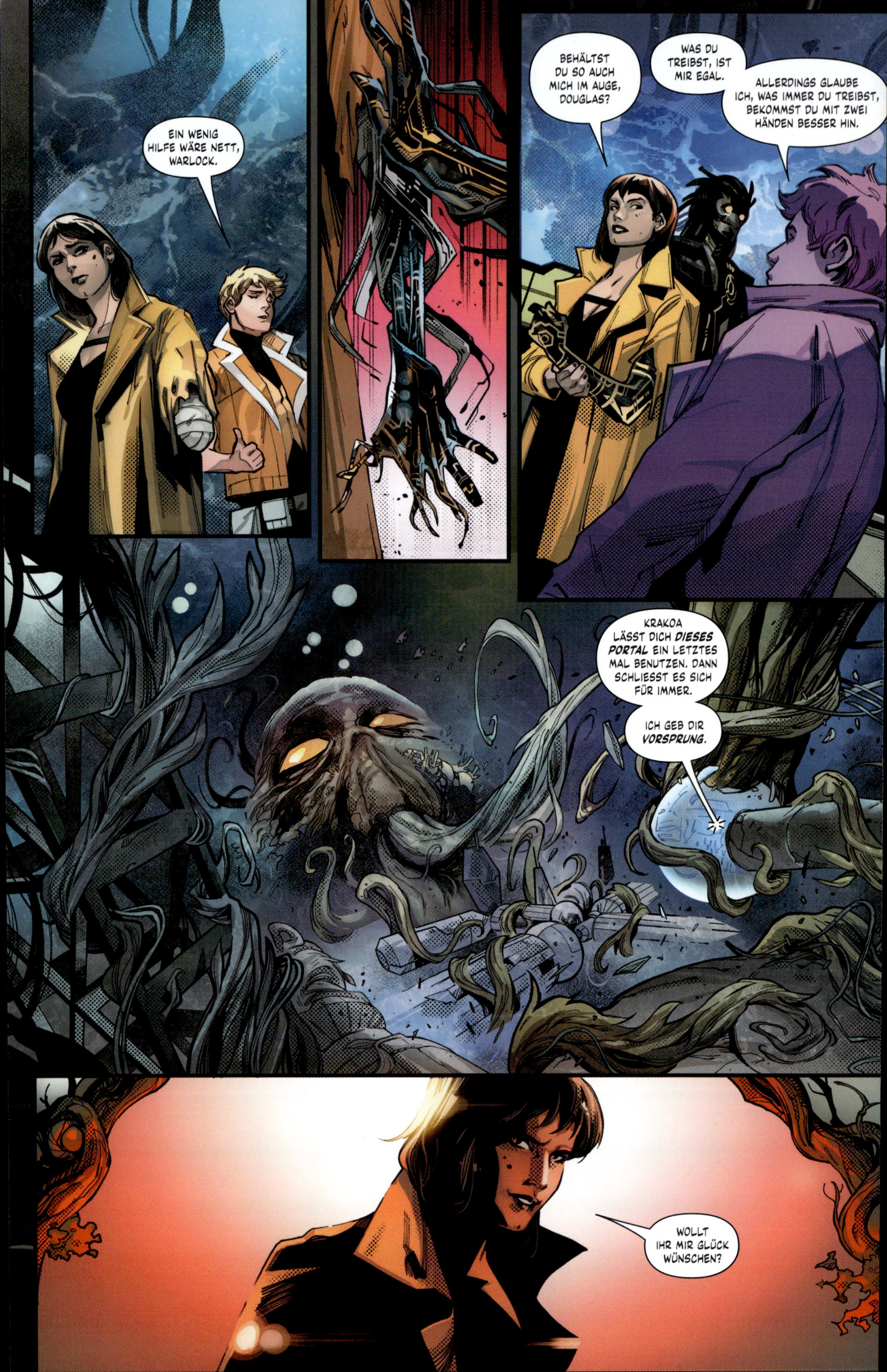
EIN WENIG HILFE WÄRE NETT, WARLOCK.
BEHÄLTST DU SO AUCH MICH IM AUGE, DOUGLAS?
WAS DU TREIBST, IST MIR EGAL.
ALLERDINGS GLAUBE ICH, WAS IMMER DU TREIBST, BEKOMMST DU MIT ZWEI HÄNDEN BESSER HIN.
KRAKOA LÄSST DICH *DIESES PORTAL* EIN LETZTES MAL BENUTZEN. DANN SCHLIESST ES SICH FÜR IMMER.
ICH GEB DIR *VORSPRUNG*.
WOLLT IHR MIR GLÜCK WÜNSCHEN?

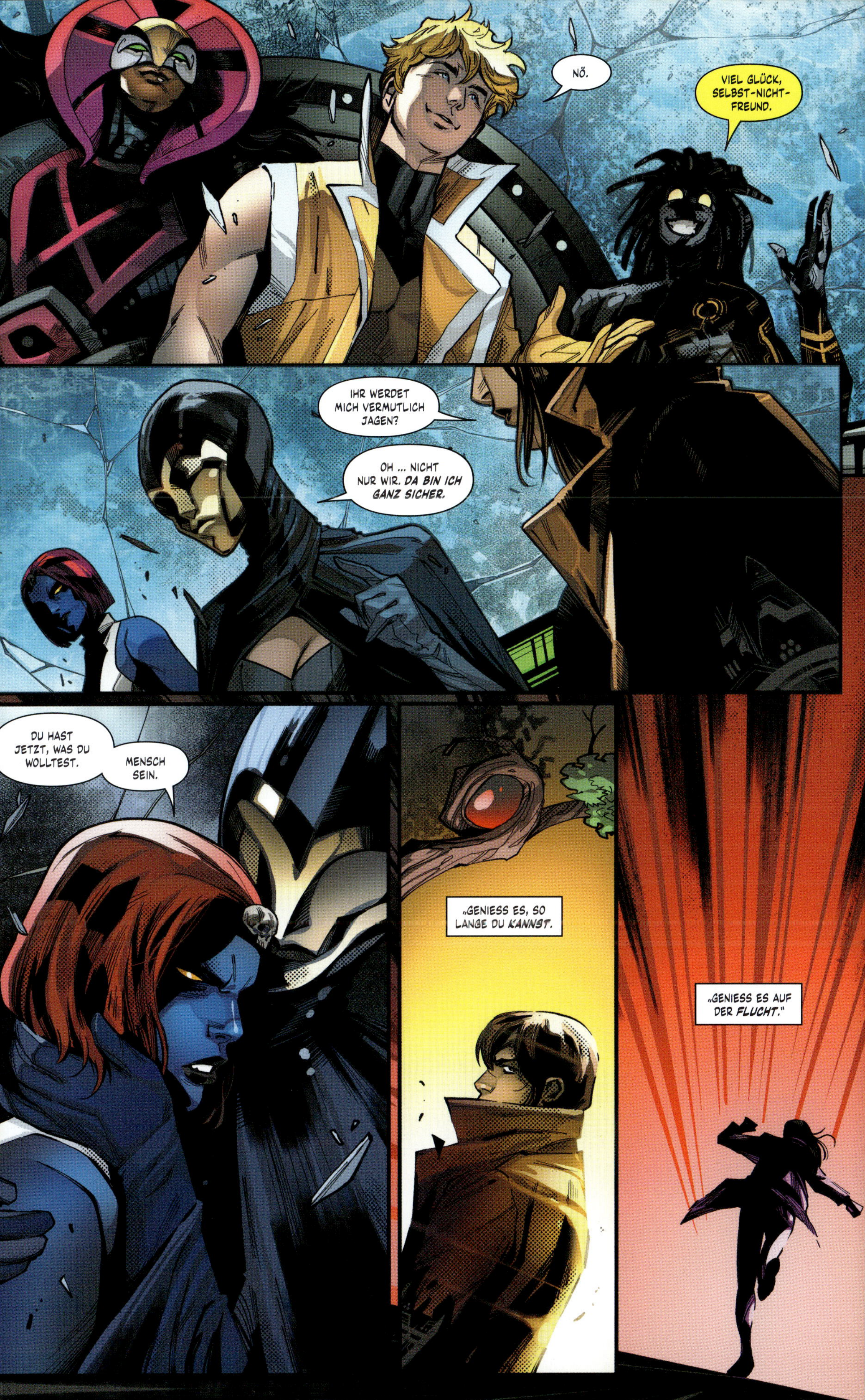
NÖ.
VIEL GLÜCK, SELBST-NICHT-FREUND.
IHR WERDET MICH VERMUTLICH JAGEN?
OH ... NICHT NUR WIR. DA BIN ICH GANZ SICHER.
DU HAST JETZT, WAS DU WOLLTEST.
MENSCH SEIN.
„GENIESS ES, SO LANGE DU KANNST.
„GENIESS ES AUF DER FLUCHT."

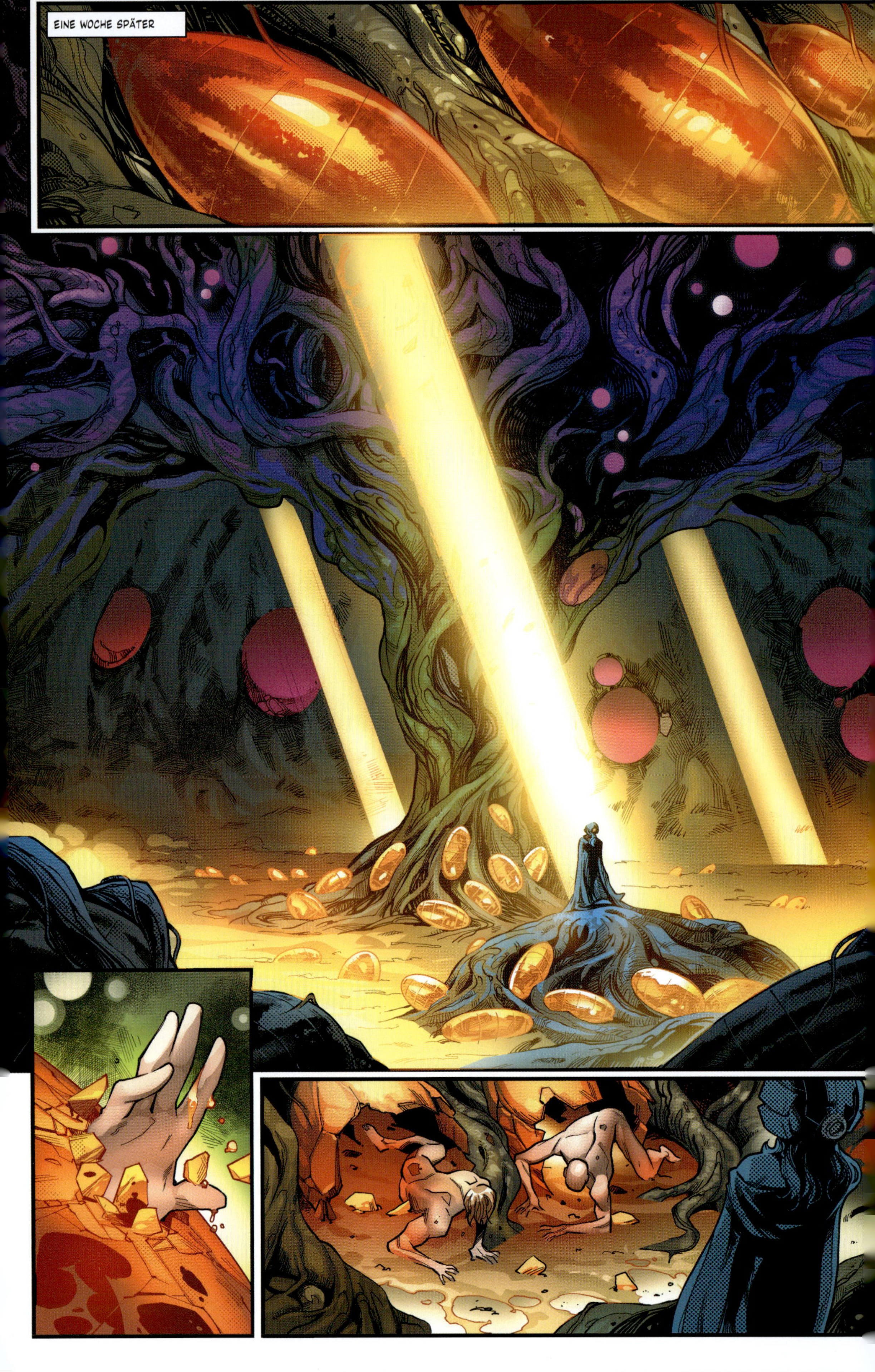
EINE WOCHE SPÄTER

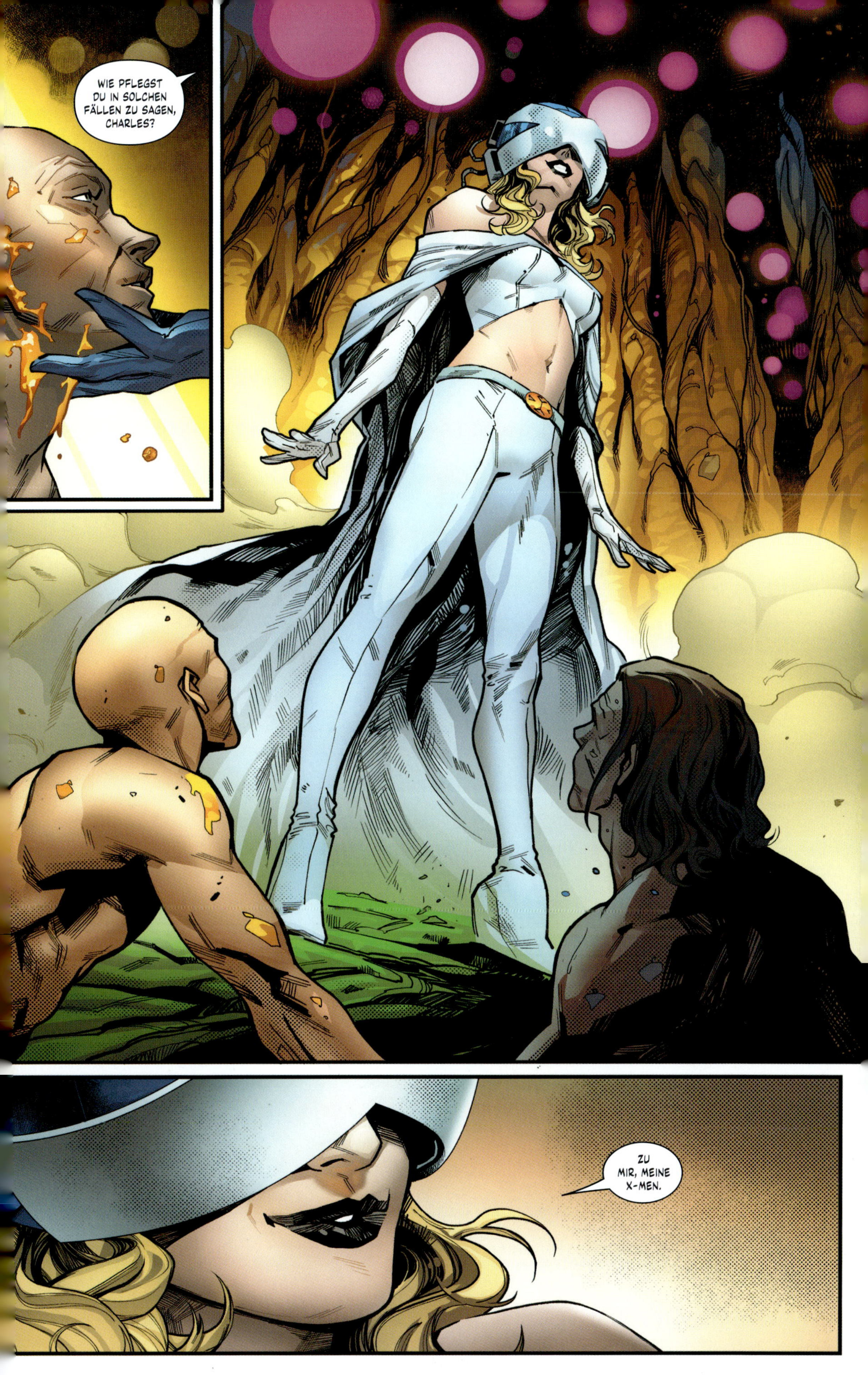

WIE PFLEGST DU IN SOLCHEN FÄLLEN ZU SAGEN, CHARLES?

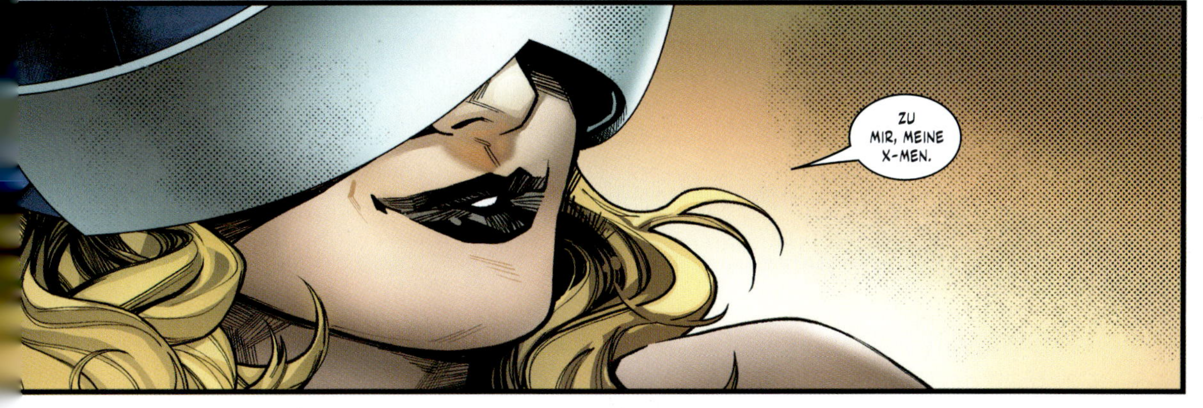

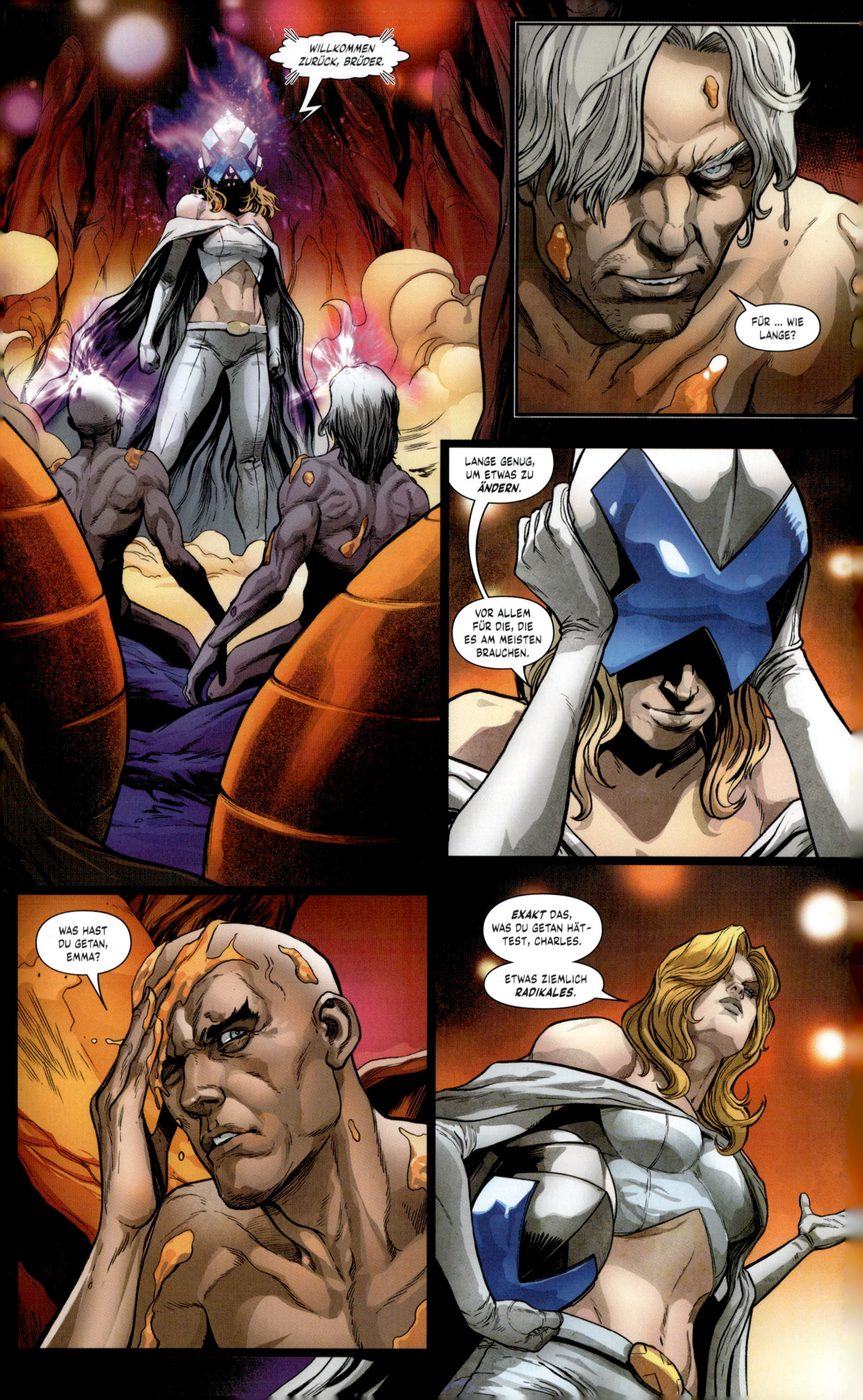
WILLKOMMEN ZURÜCK, BRÜDER.
FÜR ... WIE LANGE?
LANGE GENUG, UM ETWAS ZU ÄNDERN.
VOR ALLEM FÜR DIE, DIE ES AM MEISTEN BRAUCHEN.
WAS HAST DU GETAN, EMMA?
EXAKT DAS, WAS DU GETAN HÄT-TEST, CHARLES.
ETWAS ZIEMLICH RADIKALES.

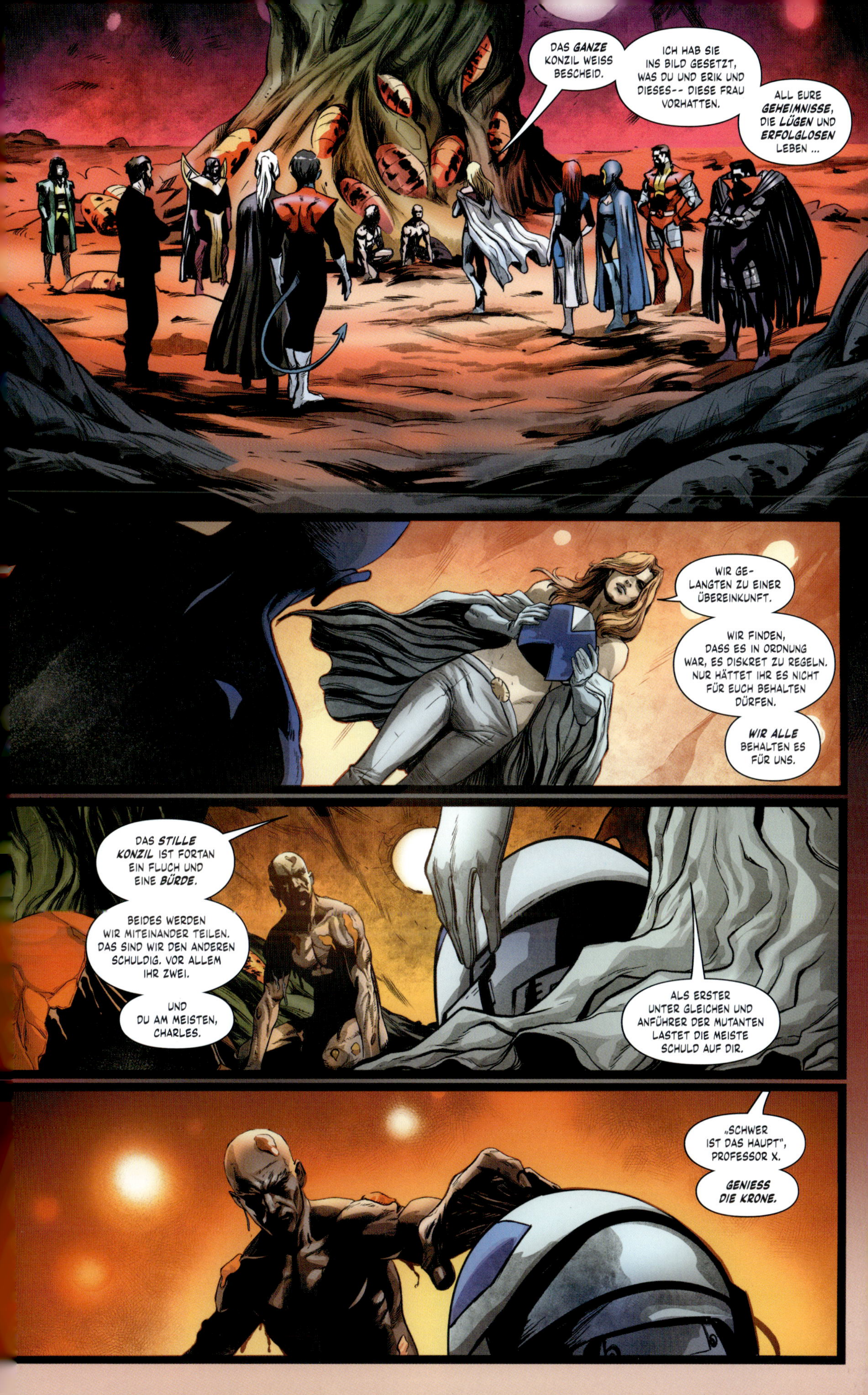

DAS GANZE KONZIL WEISS BESCHEID.
ICH HAB SIE INS BILD GESETZT, WAS DU UND ERIK UND DIESES-- DIESE FRAU VORHATTEN.
ALL EURE GEHEIMNISSE, DIE LÜGEN UND ERFOLGLOSEN LEBEN ...
WIR GELANGTEN ZU EINER ÜBEREINKUNFT.
WIR FINDEN, DASS ES IN ORDNUNG WAR, ES DISKRET ZU REGELN. NUR HÄTTET IHR ES NICHT FÜR EUCH BEHALTEN DÜRFEN.
WIR ALLE BEHALTEN ES FÜR UNS.
DAS STILLE KONZIL IST FORTAN EIN FLUCH UND EINE BÜRDE.
BEIDES WERDEN WIR MITEINANDER TEILEN. DAS SIND WIR DEN ANDEREN SCHULDIG. VOR ALLEM IHR ZWEI.
UND DU AM MEISTEN, CHARLES.
ALS ERSTER UNTER GLEICHEN UND ANFÜHRER DER MUTANTEN LASTET DIE MEISTE SCHULD AUF DIR.
„SCHWER IST DAS HAUPT", PROFESSOR X.
GENIESS DIE KRONE.

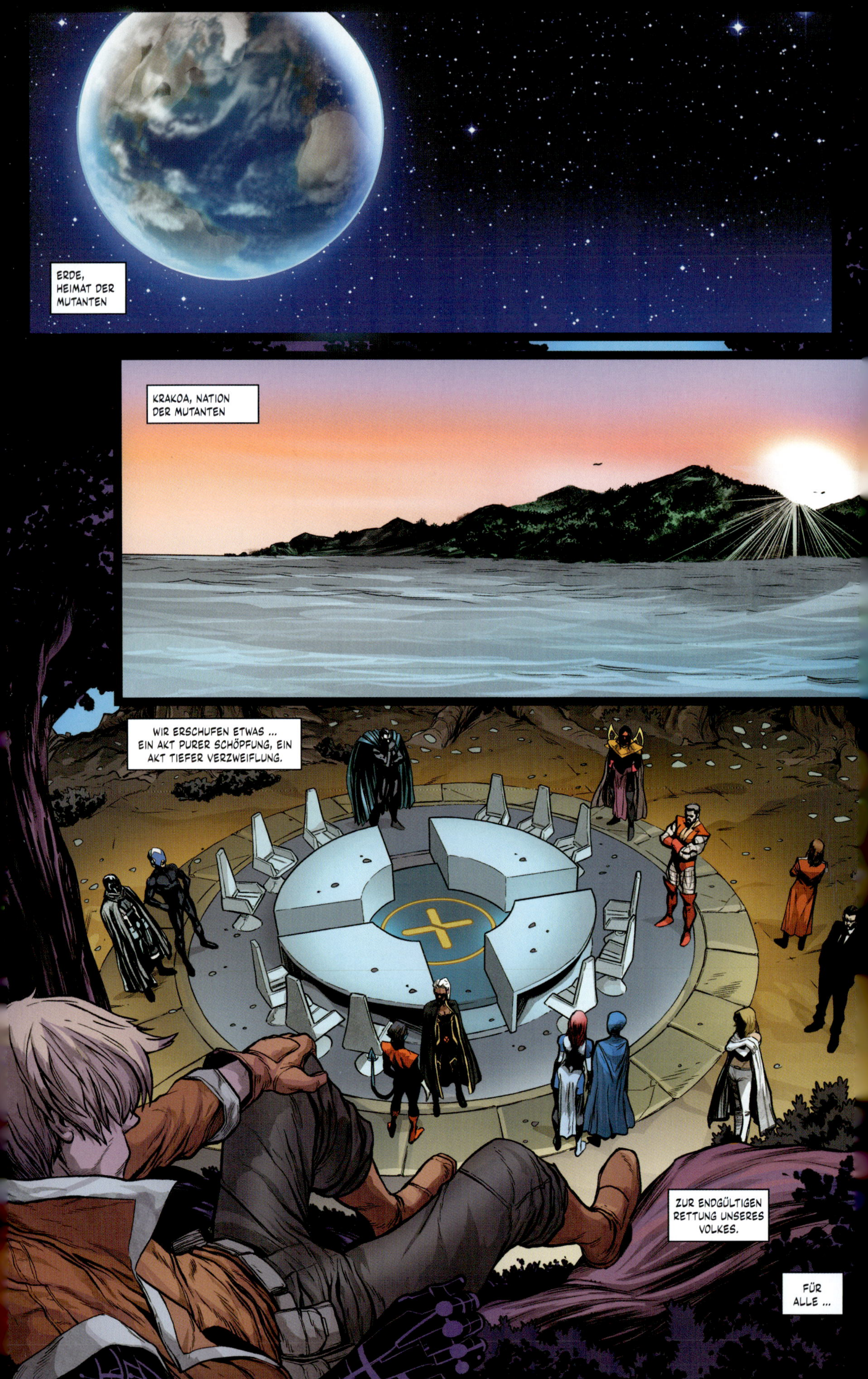
ERDE,
HEIMAT DER
MUTANTEN
KRAKOA, NATION
DER MUTANTEN
WIR ERSCHUFEN ETWAS ...
EIN AKT PURER SCHÖPFUNG, EIN
AKT TIEFER VERZWEIFLUNG.
ZUR ENDGÜLTIGEN
RETTUNG UNSERES
VOLKES.
FÜR
ALLE ...

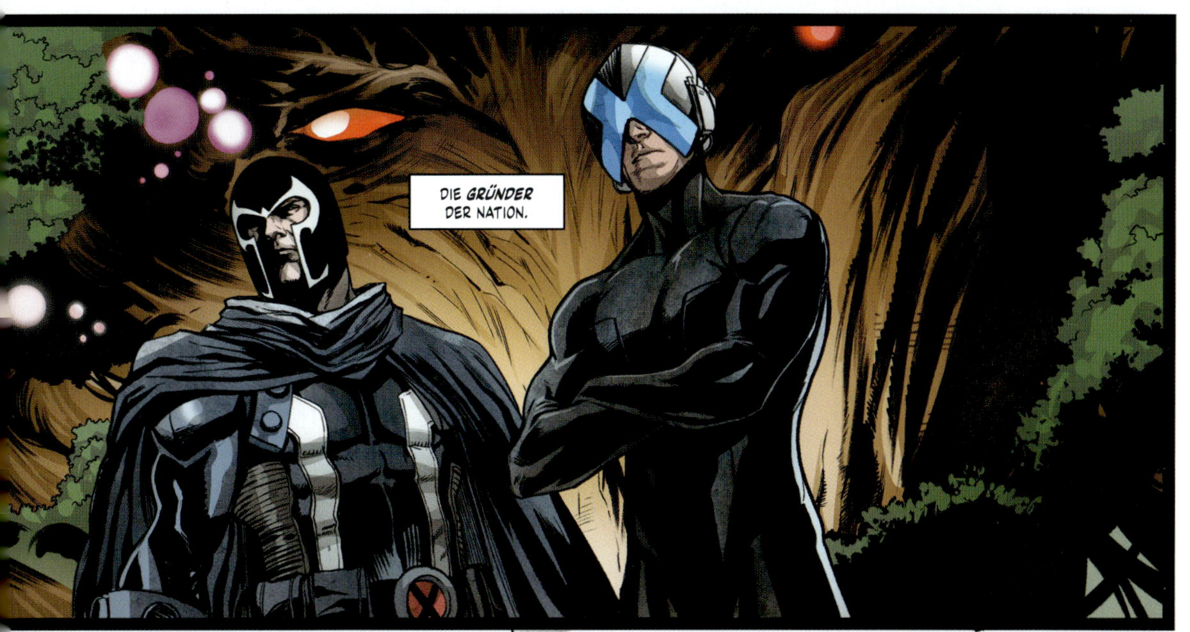
DIE GRÜNDER
DER NATION.

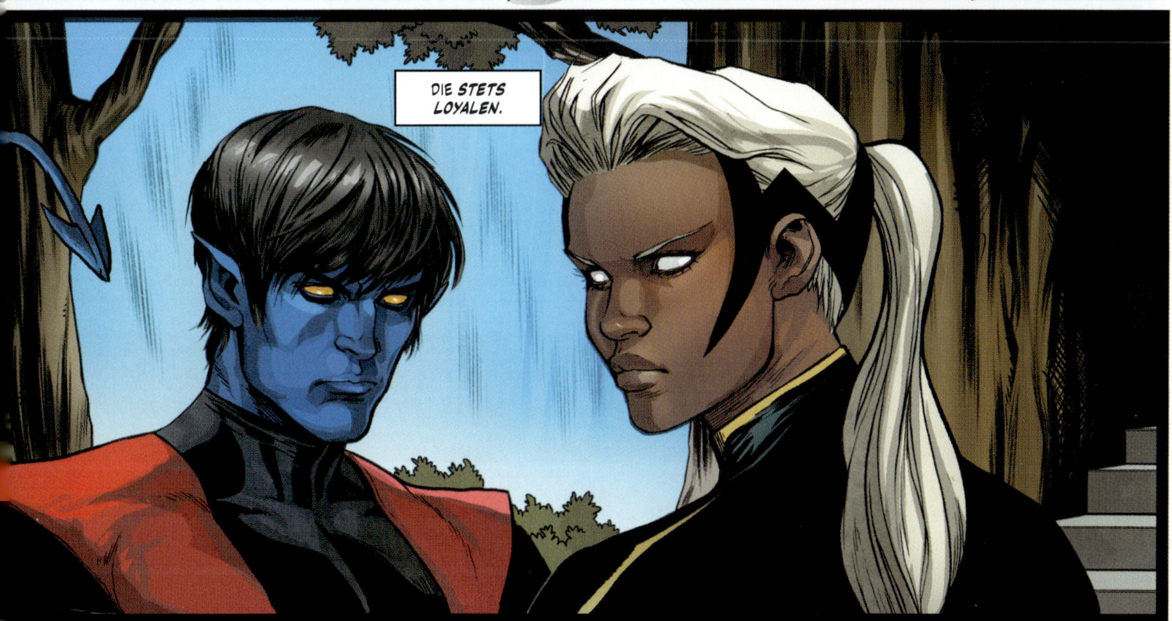
DIE STETS
LOYALEN.

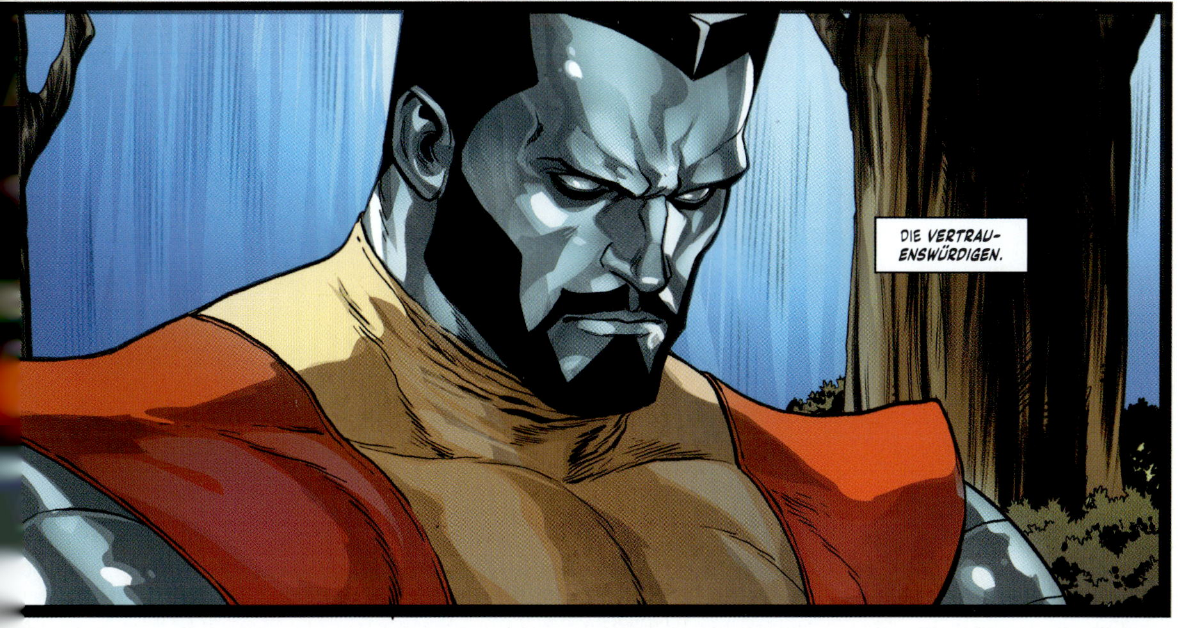
DIE VERTRAU-
ENSWÜRDIGEN.

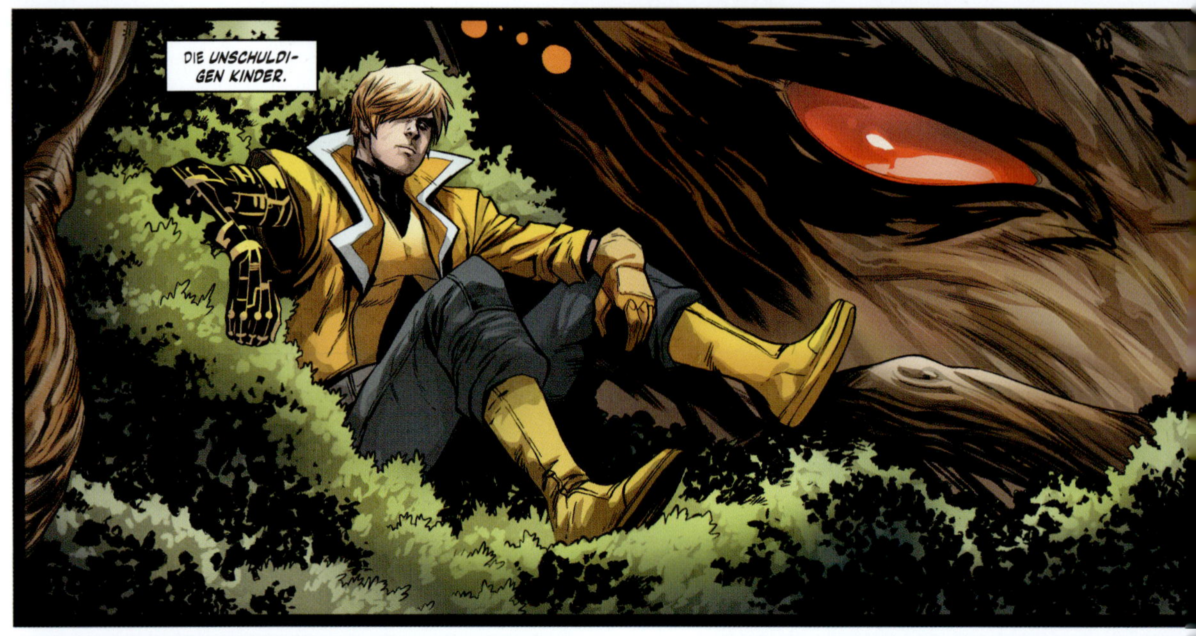
DIE UNSCHULDIGEN KINDER.
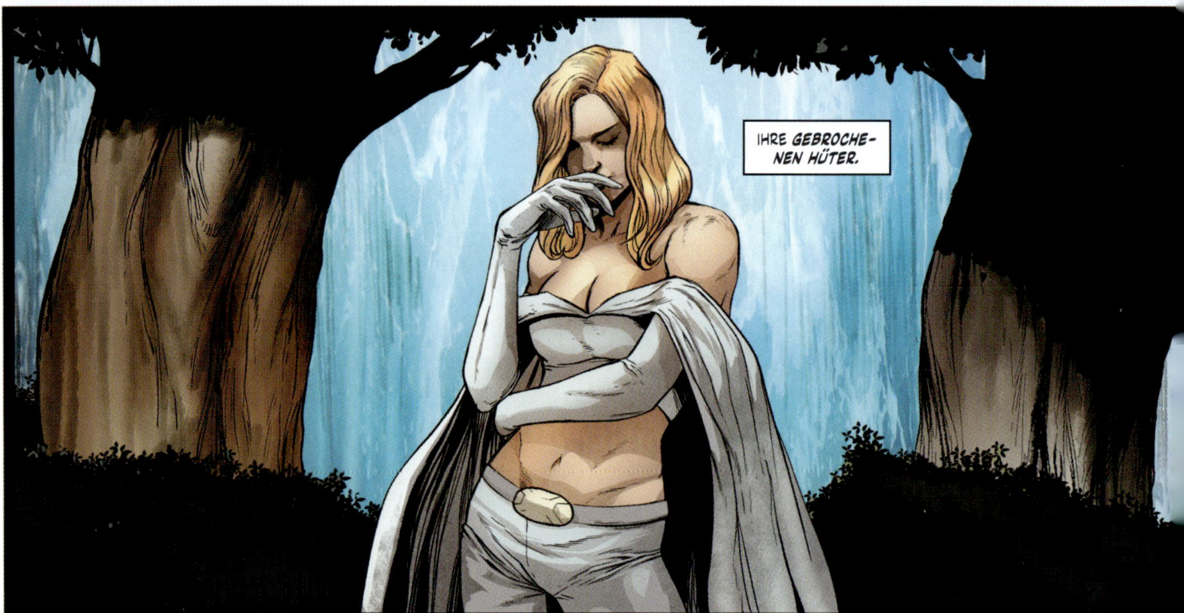
IHRE GEBROCHENEN HÜTER.
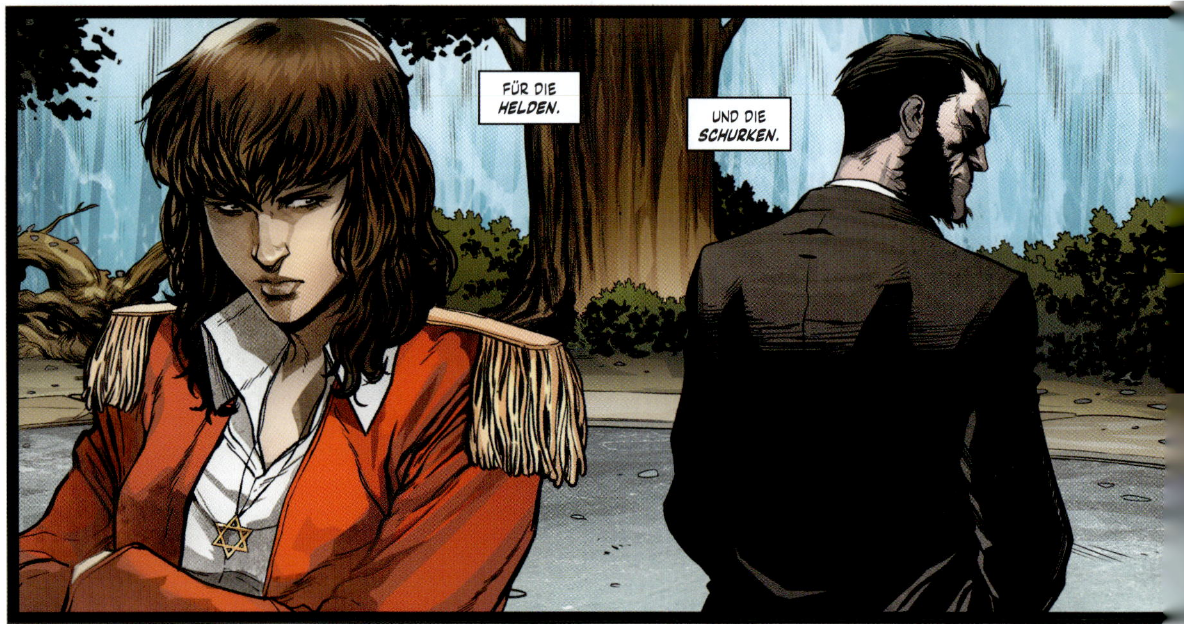
FÜR DIE HELDEN.
UND DIE SCHURKEN.

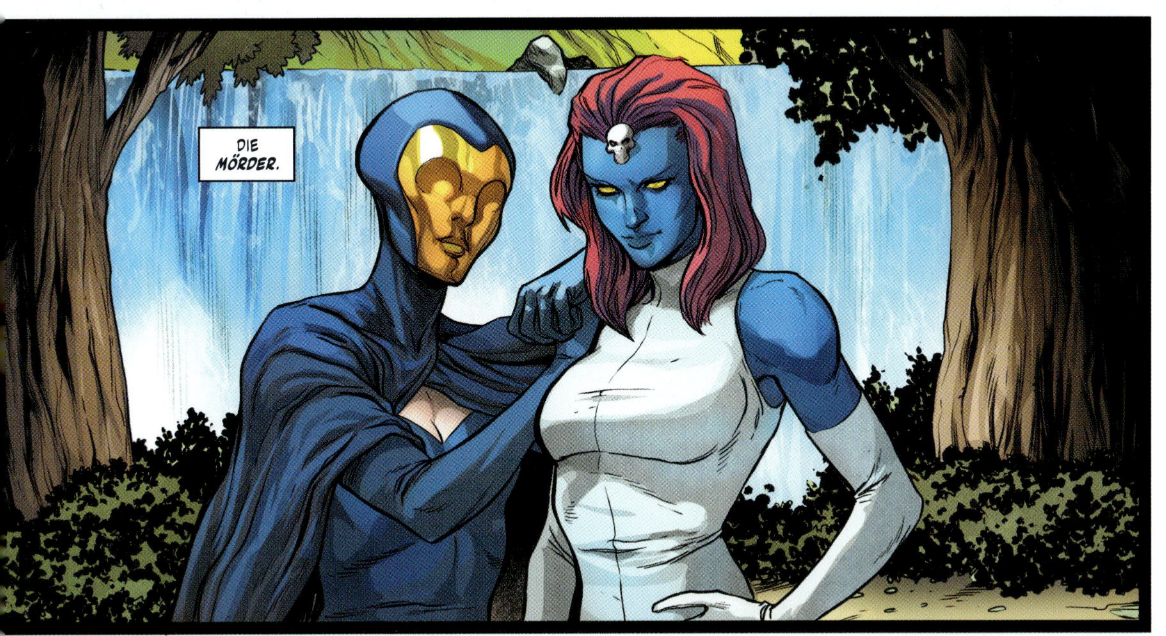
DIE MÖRDER.
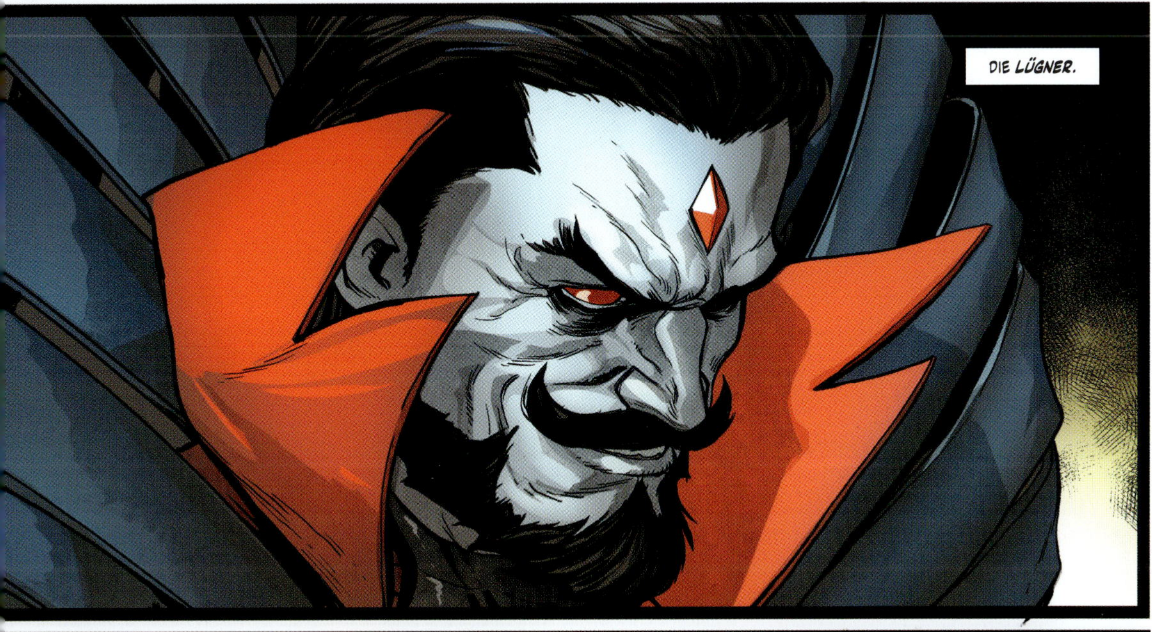
DIE LÜGNER.
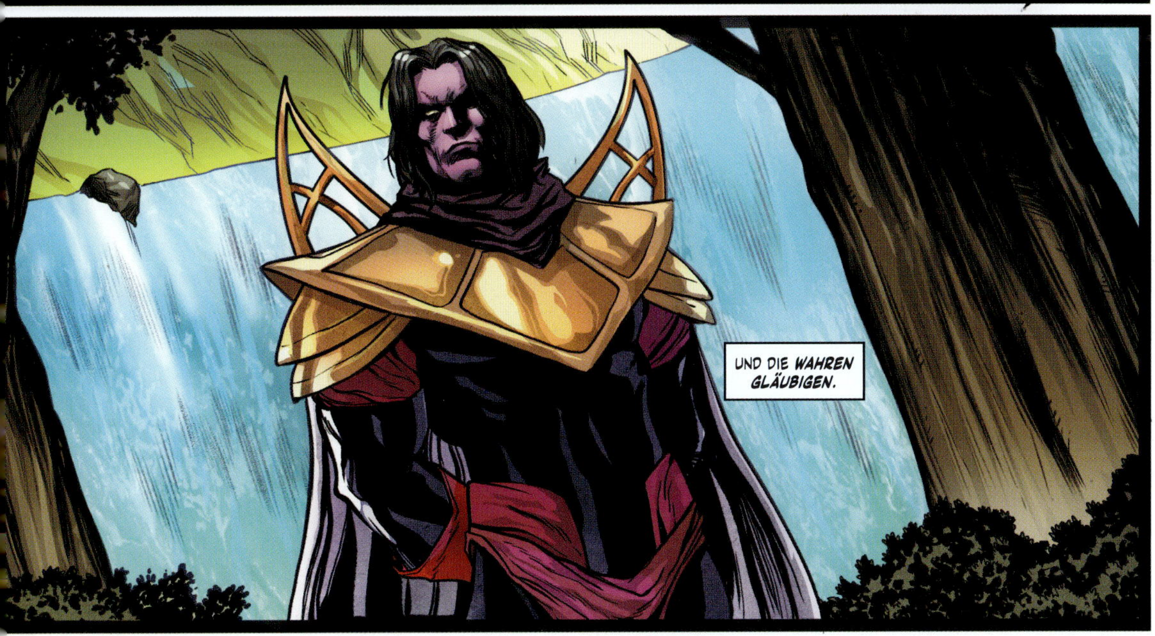
UND DIE WAHREN GLÄUBIGEN.

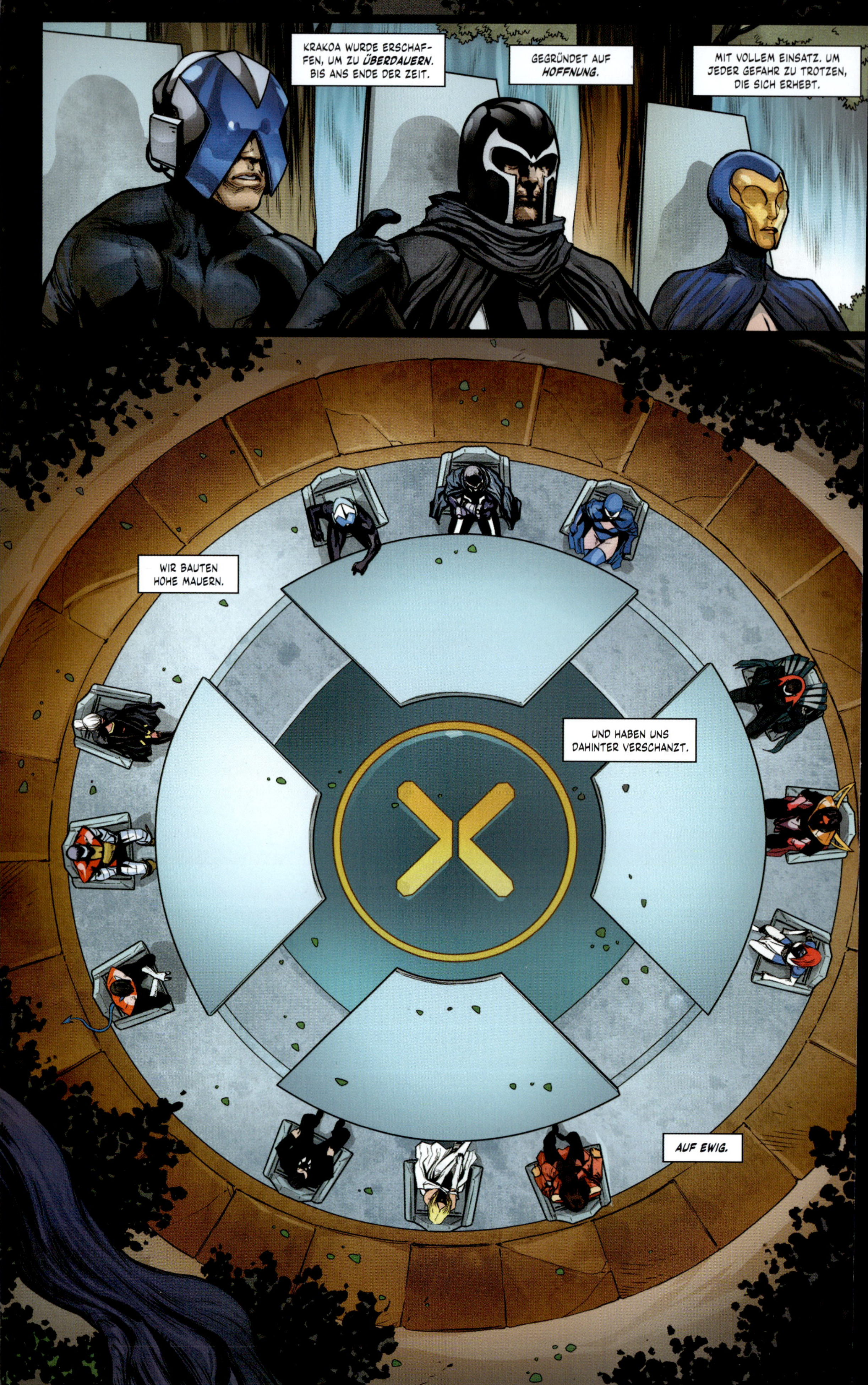
KRAKOA WURDE ERSCHAFFEN, UM ZU *ÜBERDAUERN*. BIS ANS ENDE DER ZEIT.
GEGRÜNDET AUF *HOFFNUNG*.
MIT VOLLEM EINSATZ. UM JEDER GEFAHR ZU TROTZEN, DIE SICH ERHEBT.
WIR BAUTEN HOHE MAUERN.
UND HABEN UNS DAHINTER VERSCHANZT.
AUF EWIG.

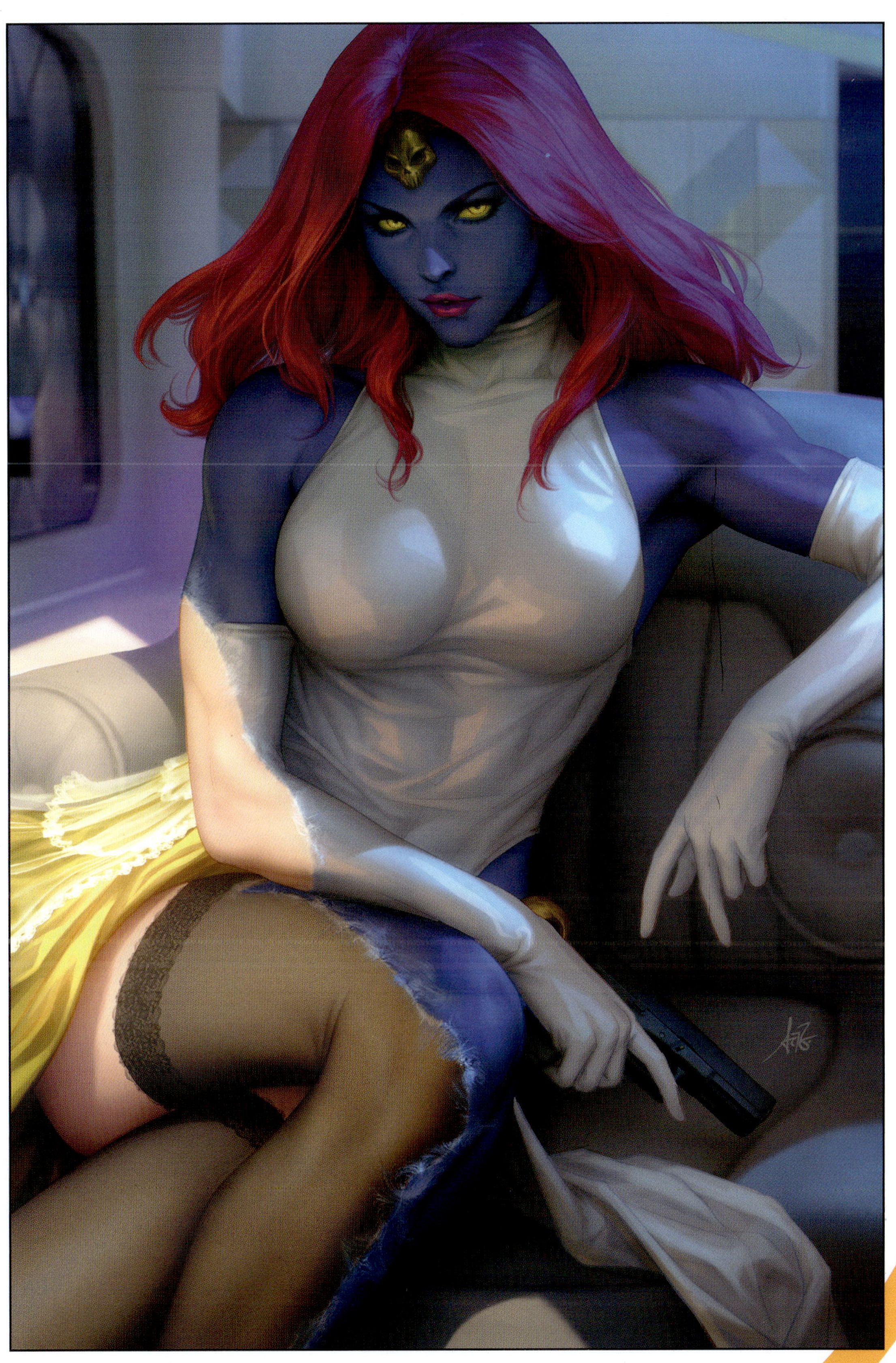

Inferno (2021) 1
Variant-Cover von **ARTGERM**

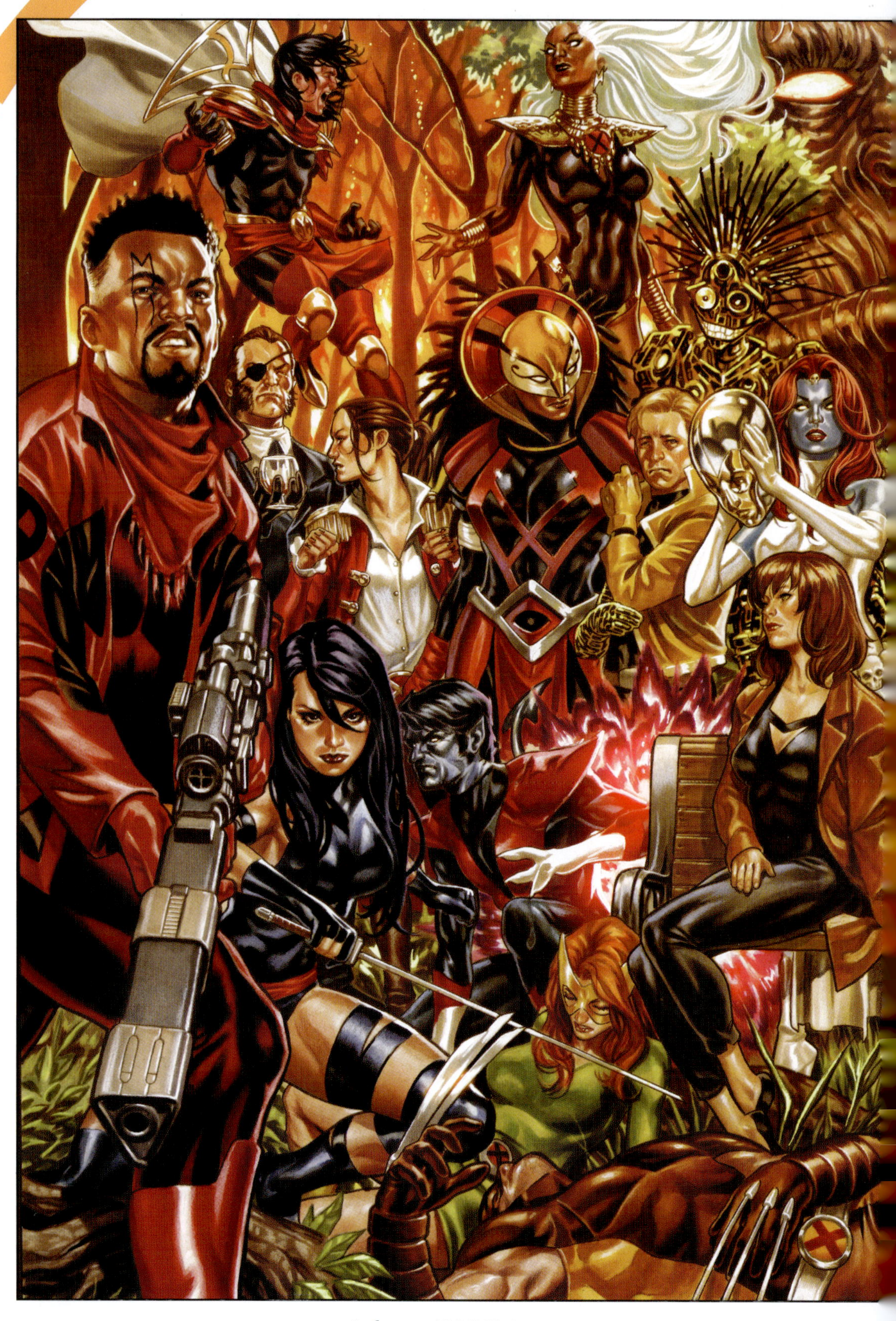

Inferno (2021) 1
Variant-Cover von **MARK BROOKS**

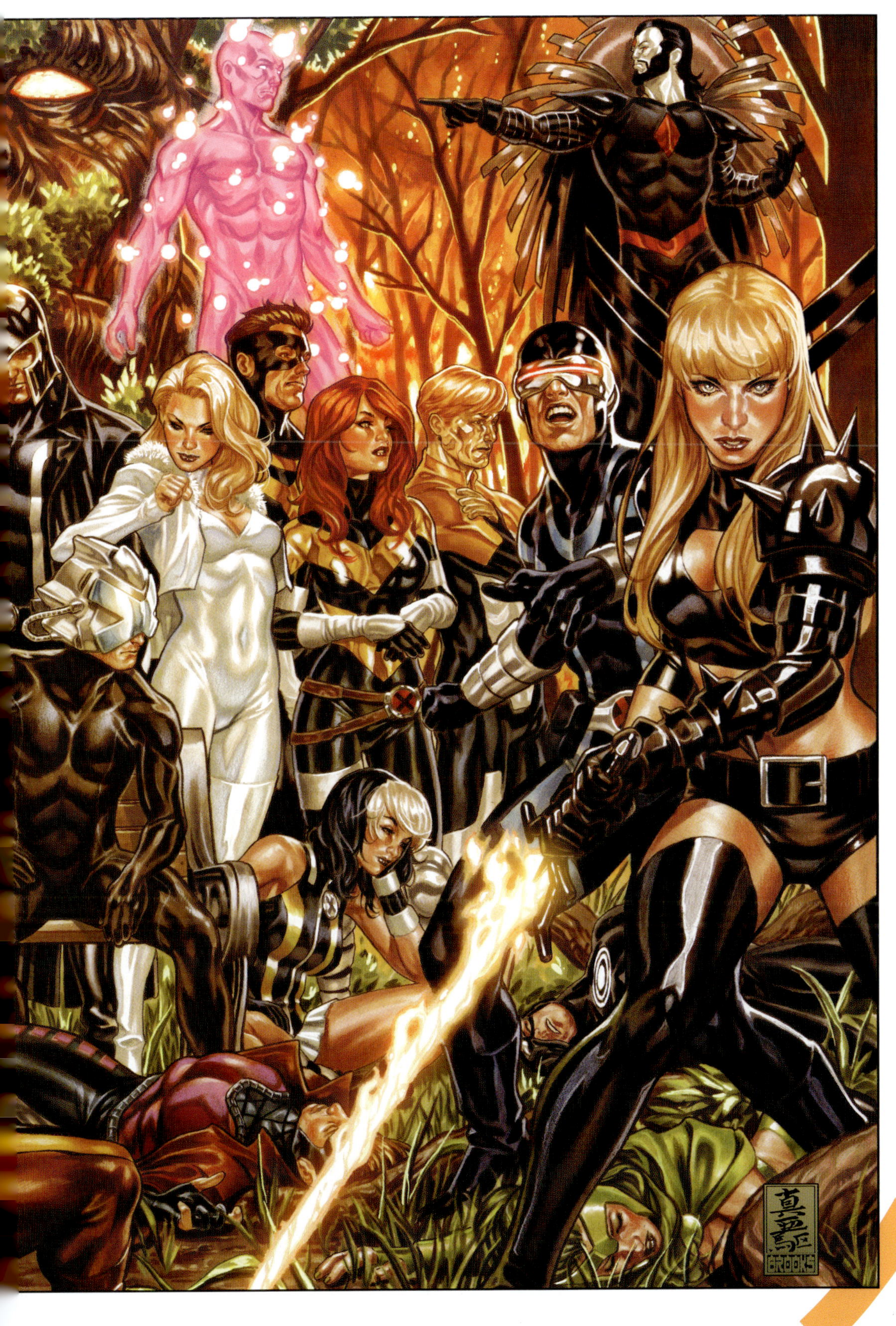
BROOKS

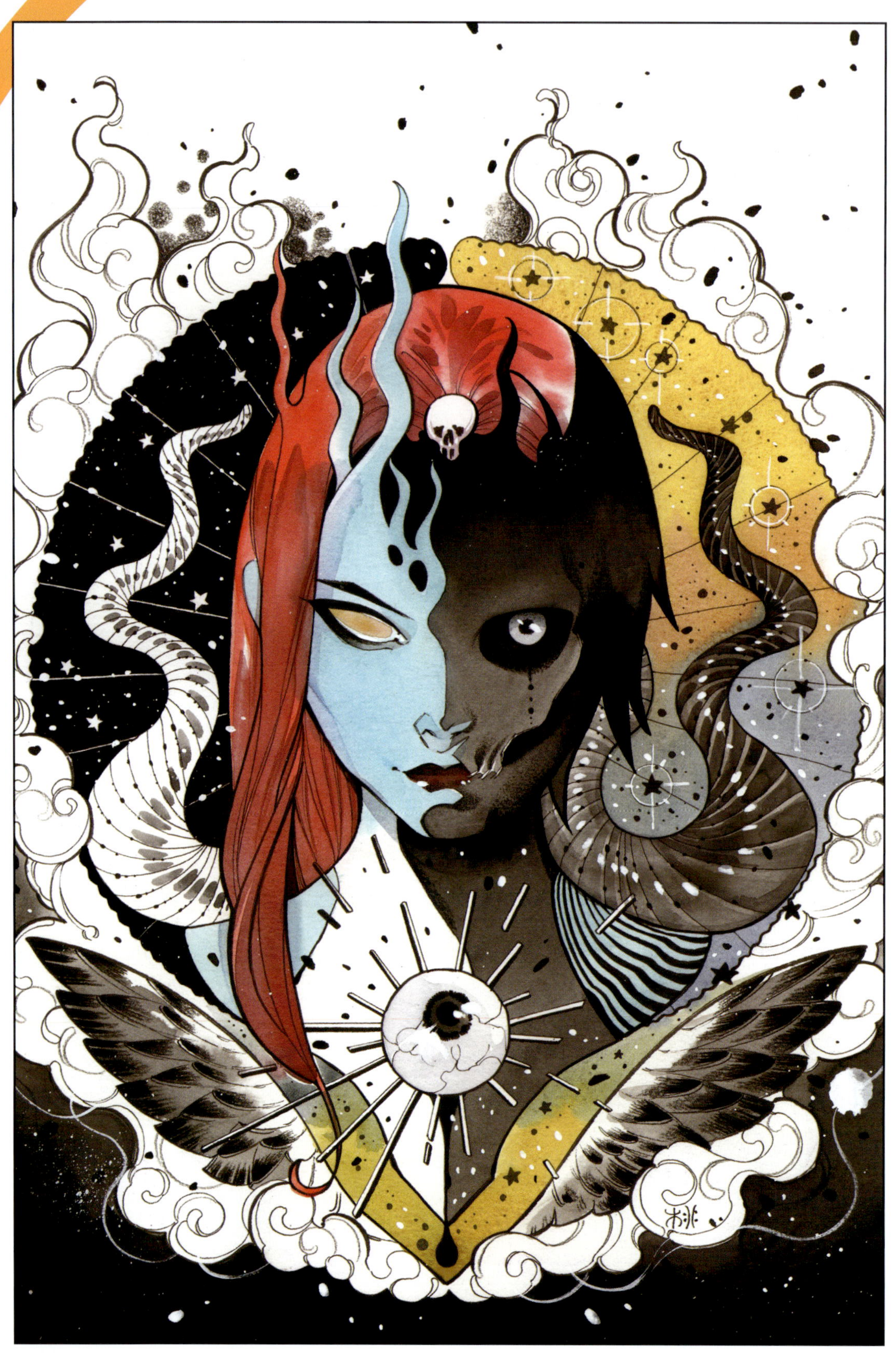

Inferno (2021) 1
Variant-Cover von **PEACH MOMOKO**

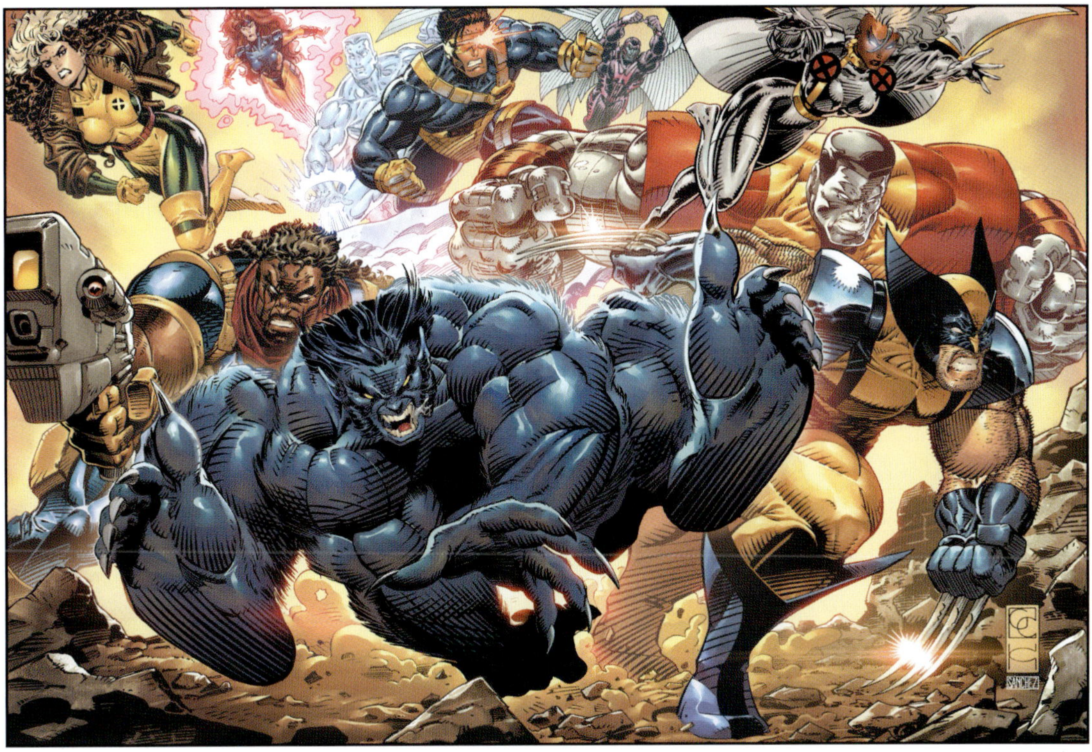

Inferno (2021) 1
Variant-Cover von **GREG CAPULLO**

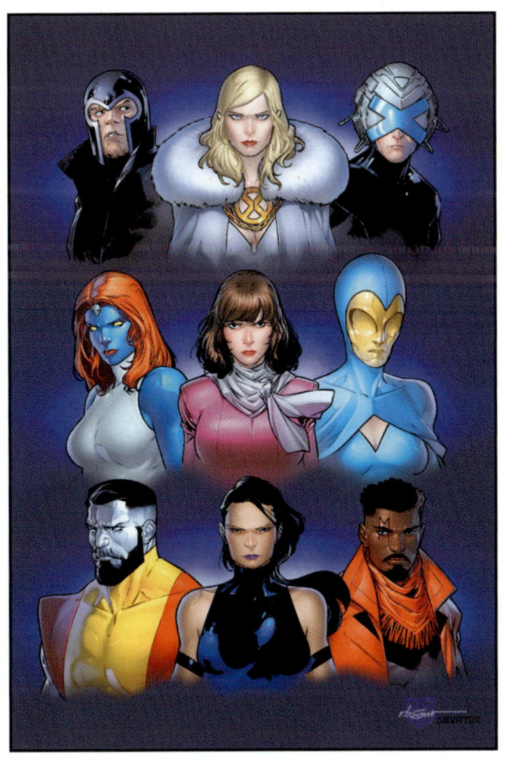

Inferno (2021) 1
Variant-Cover von **R. B. SILVA**

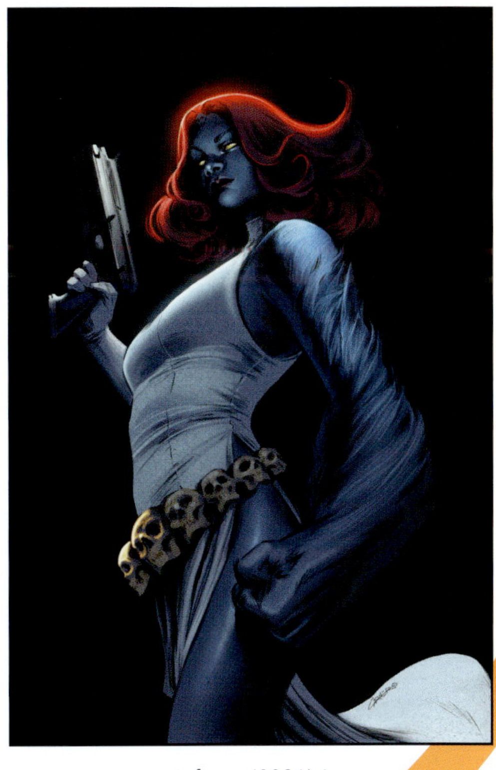

Inferno (2021) 1
Variant-Cover von **CARMEN CARNERO**

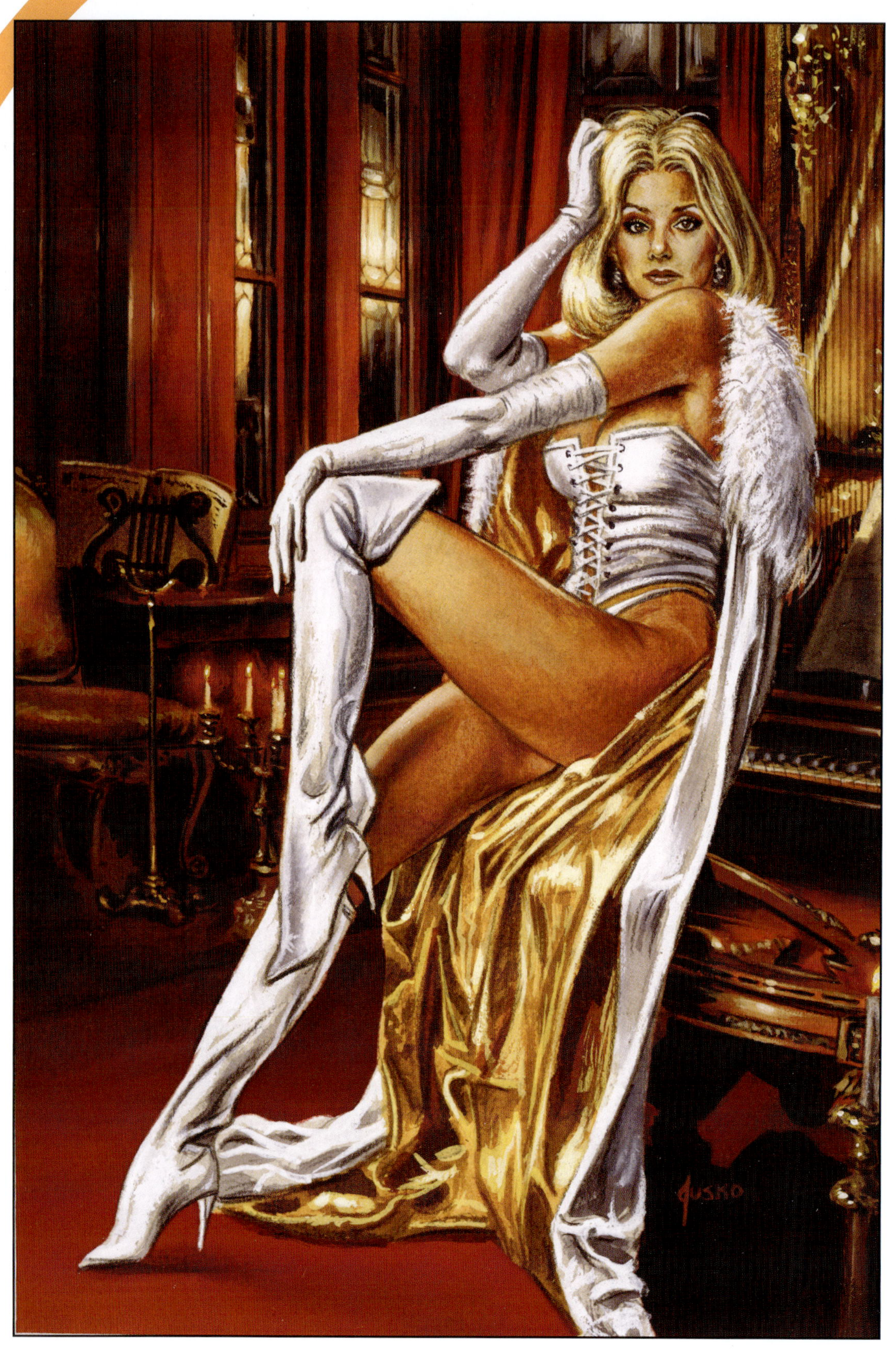

Inferno (2021) 2
Variant-Cover von **JOE JUSKO**

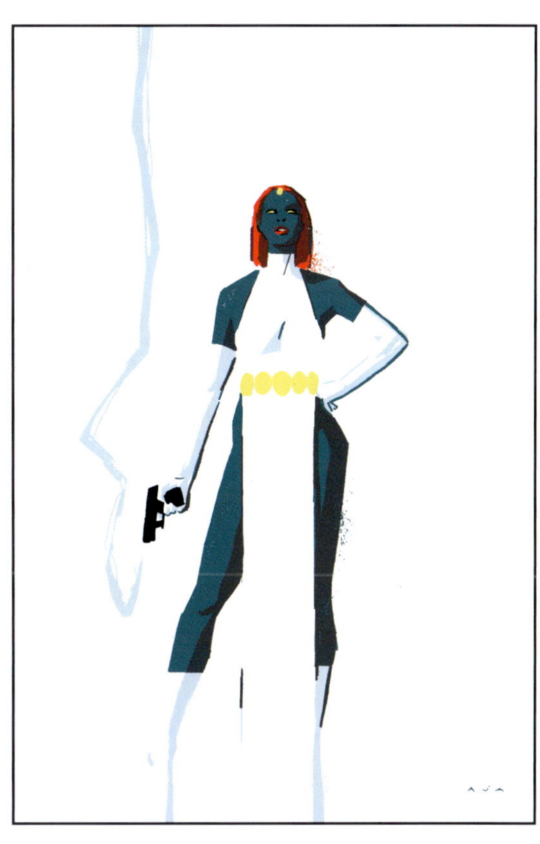

Inferno (2021) 2
Variant-Cover von **DAVID AJA**

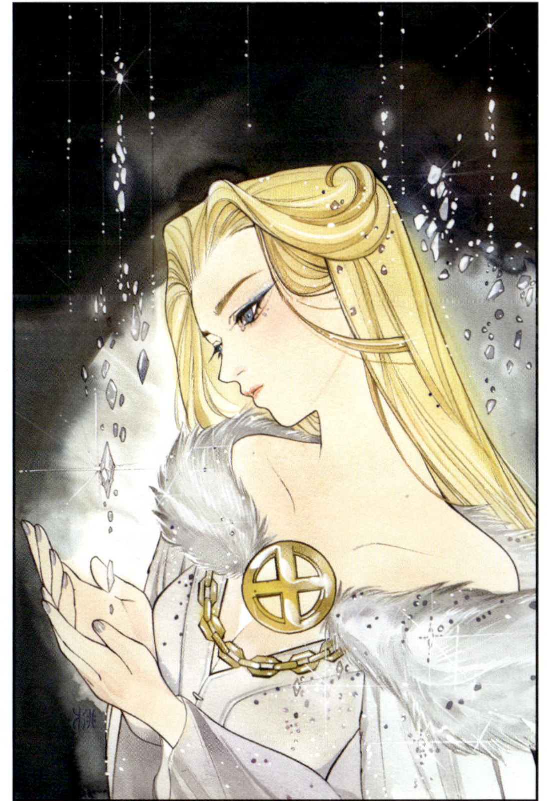

Inferno (2021) 2
Variant-Cover von **PEACH MOMOKO**

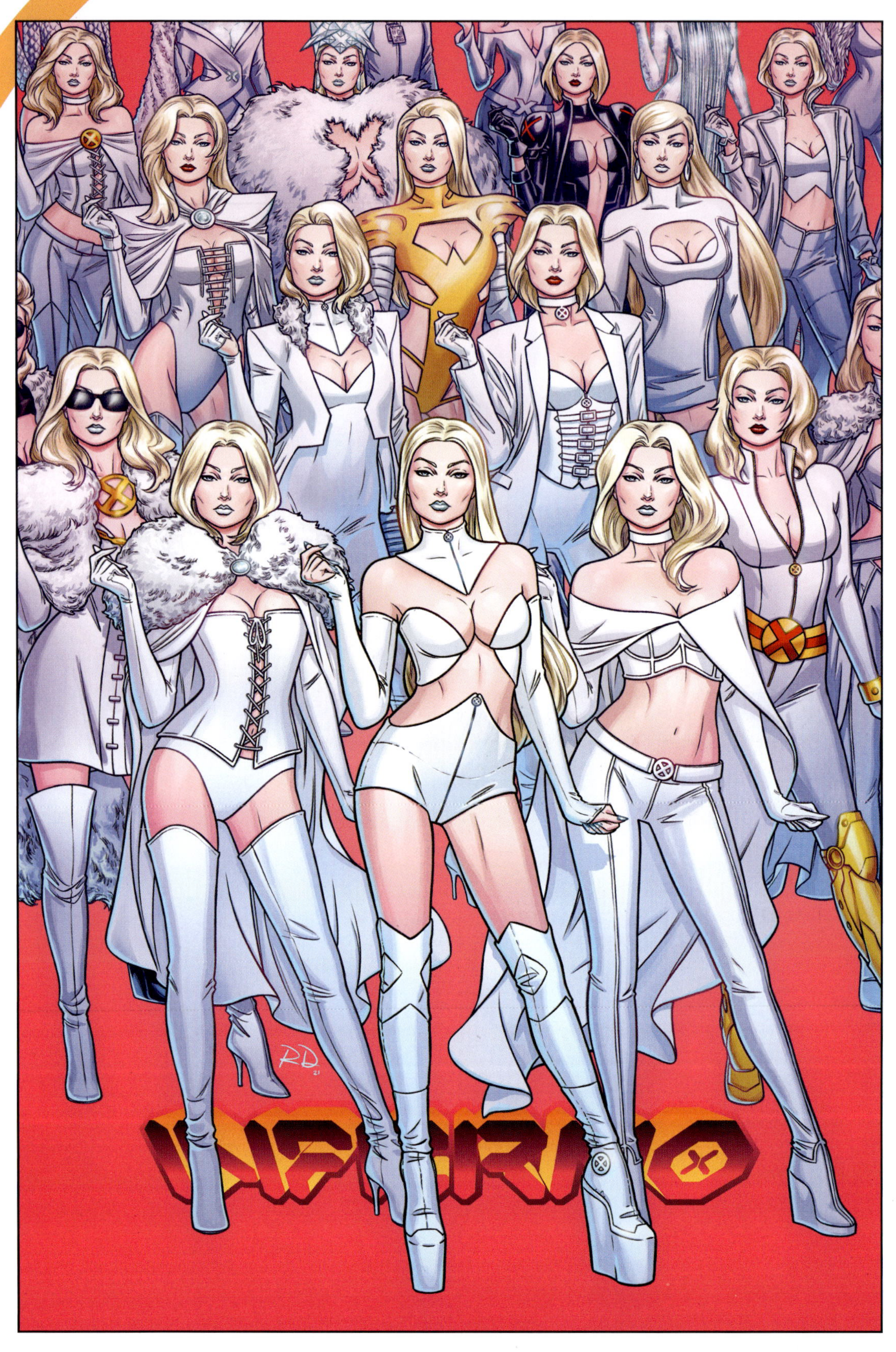

Inferno (2021) 3
Variant-Cover von **RUSSELL DAUTERMAN**

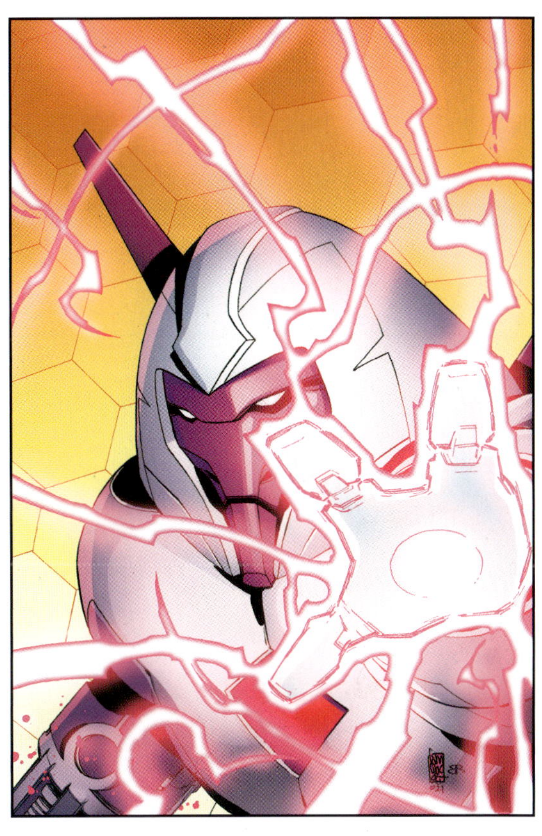

Inferno (2021) 3
Variant-Cover von **GIUSEPPE CAMUNCOLI**

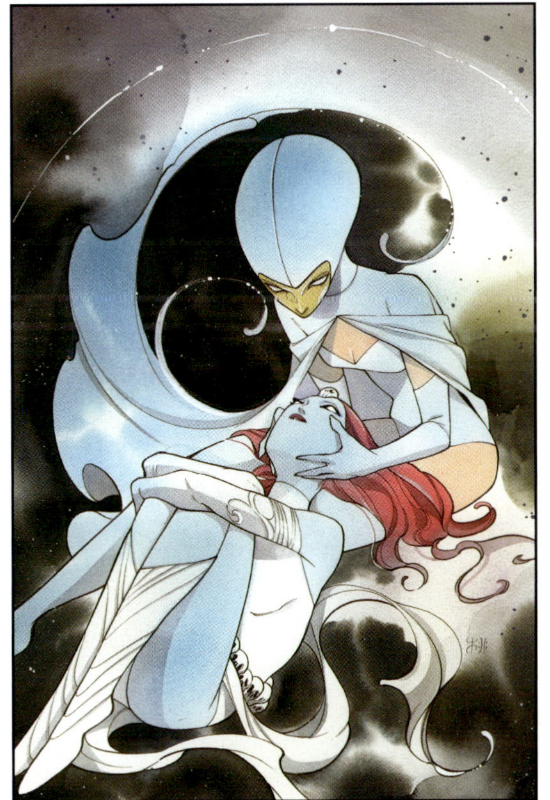

Inferno (2021) 3
Variant-Cover von **PEACH MOMOKO**

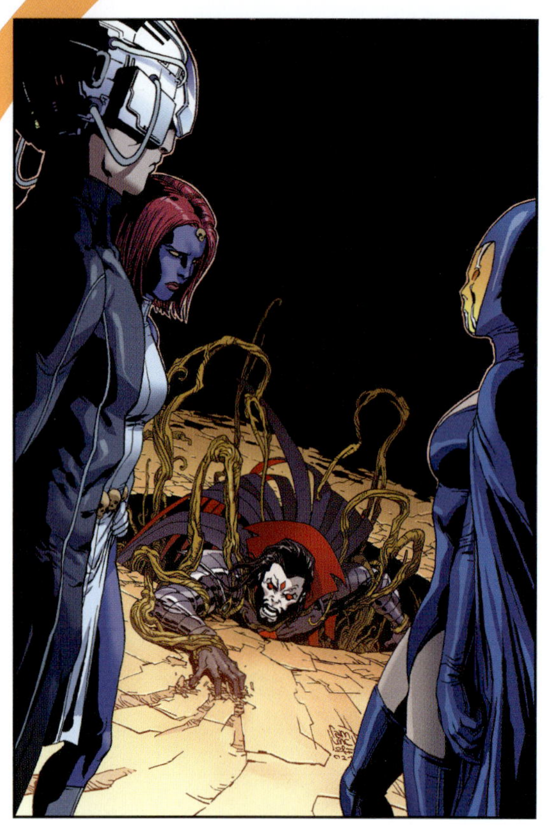

Inferno (2021) 4
Variant-Cover von **GIUSEPPE CAMUNCOLI**

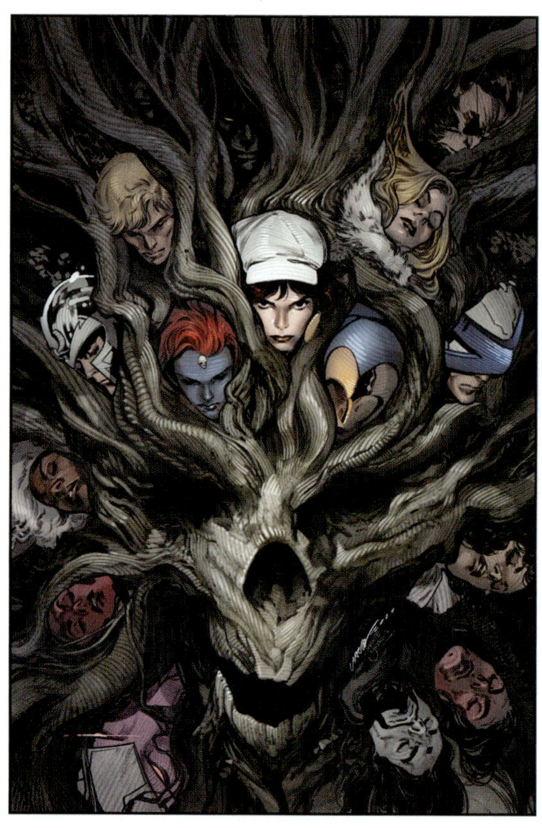

Inferno (2021) 4
Variant-Cover von **PEPE LARRAZ**

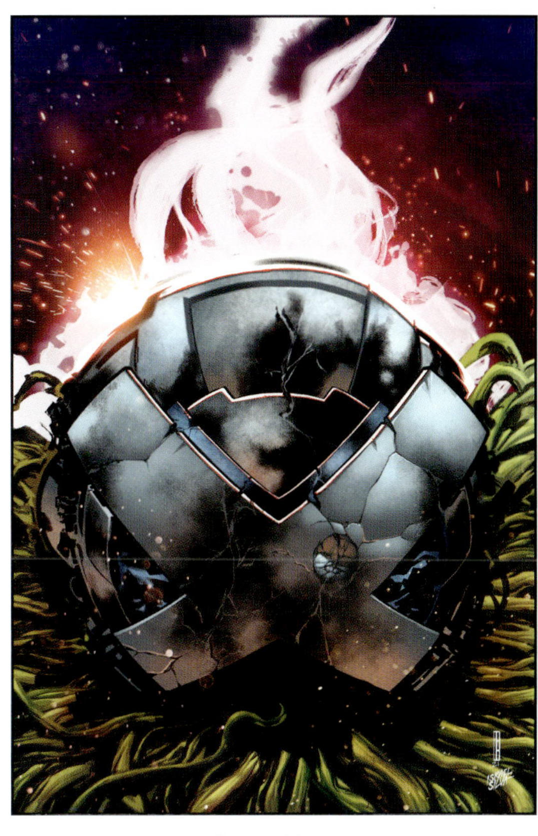

Inferno (2021) 4
Variant-Cover von **DAVID BALDEÓN**

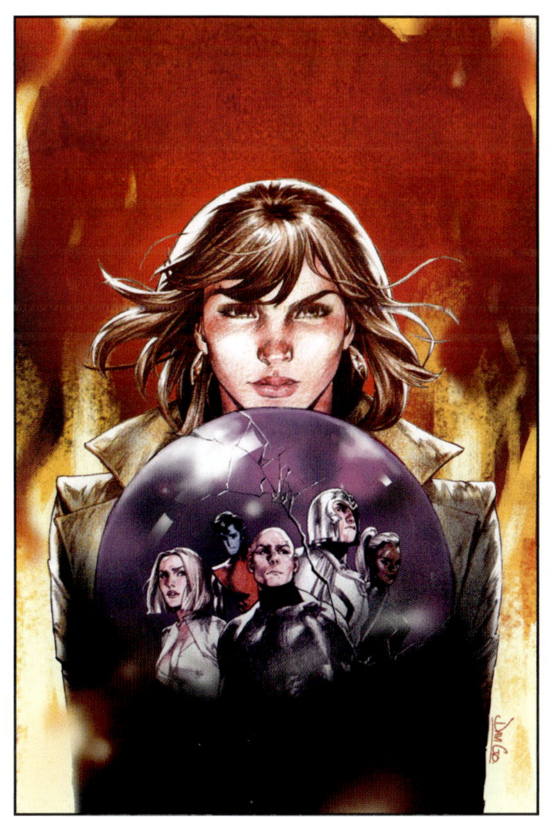

Inferno (2021) 4
Variant-Cover von **DAVI GO**

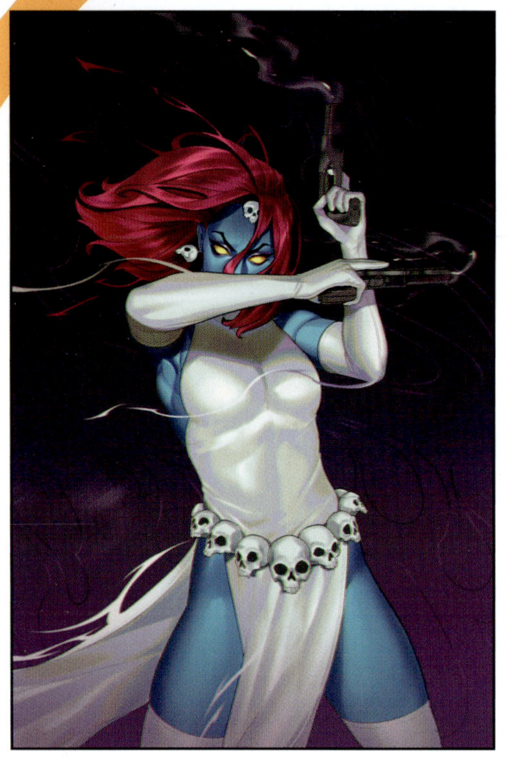

Inferno (2021) 1
Variant-Cover von **OSCAR VEGA**

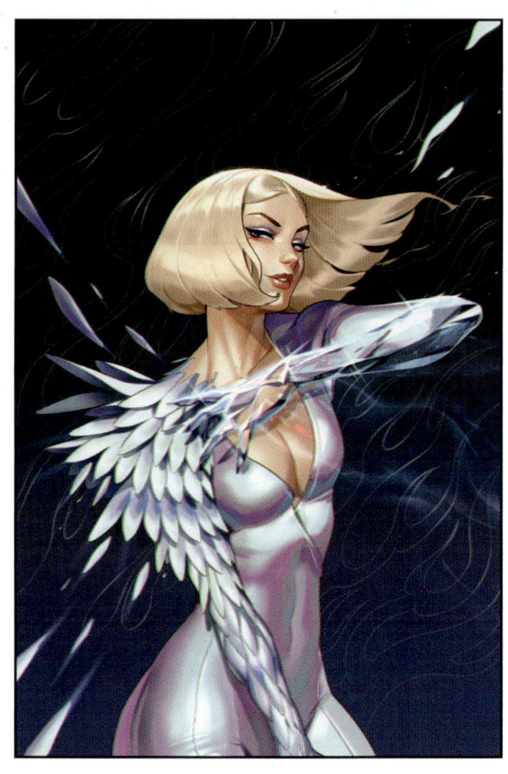

Inferno (2021) 2
Variant-Cover von **OSCAR VEGA**

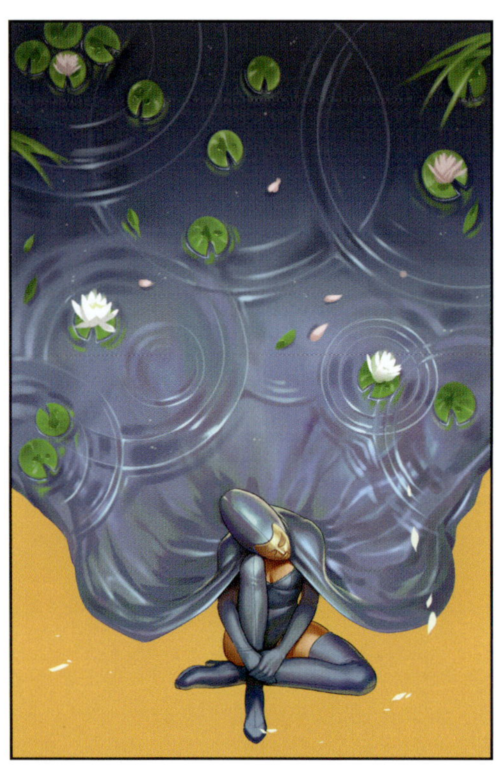

Inferno (2021) 3
Variant-Cover von **OSCAR VEGA**

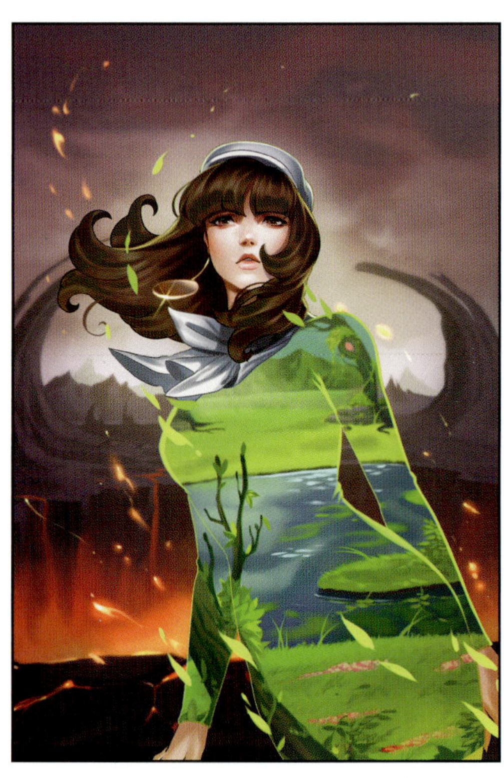

Inferno (2021) 4
Variant-Cover von **OSCAR VEGA**

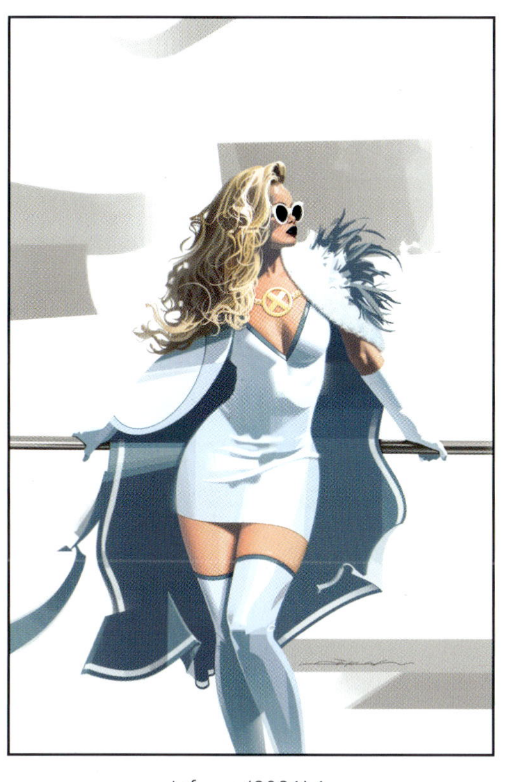

Inferno (2021) 1
Variant-Cover von **JEFF DEKAL**

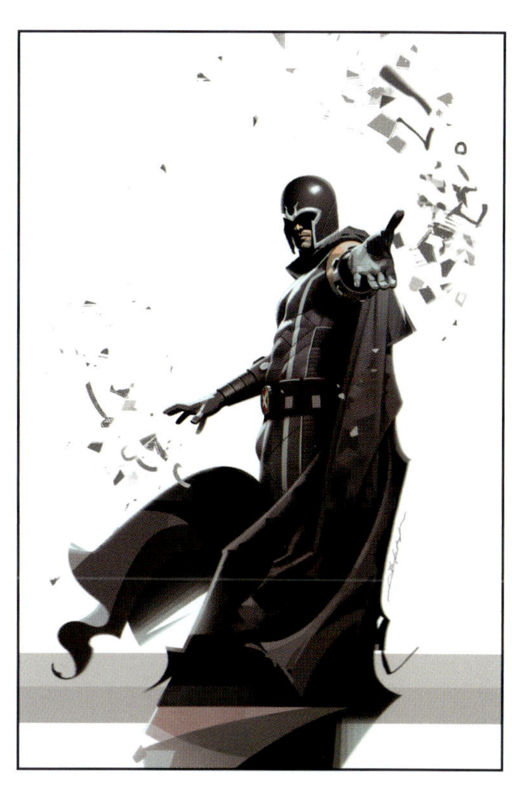

Inferno (2021) 2
Variant-Cover von **JEFF DEKAL**

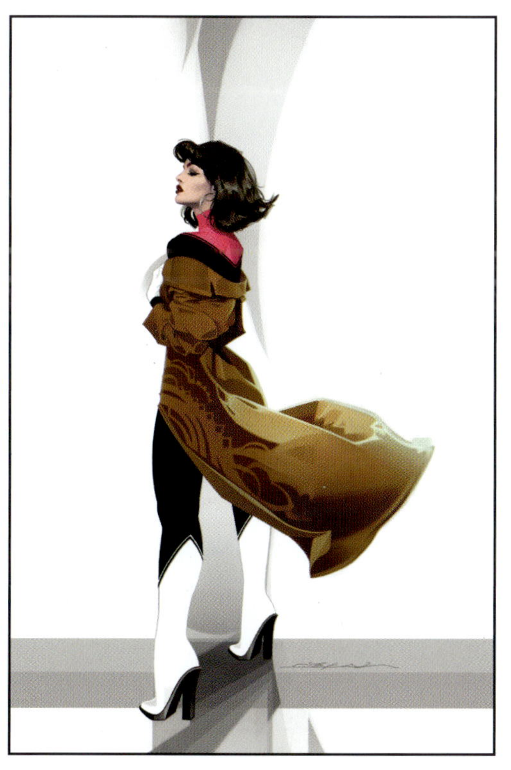

Inferno (2021) 3
Variant-Cover von **JEFF DEKAL**

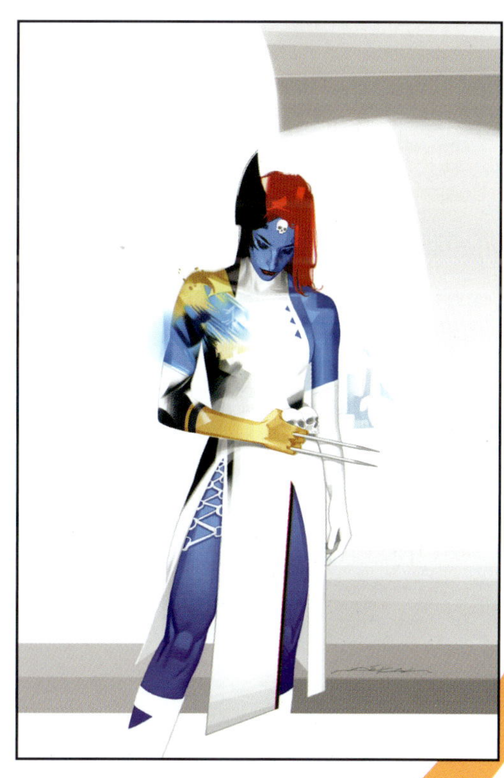

Inferno (2021) 4
Variant-Cover von **JEFF DEKAL**

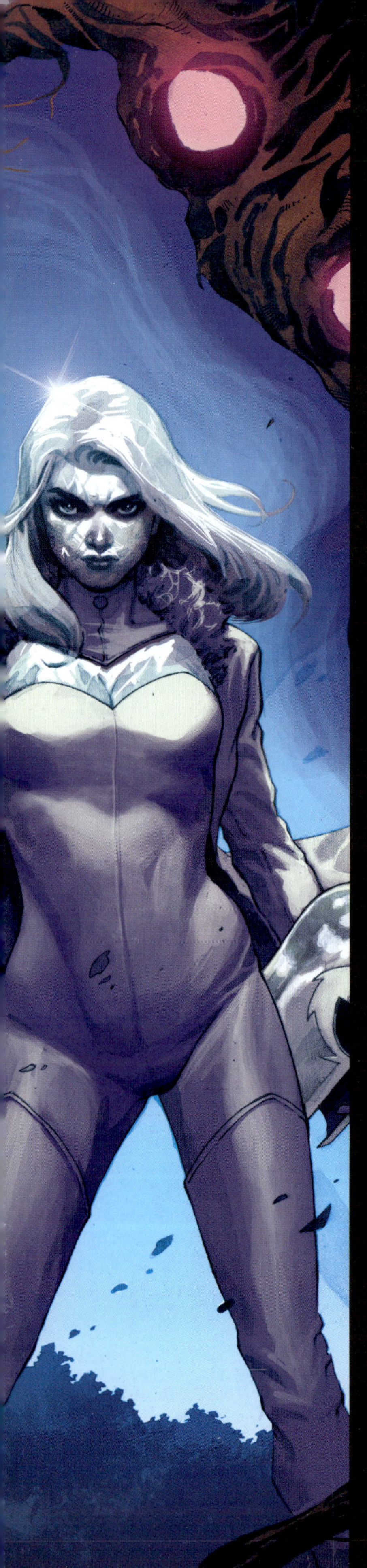

X FOR U

RETOURKUTSCHE

Es schien ein ungeschriebenes Gesetz zu sein, dass Mutanten eine düstere Zukunft erwartet. X-MEN: ZUKUNFT IST VERGANGENHEIT von **Chris Claremont** und **John Byrne** war 1981 die erste Story, die durch einen dystopischen Ausblick schockierte. In einer Welt von morgen wurden Mutanten von **Sentinels** in Internierungslagern eingepfercht. Mithilfe von **Rachel Summers** transferierte die erwachsene **Kate Pryde** ihren Geist in ihr jüngeres Ich, um in der Vergangenheit einen Anschlag zu verhindern, der fatale Ereignisse ins Rollen bringt. Auch HOUSE OF X & POWERS OF X bestätigte die Regel. In jedem von **Moiras** Leben triumphierten Menschen, Maschinen oder Aliens über die Homo superior. Krakoa sollte die drohende Apokalypse abwenden. Doch mit X-MEN: INFERNO hat Hickman den Spieß umgedreht. Bei **Orchis** haben es die **X-Men** mit einem Team aus Wissenschaftlern zu tun, das hypermoderne Sentinel-Technologie à la **Nimrod** ins Feld führt, die bislang nur in der Zukunft zu finden war.

Karima Shapandar war eine indische Polizeibeamtin, die von Mega-Sentinel **Bastion** in einen **Omega Prime Sentinel** transformiert wurde. **Xavier** und **Magneto** gelang es später, die Programmierung der Schläferagentin zu überwinden und ihr Bewusstsein wiederherzustellen. Aber die technischen Modifikationen blieben erhalten. **Rogue** holte sie zu den X-Men, um die **Children of the Vault** zu bekämpfen. Anschließend stand Karima ständig unter fremdem Einfluss, bis sie ihre menschliche Gestalt zurückerlangte. Aus ungeklärten Gründen wurde Shapandars Sentinel-Codierung in HOUSE OF X & POWERS OF X reaktiviert. Wie Hickman heute offenbarte, hat eine ältere Version aus einer Zukunft, in der Mutanten gesiegt haben, die Kontrolle übernommen, mit **Dr. Devo** Orchis aufgebaut und geholfen, den neuen Nimrod zu erschaffen. So wie Mutanten einst Kate Pryde zurücksandten, um die Vergangenheit zu ändern, haben Menschen und Maschinen nun ihre Hoffnungen in Omega Sentinel gesetzt. Damit ist Hickman zum vorläufigen Abschied nochmals ein überraschender Kniff gelungen. Wer jedoch wissen will, wie es mit Moira X (und **Mystique**) weitergeht, sollte sich unbedingt nächsten Monat X LEBEN & X TODE VON WOLVERINE holen.

Thomas Witzler